广州市"图书馆之城"丛书

公共图书馆工作人员入职培训教材

张　靖　陈深贵　主编

中山大学出版社
SUN YAT-SEN UNIVERSITY PRESS

·广州·

版权所有　翻印必究

图书在版编目（CIP）数据

公共图书馆工作人员入职培训教材/张靖，陈深贵主编. —广州：中山大学出版社，2022.5

（广州市"图书馆之城"丛书）

ISBN 978－7－306－07415－7

Ⅰ.①公… Ⅱ.①张… ②陈… Ⅲ.①公共图书馆—图书馆工作—职工培训—教材 Ⅳ.①G259.252

中国版本图书馆 CIP 数据核字（2022）第 026054 号

出版人：	王天琪
策划编辑：	曹丽云　叶　枫
责任编辑：	叶　枫
封面设计：	曾　斌
责任校对：	姜星宇
责任技编：	靳晓虹
出版发行：	中山大学出版社
电　　话：	编辑部 020－84111996，84113349，84111997，84110779，84110776
	发行部 020－84111998，84111981，84111160
地　　址：	广州市新港西路 135 号
邮　　编：	510275　　传　　真：020－84036565
网　　址：	http://www.zsup.com.cn　　E-mail:zdcbs@mail.sysu.edu.cn
印　刷　者：	广州一龙印刷有限公司
规　　格：	787mm×1092mm　1/16　30.5 印张　513 千字
版次印次：	2022 年 5 月第 1 版　2022 年 5 月第 1 次印刷
定　　价：	108.00 元

如发现本书因印装质量影响阅读，请与出版社发行部联系调换

广州市"图书馆之城"丛书编委会

主　编

方家忠

副主编

黄广宇　刘平清　李慧敏　罗小红　陈深贵

执行主编

陈深贵

编　委

刘双喜	肖红凌	肖秉杰	张江顺	陆庆强	陈　荧	招建平
林志成	袁兴薇	唐　琼	黄臻雄	潘拥军	付跃安	冯　莉
巫朝滨	李少鹏	张　伟	张希慧	陈丽纳	陈　欣	陈思妍
陈思航	陈智颖	林　静	罗逸生	黄小娟	黄新慧	蔡晓绚
颜运梅	魏文晖	卢致尤	沈艺红	曾　茜		

常务编辑

邵　雪

《公共图书馆工作人员入职培训教材》编委会

主　　编：张　靖　陈深贵
编　　委：陈　艳　肖　鹏　邱　骋　杨乃一
　　　　　蒋啸南　黄丹珠　李思雨　廖嘉琦

序

强化继续教育，提升公共图书馆人才队伍专业性

人力资源保障机制是现代公共图书馆服务体系建设的关键问题。广州市自2015年起以地方政策法规推动公共图书馆服务体系、"图书馆之城"建设，其间遇到了较大的人力资源保障挑战。研究报告显示，人员数量缺口大、人员专业性情况不理想、继续教育组织情况未能满足专业性提升需求是当前存在的三个主要问题。[1] 而在馆员资质保障、馆员专业性提升方面，现代公共图书馆服务体系建设的人力资源保障路径之一便是继续教育专业化、系统化、主题化、长期化、广泛化。[2]

前述调查反馈，广州市的市、区级图书馆中具有图书情报与档案管理学科背景的人员比例较低，编制人员为22%，非编制人员不到1%；镇（街道）一级基本上没有具有图书情报与档案管理学科背景的人员。[3] 图书馆事业的继续健康高速发展，人才队伍的专业性是重要保障。一方面，无论是从各级图书馆未来三年事业编制招聘的可能性，还是从专业教育机构的人才培养规模［以中山大学信息管理学院为例，近三年（2019—2021年）年均图书馆学本科毕业生为31人，年均图书馆学硕士毕业生为5人，年均图书情报专业硕士毕业生为61人］来看，均不可能在短期内有效保障公共图书馆

---

[1] 张靖，徐晓莹，谭丽琼，等. 现代公共图书馆服务体系人力资源保障研究（一）：现状调查［J］. 图书馆论坛，2019（1）：70-79.

[2] 张靖，谭丽琼，李思雨，等. 现代公共图书馆服务体系人力资源保障研究（二）：路径探索［J］. 图书馆论坛，2019（2）：48-57，101.

[3] 张靖，徐晓莹，谭丽琼，等. 现代公共图书馆服务体系人力资源保障研究（一）：现状调查［J］. 图书馆论坛，2019（1）：70-79.

人才队伍的专业背景占比。另一方面，招聘不同专业背景的工作人员对于图书馆事业的发展也相当重要。因此，人才队伍专业性的提升，应主要依靠继续教育这一条路径。

而要真正保障人才队伍专业性的提升，继续教育必须专业化、系统化、主题化、长期化和广泛化。所谓继续教育专业化，是指继续教育的内容和教育者应该向正规的图书情报专业教育看齐。所谓继续教育系统化，是指继续教育应该根据人才队伍专业性提升的需求，有一个全面的、覆盖不同阶段的规划和设计。所谓继续教育主题化，一则指要面向不同需求主体提供不同主题的继续教育，二则指要因应学界、业界的发展，提供热点主题的继续教育。所谓继续教育长期化，指针对每一个工作人员的继续教育都应该伴随其职业生涯的各个阶段。所谓继续教育广泛化，是指所有工作人员，无论是事业编制还是其他用工模式，都应该成为继续教育的对象。①

自 2006 年举办图书馆专业人才高级研修班起，广州市便特别重视公共图书馆人才队伍的继续教育，以广州市图书馆学会为依托，为广州地区图书资料从业人员提供了大量继续教育课程。一方面，提供专业化培训，2016—2020 年累计开展图书馆专业课程 118 场，为馆员提供了 668 个学时的专业课，参训人员近 2.3 万人次，超过了全市图书馆馆员数量之和。在疫情防控常态化背景下，广州市图书馆学会还拓展线上学习渠道，以满足馆员多样化学习要求。另一方面，举办研修班、高研班，如"图书馆与科技创新"国际学术研修班 (2016)、广州市"图书馆之城"建设学术研修班 (2017)、地方文献保护与整理出版研修班 (2018)、"图书馆中的设计思维"高级研修班 (2019) 等，为全市馆员提供深度学习机会，有力促进了馆员专业素养的提升。

为了更好地面向公共图书馆新入职人员，以及非图书情报与档案管理学科背景的工作人员组织入职教育和继续教育，广州图书馆和中山大学信息管理学院组成团队，共同编写了这本教材。教材共十五章，其中，第一章"图书馆的类型"、第二章"公共图书馆简史"、第三章"现代公共图书馆理念"和第四章"现代公共文化服务体系中的公共图书馆"，是通过回归最基础的图书馆学理论和公共图书馆理念，帮助馆员理解公共图书馆馆员这一专业职业；第五章"公共图书馆管理概述"、第六章"公共图书馆业务概述"，是对公共图书馆的

---

① 张靖，谭丽琼，李思雨，等．现代公共图书馆服务体系人力资源保障研究（二）：路径探索 [J]．图书馆论坛，2019（2）：48 - 57，101．

管理和业务进行整体介绍，帮助馆员建构对于公共图书馆馆员这一岗位的认知框架；第七章"公共图书馆信息资源建设"、第八章"公共图书馆阅读推广"、第九章"公共图书馆信息素养教育"、第十章"公共图书馆未成年人服务"、第十一章"公共图书馆重点群体服务"、第十二章"数字图书馆服务"和第十三章"公共图书馆读者活动的策划与组织"，是在业务概述的基础上结合业界发展趋势选择了若干具体业务领域，介绍理论知识和实务经验，帮助馆员上手具体工作；第十四章"国际图联与馆员职业发展"和第十五章"中国图书馆学会与馆员职业发展"，是帮助馆员认识、了解和参与国际和国内的图书馆专业组织，在专业组织中获得专业性提升的资源和机会。另外，编者还整理了国内外图书馆学学术刊物以及我国图书馆学科研项目申报、职称评审制度三份附录，供馆员从事学术研究和参与专业晋升作为参考。

全书框架由张靖、陈深贵策划和组织，在框架拟定和部分章节的编写上，参考了张靖在中山大学所授课程"图书馆学基础"的教案。各章的初稿撰写分工如下：第一章、第三章和第九章由杨乃一负责；第二章由杨乃一和李思雨负责；第四章由邱骋和李思雨负责；第五章、第六章、第七章和附录Ⅱ、附录Ⅲ由陈艳负责；第六章、第十章和第十三章由邱骋负责；第十一章、第十五章由黄丹珠负责；第十二章由肖鹏和廖嘉琦负责；第十四章和附录Ⅰ由蒋啸南负责。张靖负责全书统稿和修改指导。陈艳和廖嘉琦参与了统稿。

广州图书馆是广州市公共图书馆的中心馆，十分重视全市公共图书馆人才队伍建设。方家忠馆长积极推动本书的编制，出谋划策，为全书框架确定、章节内容修改提供了建设性意见，全程给予极大关注和支持，确保了本书的顺利付梓。

中山大学出版社的曹丽云、叶枫等编辑，为本书的编辑和出版提供了大力支持和帮助！

我们由衷地期望这一全新体例的教材能够契合公共图书馆新入职人员以及非图书情报与档案管理学科背景的工作人员入职教育和继续教育的需求，同时也能为所有公共图书馆馆员的职业发展提供参考。由于时间仓促，书中难免有错漏，恳请读者和同行批评指正。

张　靖[①]
2021 年 9 月，广州

[①] 中山大学信息管理学院、国家文化遗产与文化发展研究院教授、博士生导师。

目录
CONTENTS

第一章　图书馆的类型 … 1
　　第一节　图书馆类型的划分 … 2
　　　　一、图书馆类型划分的意义 … 2
　　　　二、主要的划分标准 … 2
　　第二节　国家图书馆 … 4
　　　　一、国家图书馆的概念和职能 … 4
　　　　二、中外国家图书馆案例 … 7
　　第三节　公共图书馆 … 13
　　　　一、公共图书馆的概念和职能 … 13
　　　　二、中外公共图书馆案例 … 15
　　第四节　高校图书馆 … 23
　　　　一、高校图书馆的概念和职能 … 23
　　　　二、中外大学图书馆案例 … 24
　　第五节　中小学图书馆 … 34
　　　　一、中小学图书馆的概念和职能 … 34
　　　　二、中外中小学图书馆案例 … 36
　　第六节　其他图书馆 … 38

第二章　公共图书馆简史 … 41
　　第一节　公共图书馆的前身 … 42
　　　　一、社会图书馆 … 42

二、流通图书馆　　44
第二节　公共图书馆的诞生　　46
　　一、英国的公共图书馆运动　　47
　　二、美国的公共图书馆运动　　49
第三节　中国公共图书馆运动　　51
　　一、清末新政时期的公共图书馆运动　　52
　　二、民国初期的新图书馆运动　　54

第三章　现代公共图书馆理念　　59
第一节　《公共图书馆宣言》　　60
　　一、《公共图书馆宣言》制定的背景和过程　　60
　　二、《公共图书馆宣言》的内容　　61
　　三、《公共图书馆宣言》与现代公共图书馆理念　　62
第二节　《公共图书馆服务指南》　　66
　　一、《公共图书馆服务指南》制定的背景和过程　　66
　　二、《公共图书馆服务指南》的内容　　67
　　三、《公共图书馆服务指南》与现代公共图书馆理念　　68
第三节　《中华人民共和国公共图书馆法》　　70
　　一、《中华人民共和国公共图书馆法》制定的背景和过程　　70
　　二、《中华人民共和国公共图书馆法》的内容　　73
　　三、《中华人民共和国公共图书馆法》与现代公共图书馆理念　　74
第四节　我国地方公共图书馆立法　　77
　　一、我国地方公共图书馆立法概况　　77
　　二、我国地方公共图书馆立法文本内容　　79
　　三、我国地方公共图书馆立法中的现代公共图书馆理念　　87
第五节　图书馆权利　　93
　　一、图书馆平等权利　　94
　　二、图书馆自由权利　　95

第四章 现代公共文化服务体系中的公共图书馆　98

第一节 现代公共文化服务体系建设的提出与发展　99
- 一、公共文化服务体系建设的提出与时代背景　99
- 二、现代公共文化服务体系建设的政策演进历程　101
- 三、建设现代公共文化服务体系的战略意义　104
- 四、新时期推动公共文化服务高质量发展　105

第二节 现代公共文化服务体系的内涵　109
- 一、基本公共文化服务均等化　109
- 二、基本公共文化服务标准化　110
- 三、公共文化服务社会化　111
- 四、公共文化服务数字化　112

第三节 公共图书馆在现代公共文化服务体系中的定位　113
- 一、公共图书馆体系是现代公共文化服务体系的骨架　114
- 二、公共图书馆与公共文化服务均等化　116
- 三、公共图书馆与公共文化服务标准化　117
- 四、公共图书馆与公共文化服务社会化　118
- 五、公共图书馆与公共文化服务数字化　120

第四节 广州市"图书馆之城"建设　121
- 一、广州市"图书馆之城"的由来　121
- 二、广州市"图书馆之城"的建设目标　122
- 三、广州市"图书馆之城"的建设现状　123
- 四、广州市"图书馆之城"的服务成效　126

第五章 公共图书馆管理概述　129

第一节 公共图书馆管理体制　130
- 一、行政管理体制　130
- 二、行业管理体制　133
- 三、法人治理结构改革　137
- 四、评估定级　139

第二节　公共图书馆机构管理　　　　　　　　　141
　　　　一、部门及岗位设置　　　　　　　　　　　141
　　　　二、规章制度　　　　　　　　　　　　　　145
　　　　三、人力资源管理　　　　　　　　　　　　149
　　　　四、经费管理　　　　　　　　　　　　　　153
　　　　五、建筑和设备管理　　　　　　　　　　　155
　　　　六、绩效管理　　　　　　　　　　　　　　158
　　　　七、战略规划　　　　　　　　　　　　　　161

第六章　公共图书馆业务概述　　　　　　　　　　166
　　第一节　整体业务布局　　　　　　　　　　　　167
　　第二节　文献借阅服务　　　　　　　　　　　　168
　　　　一、文献资源布局　　　　　　　　　　　　168
　　　　二、阅览服务　　　　　　　　　　　　　　170
　　　　三、外借服务　　　　　　　　　　　　　　170
　　　　四、汽车图书馆服务　　　　　　　　　　　172
　　第三节　社会教育活动　　　　　　　　　　　　173
　　　　一、公益讲座与论坛　　　　　　　　　　　174
　　　　二、公益展览　　　　　　　　　　　　　　175
　　　　三、读者培训　　　　　　　　　　　　　　175
　　　　四、读书会　　　　　　　　　　　　　　　176
　　第四节　空间服务　　　　　　　　　　　　　　177
　　　　一、信息共享空间　　　　　　　　　　　　178
　　　　二、创客空间　　　　　　　　　　　　　　178
　　　　三、主题特色空间　　　　　　　　　　　　179
　　　　四、新型阅读空间　　　　　　　　　　　　179
　　　　五、实体空间与虚拟空间　　　　　　　　　180
　　第五节　信息服务　　　　　　　　　　　　　　181
　　　　一、参考咨询服务　　　　　　　　　　　　181

二、专题信息服务　182
　　三、政府信息公开服务　183
第六节　技术应用　184
　　一、图书馆自动化管理系统　184
　　二、信息网络安全　185
　　三、国家公共数字文化工程　186
第七节　服务体系建设　188
　　一、县（区）级图书馆总分馆服务体系　189
　　二、"中心馆—总分馆"服务体系　192

第七章　公共图书馆信息资源建设　194
第一节　公共图书馆馆藏资源的类型　195
　　一、现实馆藏　195
　　二、虚拟馆藏　197
第二节　公共图书馆馆藏发展政策　198
　　一、馆藏发展政策制定的原则　198
　　二、馆藏发展政策制定的依据　200
　　三、馆藏发展政策的内容　201
第三节　公共图书馆馆藏资源采访　202
　　一、购入采集方式　203
　　二、非购入采集方式　204
　　三、馆藏资源采访新方式——用户驱动采购　205
第四节　公共图书馆馆藏资源组织　207
　　一、文献分类　207
　　二、主题标引　210
　　三、文献编目　212
第五节　公共图书馆特色馆藏建设　217
　　一、古籍　217
　　二、地方文献　218

三、非物质文化遗产　　220
　　四、学科专业特色馆藏　　221
　　五、标准文献　　221
　　六、专利文献　　222
　　七、案例　　223

第八章　公共图书馆阅读推广　　227
　第一节　全民阅读与公共图书馆　　228
　　一、作为国家重要文化战略的全民阅读　　228
　　二、公共图书馆是促进全民阅读的中坚力量　　230
　第二节　公共图书馆阅读推广理论基础　　231
　　一、图书馆学相关理念　　231
　　二、图书馆阅读推广相关政策　　232
　第三节　公共图书馆阅读推广的主要形式　　235
　　一、常规阅读推广　　235
　　二、专题性阅读推广　　237
　第四节　公共图书馆阅读推广的典型案例　　239
　　一、美国"一城一书"　　239
　　二、美国西雅图公共图书馆读书会活动　　240
　　三、山西朔州图书馆"手抄地方文献"活动　　241
　　四、长三角地区公共图书馆"阅读马拉松大赛"　　242
　　五、佛山图书馆"邻里图书馆"　　243
　　六、广州图书馆"新年诗会"　　244

第九章　公共图书馆信息素养教育　　247
　第一节　公共图书馆信息素养教育理论基础　　248
　　一、基本概念　　248
　　二、相关理论　　253
　　三、相关政策　　257

第二节 公共图书馆信息素养教育的主要内容 259
 一、信息意识培育 259
 二、信息检索技能指导 260
 三、信息伦理与个人信息管理指导 261
第三节 公共图书馆信息素养教育活动的组织 262
 一、信息素养教育对象的识别 262
 二、信息素养教育活动设计 263
 三、合作关系建设 264
 四、信息素养教育活动实施 264
 五、信息素养教育评价 265
第四节 公共图书馆信息素养教育的典型案例 266
 一、美国公共图书馆"青少年科技周" 266
 二、丹麦奥尔胡斯公共图书馆"信息赋能" 267
 三、广州图书馆"爱心电脑俱乐部" 268

第十章 公共图书馆未成年人服务 270
第一节 公共图书馆未成年人服务相关理论 271
 一、图书馆学相关理论 271
 二、其他学科相关理论 282
 三、国内外相关政策 285
第二节 公共图书馆未成年人服务的主要形式 291
 一、国内公共图书馆的未成年人服务形式 291
 二、图书馆导引活动 293
 三、阅读服务 293
 四、娱乐活动 295
 五、信息素养教育 296
第三节 公共图书馆与学校的合作 297
 一、公共图书馆与学校合作的意义 298
 二、馆校合作的内容 298

三、广州市馆校合作现状　　299
　第四节　公共图书馆未成年人服务的典型案例　　301
　　一、英国"阅读起跑线计划"　　301
　　二、美国芝加哥公共图书馆"图书馆的老师"家庭作业辅导　　302
　　三、上海市嘉定区图书馆"小创客学堂"　　303
　　四、广州少年儿童图书馆"一个故事一国文化——各国领事讲故事"　　304
　　五、广州图书馆"悦读童行"儿童与青少年阅读攀登计划　　305
　　六、广州沙湾图书馆"遇见·沙湾图书馆"馆校合作阅读推广项目　　307

第十一章　公共图书馆重点群体服务　　310
　第一节　公共图书馆老年人群体服务　　311
　　一、服务对象特点　　312
　　二、国内外相关政策　　313
　　三、服务案例　　318
　第二节　公共图书馆残障群体服务　　322
　　一、服务对象特点　　322
　　二、国内外相关政策　　324
　　三、服务案例　　329
　第三节　公共图书馆其他群体服务　　332
　　一、农民工　　332
　　二、服刑人员　　333

第十二章　数字图书馆服务　　337
　第一节　数字图书馆的历史与发展　　338
　　一、国外数字图书馆的兴起　　338
　　二、我国数字图书馆的发展　　340

第二节　数字图书馆的体系、技术与标准　342
　　一、数字图书馆的体系架构　342
　　二、数字图书馆的支撑技术　344
　　三、数字图书馆的相关标准　345
第三节　数字图书馆的服务应用　348
　　一、数字图书馆对传统图书馆服务的影响与挑战　348
　　二、数字阅读服务　349
　　三、个性定制服务　350
　　四、数字参考服务　351
　　五、数字出版服务　352
第四节　国内外重要数字图书馆案例　353
　　一、谷歌图书计划　353
　　二、法国国家图书馆 Gallica 计划　355
　　三、上海图书馆数字图书馆项目　358

第十三章　公共图书馆读者活动的策划与组织　363
第一节　读者活动的策划与组织　364
　　一、常见的读者活动类型　364
　　二、读者活动策划　365
　　三、活动宣传　367
　　四、活动实施　369
　　五、活动评估　370
　　六、活动策划与组织案例　372
第二节　活动品牌创建　376
　　一、创建活动品牌的作用　377
　　二、活动品牌定位　378
　　三、活动品牌设计　379
　　四、活动品牌传播　381
　　五、图书馆活动品牌建设案例　382

第十四章　国际图联与馆员职业发展　388

第一节　国际图联概述　389
一、发展沿革　389
二、核心价值　393
三、愿景和使命　393

第二节　国际图联组织架构　394
一、总部和秘书处　394
二、地区办事处　395
三、管理结构　396
四、会员　405

第三节　国际图联全球愿景与战略规划　407
一、全球愿景　407
二、战略规划　408

第四节　国际图联荣誉体系　409
一、专业荣誉　409
二、个人荣誉　412

第五节　世界图书馆与信息大会　413
一、会议概述　413
二、参与方式　415

第六节　专业资源与馆员职业发展　416
一、《图书馆馆员及其他信息工作者的伦理准则》　416
二、专业资源与实践　417
三、专业活动与交流　420

第十五章　中国图书馆学会与馆员职业发展　424

第一节　基本情况　425
第二节　整体架构　426
一、组织架构　426
二、分支机构　427

第三节　学术交流　　　　　　　　　　　428
　　一、中国图书馆年会　　　　　　　　428
　　二、青年学术论坛　　　　　　　　　430
　　三、百县馆长论坛　　　　　　　　　431
　　四、全国图书馆未成年人服务论坛　　432
第四节　继续教育　　　　　　　　　　　433
　　一、未成年人服务提升计划　　　　　433
　　二、民国时期文献保护计划　　　　　434
　　三、图书馆馆员在职专业培训　　　　434
　　四、"阅读推广人"培育行动　　　　435
第五节　地方图书馆学会　　　　　　　　436
　　一、广东图书馆学会　　　　　　　　436
　　二、广州市图书馆学会　　　　　　　438

附录Ⅰ　国内外图书馆学学术刊物　　　　441

附录Ⅱ　我国图书馆学科研项目申报　　　446

附录Ⅲ　职称评审制度　　　　　　　　　447

第一章 图书馆的类型[①]

📖 学习目标

◎ 了解对图书馆进行类型划分的意义
◎ 知道对图书馆进行类型划分的主要标准
◎ 掌握主要类型图书馆的基本概念和职能定位
◎ 知道主要类型图书馆的典型案例

💡 知识点提示

◎《国际图书馆统计标准》(ISO 2789:2013)
◎ 国家图书馆
◎ 公共图书馆
◎ 高校图书馆（大学图书馆/学术图书馆）
◎ 中小学图书馆

伴随着图书馆事业的发展，若干类型的现代图书馆相继出现并逐步成型。它们面向不同的服务对象，通过多元的服务方式和内容，实现不尽相同的服务职能。本章第一节将简述图书馆类型划分的意义和主要标准；第

[①] 本章系根据张靖教授在中山大学所授课程"图书馆学基础"的教案拓展而成。

二至五节将对国家图书馆、公共图书馆、高校图书馆（大学图书馆/学术图书馆）和中小学图书馆进行重点介绍；第六节将简单介绍其他类型的图书馆。

第一节 图书馆类型的划分

一、图书馆类型划分的意义

在图书馆事业的发展进程中，社会上相继出现了各式各样的图书馆。这些图书馆的具体任务和服务对象不同，对文献的搜集、整理、保管和利用的方式方法也各有差异。

图书馆的类型划分有助于提升图书馆管理水平。管理者应依据不同类型图书馆的定位和特点，科学制定图书馆的服务宗旨与目标，明确图书馆的业务建设重点，充分发挥图书馆的功用。[1]

图书馆的类型划分有助于促进图书馆学研究。研究者可以针对各类型图书馆展开具体的学术研究，形成特定的研究领域，为图书馆实践提供智力支撑，助力图书馆事业发展。

图书馆的类型划分对于图书馆统计有着重要意义。图书馆统计数据一方面是图书馆建设和管理的重要依据，另一方面也是展现图书馆社会价值的重要方式。图书馆的类型划分有助于明确图书馆统计口径，有助于图书馆统计工作科学、规范发展。

二、主要的划分标准

（一）《国际图书馆统计标准》（ISO 2789：2013）

《国际图书馆统计标准》（Information and Documentation – International Li-

---

[1] 蒋永福. 图书馆学通论［M］. 哈尔滨：黑龙江大学出版社，2009：89 - 90.

brary Statistics，2013）由国际标准化组织（International Organization for Standardization，ISO）的信息与文献技术委员会（TC 46/SC 8）制定，于 1974 年发布第一版，分别于 1991 年、2003 年、2006 年、2013 年进行了 4 次修订，① 现行最新版本为 2013 年版（ISO 2789：2013）。该版本主要由 8 个部分组成，分别为前言、引言、范围、术语与定义、当前图书馆的任务、统计的作用、报告统计数据、收集统计数据与附录。②

《国际图书馆统计标准》（ISO 2789：2013）将图书馆划分为国家图书馆（national libraries）、公共图书馆（public libraries）、学术图书馆（academic libraries）、中小学图书馆（school libraries）和专门图书馆（special libraries）五大类型。

（二）国际图联的 Library Types 划分

国际图书馆协会联合会（International Federation of Library Associations and Institutions，IFLA，简称国际图联）为协调图书馆行业专业活动，将图书馆划分为国家图书馆、学术图书馆、公共图书馆、学校图书馆、社群图书馆（community libraries）和其他类型图书馆六大类型。③

（三）我国图书馆类型划分的常用标准

我国通常使用的划分图书馆类型的标准包括图书馆的管理体制、馆藏文献范围、用户群体等。④

（1）按图书馆的管理体制（隶属关系）划分。可以分为：①文化系统图书馆，包括文化主管部门领导的国家图书馆、各级公共图书馆、各级少年儿童图书馆、城乡基层图书馆（室）、社区图书馆等；②教育系统图书馆，包括教育部和各级教育行政部门领导的大、中、小学校图书馆（室）；③科学研究系统图书馆，包括中国科学院、中国社会科学院等专业科学研究单位所属的图书馆（室）；④军事系统图书馆，包括各级军事领导单位图书馆、

---

① ISO. Abstract of information and documentation – international library statistics ［EB/OL］.［2019 – 10 – 18］. https：//www. iso. org/standard/60680. html.

② Information and documentation – international library statistics：ISO 2789：2013 ［S/OL］.［2020 – 01 – 31］. https：//www. iso. org/obp/ui/#iso：std：iso：2789：ed – 5：v1：en.

③ IFLA. Division of library types ［EB/OL］.［2021 – 09 – 22］. https：//librarymap. ifla. org/data – glossary/library.

④ 吴慰慈，董炎. 图书馆学概论［M］. 北京：国家图书馆出版社，2019：103 – 104.

军事科学图书馆、军事院校图书馆、连队基层图书馆（室）等。

（2）按馆藏文献范围划分。可以分为：①综合性图书馆，包括各级公共图书馆、综合性大学图书馆、工会图书馆等；②专业性图书馆，包括专业科学研究机构图书馆等。

（3）按用户群划分。可以分为儿童图书馆、盲人图书馆、少数民族图书馆等。

综合不同标准，目前我国图书馆的类型主要有国家图书馆、公共图书馆、学校图书馆、科学图书馆、专业图书馆、技术图书馆、工会图书馆、军事图书馆、儿童图书馆、盲人图书馆、少数民族图书馆等。①

第二节　国家图书馆

一、国家图书馆的概念和职能

《中华人民共和国公共图书馆法》第二十二条规定："国家设立国家图书馆，主要承担国家文献信息战略保存、国家书目和联合目录编制、为国家立法和决策服务、组织全国古籍保护、开展图书馆发展研究和国际交流、为其他图书馆提供业务指导和技术支持等职能。国家图书馆同时具有本法规定的公共图书馆的功能。"②

国际图联国家图书馆专业委员会（IFLA – National Libraries Section）指出：国家图书馆在国家图书馆与信息系统中的特殊职责通常是法律规定的。这些职责因国而异，但一般会涉及：国家书目和联合目录编制、提供中央服务（例如参考咨询、书目服务、文献保护、借阅）、促进国家文化遗产的保护、收集具有代表性的外国出版物、落实国家文化政策以及领导国家素质教育活动。国家图书馆通常是承担国际计划和项目的国家论坛组织者。国家图

---

① 蒋永福. 图书馆学通论［M］. 哈尔滨：黑龙江大学出版社，2009：89 – 90.
② 中华人民共和国公共图书馆法［EB/OL］.［2020 – 01 – 31］. http：//www. npc. gov. cn/npc/c12435/201811/3885276ceafc4ed788695e8c45c55dcc. shtml.

书馆与本国政府有密切的关系,参与国家信息政策的制定,并为其他行政管理部门提供信息服务。①

《国际图书馆统计标准》(ISO 2789:2013)将国家图书馆的职能界定为:"负责收集和保管国内出版的所有的重要出版物的副本,并起贮藏图书馆的作用。"并有如下相关表述:"国家图书馆通常还将承担以下部分或全部职责:编制国家书目,收藏并更新具有代表性的外国文献,建设国家书目信息中心,编制联合目录,为其他图书馆的管理提供帮助和/或促进合作,协调国家科学研究服务等等""'国家图书馆'的定义允许一个国家中有多个国家图书馆"。②

不同国家的国家图书馆往往因其起源的不同而在名称、性质和功能方面存在差异。有些国家图书馆由过去的皇家图书馆发展而来,如法国国家图书馆;有些由政府投资专门建立,如大英图书馆;有些则由政府指定某个现存馆承担国家图书馆的职能,如北欧的一些大学图书馆(丹麦哥本哈根大学图书馆、挪威奥斯陆大学图书馆等);有些国家图书馆虽不以"国家图书馆"命名,却是事实上的国家图书馆,如罗马尼亚科学图书馆。③

一般而言,国家图书馆承担着以下基本职能:①国家总书库职能。国家图书馆应完整、系统地收集本国主要出版物,有重点地收藏国外出版物。②贮存图书馆职能。国家图书馆应保存所有文献。③国家书目中心职能。国家图书馆应组织编制国家书目、联合目录、回溯性书目。④

---

① IFLA. National libraries [EB/OL]. [2020-01-31]. https://www.ifla.org/national-libraries.

② Information and documentation - international library statistics:ISO 2789:2013 [S/OL]. [2020-01-31]. https://www.iso.org/obp/ui/#iso:std:iso:2789:ed-5:v1:en.

③ 蒋永福. 图书馆学通论 [M]. 哈尔滨:黑龙江大学出版社,2009:89-90.

④ 吴慰慈,董炎. 图书馆学概论 [M]. 北京:国家图书馆出版社,2019:103-104.

扩展阅读1.1

呈缴本制度。或称缴送本制度，是指一个国家或地区为完整地收集和保存全部出版物，用法律或法令形式规定所有出版机构或负有出版责任的单位，凡出版一种出版物，必须向指定的图书馆免费缴送一定数量的样本。此样本叫呈缴本、样本或缴送本，而接受呈缴本的图书馆大多是国家图书馆、其他大型图书馆或专门建立的版本图书馆。《中华人民共和国公共图书馆法》第二十六条规定：出版单位应当按照国家有关规定向国家图书馆和所在地省级公共图书馆交存正式出版物。

贮存图书馆。根据2006年修订版《国家图书馆统计标准》［ISO 2789：2006（E）］，贮存图书馆是指主要功能为存储来自其他管理单位的利用率低的文献资料的图书馆。贮存图书馆与国家图书馆不是等同的概念。国家图书馆具有贮存图书馆职能。贮存图书馆具有"藏"重于"用"以及使用密集书架两个显著特点。哈佛贮存图书馆（https：//hollisarchives.lib.harvard.edu/repositories）和芝加哥大学贮存图书馆（https：//chicagounbound.uchicago.edu/）是早期和近期具有代表性的贮存图书馆。

国家书目。是指揭示和报道一个国家在一定时期内全部出版物的综合性统计登记性书目。国家书目一般由国家图书馆等特定机构依靠呈缴本制度，全面充分地反映各类出版物。收录营利性和非营利性的出版物，包括图书、政府出版物、连续出版物、学位论文、地图、乐谱、造型艺术出版物、非书资料等。国家书目分为短期速报本及累积本，连续出版。

联合目录。是指揭示和报道若干文献收藏单位的全部或部分藏书的目录。其特点是集中报道多馆藏书及分布情况，指明文献的收藏处所。

回溯性书目。是指记载与反映在历史上某一时期出版和发行的文献总目。

Jules Larivière. *Guidelines for Legal Deposit Legislation*. 2000. https：//www.ifla.org/publications/guidelines-for-legal-deposit-legislation.

University of Chicago Library. *Automated Storage and Retrieval System*. 2011. https：//www.lib.uchicago.edu/mansueto/tech/asrs/.

The International Organization for Standardization. *Information and documentation - International library statistics*. 2013. https：//www.iso.org/obp/ui/#iso：std：iso：2789：ed-4：v1：en.

二、中外国家图书馆案例

以下选取中国国家图书馆、大英图书馆、法国国家图书馆和埃及亚历山大图书馆作为案例，梳理当代国家图书馆的职能实现和服务提供情况。

（一）中国国家图书馆

中国国家图书馆的前身是京师图书馆。20 世纪初，在变法图强和西学东渐的背景下，有识之士奏请清政府兴办图书馆和学堂，以传承民族文化，吸收先进科学。1909 年 9 月 9 日，清政府批准筹建京师图书馆，馆舍设在北京广化寺。京师图书馆 1912 年 8 月 27 日开馆接待读者；1916 年起正式接受国内出版物的呈缴本，标志着其开始履行国家图书馆的部分职能。①

中国国家图书馆的建设宗旨是："传承文明、服务社会。"②其建设目标是：履行好国家图书馆作为国家古籍保护中心、国家典籍博物馆、国家文献信息资源总库（国家总书库）、国家书目中心、全国图书馆信息网络中心和全国图书馆发展研究中心的职能，努力将国家图书馆建设成为"国内最好、世界领先"的图书馆，成为传承和弘扬中华优秀传统文化的重要基地，成为支持和推广全民阅读的主要阵地，成为国家经济社会发展的新型智库，成为创新创业的知识中心，成为业界发展和服务创新的示范高地，成为联结各类信息服务机构的开放平台。③

中国国家图书馆承担的主要工作为："负责中国国家总书库、国家书目中心、国家古籍保护中心、国家典籍博物馆的建设与发展。履行国内外图书文献收藏和保护的职责，指导协调全国文献保护工作；为中央和国家领导机关、社会各界及公众提供文献信息和参考咨询服务；开展图书馆学理论与图书馆事业发展研究，指导全国图书馆业务工作；对外履行有关文化交流职能，参加国际图联及相关国际组织，开展与国内外图书馆的交流与合作。"④

---

① 中国国家图书馆. 关于国图 [EB/OL]. [2020 - 02 - 01]. http：//www.nlc.cn/dsb_footer/gygt/lsyg/.

② 中国国家图书馆. 关于国图 [EB/OL]. [2020 - 02 - 01]. http：//www.nlc.cn/dsb_footer/gygt/lsyg/index_8.htm/.

③ 中国国家图书馆. 中国国家图书馆"十三五"规划纲要 [EB/OL] [2021 - 07 - 26]. http：//www.nlc.cn/dsb_footer/gygt/xxgk/202104/P020210428319324349887.pdf.

④ 中国国家图书馆. 关于国图 [EB/OL]. http：//www.nlc.cn/dsb_footer/gygt/.

中国国家图书馆设置以下八个部门，以具体完成国家图书馆职能要求并向社会公众提供服务。

（1）国家图书馆研究院：由政策研究室、学科研究室、馆史资料征集与研究室、《文献》编辑部、《国家图书馆学刊》编辑部等部门组成，主要从事图书馆事业发展战略、文献信息组织、数字图书馆个性化服务及新媒体服务、古籍保护等领域的研究工作。

（2）中文采编部与外文采编部：主要负责全国图书馆联合编目中心、ISSN中国国家中心的运作与管理，包括出版物交存管理、中外文图书采访、中外文图书书目数据编制、中外文图书加工与维护、报刊采编、学位论文采编、台港澳文献采编、音像电子出版物采编、中文数字资源采编、名称规范与整合以及信息组织工具研发等。

（3）典藏阅览部（国家图书馆少年儿童馆）：主要负责为公众提供文献服务，包括文献典藏、中外文图书流通、报刊和学位论文阅览、数字资源服务、音像制品和电子出版物典藏阅览、台港澳文献阅览、参考书服务、少年儿童服务等。

（4）立法决策服务部（海外中国问题研究资料中心、国家图书馆中国边疆文献研究中心）：主要负责为国务院参事室提供专题咨询报告，完善立法决策服务平台和海外智库报告数据库，建设中华人民共和国法律法规信息服务系统与中国边疆文献总库。

（5）参考咨询部：主要负责为公众提供参考咨询服务，包括综合咨询、社科咨询、科技咨询、竞争情报服务等。

（6）数字资源部（数字图书馆推广工程办公室、国家图书馆互联网信息资源保存保护中心）：主要承担数字资源推广工程建设与协调、数字资源整合、文献数字化、网站管理与版权管理。

（7）古籍馆（国家图书馆方志馆）：主要承担古籍保护工作，包括文献修复、文献保护、古籍善本特藏阅览服务、经典文化推广等。

（8）国家古籍保护中心办公室（国际图联保存保护中国中心办公室）：主要承担指导协调全国文献保护工作，包括技艺传承与人才培养、事业发展规划等。

> **扩展阅读1.2**
>
> 中国国家图书馆：《关于国图》，http：//www.nlc.cn/dsb_footer/gygt/.
>
> 中国国家图书馆：《中国国家图书馆"十三五"规划纲要》，http：//www.nlc.cn/dsb_footer/gygt/xxgk/202104/P020210428319324349887.pdf.

（二）大英图书馆

大英图书馆（British Library）是英国的国家图书馆，前身为大英博物馆图书馆（British Museum Library），始建于1753年。[1]

面向2035年，大英图书馆的建设愿景是："建设、管理和保存英国生产的所有文献；支持并鼓励各种各样的研究；帮助企业创新和成长；让每个人都拥有难忘的文化体验；鼓励各个年龄段的学习者；与世界各地的合作伙伴合作，以提高知识和理解。"建设使命是："发展世界知识（Living Knowledge）。"建设目标是："保证后代对信息的获取，保证任何有研究需要的人对信息的获取，支持研究团体参与经济发展，丰富全国人民的文化生活，领导和共同参与人类的知识积累。"[2]

大英图书馆承担的主要工作为："收集和保护英国国家文献文化遗产，承担国家总书库建设；为英国各类科学研究工作提供支持与服务；为英国企业发展提供咨询服务；领导各类公众文化活动；支持各级正规教育、个人教育和自学教育；开展国际合作与交流。"[3]

大英图书馆设置以下5个部门[4]，以具体完成国家图书馆职能要求并向社会公众提供服务。

（1）商务服务部（Business Audiences Department）：主要为英国商业和创意产业领域的用户提供战略咨询服务，支持"欧洲区域发展基金计划"

---

[1] British Library. About the British Library [EB/OL]. [2020 – 01 – 27]. https：//www.bl.uk/about – us/our – vision.

[2] British Library. About the British Library [EB/OL]. [2020 – 01 – 27]. https：//www.bl.uk/about – us/our – vision.

[3] British Library. About the British Library [EB/OL]. [2020 – 01 – 27]. https：//www.bl.uk/about – us/our – vision.

[4] British Library. Our departments and functions [EB/OL]. [2020 – 01 – 27]. https：//www.bl.uk/careers/what – we – do/our – departments – and – functions.

（European Regional Development Fund Programme）建设，监督"商业与知识产权中心国家网络"（Business & IP Centre National Network）建设。

（2）馆藏管理部（Collection Management Department）：主要负责馆藏文献的保存与保护。

（3）馆藏监护部（Collection Curation Department）：主要负责国际出版的各类文献的收集、英国国家文献元数据建设以及英国图书馆事业研究工作。

（3）商业服务（Commercial Services Department）：主要负责图书馆出版活动运作与管理。

（4）文化与学习部（Culture & Learning Department）：主要为公众提供知识与技能培训，举办各类文化活动和展览，并参与主持研制英国公共文化政策与公民文化管理。

（5）业务与战略发展部（Corporate Affairs and Strategy Development Department）：主要负责图书馆公共关系管理、开展与国际图书馆的交流与合作。

> **扩展阅读1.3**
>
> British Library. *About the British Library*. https：//www.bl.uk/about-us/our-story.
>
> British Library. *Living Knowledge*. https：//www.bl.uk/about-us/our-vision.

（三）法国国家图书馆

法国国家图书馆（La bibliothèque nationale de France）建于14世纪查理五世统治时期，现由法国文化和传播部（Ministère de la Culture et de la Communication）负责建设与管理。

法国国家图书馆的建设使命是："收集、保护、丰富和传播国家文化遗产。"① 建设目标是："不断改善与公众之间的关系；持续推进实体和数字馆藏的可持续发展并保证其可访问性；促进资源与服务的共建共享；采用标杆

---

① La bibliothèque nationale de France. Les missions de la BnF [EB/OL]. [2020-02-10]. https：//www.bnf.fr/fr/les-missions-de-la-bnf.

管理并定期进行效能评估，展望未来。"①

法国国家图书馆承担的主要工作为："负责牵头法国国家文献资源保障体系建设；承担国家文献文物保护与修复技术工作，负责国家古籍资源数字化管理系统数据建设；开展国际合作与交流。"②

法国国家图书馆设置以下4个部门，以具体完成国家图书馆职能要求并向社会公众提供服务。

（1）馆藏管理部（Direction des Collections）：承担国家总书库建设，负责国际出版的各类文献的收集以及馆藏文献的保存与保护。

（2）对外联络部（Délégation à la Communication）：主要负责国内外图书馆合作关系建设。

（3）社会服务部（Direction des Services et des réseaux）：主要负责为公众提供文献服务，并承担为公众提供知识及技能培训的工作。

（4）数字资源部（Département des ressources numériques）：主要承担法国国家数字资源整合、文献数字化以及资源版权管理。

扩展阅读1.4

La bibliothèque nationale de France. *Les missions de la BnF*. https：//www. bnf. fr/fr/les－missions－de－la－bnf.

La bibliothèque nationale de France. *Contrat de performance*. https：//www. bnf. fr/fr/contrat－de－performance.

（四）埃及亚历山大图书馆

埃及亚历山大图书馆（Library of Alexandria）始建于托勒密一世（约公元前367—前283年），于3世纪末被战火全部吞没。③ 1987年，联合国教科文组织呼吁国际社会支持亚历山大图书馆的重建计划。2002年，重建的亚历

---

① La bibliothèque nationale de France. Contrat de performance [EB/OL]. [2021－07－26]. https：//www. bnf. fr/fr/contrat－de－performance.

② La bibliothèque nationale de France. Les missions de la BnF [EB/OL]. [2020－02－10]. https：//www. bnf. fr/fr/les－missions－de－la－bnf.

③ 中华网. 亚历山大图书馆及其传说 [EB/OL]. [2020－2－10]. http：//www. china. com. cn/chinese/WISI/219236. htm.

山大图书馆正式开馆,现为埃及国家图书馆。

亚历山大图书馆建设愿景是:"致力于重拾原始亚历山大图书馆的开放精神和学术精神。"建设使命是:"成为知识生产和传播的卓越中心,并成为不同文化和人民之间对话、学习和理解的场所。"建设目标是:"成为埃及的世界之窗;成为世界的埃及之窗;成为引领数字时代的研究机构;成为学习、宽容、对话和理解的中心。"①

亚历山大图书馆承担的主要工作为:"负责系统收集各类语种出版物并重点收藏阿拉伯语言出版物;承担'阿拉伯世界记忆项目'建设;负责与重要国际组织建立长期稳定国际伙伴关系;为社会公众提供图书馆与信息服务。"②

亚历山大图书馆设置以下5个部门③,以具体完成国家图书馆职能要求并向社会公众提供服务。

(1)学术研究部(Academic Research):主要负责地中海文化、希腊文化、伊斯兰宗教文化等研究工作,支持"可持续发展研究、青少年能力培养与非洲关系支持计划"(Sustainable Development Studies, Youth Capacity Building, and African Relations Support Program)与"女性研究与社会转型计划"(Women's Studies and Social Transformation Program)两大项目建设。

(2)文化推广部(Department of Cultural Outreach):主要负责下属博物馆、美术展览馆与手稿中心建设,负责举办各类文化活动。

(3)对外关系联络部(Department of External Relations and Protocol Sector):主要负责图书馆公共关系管理,推进图书馆合作关系建设,并具体负责各类图书馆参访活动。

(4)信息通信技术部门(Information Communication Technology Sector):主要负责阿拉伯语言文献研究工作,承担文献数字化工作,参与国家图书馆信息学研究。

---

① Library of Alexandria. About the BA [EB/OL]. [2020-02-10]. https://www.bibalex.org/en.

② Library of Alexandria. About the BA [EB/OL]. [2020-02-10]. https://www.bibalex.org/en.

③ Library of Alexandria. About the BA [EB/OL]. [2020-02-10]. https://www.bibalex.org/en.

（5）图书馆部（Library Sector）：主要负责为社会公众提供服务，举办各类素养培育活动以及举办社会教育及培训课程。

> **扩展阅读1.5**
>
> Library of Alexandria. *About the BA*. https：//www.bibalex.org/en.
> Library of Alexandria. *Law No.1 of 2001 Concerning the Library of Alexandria*. https：//www.bibalex.org/en/Page/Law_1？Keywords=.

第三节 公共图书馆

一、公共图书馆的概念和职能

《中华人民共和国公共图书馆法》第二条规定："公共图书馆，是指向社会公众免费开放，收集、整理、保存文献信息并提供查询、借阅及相关服务，开展社会教育的公共文化设施。前款规定的文献信息包括图书报刊、音像制品、缩微制品、数字资源等。"[①]

国际图联公共图书馆专业委员会（IFLA - Public Libraries Section）指出："公共图书馆应在信息社会背景下为整个社会提供服务，保障当地信息获取公平。它还包括移动图书馆。"[②]

《国际图书馆统计标准》（ISO 2789：2013）[③]将公共图书馆界定为"向公众开放的、为当地社区居民服务的、通常全部或部分由公共基金资助的综

---

① 中华人民共和国公共图书馆法［EB/OL］.［2020 - 01 - 31］. http：//www.npc.gov.cn/npc/c12435/201811/3885276ceafc4ed788695e8c45c55dcc.shtml.

② IFLA. About the Public Libraries Section［EB/OL］.［2020 - 02 - 03］. https：//www.ifla.org/about - the - public - libraries - section.

③ Information and documentation - international library statistics：ISO 2789：2013［S/OL］.［2020 - 01 - 31］. https：//www.iso.org/obp/ui/#iso：std：iso：2789：ed - 5：v1：en.

合图书馆",并有如下相关表述:"公共图书馆是面向所有公众开放的,即使其服务主要是针对特定人群,例如儿童、视障人士或医院患者等,它的基本服务均是免费的。"

《国际图联公共图书馆服务指南》(IFLA Public Library Service Guidelines,2010)将公共图书馆定义为:"由社区通过中央政府、地方政府或其他社区组织建立、支持和资助的图书馆;它面向一个社区的所有成员,不管其种族、国籍、年龄、性别、宗教、语言、身体条件、经济及就业状况如何,平等开放;通过向社区成员提供各类资源和服务,使他们可以获得知识、信息及创作类作品。"①

一般而言,公共图书馆具备两大基本特征:在经费来源方面,由地方公共财政资助,属于公益性事业,向公众免费开放;在用户范围方面,公共图书馆的服务以平等利用为基础,服务区域内的所有社会成员。

关于公共图书馆的职能与使命,《国际图联/联合国教科文组织公共图书馆宣言》(IFLA/UNESCO Public Library Manifesto,1994)② 规定,公共图书馆应当"从小培养并加强儿童的阅读习惯;既支持各级正规教育,又支持个人教育和自学教育;提供个人创造性发展的机会;激发儿童和年轻人的想象力和创造力;加强文化遗产意识,提高对艺术、科学成就和创新的鉴赏力;提供所有表演艺术之文化展示的观赏途径;促进跨文化对话,鼓励文化多样性;支持口述传统;确保公民能利用各种社区信息;为地方企业、协会和利益团体提供充分的信息服务;推动信息和计算机素养技能的发展;支持并参与针对不同年龄层开展的读写能力培养和计划,必要时主动发起此类活动"。

---

① IFLA public library service guidelines [EB/OL]. [2020-02-03]. https://www.ifla.org/publications/ifla-publications-series-147.

② IFLA/UNESCO public library manifesto 1994 [EB/OL]. [2020-01-31]. https://www.ifla.org/files/assets/public-libraries/publications/PL-manifesto/pl-manifesto-zh.pdf.

> **扩展阅读 1.6**
>
> Public Libraries Section. *IFLA/UNESCO Public Library Manifesto*. 1994. https：//www.ifla.org/publications/iflaunesco – public – library – manifesto – 1994.
>
> Christie Koontz, Barbara Gubbin. *IFLA Public Library Service Guidelines*. 2010. https：//www.ifla.org/publications/ifla – publications – series – 147.
>
> Public Libraries Section. *Mobile Library Guidelines*. Hague，2010. https：//www.ifla.org/publications/ifla – professional – reports – 123？og =49.

二、中外公共图书馆案例

以下选取美国纽约图书馆、英国伯明翰图书馆、芬兰赫尔辛基中央图书馆和中国广州图书馆作为案例，梳理当代公共图书馆的职能实现和服务提供情况。

（一）美国纽约公共图书馆

美国纽约公共图书馆（New York Public Library）是美国最大的市立公共图书馆，成立于1895年，已建成美国最大的公共图书馆服务系统，拥有88个社区分馆和4个学术研究中心。[①]"纽约公共图书馆由公共财政资助，向公众免费开放。纽约公共图书馆为图书馆用户提供各类信息资源，并为各类群体提供针对性信息咨询服务；同时，其重视信息和计算机素养技能培育，积极设计与建设针对不同年龄层开展的读写能力培养计划，并举办系列社会教育活动。"[②]

纽约公共图书馆的建设使命是："激励社会公众终身学习、促进知识扩散、加强社群联系。"建设目标是："面向终身学习，培养更多的学习者和研究者；面向国际，提供信息的免费与公平获取；面向社群发展，不断扩大公

[①] New York Public Library. About the New York Public Library［EB/OL］.［2020 – 02 – 14］. https：//www.nypl.org/help/about – nypl/mission.

[②] New York Public Library. About the New York Public Library［EB/OL］.［2020 – 02 – 14］. https：//www.nypl.org/help/about – nypl.

众参与机会。"①

纽约公共图书馆设置以下4个部门②，以实现其职能。

（1）分馆图书馆与教育部（Branch Libraries and Education Department）：负责指导纽约公共图书馆88个社区分馆以及制定图书馆的教育战略。

（2）项目与图书馆服务部（Programs & Library Services Department）：主要负责举办公众教育活动；为用户提供文献与信息咨询服务；组织面向所有年龄层的素养提升项目。

（3）研究图书馆部（Research Libraries Department）：下属四个学术中心，主要负责馆藏战略制定、馆藏建设以及文献保存与保护。

（4）对外联络部（External Relations Department）：参与图书馆战略制定；负责图书馆宣传与推广，协助图书馆服务项目推广；负责图书馆合作关系建设。

> **扩展阅读1.7**
>
> New York Public Library. *About The New York Public Library*. https：// www. nypl. org/help/about – nypl.
>
> New York Public Library. *New York State Plan of Service*. https：// www. nypl. org/help/about/mission/ny – state – plan – service.

（二）英国伯明翰图书馆

英国伯明翰图书馆（Library of Birmingham）于2013年9月正式向公众开放，是欧洲最大的公共图书馆。③ "伯明翰图书馆由伯明翰城市委员会（Birmingham City Council）资助，为图书馆用户免费提供各类信息资源；重视图书馆空间建设，面向不同群体创设个性化服务空间；与相关合作伙

---

① New York Public Library. President and leadership ［EB/OL］. ［2020 – 02 – 14］. https：//www. nypl. org/help/about – nypl/president – and – leadership.

② New York Public Library. President and leadership ［EB/OL］. ［2020 – 02 – 14］. https：//www. nypl. org/help/about – nypl/president – and – leadership.

③ Library of Birmingham. About the library ［EB/OL］. ［2019 – 12 – 14］. https：// www. birmingham. gov. uk/libraries.

伴以及周边社区等开展合作，为社区用户提供多元文化服务；支持公民信息素养提升，举办数字素养培育活动；重视地方文献建设，建设主题专藏。"①

伯明翰图书馆建设愿景是："创造一个人民的宫殿（People's Palace）。建成一个适合所有年龄、文化和背景的公共社群空间。"其建设目标是："成为城市的学习、信息和文化的中心。"②

伯明翰公共图书馆设置以下6个部门③，以实现其职能。

（1）档案与馆藏建设部（Archives and Collections Division）：主要承担伯明翰城市档案、伯明翰地方历史文献、摄影收藏、早期精致印刷品、文学著作收藏和音乐收藏六大类馆藏资源建设。

（2）企业、就业与培训部（Business, Employment and Training Division）：主要负责提供企业战略咨询服务与创意孵化支持；提供用户就业建议；提供用户培训课程。

（3）儿童与青少年服务部（Children and Young People Division）：提供婴儿图书馆服务、儿童图书馆服务以及青少年图书馆服务；组织学校图书馆参访等儿童服务活动。

（4）图书馆服务部（Library Service Division）：主要负责伯明翰移动图书馆建设；负责数字资源建设与服务；提供公共互联网访问服务。

（5）休闲与学习部（Leisure and Learning Division）：主要负责图书馆阅读服务以及健康信息服务。

（6）音乐与表演部（Music and Performance Division）：主要负责音乐图书馆建设；为音乐专业学生提供服务；并举办系列音乐素养培育活动。

---

① Library of Birmingham. About the library［EB/OL］.［2019-12-14］. https：//www.birmingham.gov.uk/libraries.

② Library of Birmingham. The plan［EB/OL］.［2019-12-14］. https：//www.theplan.it/eng/architecture/library-of-birmingham.

③ Library of Birmingham. About the library［EB/OL］.［2019-12-14］. https：//www.birmingham.gov.uk/libraries.

> **扩展阅读1.8**
>
> Library of Birmingham. *About the Library*. https：//www.birmingham.gov.uk/libraries.
>
> Library of Birmingham. *Library of Birmingham：Options*. https：//www.birmingham.gov.uk/downloads/file/3683/library_of_birmingham_options_october_2005.

（三）芬兰赫尔辛基中央图书馆

芬兰赫尔辛基中央图书馆（Helsinki Central Library Oodi）于2018年12月正式开馆。"赫尔辛基中央图书馆向社会公众免费开放，为图书馆用户免费提供各类信息资源；重视图书馆空间建设，设置读者自由交流空间、传统图书馆阅读空间；为图书馆提供种类齐全的功能服务。"①

赫尔辛基中央图书馆建设目标是："为图书馆用户提供知识、新技能和故事，致力于成为社会公众学习、沉浸故事、工作和放松的便捷场所。"②

赫尔辛基中央图书馆设置以下4个部门③，以实现其职能。

（1）馆藏建设部（Collection Division）：负责图书馆信息资源建设规划以及信息资源建设；承担图书馆功能空间建设工作。

（2）合作关系部（Partnerships Division）：开展图书馆合作关系建设；负责图书馆服务及活动的宣传与推广。

（3）文化与休闲服务部（Culture and Leisure Division）：履行多元文化、创客空间、游戏服务、影音鉴赏等专题服务与管理职责；负责组织多元文化服务及公众素养培育活动。

（4）未成年人服务部（Services for Children and Youth Division）：负责未成年人阅读服务工作；负责组织开展未成年人创新实践活动；承担儿童阅览空间建设工作。

---

① Helsinki Central Library Oodi. What is Oodi？［EB/OL］.［2020-02-14］. https：//www.oodihelsinki.fi/en/.

② Helsinki Central Library Oodi. What is Oodi？［EB/OL］.［2020-02-14］. https：//www.oodihelsinki.fi/en/.

③ Helsinki Central Library Oodi. What is Oodi？［EB/OL］.［2020-02-14］. https：//www.oodihelsinki.fi/en/.

> **扩展阅读 1.9**
>
> Helsinki Central Library Oodi. *What is Oodi*. https://www.oodihelsinki.fi/en/what-is-oodi/.
>
> 吴建中，程焕文，科恩·戴安娜，莱斯内斯基·特拉奇，唐玉恩，特纳兹泰培·艾利弗，哈迪·克里斯：《开放、包容、共享：新时代图书馆空间再造的榜样——芬兰赫尔辛基中央图书馆开馆专家访谈》，《图书馆杂志》2019年第1期，第4-12页。

（四）中国广州图书馆

广州图书馆始建于1927年，2013年新馆全面开放。"广州图书馆是由广州市政府设立的公益性公共文化机构，以纸质文献、音像制品、数字资源等文献信息资源的收集、整理和存储为基础，提供资源借阅与传递、信息咨询、展览讲座、艺术鉴赏、文化展示和数字化网络服务及公众学习、研究、交流空间，开展社会阅读推广活动。"①

广州图书馆的建设愿景是："连接世界智慧，共建书香羊城。"②

广州图书馆的建设使命是："致力于发挥广州市公共图书馆体系中心馆的作用，成为城市的知识平台、学习平台、文化平台、交流平台。"③

广州图书馆的建设总体目标是："建设以人为中心、国际一流的大都市图书馆。"④ 在"十四五"时期，广州图书馆建设的具体目标为：①完善管理模式，率先实现公共图书馆服务均等化，推动全市服务体系进入国际一流行列；②提升知识服务，强化知识汇聚，扩大知识传播，推动知识创新；③引领全民阅读，支持终身学习，为公众自主发展赋能；④打造最具影响力的综合性城市文化平台，丰富城市文化地标、城市窗口的内涵；⑤强化公共空间功能，为公众和社会各层面交流提供机遇；⑥提升管理运营的专业化水

---

① 广州图书馆. 广图概况 [EB/OL]. [2019-12-05]. http://www.gzlib.gov.cn/aboutlib/index.jhtml.

② 广州图书馆. 广图概况 [EB/OL]. [2019-12-05]. http://www.gzlib.gov.cn/aboutlib/index.jhtml.

③ 广州图书馆. 广图概况 [EB/OL]. [2019-12-05]. http://www.gzlib.gov.cn/aboutlib/index.jhtml.

④ 广州图书馆. 广图概况 [EB/OL]. [2019-12-05]. http://www.gzlib.gov.cn/aboutlib/index.jhtml.

平，支撑高质量发展。

广州图书馆设置以下14个机构[①]，以实现其职能。

（1）办公室：履行业务、政策规章、计划财务、文秘、信息共享、会务、机要、保密、信访、政务公开、督办、档案等管理职责，统筹和综合协调全馆性工作。负责全馆公益宣传、导向标识与形象识别系统等统筹管理工作；负责统筹全馆应急问题处理；安排来访接待；承担图书馆理事会日常工作；负责预决算管理；负责工资等发放、税费与非税收入缴纳工作；负责国有资产账目管理；按时核对账目；编制各类财务统计报表；负责票据、财务档案的管理工作；负责税务登记证、组织机构代码证、银行账户的年审等管理工作；负责审核各项合同（含政府采购等经济合同）等工作。

（2）人力资源部：履行组织、人事、纪检监察、工青妇指导等职责。负责组织、人事、统战、侨务、工青妇、计划生育、公费医疗、离退休干部、因私出国（境）管理等工作；负责人力资源规划、岗位配置与管理、人才招聘引进、培训与开发、职称评聘、考核与评价、薪酬与福利、劳动保障、人事档案管理等工作；负责党风廉政建设、纪检、监察和因公出国（境）人员政审工作；负责党委日常工作、党委会各项决策的落实、协调与检查。

（3）文献流通部：履行普通文献资源（少儿、专题资源除外）服务、管理与阅读推广等职责。负责书刊音像资料借阅的规划与组织工作；负责文献流通与阅读推广服务，开展书刊推介、咨询导读和读者培训、注册推广服务，开展视障读者服务及主题交流活动；负责文献典藏、古籍保管工作；负责总服务台、读者咨询中心、图书区、报刊音像区、休闲生活馆、视障人士服务区、自助服务区、24小时智能图书馆、通借通还区等区域服务；负责预约取书、停车场还书等服务；负责书刊排架的检查与监督管理；负责辅助馆员的日常管理与监督等工作。

（4）信息咨询部：履行地方文献与特藏文献保存、信息咨询与参考研究服务等职责。负责广州地方文献、广州名人专藏、家谱、古籍等特藏文献的征集、开发、研究与服务工作；开展面向社会的信息咨询与参考服务，统筹全馆信息咨询服务；负责馆际互借服务；负责广州人文馆、"广州之窗"城市形象推广厅等主题区建设、服务与管理工作。

（5）专题服务部：履行多元文化、创意设计、创客空间、语言学习、影

---

① 广州图书馆. 机构设置［EB/OL］. ［2019-02-05］. http：//www.gzlib.org.cn/setup/index.jhtml.

音鉴赏等专题服务与管理职责。负责组织多元文化馆藏，提供多元文化服务，开展多元文化交流；负责创意设计等相关主题的文献、信息服务，开展交流活动；负责语言学习馆、影音鉴赏的服务与管理工作；负责书刊排架的检查与监督管理。

（6）儿童与青少年部：履行儿童与青少年读者服务与阅读推广职责。负责少儿借阅服务工作的规划与组织、少儿文献资源管理等工作；开展书刊推介、咨询导读和读者培训服务；开展阅读推广活动；负责亲子绘本阅读馆、玩具馆等特色主题馆的建设、服务与管理工作；负责组织开展科普基地与未成年人素质教育基地活动；负责书刊排架的检查与监督管理。

（7）网络服务部：履行网络与数字图书馆服务、阅读推广等职责。负责图书馆网络平台建设、网络服务（含微信等）与推广、数字资源管理工作；负责区域内图书馆数字资源共建共享工作；负责电子阅览、读者信息素养教育与技能培训服务；负责馆内网络服务统筹管理工作。

（8）社会活动推广部：履行组织大型阅读推广活动，开展传播推广、统筹公众交流、公共关系与品牌资产管理等职责。负责全馆大型社会文化活动、公益性讲座、展览等的策划与组织实施，统筹、协调全馆阅读推广活动；负责全馆公共区域交流活动、宣传推广信息发布与相应设备设施管理工作；负责官方微博、图书馆通讯等平台信息组织发布，与媒体沟通交流，志愿者管理，推进合作伙伴关系和各类读者组织建设，统筹全馆相关工作；负责阅读体验区、自修区、广州纪录片研究展示中心、负一层公共交流区服务与管理工作。

（9）中心图书馆办公室：履行中心馆工作、延伸服务管理等职责。负责全市公共图书馆业务的指导和协调，组织召开馆长联席会议；负责收集、整理、分析全市公共图书馆业务统计数据并编印年度业务统计报告；负责组织制定和实施全市公共图书馆统一的业务标准和服务规范；负责统筹全市公共图书馆通借通还服务网络建设、协调全市公共图书馆信息化管理系统和数字图书馆建设及共享工程协调；负责组织市、区、镇、街道公共图书馆工作人员专业化培训工作；负责指导和支持区域总分馆服务体系建设；负责直属综合和专业性分馆、流动图书馆、自助图书馆等延伸服务的规划、建设、管理与服务；承担市、区之间通借通还服务网络图书物流；开展送书上门服务。

（10）采编中心：履行全馆信息资源建设与保障，统筹文献资产管理，区域内图书馆信息资源采购与编目协调等职责。负责全馆信息资源建设规划，纸质信息资源（含地方文献、古籍等特藏）、音像资料、数字信息资源等采访、分编加工、破损修复工作；统筹、组织文献剔除工作的开展；负责全馆书目数据库和采编业务数据库的规范化管理与维护工作。

（11）研究发展部：履行科研管理，推进专业研究、交流与专业化队伍建设，支持图书馆创新服务与规划发展等职责。负责规划、管理、推进全馆学术研究、科研课题、图书馆学文献出版工作；负责国内外相关图书馆调研，组织开展行业交流与合作；负责组织实施馆内知识共享和专业资源建设；承担图书馆发展规划、重点科研课题研究；负责市图书馆学会日常工作；负责广州市图书馆专业继续教育基地的管理和运行，组织开展广州地区专业人员继续教育与培训，推进专业化队伍建设，编发《广州地区图书馆动态》。

（12）技术部：履行图书馆信息技术支撑与保障等职责。负责服务需求与技术发展调研，进行应用技术开发；负责计算机网络系统、图书馆应用系统、数据库系统等规划、建设、管理（含资产管理）与技术支持；负责各类终端设备的采购、管理与维护。

（13）资产、物业管理部：履行后勤保障、物业管理、资产管理等职责。负责楼宇智能化、公共区域场地与环境、办公与公共服务保障等管理工作；负责资产采购（图书资料和计算机设备除外）、配置、登记与仓库管理；负责固定资产的报废、处置工作；组织开展招投标、政府采购项目；负责自动分拣系统运行管理；负责餐厅、停车场等配套服务；负责工程管理；负责物业公司（含书架管理项目）管理工作。

（14）安全保卫部：履行全馆治安保卫、消防安全和维稳综治等职责。负责安全保卫和消防安全、安全生产、内保、征兵、集体户口管理等工作，配合开展综治维稳工作。

扩展阅读1.10

广州图书馆：《关于广图》，http：//www.gzlib.gov.cn/aboutlib/index.jhtml.

广州图书馆：《广州图书馆2021—2025年发展规划》，http：//www.gzlib.org.cn/devplan/index.jhtml.

第四节 高校图书馆

一、高校图书馆的概念和职能

《国际图书馆统计标准》（ISO 2789：2013）[1]将"学术图书馆"界定为"该类型图书馆的基本职能在于满足用户学习与研究的信息需求。此类型图书馆包括高等学校图书馆和综合性科学研究图书馆。"值得说明的是，关于此类型图书馆，国际和国内术语使用存在不同，国内主要使用"高校图书馆"这一术语。

教育部《普通高等学校图书馆规程》（2015）第二条规定："高等学校图书馆是学校的文献信息资源中心，是为人才培养和科学研究服务的学术性机构，是学校信息化建设的重要组成部分，是校园文化和社会文化建设的重要基地。图书馆的建设和发展应与学校的建设和发展相适应，其水平是学校总体水平的重要标志。"[2]

高校图书馆是为教学和科学研究服务的学术性机构。为教学和科学研究服务，是高校图书馆基本的特征。具体而言，其职能主要有以下两方面。

（1）提供教学支持服务：保障师生教学活动所需的信息；为教学活动提供各类空间；承担信息素养课程，开展图书馆利用培训，同时为学生提供参考咨询服务；作为教学伙伴，参与计算机辅助教学课件的开发等。[3]

（2）提供科研支持服务：为师生提供其科研活动所需信息；面向具体问题，提供有针对性的答案、线索、文献或其他帮助；辅助科研人员向机

---

[1] Information and documentation - International library statistics：ISO 2789：2013 [S/OL]. [2020 - 01 - 31]. https：//www.iso.org/obp/ui/#iso：std：iso：2789：ed - 5：v1：en.

[2] 教育部关于印发《普通高等学校图书馆规程》的通知 [EB/OL]. [2021 - 08 - 25]. http：//www.scal.edu.cn/gczn/sygc.

[3] 于良芝. 图书馆情报学概论 [M]. 北京：国家图书出版社，2016：262 - 263.

构资源库或其他开放存取中心提交数据及成果；参与数字人文等研究活动等。①

教育部《普通高等学校图书馆规程》② 将"高校图书馆任务"确定为："（一）建设全校的文献信息资源体系，为教学、科研和学科建设提供文献信息保障；（二）建立健全全校的文献信息服务体系，方便全校师生获取各类信息；（三）不断拓展和深化服务，积极参与学校人才培养、信息化建设和校园文化建设；（四）积极参与各种资源共建共享，发挥信息资源优势和专业服务优势，为社会服务。"

> **扩展阅读 1.11**
>
> John MacColl, Michael Jubb. *Supporting Research：Environments, Administration and Libraries*. 2010. https：//www.oclc.org/research/publications/2011/2011-10r.html.
>
> University of Cape Town Libraries. *The quest for deeper meaning of research support*. IFLA, 2015. https：//www.ifla.org/publications/node/10303? og=43.
>
> Council on Library and Information Resources. *A Splendid Torch：Learning and Teaching in Today's Academic Libraries*. 2017. https：//www.clir.org/pubs/reports/pub174/.
>
> American Library Association. *Resources for College Libraries*. 2021. http：//www.rclweb.net/Login/Index? ReturnUrl=%2f&AspxAutoDetectCookieSupport=1.

二、中外大学图书馆案例

以下选取美国哈佛大学图书馆、英国帝国理工学院图书馆、澳大利亚悉尼大学图书馆，以及中国北京大学图书馆、清华大学图书馆和中山大学图书馆作为案例，梳理当代大学图书馆的职能实现和服务提供情况。

---

① 于良芝. 图书馆情报学概论 [M]. 北京：国家图书馆出版社，2016：263-264.
② 教育部. 普通高等学校图书馆规程 [EB/OL]. [2020-02-05]. http：//www.moe.gov.cn/srcsite/A08/moe_736/s3886/201601/t20160120_228487.html.

(一) 美国哈佛大学图书馆

哈佛大学是美国本土历史最悠久的高等学府，建立于 1636 年。哈佛大学在文学、医学、法学、商学等多个领域拥有崇高的学术地位及广泛的影响力，被公认为当今世界最顶尖的高等教育及研究机构之一。

哈佛大学图书馆（Harvard University Library）是美国最古老的图书馆，也是世界上藏书最多、规模最大的大学图书馆。哈佛大学图书馆拥有完整的大学图书馆总分馆体系，下属 28 个分馆以及 90 多个不同专业的学术资料室。哈佛大学图书馆积极与各个计算机数据库和其他相关合作者建立联系，积极认真与周到地为师生提供各种资料与服务，为哈佛大学的教学与科学研究提供坚实的支撑；同时其重视特色馆藏资源的利用与发展，建设了特色馆藏数字资源检索平台。①

哈佛大学图书馆的建设愿景是："渴望成为扩展世界知识和智力探索的全球领导者。"建设目标是："鼓励好奇心，不断改善世界。"建设使命是："成为通往知识之路的合作伙伴。与各个社群一起创造和分享新知识。作为哈佛大学的心脏，不断促进学习、研究和追求真理。"②

哈佛大学图书馆设置以下 6 个部门③，以实现大学图书馆职能。

（1）资源获取服务部（Access Services Department）：主要承担资源流通服务、学科服务、馆际互借服务以及各类图书馆参访服务与管理工作；负责哈佛大学贮存图书馆建设。

（2）美洲、欧洲、太平洋分部（Americas, Europe, and Oceania Division）：主要承担北美洲、南美洲、欧洲、澳大利亚、新西兰和太平洋岛屿地区等的人文和社会科学文献资料收集。

（3）传播服务部（Communications Department）：承担图书馆内外合作关系建设，支持知识的创造、应用、保存和传播。

（4）信息与技术服务部（Information and Technical Services Department）：承担图书馆数字资源发展战略规划、数字资源建设与服务工作；负责提供数

---

① Harvard University Library. Our values [EB/OL]. [2020-02-16]. https://library.harvard.edu/about/about-harvard-library.

② Harvard University Library. Our values [EB/OL]. [2020-02-16]. https://library.harvard.edu/about/about-harvard-library.

③ Harvard University Library. Staff directory [EB/OL]. [2020-02-16]. https://staff.library.harvard.edu/departments.

字资源访问途径。

（5）保存服务部（Preservation Services）：承担哈佛大学特色馆藏保存与保护工作。

（6）研究数据管理项目（Research Data Management Program）：承担科研数据管理与管控工作，将哈佛大学所有科学成员与跨研究数据生命周期的服务和资源联系起来；支持哈佛大学多学科研究数据发现、互操作以及重复使用。

> **扩展阅读 1.12**
>
> Harvard University. *About Harvard*. https：//www.harvard.edu/about-harvard/.
>
> Harvard University Library. *About the Library*. https：//library.harvard.edu/libraries.

（二）英国帝国理工学院图书馆

帝国理工学院（Imperial College London）于1907年建立于英国伦敦，由维多利亚女王和阿尔伯特亲王于1845年建立的皇家科学院和大英帝国研究院、皇家矿业学院、伦敦城市与行会学院合并而成，现为世界顶尖的公立研究型大学，在国际学术界有着顶级声望，是世界最具创新力的大学之一。

帝国理工学院图书馆承担的主要工作为："致力于为教学和科学研究服务提供支撑，重视各类资源建设；在服务学生方面，图书馆提供'课程指引—学习技能指导—科研训练服务—各项学习测试辅助服务—学位授予—校友服务'全流程服务；在服务科研方面，图书馆提供'研究计划支持—资助申请支持—研究活动—学术出版服务—学术文献翻译'全流程服务；在面向教学服务方面，图书馆提供'学校教学战略解读—教学服务—资源发现—学科文献服务—学科前沿研究支撑—课程更新与创新系列服务'。"①

---

① Imperial College London. Our services［EB/OL］.［2020-02-16］. https：//www.imperial.ac.uk/media/imperial-college-administration-and-support-services/library/public/Supporting-Students-combined.pdf.

帝国理工学院图书馆设置以下5个部门①，以实现大学图书馆职能。

（1）图书馆服务部（Library Services）：参与图书馆服务战略、政策和计划制定工作；负责图书馆文献流通阅览、文献馆际互借等文献获取保障服务工作。

（2）内容与发现部（Content and Discovery）：承担图书馆资源采访工作、文献传递服务工作以及图书馆资源系统建设；参与图书馆服务战略规划。

（3）图书馆学科服务部（Library Liaison）：提供学科支持服务，支持课程教学。

（4）学术交流管理部（Scholarly Communications Management）：承担教育和研究支持计划项目建设；承担信息素养和学术技能教学工作；负责科学研究数据管理、开放访问和学术交流工作。

（5）用户服务部（User Services）：承担图书馆用户服务政策制定工作；负责图书馆服务宣传与推广；承担图书馆用户体验相关研究。

> **扩展阅读1.13**
>
> Imperial College London. *Introducing Imperial*. https://www.imperial.ac.uk/about/introducing－imperial/.
>
> Imperial College London. *Library Services*. https://www.imperial.ac.uk/admin－services/library/.

（三）澳大利亚悉尼大学图书馆

澳大利亚悉尼大学（University of Sydney）始建于1850年，是一所世界顶尖研究型大学。该校注重理论与实践相结合，其教育、法学、医学、会计与金融、政治与国际研究、建筑、音乐、文学、语言学、药学和药理学、护理学等专业均为世界优势学科。

悉尼大学图书馆承担的主要工作为："承担信息资源保障及服务体系建设，提供丰富多样的资源来支持和促进教学和研究项目发展；承担贮存图书馆建设，积极推进特色馆藏建设；负责学校科研数据管理，为在校人员提供

---

① Imperial College London. Staff directory［EB/OL］.［2020－02－16］. http://www.imperial.ac.uk/admin－services/library/about－us/staff－structure/.

科研实验数据服务以及科研成果交流渠道。负责学习空间建设,并提供特殊群体服务。"①

悉尼大学图书馆设置以下 4 个部门②,以实现大学图书馆职能。

(1) 图书馆服务部(Library Services):负责馆藏资源建设与服务系统建设,并为图书馆用户提供信息技术使用指导;履行为在校师生以及院系发展提供咨询服务的职责;承担图书馆服务宣传与推广工作。

(2) 战略与管理部(Strategy & Governance):负责学校文化保存工作;组织系列文化教育活动;承担信息素养和学术技能教学工作。

(3) 研究支持部(Research Support):支持科学研究服务,提供文献资料翻译服务;负责科学研究数据管理,辅助学校科研项目管理;承担科研人员学术道德与规范教育工作。

(4) 教学支持部(Teaching Support):承担教育和研究支持计划项目建设;履行教学资源保障服务职责;承担在校学生学术诚信教育工作。

> 扩展阅读 1.14
>
> University of Sydney. About Us. https://www.sydney.edu.au/about-us.html.
>
> University of Sydney Library. Our service. https://library.sydney.edu.au/about/.

(四) 中国北京大学图书馆

中国北京大学创办于 1898 年,初名京师大学堂,是中国第一所国立综合性大学,也是当时中国最高教育行政机关。辛亥革命后,于 1912 年改为现名。今天的北京大学已经成为国家培养高素质、创造性人才的摇篮,科学研究的前沿,知识创新的重要基地以及国际交流的重要桥梁和窗口。③

---

① University of Sydney Library. Our service. [EB/OL]. [2020 – 02 – 16]. https://library.sydney.edu.au/about/.

② University of Sydney Library. Our service. [EB/OL]. [2020 – 02 – 16]. https://library.sydney.edu.au/about/.

③ 北京大学. 北大概况 [EB/OL]. [2021 – 07 – 30]. https://www.pku.edu.cn/about.html.

1898年，京师大学堂藏书楼建立，是我国最早的现代新型图书馆之一。现北京大学图书馆已发展成为资源丰富、现代化、综合性、开放式的研究型图书馆。北京大学图书馆的建设宗旨是："兼收并蓄，传承文明，创新服务，和谐发展。"建设愿景是："建设一个世界一流的，资源丰富、设施先进、高水平、现代化的，以数字化网络化为技术基础的北京大学文献资源保障与服务体系，为学校的教学科研提供文献信息保障，为创建世界一流大学服务。"①

北京大学图书馆设置以下10个部门②，以实现其职能。

（1）文献资源服务中心：主要负责多渠道采访、高标准揭示和多形式组织各类普通文献，逐步完善普通文献资源管理及其展示服务体系，为学校"双一流"建设和信息文化培育提供有力的支撑及保障。

（2）古籍资源服务中心：主要承担馆藏古文献存储与服务的安全，多渠道采访、高标准揭示、多形式组织、大力度保护各类古文献，逐步完善古文献资源管理及其展阅和使用服务体系，为学校"双一流"建设及优秀传统文化传承创新提供有力的支撑及保障。

（3）特藏资源服务中心：主要负责多渠道采访、高标准揭示、多形式组织、严格要求典藏和大力度保护各类特藏文献，逐步完善特藏文献资源管理、展阅、使用和保护服务体系，为学校"双一流"建设及特色文化传承创新提供有力的支撑与保障。

（4）知识资源服务中心：主要负责科学合理管理、维护馆藏，切实营造、持续优化实体空间和阅读环境；深入挖掘、广泛融合学科知识和主题知识，充分利用各类普通文献资源，建立健全知识资源管理及其推送和使用服务体系，为用户学习、教学、科研活动和信息文化培育提供有力的支撑及保障。

（5）数据资源服务中心：主要负责建立健全数据资源管理及其开放和网络服务体系。全面加强可用数据汇聚和资源化工作，搭建数据仓储和交换平台；提供数字加工、数字出版和开放获取、长期保存等数据服务；为用户学习、教学、科研活动和信息文化培育提供有力的支撑及保障。

（6）协同服务中心：与学校人才培养体系和综合改革进程交互交融，坚

---

① 北京大学图书馆. 本馆介绍 [EB/OL]. [2021-07-30]. https://www.lib.pku.edu.cn/portal/cn/bggk/bgjs/lishiyange.

② 北京大学图书馆. 机构设置 [EB/OL]. [2019-02-05]. https://www.lib.pku.edu.cn/portal/cn/bggk/zuzhijigou.

持用户导向原则，充分利用信息化成果，建立健全与校内外有关机构的协同创新机制和情报研究服务体系，为用户学习、教学、科研、管理等方面的问题求解和信息文化培育做出有效的融合及贡献。

（7）计算服务中心：以图书馆服务转型为牵引，统筹推进图书馆信息化架构建设，改进和完善信息化基础设施，研发、引进新一代信息资源管理系统、业务应用系统、融媒体服务系统和知识计算系统等信息系统，紧跟信息化前沿，建立健全在线图书馆和机器智能服务体系，为用户学习、教学、科研活动和信息文化培育做出有效的融合及贡献。

（8）综合管理中心：履行全馆工作中制度保障、条件保障、后勤保障、统筹协调、督办查处、应急处突以及发展规划、业务评估、队伍建设、财务资产和服务文化等综合管理职责，建立健全全校文献保障和信息服务体系，优化完善与国内高校图书馆和有关机构的协同机制，以及与国际友好大学图书馆和专业组织的合作机制。

（9）CALIS 管理中心：这一部门包含 CALIS（China Academic Library & Information System，中国高等教育文献保障系统）服务部，负责管理和运行面向广大成员馆的各类共建共享服务；CALIS 数据管理部，为各类应用服务提供基础数据支撑，为成员馆提供数据支持、数据挖掘与决策分析服务；CALIS 技术部，负责组织开展 CALIS 公共服务平台及其应用系统的技术研究、研发、运行维护和技术支撑；CALIS 秘书处，负责开展 CALIS 业务宏观管理、行政事务和人事财务管理、承担 DRAA（Digital Resource Acquisition Alliance of Chinese Academic Libraries，高校图书馆数字资源采购联盟）秘书处等工作。

（10）CASHL 管理中心：负责 CASHL（China Academic Social Sciences and Humanities Library，中国高校人文社会科学文献中心）项目的具体实施和运营维护，主要工作有：组织项目的各中心馆，有计划、有系统地引进和收藏外文人文社会科学文献资源，对全国高校提供外文文献资源检索、馆际借书、文献传递、电子全文直接下载以及相关服务；进行外文文献宣传推广和服务质量效果评估；负责项目经费和设备的管理与协调；处理 CASHL 中心日常事务；与上述内容相关的研究工作。

扩展阅读 1.15

中国高等教育文献保障系统（China Academic Library & Information System，CALIS）是经国务院批准的中国高等教育"211 工程"总体规划中的公共服务体系之一。在教育部的领导下，通过构建基于互联网的"共建共享"云服务平台、制定图书馆协同工作的相关技术标准和协作工作流程、培训图书馆专业馆员、为各成员馆提供各类应用系统等，支撑着高校成员馆间的"文献、数据、设备、软件、知识和人员"等多层次共享。CALIS 官网：http://www.calis.edu.cn/index.html。

中国高校人文社会科学文献中心（China Academic Social Sciences and Humanities Library，CASHL）是在教育部领导下，为我国哲学社会科学教学科研提供外文文献及相关信息服务的最终保障平台，其建设目标是"国家人文社会科学文献信息资源平台"。CASHL 官网：http://www.cashl.edu.cn/。

北京大学：《北大概况》，https://www.pku.edu.cn/about.html。

北京大学图书馆：《本馆介绍》，https://www.lib.pku.edu.cn/portal/cn/bggk/bgjs/lishiyange。

（五）中国清华大学图书馆

清华大学的前身清华学堂始建于 1911 年。在国家和社会的大力支持下，通过实施"211 工程""985 工程"，开展"双一流"建设，清华大学在人才培养、科学研究、社会服务、文化传承创新、国际合作交流等方面都取得了长足进展。目前，清华大学共设 21 个学院、59 个系，已成为一所设有理学、工学、文学、艺术学、历史学、哲学、经济学、管理学、法学、教育学和医学 11 个学科门类的综合性、研究型大学。

清华大学图书馆坚持"建设研究型、数字化、开放式世界一流大学图书馆"的奋斗目标。清华大学图书馆系统由总馆及文科、美术、金融、法律、经管、建筑 6 个专业图书馆组成，馆舍总面积 7 万余平方米，阅览座位 4000 余席。清华大学图书馆想师生员工之所求、急教学科研之所需，与时俱进地调整馆藏建设方针，对资源建设实施动态调整，实体馆藏与数字化馆藏并重。

清华大学图书馆设置以下7个部门①，以实现其职能。

（1）资源建设部：具体负责拟定并组织实施学校文献信息资源计划；负责拟定并组织实施文献资源组织协调、编目、整合、揭示、数据维护、典藏管理；承担文献信息资源建设管理相关具体工作；承担文献信息资源采购、文献捐赠、文献信息资源统计评估具体任务。

（2）读者服务部：负责中外文书刊和多媒体资源借阅服务、馆际互借与文献传递服务；负责书库和阅览区馆藏管理与阅览借阅相关管理服务工作；承担阅读推广具体工作。

（3）古籍特藏部/科技史暨古文献研究所：承担古籍和特色馆藏建设管理服务具体工作；承担古籍、特色资源整理利用与教学研究具体工作；承担馆藏文物资源管理、特色文献阅览服务具体任务；组织开展特色资源数字化建设具体工作；承担文献装订与修复工作。

（4）信息技术部：负责拟定并组织实施图书馆信息服务支撑环境建设计划；负责拟定并组织实施清华学术产出数据管理计划；负责图书馆系统与校园信息化系统的集成和数据交换；承担相关设备采购及系统运行支持具体工作。

（5）信息参考部：具体负责开展文献信息资源知识、技能、信息素养和数据服务；承担学科资源推广具体任务；负责科技查新、文献检索、文献计量、情报分析和知识产权信息服务等具体工作；具体负责开展信息素养教育工作。

（6）发展研究部：具体承担图书馆基础理论和管理发展、服务创新研究任务；承担品牌建设与推广具体任务。

（7）综合办公室：承担图书馆职责范围内资产归口管理具体任务；承担机构日常运转具体工作。

---

① 清华大学图书馆．组织机构［EB/OL］．［2019-02-05］．https：//www.lib.tsinghua.edu.cn/gk/zzjg.htm．.

> **扩展阅读 1.16**
>
> 清华大学：《学校沿革》，https：//www.tsinghua.edu.cn/xxgk/xx-yg.htm.
>
> 清华大学图书馆：《历史沿革》，http：//lib.tsinghua.edu.cn/gk/lsyg1.htm.

（六）中国中山大学图书馆

中山大学成立于1924年，由孙中山先生创办。作为中国教育部直属高校，通过部省共建，中山大学已经成为一所国内一流、国际知名的现代综合性大学。中山大学现由3个校区（广州校区、珠海校区、深圳校区）、5个校园及10家附属医院组成。中山大学正在向世界一流大学迈进，努力成为全球学术重镇。

中山大学图书馆创办于1924年，是中山大学的知识中心、学习中心和文化中心。中山大学图书馆配合学校"扎根中国大地，加快进入国内高校第一方阵步伐，努力迈进世界一流大学前列"的奋斗目标，持续进行信息资源建设，着力完善文献信息资源保障体系；拓展、完善图书馆信息服务功能，提供多层次、高水平的信息资源服务。

中山大学图书馆一贯秉承公平、开放、共享的理念和优良传统，以"智慧与服务"为馆训，不断完善图书馆的服务功能，提高图书馆的服务质量。中山大学图书馆承担的主要工作为："积极推进分布式数字化信息服务网络建设，推进数据资源的共建、共知与共享以及图书资料通借通还；向在校师生提供书目信息查询、网络数据库检索、虚拟参考咨询、电子文献传递服务等电子信息服务，以及科技查新、代查代检、定题服务等深层次信息服务；为学校特色学科建设提供支持，重视学校发展历史与文化保存，积极推进特色数据库建设；与欧美等国及港澳台地区的大学图书馆一直保持交流与合作关系，支持学校教学与科研发展。"[1]

中山大学图书馆设置以下4个机构[2]，以实现大学图书馆职能。

---

[1] 中山大学图书馆. 图书馆概况 [EB/OL]. [2020-02-16]. http：//library.sysu.edu.cn/about.

[2] 中山大学图书馆. 机构设置 [EB/OL]. [2019-02-05]. http：//library.sysu.edu.cn/organization.

（1）资源建设部：主要承担纸质资源采访、文献编目与加工以及资源赠送与交换工作；负责图书馆数字资源建设。

（2）公共服务部：主要承担图书馆学科服务工作；统管阅读推广工作、流通阅览服务与管理；负责文献馆际互借工作；承担经济分馆建设与服务。

（3）特藏部：主要承担碑帖整理、徽州文书整理等历史文献资源建设与管理以及古籍文献数字化工作；为在校师生提供特藏文献服务。

（4）校区分馆（北校馆、东校馆、珠海馆与深圳馆）：为所在校区提供学科服务、流通阅览服务、馆际互借服务；承担阅读推广具体工作。

> **扩展阅读 1.17**
>
> 中山大学：《学校概况》，http：//www.sysu.edu.cn/cn/zdgk/zdgk01/index.htm.
>
> 中山大学图书馆：《图书馆概况》，http：//library.sysu.edu.cn/about.

第五节　中小学图书馆

一、中小学图书馆的概念和职能

教育部《中小学图书馆（室）规程》（2018）第三条规定："图书馆是中小学校的文献信息中心，是学校教育教学和教育科学研究的重要场所，是学校文化建设和课程资源建设的重要载体，是促进学生全面发展和推动教师专业成长的重要平台，是基础教育现代化的重要体现，也是社会主义公共文化服务体系的有机组成部分。"[1]

---

[1] 教育部关于印发《中小学图书馆（室）规程》的通知 [EB/OL]．[2021-08-25]．http：//www.moe.gov.cn/srcsite/A06/jcys_jyzb/201806/t20180607_338712.html.

《国际图书馆统计标准》（ISO 2789：2013）①将中小学图书馆界定为"设定在特定中学或小学中的图书馆，其主要服务于所在学校的学生和教师"。并有如下相关表述："中小学图书馆可以为社会公众提供服务，各类中等职业技术学校中的图书馆亦属于这一图书馆类型。"

《国际图联学校图书馆指南（第二版）》（*IFLA School Library Guidelines*, 2nd edition, 2015）②将"学校图书馆"定义为："学校图书馆是一个学校的实体和数字学习空间，在这一空间里，借由阅读、查询、研究、思考、想象和创造，学生实现信息到知识的转化，并获得个人的、社会的和文化的成长。"同时，"这一实体和数字场所有许多不同的名称（例如，学校媒体中心、文献信息中心、图书馆资源中心、图书馆共享学习空间），但'学校图书馆'是最为常用的术语，适用于与之相关的设施和功能"。

关于中小学图书馆使命与职能，《国际图联/联合国教科文组织学校图书馆宣言》（*IFLA/UNESCO School Library Manifesto*, 1999）对其进行了规定："支持和推动由学校使命和课程所设定的教育目标；发展和维持儿童的阅读和学习的习惯和兴趣，以及他们在有生之年对于图书馆的使用；提供为了知识、理解、想象和欣赏而创造和使用信息的体验机会；支持所有学生学习和练习针对各种形式、格式或媒体的信息的评估及使用之技能，包括对于所属社群交流方式的敏感性；提供对于地方、区域、国家和全球资源的获取，提供学习者得以接触不同思想、经验和意见的机会；组织能增进文化和社会意识及敏感度的活动；与学生、教师、行政管理者和家长合作以完成学校的使命；强调智识自由和信息获取对于有效而负责任的公民权及民主参与至关重要之理念；向整个学校社群及更广范围推广阅读以及学校图书馆的资源和服务。"③

---

① Information and documentation – International library statistics：ISO 2789：2013 [S/OL]. [2020 – 01 – 31]. https：//www.iso.org/obp/ui/#iso：std：iso：2789：ed – 5：v1：en.

② 国际图书馆协会联合会. 国际图联学校图书馆指南（第二版）[EB/OL]. 张靖，林芊里，译. The Hague：International Federation of Library Associations and Institutions, 2015. [2020 – 02 – 03]. https：//repository.ifla.org/bitstream/123456789/62/1/ifla – school – library – guidelines – zh.pdf.

③ IFLA/UNESCO School Library Manifesto [EB/OL]. [2020 – 02 – 03]. www.IFLA.org/publications/IFLAUNESCO – school – library – manifesto – 1999.

> **扩展阅读 1.18**
>
> IFLA/UNESCO. *School Library Manifesto*. https：//www.ifla.org/publications/ifla-unesco–school–library–manifesto–1999.
>
> R. Erikson & C. Markuson. *Designing a school library media center for the future*（2nd ed.）. Chicago：American Library Association，2007. https：//www.alastore.ala.org/content/designing–school–library–media–center–future–second–edition.
>
> Australian Library and Information Association（ALIA）. *Future of the Library and Information Science Profession*：*School Libraries*. 2014. https：//www.alia.org.au/sites/default/files/ALIA–Future–of–the–LIS–Profession–05–Schools_0.pdf.
>
> IFLA. *IFLA School Library Guidelines*（2nd ed.）2015. https：//www.ifla.org/files/assets/school–libraries–resource–centers/publications/ifla–school–library–guidelines–zh.pdf.
>
> School Library Association（UK）. *Guideline-Series*. https：//www.sla.org.uk/guidelines.php.

二、中外中小学图书馆案例

以下选取美国沃纳基中学图书馆、英国沃内斯高级中学图书馆、日本奥伊小学图书馆和广东广雅中学图书馆作为案例，梳理当代中小学图书馆的职能实现和服务提供情况。

（一）美国沃纳基中学图书馆

美国沃纳基学校（Waunakee Intermediate School）是一所"K-12"的基础学校。针对不同年龄学生群体，美国沃纳基学校分别设立了6个学校图书馆。学校图书馆官网上的信息显示："图书馆重视阅读与服务空间建设；设置专职图书馆员，承担学生信息素养培育活动与阅读指导工作。同时，图书馆重视创意空间（工作坊）建设，为学校手工课、自然课程和STEM教育活动提供支持。"①

（二）英国沃内斯高级中学图书馆

英国沃内斯高级中学（Werneth High School）是英国斯托克港市（Stockport）的一所招收 11～16 岁学生的公立中学。学校图书馆官网上信息显示："图书馆重视馆舍空间建设，为在校师生提供开放共享的学习与阅读空间；图书馆承担学生阅读推广与阅读素养培育工作，定期组织阅读测验，对学生的阅读素养进行测试，了解学生的阅读能力，以针对不同能力水平设计个性化阅读指导服务；负责图书馆利用课程教学工作，开展信息素养培育活动。"②

（三）日本奥伊小学图书馆

日本奥伊小学是日本京都的一所公立学校。学校图书馆官网信息显示："图书馆发展重点为日常教学提供文献支持；学校图书馆建立专门的课程项目，承担图书馆素养培育课程教学。同时，图书馆服务与日常课程内容相融合，图书馆会参与学生课程任务、作业、项目、文章或话题学习，帮助学生确定自我学习与发展中的问题、识别可能获取的资源和掌握可能的信息查询策略，并帮助学生制定合理的时间进度等。"③

（四）广东广雅中学图书馆

广东广雅中学是中国广东地区一所高级中学。学校图书馆官方微信公众号上信息显示："学校图书馆重视功能区建设，设有教学资料室、自修室等；重视纸质资源馆藏建设④，为教师教学、学生学习提供文献资料；支持学校日常课程教学；承担阅读推广工作，辅助'阅读课'教学工作；积极创新阅

---

① Waunakee Intermediate School Library［EB/OL］.［2019 - 12 - 11］. https：//www. waunakee. k12. wi. us/district/lmtc_ cr_ dept. cfm.

② Werneth High School. School library［EB/OL］.［2019 - 12 - 11］. http：//werneth-school. com/school_ life/library. html.

③ IWASAKI R. Recent Japanese Government Policy and a Case Study of a School Library in Japan. Association des professeurs documentalistes de l'Education Nationale, 2017. https：//www. apden. org/plugins/bouquinerie/novalog/files/c0c7c76d30bd3dcaefc96f40275bdc0a/FADBEN% 20（Rei%20Iwasaki）_ version%20originale%20definitive. pdf.

④ 广东广雅中学. 品味阅读，铸梦雅园：广雅中学图书馆 2018 年度报告［EB/OL］.［2019 - 12 - 11］. https：//mp. weixin. qq. com/s/3DX43 - 05xl6JDl0yArYTdQ.

读体系模式,打造'雅·咖啡'阅读沙龙,引领校园阅读的潮流;负责组织与开展课外阅读互动,建设校园阅读体验空间。"①

> **扩展阅读1.19**
>
> Waunakee Intermediate School Library. *About the Library*. https：//www.waunakee.k12.wi.us/district/lmtc_cr_dept.cfm.
>
> Werneth High School. *School Library*. http：//wernethschool.com/school_life/library.html.
>
> 沈丽云：《日本图书馆概论》,上海科学技术文献出版社2010年版,第163-165页。
>
> Rei Iwasaki. Recent Japanese Government Policy and a Case Study of a School Library in Japan. Association des professeurs documentalistes de l'Education Nationale, 2017. https：//www.apden.org/plugins/bouquinerie/novalog/files/c0c7c76d30bd3dcaefc96f40275bdc0a/FADBEN%20(Rei%20Iwasaki)_version%20originale%20definitive.pdf.
>
> 广雅中学图书馆：《我们一直在等,初来乍到的你》,https：//mp.weixin.qq.com/s/w8AVM7_u9OnYXA7Ihp689A.

第六节　其他图书馆

《国际图书馆统计标准》(ISO 2789：2013)② 将除国家图书馆、公共图书馆、大学图书馆和中小学图书馆以外的图书馆归类为"专门图书馆",即"具有明确的专业(实践)属性,面向特定的专业化人群,提供相应的学科领域或者实践领域的信息和服务的图书馆"。并进一步划分为以下7类。

---

① 广雅中学图书馆.我们的西雅图：广雅中学图书馆介绍［EB/OL］.［2019-12-11］.https：//mp.weixin.qq.com/s/OgojM3vdyTk4FPluZoomGQ.

② Information and documentation - nternational library statistics：ISO 2789：2013［S］.Genève：International Organization for Standardization(ISO),2013.

（1）政府图书馆（government library）：为国际、国家和地方（地区）政府及下属部门/机构提供服务的图书馆。

（2）卫生服务图书馆/医学图书馆（health service library/medical library）：为医院以及公共卫生服务专业机构中的人员提供服务的图书馆。

（3）行业协会所属图书馆（library of professional and learned institutions and associations）：由专业或行业协会、学术社团、工会和其他类似机构建立并管理的图书馆，其主要为特定行业或专业的成员和从业者提供服务。

（4）企业图书馆（industrial and commercial library）：企业设立的图书馆，由企业管理层负责维护，以满足其员工的信息需求。

（5）媒体图书馆（media library）：为媒体或出版机构，例如报纸、出版商、广播、电影和电视等领域提供服务的图书馆。

（6）区域图书馆（regional library）：为特定区域服务的图书馆，其主要职能与公共图书馆、学校图书馆和学术图书馆不完全一致，亦不属于国家图书馆网络的一部分。

（7）其他专门图书馆（other special library）：上述未包括的图书馆，例如志愿组织、博物馆、宗教机构内的图书馆。

主要参考文献

［1］ Information and documentation – international library statistics：ISO 2789：2013［S/OL］.［2020 – 01 – 31］. https：//www. iso. org/obp/ui/#iso：std：iso：2789：ed – 5：v1：en.

［2］国际图书馆协会联合会. 国际图联学校图书馆指南（第二版）［EB/OL］.张靖，林芊里，译. The Hague：International Federation of Library Associations and Institutions，2015.［2020 – 02 – 03］http：//www. repository. ifla. org bitstream/123456789/62/I/ifla-school-library-guilelines-zh. pdf.

［3］蒋永福. 图书馆学通论［M］. 哈尔滨：黑龙江大学出版社，2009.

［4］吴慰慈，董炎. 图书馆学概论［M］. 北京：国家图书馆出版社，2019.

［5］于良芝. 图书馆情报学概论［M］. 北京：国家图书馆出版社，2016.

习 题

（1）为什么要划分图书馆类型？
（2）图书馆类型划分有哪些主要标准？
（3）国家图书馆的基本概念和职能定位是什么？
（4）公共图书馆的基本概念和职能定位是什么？
（5）高校图书馆的基本概念和职能定位是什么？
（6）中小学图书馆的基本概念和职能定位是什么？
（7）请通过扩展阅读进一步了解各类型的代表性图书馆。

思考题

（1）各主要类型图书馆有何发展趋势？
（2）随着图书馆事业的发展，图书馆的类型划分将有何相应的变化？

第二章 公共图书馆简史[①]

🏠 学习目标

了解公共图书馆诞生和发展的基本脉络
知道公共图书馆发展历程中的重要事件和重要人物
从历史的视角把握公共图书馆的概念和职能
知道图书馆史的重要性

💡 知识点提示

社会图书馆（social libraries）
流通图书馆（circulating libraries）
卡内基图书馆
皖省藏书楼
古越藏书楼
《京师图书馆及各省图书馆通行章程》
文华公书林
韦棣华女士
沈祖荣先生

---

① 本章系根据张靖教授在中山大学所授课程"图书馆学基础"的教案拓展而成。

本章对公共图书馆的发展历史进行简要梳理。第一节将介绍被视为公共图书馆前身的于18世纪兴起的社会图书馆和流通图书馆；第二节和第三节将分别聚焦英国、美国和中国，讲述19世纪下半叶至20世纪初在世界范围内出现的公共图书馆运动。

第一节 公共图书馆的前身

18世纪至19世纪中期，在英国和美国，各种类型的小型图书馆、读书会、租书屋广泛出现。其间，教会图书馆、宗教图书馆、技术职业学校图书馆、社会图书馆（social libraries）等大量出现。其中，社会图书馆和流通图书馆（circulating libraries）可以看作公共图书馆的前身，它们的出现对于当代公共图书馆的使命定位、理念选择和服务设计有着深远的影响。

一、社会图书馆

以前的图书馆，或是由贵族建立，或是由修道院设置；或是大学的附属图书馆，或是资产阶级上层人物的私人图书馆。①工业革命推动了经济发展，个人和社群的财富也随之增长。一些富裕的人在基本生活已得到保障的基础上，开始追求个人自我发展。② 这些因素为新型图书馆的出现提供了充分的条件。

起初，一些经济较为富裕的读书人组织了学术讨论会或读书会，并附设了图书馆，供会员使用。这种图书馆叫作"图书俱乐部"（book club）、"图书社"（book society）、"读书社"（reading society）或"文学社"（literacy society）等。这类图书馆的成员人数一般不多，其共同出资购入若干书籍，轮流阅读。

美利坚"开国三杰"之一富兰克林（Benjamin Franklin, 1706—1790

---

① 杨威理. 西方图书馆史 [M]. 北京：商务印书馆，1988.
② RUBIN R E. Foundations of library and information science [M]. New York：Neal-Schuman Publishers, Inc., 2010.

年)于1728年在费城创办了第一家社会图书馆"小集团"(Junto)。① 他们起先借用酒吧的一间房子集会,每次约有10人参加,每周五晚上集合,讨论大家共同关心的问题。② 在集会时,成员们会带来自己的图书以便讨论时查考和互借。他们热爱文献,相信书籍和信息的分享可以改善品格,相信通过讨论从图书和报纸中获得的思想能够获得知识。

1731年,富兰克林创办了第二家社会图书馆"费城图书馆公司"(Library Company of Philadelphia)③,他称之为"会员图书馆"(subscription libraries)④。按照富兰克林起草的会员图书馆章程,会员需先交纳40先令作为购书费,以后再每年支付10先令。会员具有三项权利:一是可于每周六下午4—8时外借图书,二是可以要求图书馆添购所需图书,三是在每年一次的会员大会上可选举图书馆的管理员。

会员图书馆的成员大多生活不太宽裕,社会地位较低,没有机会接受正规的学校教育,但具有较强的求知欲和进取心,因此,他们愿意从微薄的收入中拿出一部分,通过会员图书馆与境况相似的人互助互利,以获得更多的阅读和学习知识的机会。⑤后来,费城的这所会员图书馆逐渐向非会员开放,有市民权的公众均可以在馆内阅览图书。费城市民亲切地称之为"我们城市的图书馆"或"费城图书馆"。1790年,这所会员图书馆建成了独立的馆舍,至今仍在。

整体而言,社会图书馆的发展在美国独立战争之后进入全盛时期。1790—1815年,美国新英格兰地区6个州建成了社会图书馆500所以上,1870年增加到1000所以上,可以窥见其广泛性。除了富兰克林创办的会员图书馆外,美国比较著名的社会图书馆还有1747年成立的"雷德伍德图书

---

① RUBIN R E. Foundations of library and information science [M]. New York:Neal-Schuman Publishers, Inc., 2010:35-75.

② FRANKLIN B. The autobiography of Benjamin Franklin [M/OL]. [2021-06-10]. https://www.thefederalistpapers.org/wp-content/uploads/2012/12/The-Autobiography-of-Benjamin-Franklin.pdf.

③ Library Company of Philadelphia. At the instance of Benjamin Franklin:a brief history of the Library Company of Philadelphia [R/OL]. [2021-06-10]. http://librarycompany.org/about/AttheInstance2015_98709140764695.pdf.

④ Library Company of Philadelphia. History [EB/OL]. [2021-06-10]. https://librarycompany.org/about-lcp/.

⑤ 杨威理. 西方图书馆史 [M]. 北京:商务印书馆,1988:184-190.

馆公司"（The Redwood Library Company）①，1754年成立的"纽约会员图书馆"（New York Society Library）②以及1807年建立的"波士顿雅典娜神殿图书馆"（Boston Athenaeum Library）③。

　　几乎与美国同时，在英国也广泛出现了社会图书馆。18世纪中叶，英国的书籍非常昂贵，人们买一本书必须要三思而后行，需要在基本生活用品和书籍之间进行购买抉择。如同美国的社会图书馆，英国的社会图书馆亦是在这样的社会经济条件下发展起来的。英国第一家社会图书馆于1757年在利物浦成立，而后在谢菲尔德、利兹等较大的城市都有了社会图书馆。它的出现满足了人们"花少量的金钱阅读大量书籍，以帮助自我发展和寻找事实"的需求。④

　　英国历史上最为著名的社会图书馆是伦敦图书馆（London Library），其由著名历史学家托马斯·卡莱尔（Thomas Carlyle，1795—1881年）发起建立。当时，大英博物馆不允许书籍外借，卡莱尔对此条规定非常不满意。因此，1841年，他劝说了众多社会知名人士建立了伦敦图书馆。这所图书馆在创建时有500名会员和3000册书。当时入会的条件是第一年交纳会费6英镑，以后每年续交2英镑。⑤ 伦敦图书馆因其周到的服务，直到现在还在发挥作用。

　　18世纪下半叶至19世纪风行的社会图书馆，在19世纪下半叶逐渐为新生的公共图书馆所代替。

二、流通图书馆

　　社会图书馆的发展使命是满足人们自我发展的教育需求，而在18世纪上半叶出现的"流通图书馆"（circulating libraries）则是为了满足人们休闲

---

①　The Redwood Library Company. Our history［EB/OL］.［2021 – 06 – 10］. http：//redwoodlibrary. org/our – history.

②　New York Society Library. About us［EB/OL］.［2021 – 06 – 10］. https：//www. nysoclib. org/about.

③　Boston Athenaeum Library. Misson & history［EB/OL］.［2021 – 06 – 10］. https：//www. bostonathenaeum. org/about/mission – history.

④　SHERA J H. Foundations of the public library：the origins of the public library movenent in New England，1629 – 1855［M］. Chicago：University of Chicago Press，1949.

⑤　London Library. History of the London Library［EB/OL］.［2021 – 06 – 10］. https：//www. londonlibrary. co. uk/about – us/historyofthelondonlibrary.

娱乐的阅读需求。① 伦敦及其他大城市出现了商业性的流通图书馆，也称为"租借图书馆"（rental libraries），它们面向一般市民提供通俗读物，市民只需支付很少的租金，便可以从中借阅书刊。②

1725 年，书商艾伦·拉姆齐（Allan Ramsay）在爱丁堡创立了第一家流通图书馆"拉姆齐流通图书馆"。③而后，流通图书馆建设数量一直保持稳定增长。以伦敦为例，1750 年，已有至少 9 家流通图书馆建成；到 1780 年，伦敦至少有 19 家流通图书馆；到 1800 年，伦敦至少有 26 家流通图书馆。④至 19 世纪末，英国多数大城市都拥有这一类型的图书馆。这类图书馆多由出版商建立，其典型特征是具有营利属性，读者为获取特定的休闲读物会向其定期支付会费。

流通图书馆的出现，一方面满足了人们对通俗读物的阅读需求，另一方面，亦对图书的生产做出了重大贡献，在创造现代阅读流行文化的过程中扮演了重要的角色。⑤

尽管流通图书馆的运营带有商业营利动机，但是它为现代公共图书馆的建设与服务提供了重要参考和借鉴，例如最早为女性提供服务、最早提供报刊服务、最早延长服务时间、最早提供馆内阅读区域、最早提供延伸服务（送书到家）等，⑥ 这些突出的贡献不应被忽视。进入 20 世纪，廉价书的大量出现和公共图书馆的普遍设立，使得流通图书馆日渐没落。

---

① KASTAN D S. The Oxford encyclopedia of British literature [M]. Oxford：Oxford University Press，2006：55 – 59.
② 杨威理. 西方图书馆史 [M]. 北京：商务印书馆，1988：201 – 204.
③ JACOBS E. Circulating libraries and cultural book history [J]. Book history，2003（6）：1 – 22.
④ HAMLYN H. Eighteenth-century circulating libraries in England [J]. The library，1947，1（5）：197 – 222.
⑤ KAUFMAN P. The community library：a chapter in English social history [J]. Transactions of the American philosophical society，1967，57（7）：3 – 67.
⑥ RUBIN R E. Foundations of library and information science [M]. New York：Neal-Schuman Publishers，Inc.，2010：35 – 75.

扩展阅读 2.1

社会图书馆是志愿者联盟性质的，个体志愿者们通过集资的方式建立购书公共资金，从而共享图书，主要有专属图书馆（proprietary libraries）和会员图书馆（subscription libraries）这两种形式。专属图书馆中图书馆捐资者就是该图书馆资料的所有人。会员图书馆则不同，它以个人入股的方式建立，共同出资购入若干书籍，供会员轮流阅读。一些社会图书馆兼具上述两种类型的特征，部分会员拥有图书馆资产所有权，而其他会员则通过支付会费获得相关资源及服务。

Richard E. Rubin. Foundations of Library and Information Science. Neal-Schuman Publishers, Inc., 2010: 35-75.

杨威理：《西方图书馆史》，商务印书馆 1988 年版。

韦恩·A. 威甘德，谢欢：《美国公共图书馆史》，国家图书馆出版社 2021 年版。

第二节 公共图书馆的诞生

在 19 世纪下半叶至 20 世纪初[①]，出现了一个世界公共图书馆运动发展期[②]，其中又以英国与美国为先声。此前，世界图书馆发展史上曾经产生过具有公共性质的图书馆，例如，古罗马的图书馆是向城市自由民开放的。[③] 但是它们与近代出现的公共图书馆具有不同的含义。工业革命后，大城市出现，社会中下阶层人数不断增加，而他们对于知识和教育的需求也在日益增

---

① 范并思. 维护公共图书馆的基础体制与核心能力：纪念曼彻斯特公共图书馆创建 150 周年 [J]. 图书馆杂志, 2002 (11): 3-8.

② 张靖. 西方图书馆学的形成及其对中国的影响 [M] // 中国图书馆学会. 中国图书馆学学科史. 北京：中国科学技术出版社, 2014: 89.

③ 张靖, 许慧颖, 刘兆坤. 罗马帝国皇家公共浴场图书馆及其历史意义 [J]. 大学图书馆学报, 2012 (6): 117-125.

长，在此背景下，真正意义上的近代公共图书馆诞生了。①

一、英国的公共图书馆运动

（一）基本情况

工业贸易与人口增长互为因果。社会中下阶层人数不断增加且迅速向新型工业城镇集中，从而出现了产业大军。工厂主需要对广大的新工人实施以生产技术和服从管理为主要内容的训练，以防止工人闹事、犯罪，危害资产阶级的统治秩序，因而对工人群众进行初等教育成了社会关注的热点。为此，在兴办各类学校的基础上，公共图书馆成为教育工人、实行社会改良的场所。② 正是在这样的背景下，英国于1848年率先开始了公共图书馆运动，著名图书馆活动家爱德华兹（Edward Edwards，1812—1886年）是领导这场运动的核心人物。1848年，他发表了一份关于公共图书馆事业的研究报告《欧洲与美国公共图书馆统计报告》（*A Statistical View of the Principal Public Libraries in Europe and the United States*）③。这份报告引起了英国下议院议员尤尔特（William Ewart，1798—1869年）的重视。

1849年，议会指定尤尔特等人成立公共图书馆特别委员会（Select Committee on Public Libraries），专门考虑在全国设立公共图书馆的问题。④他请爱德华兹在委员会上专门介绍欧洲各国的图书馆发展情况，阐述建立公共图书馆的必要性。而后，他与爱德华兹、布拉泽通（Joseph Brotherton，1783—1857年）等人联名提出公共图书馆法案，该法案于1850年在下议院获得通过。⑤

值得关注的是，1852年，曼彻斯特据此法案建立了第一所基本具有近代

---

① ABIGAIL W. Establishing an institution: the public library movement in Iowa 1900-1920 [J]. Iowa historical review, 2017, 7 (1): 7-36.

② 杨子竞. 外国图书馆史简编 [M]. 天津: 南开大学出版社, 1990: 74-75.

③ EDWARDS E. A statistical view of the principal public libraries in Europe and the United States [J]. Journal of the statistical society of London, 1848, 11 (3): 250-281.

④ Parliament of the United Kingdom. Public libraries & museum act 1850 [EB/OL]. [2021-06-14]. https://infogalactic.com/info/Public_Libraries_Act_1850.

⑤ 华东师范大学图书馆学系. 美国及世界其他地区图书馆事业 [M]. 北京: 书目文献出版社, 1983: 21-25.

性质的公共图书馆，爱德华兹亲任馆长。这是近代公共图书馆历史的开端。自此之后，博尔顿、伊普斯威奇、牛津、布莱克本、谢菲尔德、剑桥等市也陆续成立了公共图书馆。① 至 1860 年，英国共有 28 所公共图书馆，利用公共图书馆的主要是工人、手工业者、职员、店员等底层劳动者，也有律师、建筑师等精英人士。② 公共图书馆的藏书主要是文艺书，其次是历史书、传记、游记，再次是期刊，还有其他人文科学和自然科学的书籍。1870 年，初等教育法获得议会通过，因此在 19 世纪最后 25 年，公共图书馆得到了进一步发展，1877 年成立的图书馆协会也对公共图书馆的发展起了很大的促进作用。③

在英国开展公共图书馆运动之前，欧洲的图书馆基本上都是为统治阶级服务的。英国出现了向公众一视同仁地免费提供服务的公共图书馆，使得公共图书馆在服务对象方面发生了根本变化。而后，英国的公共图书馆建设实践成为西方许多国家学习的榜样。

（二）《公共图书馆和博物馆法》

如前所述，1850 年，英国议会通过了世界上第一部公共图书馆法案——《公共图书馆和博物馆法》（Public Library & Museum Act）。其要点如下："（1）人口 1 万以上的各个城市，有权建立公共图书馆；（2）是否建立公共图书馆，由市议会进行提案，而后交由纳税人进行投票决议，超过三分之二赞成票后，就能制定城市公共图书馆建设法令（规章）；（3）由城市议会购买或租用任何土地或建筑用来设立与维护公共图书馆，并由其购置照明设备、固定装置、家具，委派带薪的图书馆领导者及服务人员，以确保入馆读者的安全与图书利用；（4）为设立并维持公共图书馆或博物馆的发展，城市议会有权增加税收，每年对每英镑固定资产抽取半便士用于支付公共图书馆的建造费用及相关费用；（5）公众进入图书馆是免费的。"④

1850 年版的公共图书馆法案有两个特点：第一，没有强制性，由各个城市决定是否采用；第二，图书购买方面暂未设置条文予以明确。

---

① 杨威理. 西方图书馆史 [M]. 北京：商务印书馆，1988：196-197.
② 华东师范大学图书馆学系. 美国及世界其他地区图书馆事业 [M]. 北京：书目文献出版社，1983：21-30.
③ 杨威理. 西方图书馆史 [M]. 北京：商务印书馆，1988：196-197.
④ Parliament of the United Kingdom. Public library & museum act 1850 [EB/OL]. [2021-06-14]. https：//infogalactic.com/info/Public_Libraries_Act_1850.

1855年，尤尔特等人根据实践情况，建议对法案进行修订，修订的要点如下："（1）此法的适用范围扩大到人口5000以上才建议设置公共图书馆；（2）增加税收，每年对每英镑固定资产抽取一便士课税；（3）税收可以用于购置图书。"①

《公共图书馆和博物馆法》极具历史意义，它的建立推动了英国公共图书馆运动的发展，为英国公共图书馆事业的规模发展奠定了重要基础。同时，作为世界上最早的由国家政府颁布的公共图书馆法，它开图书馆立法之先河，拉开了国际公共图书馆立法史的序幕。

二、美国的公共图书馆运动

美国的公共图书馆几乎与英国同一时期出现。

（一）基本情况

1833年，新罕布什尔州彼得博罗镇的公共图书馆为美国公共图书馆之发轫。② 彼得博罗镇图书馆由城镇成立，以创建一所免费图书馆为目的，向社区所有阶层开放，其从一开始就是由公共资金支持的公共图书馆，因此，在美国公共图书馆史上具有重要的意义。③ 1848年，马萨诸塞州议会制定了批准建立波士顿公共图书馆的法案，授权波士顿市政府为公共图书馆提供支持，这是美国大城市依法设立的最早的公共图书馆。

1849年，新罕布什尔州通过了公共图书馆法，认可州内各市镇建立公共图书馆，这是美国通过的第一部州级图书馆法。1851年，马萨诸塞州成为美国第二个完成公共图书馆立法的州。随后，美国的多个州相继通过了图书馆立法，为市镇建立公共图书馆奠定基础，推动美国公共图书馆发展的力量稳步聚集在一起。④

---

① Spartacus Educational Publishers Ltd. Public libraries act [EB/OL]. [2021-06-14]. https://spartacus-educational.com/library.htm.
② 杨子竞. 外国图书馆史简编 [M]. 北京：国家图书馆出版社，2013：106.
③ 郑永田. 美国公共图书馆思想研究（1731—1951）[M]. 北京：社会科学文献出版社，2015：38.
④ 郑永田. 美国公共图书馆思想研究（1731—1951）[M]. 北京：社会科学文献出版社，2015：43.

(二) 波士顿公共图书馆

波士顿公共图书馆于 1852 年由州议会拨款建立，1854 年免费向公众开放。它是美国第一所规模较大的公共图书馆，主要向读者提供普及性和专业性书籍。到 1858 年，该馆拥有藏书 7 万册，另有小册子 1.7 万多册。朱厄特（Charles Coffin Jowett，1816—1868 年）于 1858 年任该馆馆长直到去世，其间馆内藏书发展到 15 万余册，规模仅次于国会图书馆。①

波士顿公共图书馆的成立具有重要的历史意义。波士顿当时是仅次于纽约、巴尔的摩、费城的美国第四大城市，其建立公共图书馆的影响更为深远，此后各州都纷纷通过了图书馆法。波士顿图书馆成立了理事会来掌握办馆方针，理事会的理事包括市议会上院、下院议员各 1 名和市民代表 5 名，均由两院议员选举。市议会仅保留任命馆长和决定其薪金的权力，其余权限全部归属理事会，如监督图书馆的预算、制定借书规则、任命其他馆员等。②

(三) 卡内基图书馆

从 19 世纪末到 20 世纪初，美国卡内基财团以前所未有的规模介入图书馆事业。其捐款模式客观上促进了具有美国特色的图书馆立法，使美国形成了以地方立法为基础的政府对公共图书馆事业的支持体系。

安德鲁·卡内基（Andrew Carnegie），1835 年出生于英格兰的邓弗姆林，1848 年随全家迁往宾夕法尼亚州的阿勒格尼镇。他 13 岁起先后做过锅炉工、送报工和电报员，虽然受教育不多，但通过自学成才，依靠个人奋斗，造铁路、采石油、办钢厂，终于成为亿万富翁。而在功成名就后，他几乎将全部财富捐献给社会，其中相当一部分财富捐赠给了公共图书馆。③

卡内基财团捐赠图书馆馆舍的条件：①任何社区如申请一卡内基图书馆馆舍，必须由其市长或地方议会通过提供土地。②该地方保证每年利用地方税收作为图书馆维持费用，该费用必须至少是卡内基所捐赠款项的 1/10。从 1880 年起，卡内基通过基金会斥资 5616 万美元，在世界范围内捐建了 2509 所公共图书馆，其中 1689 所建于美国本土，开创了美国公共图书馆发展史

---

① 杨子竞. 外国图书馆史简编 [M]. 北京：国家图书馆出版社，2013：106-107.
② 杨威理. 西方图书馆史 [M]. 北京：商务印书馆，1988：199-200.
③ 郑永田. 美国公共图书馆思想研究（1731—1951）[M]. 北京：社会科学文献出版社，2015：64.

上的"卡内基时代"。①

在资本主义社会兴起的公共图书馆具有三个特征：第一，向所有居民免费开放；第二，经费来源于公共资金（地方税收）②；第三，公共图书馆的设立和运营需要有法律制度的支撑。

> **扩展阅读 2.2**
>
> Andrew Carnegie Free Library & Music Hall. *The Carnegie Celebrates 119 years of service*！. 2021. https：//carnegiecarnegie. org/about－us/.

第三节　中国公共图书馆运动

在中国，现代意义上的公共图书馆大概于 20 世纪初出现。近代中国图书馆事业历经西方图书馆观念的传播（鸦片战争至洋务运动）、公共图书馆运动（维新变法至清末新政）、新图书馆运动（1910—1925 年）、近代图书馆发展（1928—1937 年）、近代图书馆衰落（1937—1945 年）和近代图书馆嬗变（1945—1949 年）等阶段③，公共图书馆的出现和发展是这一时期的重要内容。

---

① 郑永田. 美国公共图书馆思想研究（1731—1951）［M］. 北京：社会科学文献出版社，2015：65.

② 张靖. 西方图书馆学的形成及其对中国的影响［M］//中国图书馆学会. 中国图书馆学学科史. 北京：中国科学技术出版社，2014：89.

③ 程焕文. 近代图书馆卷［M］//韩永进. 中国图书馆史. 北京：国家图书馆出版社，2017：3.

一、清末新政时期的公共图书馆运动

(一) 基本情况

1900年的八国联军侵华使得中华民族陷入了前所未有的危机,也使得清政府的统治摇摇欲坠。在穷途末路之时,慈禧太后不得不相继宣布实行"新政"和"预备立宪"。在清末新政时期,中国图书馆的发展呈现出四个方向:其一,政府自上而下建设"学堂图书馆";其二,地方士绅自下而上建设公共图书馆;其三,疆臣主动奏请设立公共图书馆;其四,疆臣照章奏请设立公共图书馆。

(二) 清末新政与图书馆

1901年,清政府通谕各省设立大学堂、中学堂和小学堂,并于1902年2月再次谕令各省妥速建设学堂,并将开办情况详细上奏。在清政府的督促下,各类新式学堂涌现。1902年8月,清政府颁布《钦定学堂章程》,提出实施"壬寅学制",但是此学制并未付诸实施。1904年,清政府颁布《奏定学堂章程》,施行"癸卯学制",此学制对近代中国的教育事业影响较大,清末民初的新学校教育制度主要以此为依据。《奏定学堂章程》对于大、中、小学堂图书馆的行政、业务和职员等都有着较为具体的规定。1905年,清政府废除了科举制度,并设立学部,令其作为主管全国教育的最高行政机构并开始建立较为完备的新的教育行政管理体系。至此,学堂图书馆开始在全国各省次第设立。

与此同时,以康有为和梁启超为首的维新派埋下的藏书楼观念在1901年清政府宣布实施新政后,再次开始自上而下的传播和发展,一些地方士绅和封疆大吏开始陆续创办藏书楼,成为清末新政时期的公共图书馆运动的创办主体。

1901年,安徽士绅何熙年等创办"皖省藏书楼",这是近代中国士绅创办的第一个具有公共图书馆性质的"省级"图书馆。这个图书馆的建设正处在维新变法时倡导"设大书楼"和清末新政时期各省普遍奏设公共图书馆之间,具有承上启下的重要历史意义。

1902年,浙江士绅徐树兰创办古越藏书楼,1903年正式向民众开放。古越藏书楼是继皖省藏书楼之后中国第二个具有公共图书馆性质的藏书楼,徐树兰先后拟定的《古越藏书楼章程》《古越藏书楼书目》对中国近代图书馆的产生和发展具有积极的影响。古越藏书楼的设立和徐树兰的公共图书馆思想是晚清图书馆事业和图书馆学术思想的进步和发展，是西方图书馆观念在中国从宣传传播转向具体实践的一个范例。

此外，官办图书馆在这一时期也得到了发展，湖北图书馆是中国第一个官办公共图书馆。端方于1901年出任湖北巡抚，1902年兼湖广总督，1904年年初开始筹设湖北图书馆。1904年张之洞任湖广总督兼湖北巡抚，其在端方筹备工作的基础上建立了湖北图书馆，该馆于1904年正式开放。

（三）"预备立宪"与公共图书馆运动

清政府于1905年开始酝酿立宪，又于1906年宣布"预备立宪"，计划在头三年内完成京师图书馆和各省图书馆的设立，并通过颁发图书馆章程规范全国的图书馆管理。1910年，中国第一个全国性图书馆章程《京师图书馆及各省图书馆通行章程》由学部拟定并发布，清政府第一次以法规的形式正式确定图书馆名称规范，"图书馆"成为官方指定的统一名称并沿用至今。客观上看，"预备立宪"期间清政府有关图书馆"官制"的建立和在全国设立图书馆的计划的确是一个了不起的庞大计划，它表明了清政府积极倡导设立图书馆的姿态和意向，也说明了自鸦片战争，尤其是戊戌维新后，宣传西方图书馆观念、倡导设立新式图书馆的思想与活动已经从民间行为上升为清政府主导的国家行为。[①]

在清政府的倡导下，一批地方官吏纷纷开始奏设图书馆，例如：《湘抚庞鸿书奏建设图书馆折》（1906年）、《安徽巡抚冯煦奏采访皖省遗书以存国粹折》（1907年）、《奉天总督徐世昌等奏建设黑龙江图书馆折》（1908年）、《两江总督端方奏江南图书馆购买书价请分别筹给片》（1908年）、《山东巡抚袁树勋奏山东省创设图书馆并附设金保存所折》（1909年）、《署归化成副都统三多奏创办归化图书馆片》（1909年）、《云南提学司叶尔恺详拟奏设云南图书馆请准备咨立案文》（1909年）、《浙江巡抚曾韫奏创建浙江图书馆归并扩充折》（1909年）、《广西巡抚张鸣岐奏广西建设图书馆折》（1910年）。

在地方官吏的直接参与下，中国在清末出现了一股创办新式图书馆的热潮，由此形成了一场"公共图书馆运动"，为民国时期兴起的"新图书馆运动"奠定了基础。

---

① 谢灼华.中国图书和图书馆史［M］.武汉大学出版社，2005：307－310.

1911年，辛亥革命彻底推翻清王朝的统治。清末"新政""预备立宪"虽然涉及了一些根本制度的变革，引进了西方资本主义政治制度和法律，对于推动中国近代以来学习西方图书馆思想与创办近代图书馆具有积极的意义，但其总的倾向是保守的。公共图书馆运动虽促使中国出现了第一批向民众开放的公共图书馆，但在藏书建设、图书馆技术方法、图书馆管理等方面大多因循旧制，没有发生根本性的改变。

二、民国初期的新图书馆运动[①]

继清末图书馆运动后，我国又掀起了一场抨击传统藏书楼陋习，倡导模仿欧美图书馆建设的新式图书馆的"新图书馆运动"。这一运动大致发生在北洋政府时期（1912—1927年），起于1910年武昌文华公书林的创办，以1925年中华图书馆协会成立为达到高潮的标志，以1927年韦棣华女士代表中华图书馆协会发起成立国际图书馆协会联合会为终结，上承清末新政时期公共图书馆运动，下启南京国民政府时期西方图书馆观念、技术和方法的中国化，是中国新式图书馆从诞生到走向世界的一个完整过程。

（一）新图书馆运动的发源

1911年辛亥革命爆发，中国历史进入了新的发展阶段。民国初期图书馆的发展可以1919年五四运动为界分为两个阶段：前期，以通俗教育为中心的社会教育兴起，促使通俗图书馆在中国普遍发展；后期，以平民教育为中心的社会教育兴起，促使民众教育馆和图书馆迅速发展。与此同时，以武昌文华公书林为策源地和中心的欧美图书馆理念在中国的广泛传播与具体实践，促使中国图书馆在管理制度、组织架构、技术方法等方面发生了全面转变。这三种思潮与图书馆实践共同构成了奠定中国近现代图书馆事业基础的新图书馆运动。

1910年，美国友人韦棣华女士在武昌文华大学创办了中国第一个近现代公共图书馆——文华公书林（Boone Library）。文华公书林由韦棣华女士任总理（馆长），沈祖荣任协理，在管理和业务组织上仿照美国公共图书馆模式，采用《杜威法》和美国国会图书馆编目规则分类编目书刊，实行开架借阅

---

① 程焕文．近代图书馆卷［M］//韩永进．中国图书馆史．北京：国家图书馆出版社，2017：80 - 146．

制，面向文华大学师生及武汉三镇普通民众开放。韦棣华女士希望将文华公书林建设成一所公共图书馆与大学图书馆合一的现代化美式图书馆，因此，其无论中英文名称中均没有"大学"一词，以强调文华公书林的公共性质。文华公书林是中国历史上第一个名副其实的新式公共图书馆和大学图书馆，它的创立是20世纪中国图书馆历史的重大里程碑，标志着鸦片战争后西方图书馆观念传入中国以来，完全现代意义的新式公共图书馆正式在中国诞生。从此，文华公书林成为新图书馆运动的策源地和中心。

1913年，金陵大学图书馆馆长克乃文曾在金陵大学开设图书馆学课程，后推荐洪有丰、李小缘、刘国钧等人赴美学习图书馆学。韦棣华女士分别于1914年和1917年资助沈祖荣和胡庆生赴美攻读图书馆学，开国人留美攻读图书馆学之先河；在此基础上，她于1920年创办我国第一个图书馆学专业教育机构——文华图书科，并使之成为中国近现代图书馆专业人才的摇篮。

（二）新图书馆运动的高潮

在1917—1919年，沈祖荣、李大钊、戴志骞、胡庆生等奔赴各地巡回演讲，广泛宣传图书馆的功能，讲解创办图书馆的方法，倡导办理具有中国特色的图书馆事业，是为中国"提倡图书馆之先声"，在中国掀起了一场前所未有的新图书馆运动。①

创办图书馆首要条件是拥有足够经费，为此，韦棣华女士赴美多方游说，前后拜谒美国国会82位参议院和420位众议员，积极争取美国退还的庚子赔款优先用于发展中国图书馆事业。1924年，美国同意退还庚子赔款余额，用于发展中国教育与文化事业。1925年，美国图书馆协会派代表鲍士伟博士（Dr. Arthur Elmore Bostwick）来华考察，以促使美国将退还赔款的一部分用于发展中国图书馆事业。

新文化运动和社会教育的发展，催生了中华教育改进社，并由此产生了最早的全国性图书馆组织——中华教育改进社图书馆教育委员会（后改为图书馆教育组）。各地在图书馆教育委员会的指导和推动下开始设立图书馆协会，为中华图书馆协会的成立奠定基础。其间，鲍士伟博士来华考察图书馆事业，直接促成了中华图书馆协会的正式成立，把中国的新图书馆运动推向高潮。嗣后，中华图书馆协会刊行《中华图书馆协会会报》和《图书馆学季刊》，开展了全国图书馆事业调查等活动，大力推进了图书馆学术研究的

---

① 蒋永福. 图书馆学通论［M］. 哈尔滨：黑龙江大学出版社，2009：56-57.

发展和图书馆界的交流。

与维新变法时期改良派创办学会、学堂藏书楼的试验和清末新政时期士绅疆臣创办或者奏设图书馆的公共图书馆运动不同,新图书馆运动是在民国初期社会教育兴起与发展背景下,以韦棣华、沈祖荣、胡庆生、李大钊、戴志骞、杜定友等为代表的图书馆人亲自发动的一场宣传图书馆事业、倡导模仿美国图书馆事业、在全国普遍设立新式图书馆的运动。新图书馆运动奠定了20世纪中国图书馆发展的基础,在中国普及了西方图书馆,特别是美国图书馆的公共、公开、平等、免费的公共图书馆观念与思想、图书馆学理论、分类编目技术与方法等,并在此基础上构建了由各类型图书馆、各类型图书馆学专业教育、图书馆学研究、图书馆专业组织、图书馆交流与合作机制等组成的图书馆事业架构与体系。

> **扩展阅读2.3**
>
> **韦棣华**(Mary Elizabeth Wood,1861—1931年)[1]
>
> 美国圣公会女传教士,中国图书馆学的先驱人物,被誉为"中国现代图书馆运动之皇后"。1861年生于美国纽约州,1899年来华并留居武昌,任文华书院(后改名文华大学)英语教授,具有图书馆学教育背景,并长期致力于发展中国图书馆事业。1910年创办武昌文华书院学校图书馆"文华公书林",任图书馆总理。1920年与沈祖荣一起创办了文华图书科,开创了中国图书馆学教育之先河。1924年在争取美国退还庚子赔款部分款项用于推进中国图书馆事业一事上做出贡献。1925年参加中华图书馆协会,任图书馆教育委员会书记。1930年为支持中国图书馆事业的发展而积极募捐并成立韦棣华基金会。1931年因病在武昌逝世。

---

[1] 韩永进. 中国图书馆史:附录卷[M]. 北京:国家图书馆出版社,2017:279-280.

> **扩展阅读 2.4**
>
> 沈祖荣（1883—1977 年）①②③
>
> 　　字绍期，图书馆学家，中国现代图书馆学教育的奠基人之一，被誉为"中国图书馆教育之父"。1883 年出生于湖北宜昌，1901 年入读美国圣公会传教士在武昌创办的文华学校，1911 年毕业于文华大学并留校任图书馆馆员，协助其师韦棣华女士开设"文华公书林"。1914 年受韦棣华女士资助赴美，1914—1917 年在美国纽约州立图书馆学校学习，获学士学位。1917 年回国后与余日章、胡庆生等一起发起旨在面向大众开放的新图书馆运动。1920 年在任文华公书林主任时，与韦棣华等在文华大学创办了文华图书科。1925 年当选中华图书馆协会董事部董事及执行委员。1929 年代表协会赴罗马出席第一届国际图书馆大会。同年，文华图书科正式更名为私立武昌文华图书馆专科学校，沈祖荣任校长、教授直至 1953 年。1953 年该校并入武汉大学，沈祖荣任武汉大学图书馆学系教授，讲授俄文图书编目法课程。1965 年离职休养，1977 年 2 月逝世。著有《仿杜威书目十类法》（1917 年）、《标题总录》（1937 年），译著有《苏联图书馆四十年》《俄文图书编目》《简明图书馆编目法》等。

主要参考文献

[1] RUBIN R E. Foundations of library and information science [M]. New York：Neal-Schuman Publishers, Inc., 2010.

[2] 程焕文. 近代图书馆卷 [M] // 韩永进. 中国图书馆史. 北京：国家图书馆出版社，2017.

[3] 华东师范大学图书馆学系. 美国及世界其他地区图书馆事业 [M]. 北京：书目文献出版社，1983.

[4] 杨威理. 西方图书馆史 [M]. 北京：商务印书馆，1988.

---

① 宜昌市地方志编纂委员会. 宜昌市志 1979—2000：下 [M]. 北京：方志出版社，2012.
② 周文骏. 图书馆学情报学词典 [M]. 北京：书目文献出版社，1991.
③ 周文骏. 图书馆学百科全书 [M]. 北京：中国大百科全书出版社，1993.

［5］杨子竞. 外国图书馆史简编［M］. 北京：国家图书馆出版社，2013.

［6］张靖. 西方图书馆学的形成及其对中国的影响［M］//中国图书馆学会. 中国图书馆学学科史. 北京：中国科学技术出版社，2014.

［7］郑永田. 美国公共图书馆思想研究（1731—1951）［M］. 北京：社会科学文献出版社，2015.

习　题

（1）为什么可以将社会图书馆和流通图书馆等看作公共图书馆的前身？

（2）《公共图书馆和博物馆法》是在怎样的背景下出现的，具有怎样的历史意义？

（3）卡内基图书馆在图书馆事业发展史上具有怎样的历史意义？

（4）古越藏书楼的设立和徐树兰的公共图书馆思想在中国图书馆事业发展史上具有怎样的历史意义？

（5）文华公书林在中国图书馆事业发展史上具有怎样的历史意义？

思考题

（1）我们为什么称誉韦棣华女士为"中国现代图书馆运动之皇后"？

（2）公共图书馆的发展历史对于其当前的发展情况以及未来的发展趋势有何影响？

第三章　现代公共图书馆理念[①]

学习目标

了解四份与公共图书馆有关的国际、国家和地方政策法规
透过四份政策法规文本理解现代公共图书馆的理念

知识点提示

《国际图联/联合国教科文组织公共图书馆宣言》
《国际图联公共图书馆服务指南》
《中华人民共和国公共图书馆法》
《广州市公共图书馆条例》
图书馆权利

联合国教科文组织在1994年版的《国际图联/联合国教科文组织公共图书馆宣言》（*IFLA/UNESCO Public Library Manifesto*）（以下简称《公共图书馆宣言》）中宣告坚信公共图书馆是提供教育、文化和信息的有生力量，是孕育人类内心和平与精神财富的重要机构，并确认了免费、平等、开放、共

[①] 本章系根据张靖教授在中山大学所授课程"图书馆学基础"的教案拓展而成。

享等公共图书馆的核心理念。① 本章以与公共图书馆相关的国际、国家和地方政策法规为切入点，在对政策法规的解读中阐述现代公共图书馆理念。

第一节 《公共图书馆宣言》

一、《公共图书馆宣言》制定的背景和过程

联合国教科文组织（United Nations Educational, Scientific and Cultural Organization, UNESCO）在国际图联的协助下，于1949年发布了《公共图书馆：大众教育的生力军》（Public Library: A Living Force for Popular Education）②，即《公共图书馆宣言》的第一版③。当时的世界正处于对20世纪上半叶相继爆发的两次世界大战进行深刻反思的时期，民主实践在民族国家中逐渐体制化，和平主义成为战后世界的主要社会思潮。人类开始反思战争的残酷与恐怖，以及和平生活的可贵，思考如何在不同文化的民族交往中避免殖民、征服乃至战争。永久和平的渴求令各民族逐渐认识到彼此共同利益之所在，实施对其他民族的文化、困难予以了解和容忍的教育。④ 联合国教科文组织，这个刚刚成立不久的国际组织为公共图书馆发布宣言，足以说明当时的国际社会对公共图书馆在社会教育中的作用的高度认可。⑤

1972年，联合国教科文组织和国际图联对《公共图书馆宣言》1949年

---

① 程焕文，高雅，刘佳亲. 理念的力量：中国公共图书馆迈入黄金时代：纪念《公共图书馆宣言》颁布25周年［J］. 图书馆建设，2019（3）：14-19.

② UNESCO. Public library : a living force for popular education［EB/OL］.［2021-06-10］. https://www.ifla.org/files/assets/public-libraries/documents/unesco-public-library-manifesto-1949.pdf.

③ 柯平. 公共图书馆的使命：《公共图书馆宣言》在公共图书馆事业发展中的价值［J］. 图书馆建设，2019（6）：13-19.

④ 周旖，于沛. 公共图书馆的基本立场与社会角色：对《公共图书馆宣言》1949年版、1972年版和1994年版的分析［J］. 图书馆论坛，2014（5）：1-7.

⑤ 李超平. 为了更好地前行［J］. 图书馆建设，2019（1）：4-6.

版文本进行了修订,并将文件更名为《联合国教科文组织公共图书馆宣言》①(*UNESCO Public Library Manifesto*)。

1994年《公共图书馆宣言》第三版发布,增加了国际图联的冠名②,命名为《国际图联/联合国教科文组织公共图书馆宣言》(*IFLA/UNESCO Public Library Manifesto*),该版本为现在通行的版本;其陈述的国际公共图书馆的原则与声明,代表了整个行业的声音,现已成为公共图书馆界的纲领性文件和各国图书馆事业发展的行动指南。

二、《公共图书馆宣言》的内容

在内容方面,1994年版《公共图书馆宣言》继承了之前版本中关于公共图书馆的性质、原则等问题的基本思想,对公共图书馆的重要地位与使命、馆藏与服务、拨款与立法、协作与网络、运作与管理等方面的内容,做了大幅度的增补。③《公共图书馆宣言》是在集中了全世界公共图书馆的经验和成就的基础上制定的,有着高度的概括性和原则性。

1994年版的《公共图书馆宣言》主要由六部分组成:④

第一部分为"导言",强调人类社会的基本价值和公共图书馆的基本社会价值两方面内容。

第二部分为"公共图书馆",明确公共图书馆定义,强调人人享有利用图书馆的权利,确立"平等服务"原则。

第三部分为"公共图书馆的使命",明确公共图书馆的教育使命、文化使命和信息使命。

第四部分为"经费、立法和网络",确立公共图书馆"无偿原则",鼓励各国图书馆网建设以及公共图书馆与其他类型图书馆之间的协作。

---

① UNESCO public library manifesto (1972) [EB/OL]. [2021-06-10]. https://www.ifla.org/files/assets/public-libraries/documents/unesco-public-library-manifesto-1972.pdf.

② 吴建中. 从藏用结合到以人为本:从价值观的变化看《公共图书馆宣言》对我国图书馆事业发展的影响 [J]. 图书馆建设, 2019 (3): 4-7.

③ 程焕文, 潘燕桃, 张靖. 图书馆权利研究 [M]. 北京: 学习出版社, 2011: 106-107.

④ IFLA/UNESCO public library manifesto 1994 [EB/OL]. [2020-02-12]. https://www.ifla.org/publications/iflaunesco-public-library-manifesto-1994.

第五部分为"运作与管理",明确图书馆政策、合作关系建设、馆舍建设、图书馆员教育、图书馆用户教育等方面。

第六部分为"宣言的实施",敦促实施宣言中所表述原则。

《公共图书馆宣言》英文版全文可在国际图联官网上免费获取。

三、《公共图书馆宣言》与现代公共图书馆理念

(一)促使平等与公平服务理念深入人心

《公共图书馆宣言》的主要思想是联合国教科文组织鼓励各国政府支持并积极参与各国公共图书馆的发展,基本服务原则是对所有人提供公平服务与平等服务。这一理念自公共图书馆创建之初就存在,经由《公共图书馆宣言》的传播而成为全球公共图书馆共同的价值观。①

关于"公平服务"与"平等服务",《公共图书馆宣言》中具体明确为:"公共图书馆的服务以平等利用为基础,不分年龄、种族、性别、宗教、国籍、语言或社会地位,为所有的人提供。公共图书馆须为那些因任何原因不能利用常规服务和资料的用户,如小语种民族、残障人士或住院人员及被监禁人员,提供特殊服务和资料。"②

关于"免费服务",《公共图书馆宣言》中具体明确为:"公共图书馆原则上应遵循无偿原则。建立和维持公共图书馆是国家和地方当局的责任。公共图书馆必须受到专门立法的支持,必须由国家和地方政府提供经费。公共图书馆应该是所有文化信息提供、读写能力培养和教育相关长期战略的重要组成部分。"③

《公共图书馆宣言》在中国的传播,促进了公共图书馆平等服务实践的相继出现。以"流动图书馆"为标志的"广东模式"、以"图书馆之城"为标志的"深圳模式"、以"政府主导"为标志的"广州模式"、以"图书馆之城"为标志的"东莞模式"和以"联合图书馆"为标志的"佛山模式"

---

① 范并思. 认识公共图书馆的制度意义:重读《公共图书馆宣言》[J]. 图书馆建设,2019(3):8-13.

② IFLA/UNESCO public library manifesto 1994 [EB/OL]. [2020-06-20]. https://www.ifla.org/publications/iflaunesco-public-library-manifesto-1994.

③ FLA/UNESCO public library manifesto 1994 [EB/OL]. [2020-06-20]. https://www.ifla.org/publications/iflaunesco-public-library-manifesto-1994.

等构成的新世纪中国公共图书馆"岭南模式"①,迅速成为全国公共图书馆学习的典范,有关公共图书馆免费与平等理念实践的"××模式"在全国各地如雨后春笋般迅速涌现。②

《公共图书馆宣言》是写给图书馆从业人员的,号召图书馆从业人员形成凝聚力,赋予图书馆人核心价值观,引导图书馆人确立新理念。其每修订一次,都对理念进行一次更新。《公共图书馆宣言》内容强调图书馆人应实践相关理念,用理念指导实践,去解决图书馆发展中遇到的难题。《公共图书馆宣言》也是写给社会的,向社会宣示图书馆的社会责任。《公共图书馆宣言》的发布,也改变了长期以来社会对于图书馆行业的刻板印象。③

(二) 引领我国图书馆事业制度建设

《公共图书馆宣言》的意义还体现在对我国图书馆事业制度建设的指导,一系列法律法规、政策文件及行业标准无不彰显着我国对《公共图书馆宣言》平等服务等理念的认真践行。

2008年,中国图书馆学会正式发布《图书馆服务宣言》,这不只是一个行业的自律宣言,更是《公共图书馆宣言》在中国传播与普及后的一个必然产物。《图书馆服务宣言》的问世,使中国图书馆界得以向全社会传递图书馆的职业责任、职业理想与职业操守,也向国际图书馆界传递了一种成熟的职业形象。④

2011年,原文化部和财政部发布《关于推进全国美术馆公共图书馆文化馆(站)免费开放工作的意见》⑤;同年3月,财政部发布《关于加强美术馆公共图书馆文化馆(站)免费开放经费保障工作的通知》⑥。公共图

---

① 程焕文. 岭南模式:崛起的广东公共图书馆事业 [J]. 中国图书馆学报, 2007 (3): 15-25.

② 程焕文, 高雅, 刘佳亲. 理念的力量:中国公共图书馆迈入黄金时代:纪念《公共图书馆宣言》颁布25周年 [J]. 图书馆建设, 2019 (3): 14-19.

③ 柯平. 公共图书馆的使命:《公共图书馆宣言》在公共图书馆事业发展中的价值 [J]. 图书馆建设, 2019 (6): 13-19.

④ 李超平. 为了更好地前行 [J]. 图书馆建设, 2019 (1): 4-6.

⑤ 关于推进全国美术馆公共图书馆文化馆(站)免费开放工作的意见 [EB/OL]. [2021-06-24]. http://www.gov.cn/zwgk/2011-02/14/content_1803021.htm.

⑥ 关于加强美术馆公共图书馆文化馆(站)免费开放经费保障工作的通知 [EB/OL]. [2021-06-24]. http://www.gov.cn/zwgk/2011-03/22/content_1829189.htm.

馆免费开放与平等服务由行业发展意志转变为国家行为。

2012年，中共中央办公厅、国务院办公厅印发《国家"十二五"时期文化改革发展规划纲要》，提出"加强文化馆、博物馆、图书馆、美术馆、科技馆、纪念馆、工人文化宫、青少年宫等公共文化服务设施和爱国主义教育示范基地建设并完善向社会免费开放服务"①。2013年，原文化部印发首个全国性公共图书馆事业发展中长期规划——《全国公共图书馆事业发展"十二五"规划》，明确提出："全面提供公益性、基本性、均等性和便利性的图书馆服务，以构建覆盖全社会的公共图书馆服务体系为目标。"②这两份重要文件直接体现了平等服务与公平服务理念在中国不断创新与深化。

2016年，第十二届全国人民代表大会常务委员会第二十五次会议通过《中华人民共和国公共文化服务保障法》，其中明确要求"按照公益性、基本性、均等性、便利性的要求，加强公共文化设施建设，完善公共文化服务体系，提高公共文化服务效能"③。

2017年，《国家"十三五"时期文化发展改革规划纲要》（2017）规定"以县级图书馆、文化馆为中心推进总分馆制。推进公共文化设施免费开放"④；同年，《"十三五"时期全国公共图书馆事业发展规划》要求"提高服务效能，推进公共图书馆服务均等化建设。提升免费开放工作水平"⑤。

2017年年末，《中华人民共和国公共图书馆法》正式颁布实施，这部法律曲折的立法过程正是中国现实与公共图书馆职业国际话语体系的恰当接

---

① 国家"十二五"时期文化改革发展规划纲要［EB/OL］.［2019-11-12］. http://www.scio.gov.cn/xwfbh/xwbfbh/wqfbh/2012/0719/xgzc/Document/1190119/1190119_1.htm.

② 全国公共图书馆事业发展"十二五"规划［EB/OL］.［2019-11-12］. http://www.gov.cn/gongbao/content/2013/content_2404725.htm.

③ 中华人民共和国公共文化服务保障法［EB/OL］.［2019-11-12］. http://www.beijing.gov.cn/zfxxgk/dcq11A006/flfg22j/2019-01/11/content_8df66dc223b0453e965aadafffa81a1c.shtml.

④ 国家"十三五"时期文化发展改革规划纲要［EB/OL］.［2019-11-12］. http://www.xinhuanet.com//politics/2017-05/07/c_1120931794_3.htm.

⑤ 全国公共图书馆事业发展"十三五"规划［EB/OL］.［2019-11-12］. http://www.gov.cn/xinwen/2017-07/07/content_5230578.htm.

轨、事业发展预期与职业基本信念坚守的合理兼顾的一种映射。① 从这部法律的立法目标、政府责任、设施布局、职业责任和规范等方面，都可以看到《公共图书馆宣言》中公平服务与平等服务理念的影响与指导。

1994年版《公共图书馆宣言》问世以来，正值我国图书馆事业发展的重要阶段，其对公共图书馆出现的新气象、新趋势与新业态都有着深刻影响，对我国公共图书馆有序前行和转型发展给予了指导。②

> **扩展阅读3.1**
>
> 中国图书馆学会：《图书馆服务宣言》（2008），http：//www.lsc.org.cn/contents/1260/2029.html.
>
> 柯平：《公共图书馆的使命——〈公共图书馆宣言〉在公共图书馆事业发展中的价值》，《图书馆建设》2019年第6期，第13-19页。
>
> 吴建中：《从藏用结合到以人为本——从价值观的变化看〈公共图书馆宣言〉对我国图书馆事业发展的影响》，《图书馆建设》2019年第3期，第4-7页。
>
> 范并思：《认识公共图书馆的制度意义——重读〈公共图书馆宣言〉》，《图书馆建设》2019年第3期，第8-13页。
>
> 程焕文，高雅，刘佳亲：《理念的力量：中国公共图书馆迈入黄金时代——纪念〈公共图书馆宣言〉颁布25周年》，《图书馆建设》2019年第3期，第14-19页。

---

① 李超平. 回顾与总结是为了更好地前行：纪念《公共图书馆宣言》（1994）发布25周年［J/OL］. 图书馆建设，2018［2019-11-02］. http：//kns.cnki.net/kcms/detail/23.1331.G2.20181218.1618.010.html.

② 柯平. 公共图书馆的使命：《公共图书馆宣言》在公共图书馆事业发展中的价值［J］. 图书馆建设，2019（6）：13-19.

第二节 《公共图书馆服务指南》

一、《公共图书馆服务指南》制定的背景和过程

1973年，为帮助全球各国公共图书馆发展，国际图联编制并发布了《公共图书馆标准》（Standards for Public Libraries）①，1986年将其更名为《公共图书馆指南》②。

1994年，新版《公共图书馆宣言》发布后，国际图联立即推进《公共图书馆指南》的修订工作，并于2001年出版了《公共图书馆服务：国际图联/联合国教科文组织发展指南》（The Public Library Service：the IFLA/UNESCO Guidelines for Development）③。该指南中译本名称为《公共图书馆服务发展指南》，由林祖藻翻译，于2002年在我国正式出版。④

然而随着信息技术的超速发展，基于传统信息生态环境所提出的图书馆与信息服务理念面临全新的挑战。国际图联公共图书馆专业委员会秉持"平等服务的原则"，随即开展《公共图书馆服务：国际图联/联合国教科文组织发展指南》的修订工作。该项工作或借由国际图联年会和年中工作会议期间的研讨会，或通过持续的个人形式及在线形式的笔谈和评论不断推进，来自

---

① IFLA. The public library service：the IFLA/UNESCO guidelines for development [EB/OL]．[2020-02-12]．https：//www.ifla.org/files/assets/hq/publications/archive/the-public-library-service/publ97.pdf.

② 吴建中．从藏用结合到以人为本：从价值观的变化看《公共图书馆宣言》对我国图书馆事业发展的影响 [J]．图书馆建设，2019（3）：4-7.

③ IFLA. The public library service：the IFLA/UNESCO guidelines for development [EB/OL]．[2020-02-12]．https：//www.ifla.org/files/assets/hq/publications/archive/the-public-library-service/publ97.pdf.

④ 蒋永福，付军．让我们都来读这本书：特别介绍和推荐IFLA/UNESCO之《公共图书馆服务发展指南》[J]．图书馆建设，2003（1）：97-98.

许多国家的诸多人士就指南条款的修订进行了讨论、争论和磋商。① 2010年，公共图书馆专业委员会正式发布经过修订及更名的《公共图书馆服务指南》(*IFLA Public Library Service Guidelines*)。

二、《公共图书馆服务指南》的内容

《公共图书馆服务指南》通过指明与信息获取、学习能力和生活质量有关的公民信息权利，促进和鼓励国际图书馆界为不同社群提供有效的图书馆服务；旨在帮助公共图书馆在数字时代实施高质量的信息服务并认识到现代社会中图书馆角色的不断变化。《公共图书馆服务指南》全篇主要由八部分组成。

第一部分为"公共图书馆使命与目标"，主要包含引言、公共图书馆的界定、公共图书馆的目标、变革的代理人、信息自由、平等获取、当地需求、本土文化、公共图书馆的文化根源、没有围墙的图书馆、图书馆建筑、资源、公共图书馆的价值等部分。

第二部分为"法律与经济框架"，主要包含引言、公共图书馆与政府、公共图书馆立法、经费、公共图书馆治理、公共图书馆管理、宣传与推广等部分。

第三部分为"满足用户需求"，主要包含引言、识别潜在的用户、分析社群需求、用户服务、用户关怀、用户教育、合作与资源共享、电子网络、服务的可及、图书馆建筑等部分。

第四部分为"馆藏建设"，主要包含引言、馆藏发展政策、资源范围、馆藏建设、馆藏维护原则、馆藏标准、电子信息设施标准、新图书馆馆藏发展计划、资源采访与剔除率、数字馆藏管理等部分。

第五部分为"人力资源"，主要包含引言、图书馆员的技能、图书馆员类别、伦理标准、图书馆员的职责、人员编制、图书馆员的教育、培训、职业生涯发展、工作条件、志愿者等部分。

第六部分为"公共图书馆管理"，主要包含引言、管理技巧、建设与维护图书馆、经费管理、图书馆资源管理、人员管理、图书馆体系的规划与发展、变革管理、图书馆代表、管理工具等部分。

---

① IFLA public library service guidelines [EB/OL]. [2020-02-12]. https://www.ifla.org/publications/ifla-publications-series-147.

第七部分为"公共图书馆推广",主要包含引言、推广工具、推广与联络政策、公共政策等部分。

第八部分为"附录",主要包含《公共图书馆宣言》、《芬兰图书馆法案》(The Finnish Library Act)、《读者宪章——白金汉郡图书馆》(Customer Charter, Buckinghamshire County Library)、《图书馆建筑标准——加拿大安大略省与西班牙巴塞罗那》(Library Building Standards Ontario, Canada and Barcelona, Spain)、《〈宣言〉的更新》(Update of IFLA Manifesto)、《昆士兰公共图书馆标准和指南》(Queensland Standards and Guidelines for Public Libraries) 等重要参考文件。

当前《公共图书馆服务指南》英文版全文可在国际图联官网上免费获取。

三、《公共图书馆服务指南》与现代公共图书馆理念

(一) 为践行现代图书馆理念提供可操作性指导

如上一节所述,《公共图书馆宣言》是全球公共图书馆界的最高纲领,已被译成27种语言[1],对全球公共图书馆发展影响巨大。但是《公共图书馆宣言》作为纲领性文献,不可能对公共图书馆的建设实践做出详尽的规定[2],而由1994年版《公共图书馆宣言》衍生出来的《公共图书馆服务指南》犹如《公共图书馆宣言》的实施细则,对公共图书馆的建设实践提出了极为详尽的、可操作的指导与意见。所以,可以说,《公共图书馆指南》是《公共图书馆服务宣言》关于图书馆理念的展开与说明,是践行《公共图书馆宣言》平等服务等理念的具体方案。

《公共图书馆服务指南》全篇为公共图书馆而非其他图书馆制定,具有较强的专业性和针对性,旨在为大多数情境下的图书馆和信息专业人员提供帮助,以期为他们在当地发展环境和社群需求中开展有效的服务提供参考。例如,"如何宣传与推广公共图书馆,吸引社会公众走进图书馆,为公众提供普遍均等的服务,最终实现图书馆服务公众终身学习能力培育的核心目

---

[1] IFLA. IFLA/UNESCO public library manifesto 1994 [EB/OL]. [2019 – 11 – 12]. https://www.ifla.org/publications/ifla – unesco – public – library – manifesto – 1994.

[2] 蒋永福,付军. 让我们都来读这本书:特别介绍和推荐IFLA/UNESCO之《公共图书馆服务发展指南》[J]. 图书馆建设, 2003 (1): 97 – 98.

标"。《公共图书馆服务指南》中提出的关于公共图书馆服务的措施对世界各国的公共图书馆创新与深化现代图书馆理念极具实际指导意义。

此外,《公共图书馆服务指南》还旗帜鲜明地提出公共图书馆需要适应社会发展的变革,建议全球公共图书馆应在新形势中找准发展定位,相关内容极具时代特征;其强调应从"图书馆管理"转变为"图书馆治理",重视在公共图书馆与公众之间搭建双向的互动沟通桥梁。因此,《公共图书馆服务指南》从公共图书馆建筑等硬件设施建设,到普遍均等的图书馆服务、面向终生学习的社会教育服务以及用户需求的信息服务等软实力建设,都提出了更为具体的要求与可操作建议。

(二) 对拓展公共图书馆理念的相关实践予以指导

为了使全球公共图书馆均衡协调发展,国际图联公共图书馆专业委员会几经努力,对《公共图书馆服务指南》实践案例的相关内容进行了及时更新,文本列举了各国图书馆的创新实践,可供我国图书馆参考和借鉴。

由于体制和机制不同,我国公共图书馆事业在吸收《公共图书馆服务指南》中的实践案例经验的基础上,已然走出了一条具有中国特色的发展道路。在《公共图书馆服务指南》的建议与实践观照之下,很多图书馆打破传统框框,发挥自身优势,开拓了多样的服务形式。如广州图书馆、杭州图书馆、苏州图书馆、太原市图书馆以及天津滨海图书馆等谋求创新,创造了很多新的服务形式。一些小型图书馆,如苏州市独墅湖图书馆和武汉图书馆汤湖分馆等打造出服务工业园区的新模式,尤其是苏州市独墅湖图书馆,在科技服务上独树一帜,创新了类似科技情报所的服务方式,深受苏州工业园区管理部门的好评。①

同时,《公共图书馆服务指南》对拓展公共图书馆理念实践的指导,还体现在相关行业标准编制方面。关于公共图书馆服务的一系列国家标准与行业标准的编制文件都将《公共图书馆服务指南》作为重要的参考与借鉴对象,由此可以窥见《公共图书馆服务指南》对系列标准的编制提供了重要的参考与借鉴。

---

① 吴建中. 从藏用结合到以人为本:从价值观的变化看《公共图书馆宣言》对我国图书馆事业发展的影响[J]. 图书馆建设, 2019 (3): 4-7.

> **扩展阅读 3.2**
>
> 国家质量监督检验检疫总局，中国国家标准化管理委员会：《公共图书馆服务规范》（GB/T 28220—2011），http：//c.gb688.cn/bzgk/gb/showGb？type=online&hcno=6ECDC3A0A8D2237C20565737620DFE86。
>
> 国家市场监督管理总局，中国国家标准化管理委员会：《公共图书馆少年儿童服务规范》（GB/T 36720—2018），http：//c.gb688.cn/bzgk/gb/showGb？type=online&hcno=745658E2CF579538DE274FE931E5DC93。
>
> 住房和城乡建设部，国家发展改革委：《公共图书馆建设标准》（建标108—2008），http：//www.mohurd.gov.cn/wjfb/200902/P020090226377317189792.pdf。
>
> 文化和旅游部：《公共图书馆评估指标》（WH/T 70.1—2020），https：//www.mct.gov.cn/whzx/zxgz/wlbzhgz/202009/W020200928517667050957.pdf。
>
> 文化和旅游部：《社区图书馆服务规范》（WH/T 73—2016），https：//www.mct.gov.cn/whzx/zxgz/wlbzhgz/202008/W0202008125879144490758.pdf。

第三节　《中华人民共和国公共图书馆法》

一、《中华人民共和国公共图书馆法》制定的背景和过程

20世纪80年代初，学界就开始为新中国的图书馆法治研究做理论准备。[①] 1980年，中共中央书记处听取了图书馆工作问题的汇报，讨论并通过了《图书馆工作汇报提纲》；同年6月，国家文物局召开全国文物工作会议，有部分与会代表建议制定图书馆法。1998年，原文化部提出图书馆立法动

---

① 李国新.1980年~2004年中国图书馆法治研究述评［J］.江西图书馆学刊，2006（4）：2-6.

议；2001年4月，原文化部在天津召开"图书馆法专家座谈会"，听取图书馆界专家及政府有关主管部门负责同志对图书馆立法工作的意见和建议，启动图书馆法立法工作。在此基础上，原文化部牵头起草了《中华人民共和国图书馆法（送审稿）》，并于2003年6月报请原国务院法制办审议。① 此后，图书馆的立法工作遇到阻碍，一度中断。

2006年9月，图书馆立法工作再次启动，中共中央宣传部将"抓紧研究制定图书馆法"纳入《国家"十一五"时期文化发展规划纲要》②。2008年10月，图书馆法被列入十一届全国人大常委会立法规划，并被确定为二类立法项目，即"研究起草、条件成熟时安排审议的法律草案"③。

由于各类型图书馆分属不同行政部门管理，各有其不同的发展规律和特点，经过一段时间的研究与讨论，有关方面一致认为，在目前的管理体制之下，制定跨系统图书馆法的时机尚未成熟。为此，原文化部于2008年提出首先针对公共图书馆进行立法的工作思路，得到了原国务院法制办和全国人大常委会等部门的认可。④

2008年11月，原文化部在北京召开工作会议，启动《中华人民共和国公共图书馆法》立法工作，⑤ 并决定由中国图书馆学会和国家图书馆牵头开展公共图书馆立法支撑研究的相关工作。2009年1月，中国图书馆学会在北京召开会议，专题部署公共图书馆法系列研究工作。

在立法支撑研究工作的基础上，原文化部于2009年11月完成《中华人民共和国公共图书馆法》初稿。经多次讨论、修改后，于2010年3月形成《中华人民共和国公共图书馆法（第一次征求意见稿）》，并面向国家发展改革委、财政部、人力资源和社会保障部、原国家新闻出版总署等有关部门征求意见。2011年2月，根据有关部委的意见，原文化部修改形成《中华人民共和国公共图书馆法（第二次征求意见稿）》，面向国家图书馆等实践单位

---

① 《中华人民共和国公共图书馆法学习问答》编写组.《中华人民共和国公共图书馆法》学习问答［M］. 北京：中国法制出版社，2019：14-19.

② 国家"十一五"时期文化发展规划纲要［EB/OL］.［2020-02-08］. http://www.gov.cn/govweb/gongbao/content/2006/content_431834.htm.

③ 《中华人民共和国公共图书馆法学习问答》编写组.《中华人民共和国公共图书馆法》学习问答［M］. 北京：中国法制出版社，2019：14-19.

④ 《中华人民共和国公共图书馆法学习问答》编写组.《中华人民共和国公共图书馆法》学习问答［M］. 北京：中国法制出版社，2019：14-19.

⑤ 申晓娟. 历史性突破：《中华人民共和国公共图书馆法》研究专栏序［J］. 图书馆建设，2018（1）：5-6.

征求意见,并组织工作团队赴广东、湖北等地进行立法专题调研;①同年11月,根据反馈意见和调研情况,原文化部对第二次征求意见稿内容进行调整,《中华人民共和国公共图书馆法(草案送审稿)》形成。

2012年1月,原国务院法制办就《中华人民共和国公共图书馆法(草案送审稿)》面向全社会征集意见。而后,2013年年初,原文化部结合社会公众意见,针对公共图书馆法立法进程中的重点难点问题,先后向原国务院法制办及全国人大法律工作委员会、教科文卫委员会等部门进行汇报。②2013年12月,《中华人民共和国公共图书馆法》被列入十二届全国人大常委会立法规划,并被确定为一类立法项目,即"条件比较成熟,任期内拟提请审议的立法项目"。而后,原文化部配合原国务院法制办组织有关部门工作人员赴上海、山东、贵州等地调研,并委托国家图书馆研究院修改《中华人民共和国公共图书馆法(草案送审稿)》。

2015年1月,中共中央办公厅、国务院办公厅联合印发了《关于加快构建现代公共文化服务体系的意见》③,根据这一文件及相关政策精神,原文化部于2015年2月组织国家图书馆、中国政法大学、国家行政学院三个课题组,对《中华人民共和国公共图书馆法》草案做进一步研究与修改。2015年11月,《中华人民共和国公共图书馆法(征求意见稿)》正式形成,并报送原国务院法制办。2015年12月,原国务院法制办就《中华人民共和国公共图书馆法(征求意见稿)》面向社会公开征求意见。④2016年2月,根据社会意见,《中华人民共和国公共图书馆法(送审稿)》形成。而后,原国务院法制办同原文化部对送审稿反复研究与修改,形成《中华人民共和国公共图书馆法(草案)》。

2017年4月19日,国务院总理李克强主持国务院常务会议,讨论并通过《中华人民共和国公共图书馆法(草案)》,⑤决定将草案提请全国人大常

---

① 《中华人民共和国公共图书馆法学习问答》编写组.《中华人民共和国公共图书馆法》学习问答[M].北京:中国法制出版社,2019:14-19.

② 《中华人民共和国公共图书馆法学习问答》编写组.《中华人民共和国公共图书馆法》学习问答[M].北京:中国法制出版社,2019:14-19.

③ 关于加快构建现代公共文化服务体系的意见[EB/OL].[2020-02-08].http://www.gov.cn/xinwen/2015-01/14/content_2804250.htm

④ 申晓娟.历史性突破:《中华人民共和国公共图书馆法》研究专栏序[J].图书馆建设,2018(1):5-6.

⑤ 《中华人民共和国公共图书馆法(草案)》,促进全民阅读[EB/OL].[2020-02-08].http://www.sohu.com/a/135286573_272574.

委会审议。2017年6月,全国人大面向社会就《中华人民共和国公共图书馆法(草案)》公开征求意见。①

2017年11月4日,《中华人民共和国公共图书馆法》(以下简称《公共图书馆法》)经全国人大常委会审议通过,正式出台,自2018年1月1日正式施行。②

这一立法过程历经近40年。这部法律的出台,凝聚了立法机构、图书馆事业主管部门、专家学者、图书馆从业人员以及关心和支持图书馆事业发展的各界人士的努力和智慧。③

二、《中华人民共和国公共图书馆法》的内容

《公共图书馆法》由中华人民共和国第十二届全国人民代表大会常务委员会第三十次会议通过,习近平主席签署中华人民共和国主席令(第七十九号)予以公布,自2018年1月1日起施行,后来根据2018年10月26日第十三届全国人民代表大会常务委员会第六次会议《关于修改〈中华人民共和国野生动物保护法〉等十五部法律的决定》修正。④

该法共分6章55条。第一章"总则",主要规定立法宗旨,公共图书馆的定义、定位和发展方针,政府职责等宏观性问题;第二章"设立",主要规定公共图书馆服务网络建设、公共图书馆设立条件、章程内容、登记管理制度、馆长和工作人员要求等问题;第三章"运行",主要规定公共图书馆法人治理结构,公共图书馆文献信息收集、整理、保存,设施设备维护和使用,馆际交流与合作,总分馆制建设等问题;第四章"服务",主要规定公共图书馆的服务要求和内容,政府设立的公共图书馆面向少年儿童、老年人、残疾人等群体开展服务,提供流动服务设施、自助服务设施等便捷服务等,以及对公共图书馆服务质量和水平进行考核等问题;第五章"法律责

---

① 《中华人民共和国公共图书馆法(草案)》公开征求意见[EB/OL]. [2020 - 02 - 08]. http://www.sohu.com/a/153050627_669468.

② 中华人民共和国公共图书馆法[EB/OL]. [2019 - 11 - 02]. http://www.gov.cn/xinwen/2017 - 11/05/content_5237326.htm.

③ 申晓娟,李丹.《中华人民共和国公共图书馆法》立法侧记(上)[J]. 图书馆建设,2018(1):7 - 18.

④ 中华人民共和国公共图书馆法[EB/OL]. [2019 - 11 - 02]. http://www.gov.cn/xinwen/2017 - 11/05/content_5237326.htm.

任",主要规定公共图书馆及其工作人员、出版单位、政府部门承担的法律责任以及违法需承担的相应后果,其他与公共图书馆有关的民事责任和刑事责任等问题;第六章"附则",规定公共图书馆法的施行日期。①

该法遵循的总体思路是:做好与《中华人民共和国公共文化服务保障法》等法律的衔接;加强公共图书馆服务体系建设,扩大公共图书馆服务覆盖范围;健全运行管理制度,引导公共图书馆健康规范发展;进一步发挥公共图书馆服务功能,提高服务效能;支持和鼓励社会力量参与公共图书馆事业发展。②

三、《中华人民共和国公共图书馆法》与现代公共图书馆理念

(一)明确现代图书馆理念,保障人民群众基本文化权益

《公共图书馆法》中对图书馆服务部分浓墨重彩,做出了诸多原则和内容方面的规定与要求。认真研读该法律后可以发现,图书馆行业在理念上达成的普遍共识在法律条文中也得到了充分体现。③

《公共图书馆法》以法律形式明确了平等服务的理念,把"平等"列为公共图书馆向公众提供服务的首要原则,要求县级政府因地制宜建立总分馆服务体系,"促进公共图书馆服务向城乡基层延伸",满足城乡居民需要。④平等服务理念得以贯彻,还体现在法律对允许图书馆拒绝服务的特殊情况做了特别严格的限定,即当读者"破坏公共图书馆文献信息、设施设备,或者扰乱公共图书馆秩序"时,而且"经劝阻、制止无效的",公共图书馆才"可以停止为其提供服务"。⑤

---

① 中华人民共和国公共图书馆法 [EB/OL]. [2019-11-02]. http://www.gov.cn/xinwen/2017-11/05/content_5237326.htm.

② 文化和旅游部公共文化司.《中华人民共和国公共图书馆法》为我国公共图书馆事业发展提供根本保障 [J]. 国家图书馆学刊, 2018 (2): 3-7.

③ 金武刚. 公共图书馆服务: 从行业共识到法律规定:《中华人民共和国公共图书馆法》解读 [J]. 图书馆杂志, 2017 (11): 15-19.

④ 中华人民共和国公共图书馆法 [EB/OL]. [2019-11-02]. http://www.gov.cn/xinwen/2017-11/05/content_5237326.htm.

⑤ 金武刚. 公共图书馆服务: 从行业共识到法律规定:《中华人民共和国公共图书馆法》解读 [J]. 图书馆杂志, 2017 (11): 15-19.

《公共图书馆法》以法律形式明确了普遍开放的理念，把"开放"列为公共图书馆向公众提供服务的三大原则之一。甚至更进一步，为了让每个人都能"无门槛"利用，法律明确规定公共图书馆提供的基本服务必须免费，并详细规定免费开放的范围包括"文献信息查询、借阅服务""阅览室、自习室等公共空间设施场地开放""公益性讲座、阅读推广、培训、展览"等。①

此外，《公共图书馆法》以法律形式明确了共建共享的理念，高度认同图书馆行业共建共享的基本理念。一是支持公共图书馆与公共图书馆之间的共建共享。法律要求"公共图书馆开展联合采购、联合编目、联合服务，实现文献信息的共建共享，促进文献信息的有效利用"②。二是支持公共图书馆与其他类型图书馆之间的共建共享。法律要求公共图书馆"加强与学校图书馆、科研机构图书馆以及其他类型图书馆的交流与合作，开展联合服务"，并且支持"学校图书馆、科研机构图书馆以及其他类型图书馆向社会公众开放"。③

（二）确立政府主导责任的基本制度，推进公共图书馆理念落实

《公共图书馆法》在发展规划、设施建设、经费保障、图书馆管理等方面明确了政府在设立和保障公共图书馆事业方面的主体责任，依靠建立起的一系列基本制度规范与指导，落实政府责任。④

《公共图书馆法》明确了各级政府是公共图书馆事业建设的责任主体。法律第四条规定，"县级以上人民政府应当将公共图书馆事业纳入本级国民经济和社会发展规划，将公共图书馆建设纳入城乡规划和土地利用总体规划"⑤。同时，该条款亦明确了政府的经费保障责任，明确所需经费包括文献信息购置、服务、运行、人员、专项等方面的经费。为进一步强化政府的

---

① 中华人民共和国公共图书馆法 [EB/OL]. [2019-11-02]. http://www.gov.cn/xinwen/2017-11/05/content_5237326.htm.
② 中华人民共和国公共图书馆法 [EB/OL]. [2019-11-02]. http://www.gov.cn/xinwen/2017-11/05/content_5237326.htm.
③ 中华人民共和国公共图书馆法 [EB/OL]. [2019-11-02]. http://www.gov.cn/xinwen/2017-11/05/content_5237326.htm.
④ 金武刚. 全面构建现代公共图书馆制度：关于《中华人民共和国公共图书馆法》的学习与研究 [J]. 图书与情报, 2018 (1): 49-62.
⑤ 中华人民共和国公共图书馆法 [EB/OL]. [2019-11-02]. http://www.gov.cn/xinwen/2017-11/05/content_5237326.htm.

保障责任，《公共图书馆法》明确要建立健全经费保障机制，对公共图书馆事业总体上经费保障不平衡、不充分的突出问题进行法理关照。

《公共图书馆法》还明确了各级政府是公共图书馆设立的责任主体。法律第十四条规定，"县级以上人民政府应当设立公共图书馆"①，明确要求中央政府，省、自治区、直辖市政府，自治州、设区的市政府，县、自治县、不设区的市、市辖区的政府，应依法设立公共图书馆。

此外，《公共图书馆法》进一步明确了各级政府文化主管部门是公共图书馆管理的责任主体。在国家层面，文化和旅游部负责全国公共图书馆事业管理，同时国务院其他有关部门在各自职责范围内对应负责与公共图书馆管理有关的工作。在地方层面，该法明确了地方政府主管部门的责任范畴，文化和旅游厅（局）负主要责任，相关厅（局）应对应负相关管理责任。②

（三）确立区域总分馆制，实现服务普遍均等

创新体制机制，是构建现代公共文化服务体系的重要任务。文化立法与文化体制机制改革重大政策相衔接，促进了重要改革都有法可依。在此过程中，《公共图书馆法》紧密结合我国公共图书馆事业改革发展的实际，将建立县域总分馆体系建设纳入了法制轨道。③

《公共图书馆法》汲取了国内图书馆事业发展先进地区的图书馆总分馆制建设经验，结合基层图书馆建设的难题，以法律形式确立了中国特色的总分馆制建设机制，明确由县级人民政府承担总分馆制的建设责任，将基层图书馆建设纳入县级人民政府的职责范畴。④ 其中，县级图书馆作为总分馆体系中的总馆，需要发挥其主体功能，加强对分馆和基层服务点的业务指导。同时，乡镇（街道）综合文化站或村（社区）图书室逐步发展成为分馆或基层服务点，打破了单纯按照行政层级部署分馆和基层服务点

---

① 中华人民共和国公共图书馆法［EB/OL］.［2019-11-02］. http://www.gov.cn/xinwen/2017-11/05/content_5237326.htm.

② 柯平. 新时代公共图书馆事业发展的立法保障：关于《公共图书馆法》的背景和总则解读［J］. 新阅读，2018（6）：16-19.

③ 李国新.《中华人民共和国公共图书馆法》的历史贡献［J］. 中国图书馆学报，2017（6）：4-15.

④ 陈丽纳.《中华人民共和国公共图书馆法》法制框架下的总分馆体系建设研究［J］. 图书馆建设，2018（2）：29-34.

的格局。① 《公共图书馆法》的相关规定为各地因地制宜建立符合当地特色的县域公共图书馆总分馆体系提供了法理支撑，形成了法律化的公共图书馆总分馆建设的"中国方案"，②推动公共图书馆认真践行普遍均等的公共图书馆理念。

《公共图书馆法》的颁布，意味着公共图书馆实践普遍均等的系列建设行动有了政策和法律依据，公共图书馆体系化的可持续发展有了新的动力和根本保障。③

> **扩展阅读 3.3**
>
> 柯平：《〈公共图书馆法〉专家解读》，国家图书馆出版社2018年版，第1—25页。
> 李国新：《〈中华人民共和国公共图书馆法〉的历史贡献》，《中国图书馆学报》2017年第6期，第4—15页。

第四节 我国地方公共图书馆立法

一、我国地方公共图书馆立法概况

我国地方性图书馆立法经历了一个较长时间的渐进转变的过程。在国家政策和各地公共图书馆总分馆制建设等实践的影响下，地方性图书馆立法充分吸收各方面经验成果，借助地方法规条款将先进理念与经验确立下来，以

---

① 闫凤娟，田燕妮. 我国《公共图书馆法》产生的历史背景和现实意义［J］. 图书馆学研究，2018（5）：35—37.

② 李国新. 《中华人民共和国公共图书馆法》的历史贡献［J］. 中国图书馆学报，2017（6）：4—15.

③ 柯平. 《中华人民共和国公共图书馆法》全面保障我国公共图书馆体系化建设［J］. 图书馆建设，2018（1）：19—23.

为地方公共图书馆总分馆制等建设提供法律保障。①

在 2017 年《公共图书馆法》正式颁布并实施以前，我国已有 13 部地方性图书馆立法。其中，广东深圳、内蒙古、湖北、北京、四川、广东广州和贵州 7 地制定了地方性法规，上海、河南、广西、浙江、新疆乌鲁木齐、山东、广东东莞和广东佛山 8 地制定了地方性政府规章。②当前，现行的地方公共图书馆法规、政府规章共有 15 部，具体情况如表 3-1 所示。

表 3-1 地方公共图书馆立法情况

类型	法规名称	颁发日期	颁发部门
地方性法规	《深圳经济特区公共图书馆条例》	1997 年（2019 年修正）	深圳市人大（含常委会）
	《内蒙古自治区公共图书馆管理条例》	2000 年	内蒙古自治区人大（含常委会）
	《湖北省公共图书馆条例》	2001 年	湖北省人大（含常委会）
	《北京市图书馆条例》	2002 年（2016 年修正）	北京市人大（含常委会）
	《四川省公共图书馆条例》	2013 年	四川省人大（含常委会）
	《广州市公共图书馆条例》	2015 年（2020 年修正）	广州市人大（含常委会）
	《贵州省公共图书馆条例》	2020 年	贵州省人大（含常委会）

---

① 张靖，陈艳，杨乃一. 地方立法促进公共图书馆事业高质量发展的佛山智慧. [J]. 图书馆建设，2021 (6)：35-40.

② 陈丽纳.《中华人民共和国公共图书馆法》法制框架下的总分馆体系建设研究 [J]. 图书馆建设，2018 (2)：29-34.

(续上表)

类型	法规名称	颁发日期	颁发部门
地方政府规章	《上海市公共图书馆管理办法》	1996年（2002、2004、2010、2015年修正）	上海市人民政府
	《河南省公共图书馆管理办法》	2002年	河南省人民政府
	《广西壮族自治区公共图书馆管理办法（修订稿）》	2002年	广西壮族自治区人民政府
	《浙江省公共图书馆管理办法》	2003年	浙江省人民政府
	《乌鲁木齐市公共图书馆管理办法》	2008年	乌鲁木齐市人民政府
	《山东省公共图书馆管理办法》	2009年	山东省人民政府
	《东莞市公共图书馆管理办法》	2016年	东莞市人民政府
	《佛山市公共图书馆管理办法》	2021年	佛山市人民政府

二、我国地方公共图书馆立法文本内容

（一）《深圳经济特区公共图书馆条例》

《深圳经济特区公共图书馆条例》于1997年7月15日经深圳市第二届人民代表大会常务委员会第十六次会议通过，根据2019年8月29日深圳市第六届人民代表大会常务委员会第三十五次会议《关于修改〈深圳经济特区人才工作条例〉等二十九项法规的决定》修正。

该条例共分8章38条。第一章"总则"，主要规定立法宗旨、公共图书馆定义、法律适用范围等问题；第二章"公共图书馆的管理"，主要规定市文化主管部门职责、成立图书馆专家委员会、深圳图书馆职责、公共图书馆设立等问题；第三章"公共图书馆的建设"，主要规定市、区人民政府和街道办事处建设主体责任、公共图书馆经费、资源建设、社会参与、市公共图书馆网络建设等问题；第四章"读者服务"，主要规定公共图书馆服务要求和内容、用户图书馆权利及义务等问题；第五章"文献收藏"，主要确定呈

缴本制度、各级公共图书馆馆藏建设重点以及文献资源建设等问题；第六章"工作人员"，主要规定馆长资质、专业人才队伍建设等问题；第七章"奖励与惩罚"，主要规定公共图书馆及其工作人员、出版单位、政府部门承担的法律责任以及违法需承担的相应后果，其他与公共图书馆有关的民事责任和刑事责任等问题；第八章"附则"，主要规定施行日期等。①

（二）《内蒙古自治区公共图书馆管理条例》

《内蒙古自治区公共图书馆管理条例》于2000年8月6日经内蒙古自治区第九届人民代表大会常务委员会第十七次会议通过。

该条例共分6章34条。第一章"总则"，主要规定立法宗旨、公共图书馆定义、政府职责与经费来源等问题；第二章"公共图书馆的建设"，主要规定各级公共图书馆建筑面积、经费保障、文献保存与保护、公共图书馆合作、设备保障以及出版物呈缴等问题；第三章"公共图书馆的服务"，主要规定服务内容与形式、开放时间等问题；第四章"公共图书馆工作人员"，主要规定馆长的资质与职责、馆员资质与职责等问题；第五章"奖励与处罚"，主要规定公共图书馆及其工作人员、出版单位、政府部门承担的法律责任以及违法需承担的相应后果，其他与公共图书馆有关的民事责任和刑事责任等问题；第六章"附则"，主要规定施行日期等。②

（三）《湖北省公共图书馆条例》

《湖北省公共图书馆条例》于2001年7月27日经湖北省第九届人民代表大会常务委员会第二十六次会议通过，2001年7月27日由湖北省人民代表大会常务委员会公告（第12号）公布。

该条例共23条，主要规定了立法宗旨、公共图书馆定义、政府职责与经费来源、公共图书馆服务事项和服务功能、公共图书馆馆长资质和职责、读者的图书馆权利与义务、图书馆开放、文献资料收藏、地方文献资料保存与保护、书库管理、数字化建设、图书馆网络建设、奖励与处罚等问题。③

---

① 深圳经济特区公共图书馆条例 [EB/OL]. [2021 - 07 - 30]. http://www.sz.gov.cn/zfgb/2020/gb1148/content/post_7256112.html.

② 内蒙古自治区公共图书馆管理条例 [EB/OL]. [2021 - 07 - 30]. http://www.nmg.gov.cn/zwgk/zfgb/2000n_5210/200009/200009/t20000901_308802.html.

③ 湖北省公共图书馆条例 [EB/OL]. [2021 - 07 - 30]. http://www.law-lib.com/law/law_view.asp? id = 37059.

(四)《北京市图书馆条例》

《北京市图书馆条例》于 2002 年 7 月 18 日经北京市第十一届人民代表大会常务委员会第三十五次会议通过。

该条例共 7 章 45 条。第一章"总则",主要规定立法宗旨、公共图书馆定义、图书馆建设目标、政府权责等问题;第二章"发展与保障",主要规定经费来源、社会开放、基层图书馆建设、图书馆专家委员会设立等问题;第三章"图书馆设置",主要规定图书馆建筑面积、阅览座位数量、图书馆改建、图书馆从业人员资质及继续教育等问题;第四章"图书馆服务和读者权益保障",主要规定各级公共图书馆开放时间、服务对象、服务范围、馆藏文献信息资源的知识产权保护、读者图书馆权利与义务等问题;第五章"文献信息资源建设",主要规定文献信息资源建设、图书馆合作网络建设和文献处置等问题;第六章"法律责任",主要规定公共图书馆及其工作人员、出版单位、政府部门承担的法律责任以及违法需承担的相应后果,其他与公共图书馆有关的民事责任和刑事责任等问题;第七章"附则",主要规定施行日期。①

(五)《四川省公共图书馆条例》

《四川省公共图书馆条例》于 2013 年 7 月 26 日经四川省第十二届人民代表大会常务委员会第四次会议通过,2013 年 7 月 26 日由四川省第十二届人民代表大会常务委员会公告(第 3 号)公布,自 2013 年 10 月 1 日起施行。

该条例共 6 章 42 条。第一章"总则",主要规定立法宗旨、公共图书馆定义、文献信息资源定义、政府职责与经费来源等问题;第二章"设置与职能",主要规定建立覆盖城乡的公共图书馆服务网络、公共图书馆基本职能、各级公共图书馆职责、未成年人服务区域保障等问题;第三章"文献信息资源",主要规定建设原则、文献资源数字化、地方文献保存与保护、呈缴本制度等问题;第四章"服务与管理",主要规定基本服务内容与形式、开放时间、政府信息服务、古籍保护与利用、馆长资质与职责、专业人员配备、社会力量参与、公共图书馆服务绩效评估等问题;第五章"法律责任",主

---

① 北京市图书馆条例 [EB/OL]. [2021-07-30]. http://www.beijing.gov.cn/zhengce/dfxfg/201905/t20190522_56537.html.

要规定公共图书馆及其工作人员、出版单位、政府部门承担的法律责任以及违法需承担的相应后果,其他与公共图书馆有关的民事责任和刑事责任等问题;第六章"附则",规定条例施行日期。①

(六)《广州市公共图书馆条例》

《广州市公共图书馆条例》于 2014 年 10 月 29 日经广州市第十四届人民代表大会常务委员会第三十四次会议通过,于 2015 年 1 月经广东省第十二届人民代表大会常务委员会第十三次会议批准。

该条例共 6 章 57 条。第一章"总则",主要规定立法宗旨、公共图书馆定义、政府职责与经费来源等问题;第二章"公共图书馆的设立",主要规定公共图书馆设立条件、公共图书馆服务网络建设、少年儿童图书馆建设、公共图书馆建筑面积标准、文献信息资源建设标准、数字信息资源共建共享以及地方文献建设与管理等问题;第三章"公共图书馆的管理",主要规定服务人员资质与馆长专业性、中心图书馆职责、区域总馆职责、文献信息处置原则、公共图书馆考核以及图书馆行业协调组织建设等问题;第四章"公共图书馆的服务",主要规定公共图书馆服务要求和内容、用户图书馆权利内涵、图书馆合作关系建设、社会力量参与图书馆建设等问题;第五章"法律责任",主要规定公共图书馆及其工作人员、出版单位、政府部门承担的法律责任以及违法需承担的相应后果,其他与公共图书馆有关的民事责任和刑事责任等问题;第六章"附则",规定条例施行日期。②

(七)《贵州省公共图书馆条例》

《贵州省公共图书馆条例》于 2020 年 9 月 25 日经贵州省第十三届人民代表大会常务委员会第十九次会议通过。

该条例共 6 章 53 条。第一章"总则",主要规定立法宗旨、公共图书馆定义、政府职责与经费来源、社会力量参与、公共图书馆智慧化建设、公共图书馆行业组织建设等问题;第二章"设立",主要规定公共图书馆服务网络建设、各级公共图书馆设立条件、总分馆制建设、各级公共图书馆职责、馆长负责制及工作人员配备等问题;第三章"运行",主要规定建立健全法

---

① 四川省公共图书馆条例 [EB/OL]. [2021 – 07 – 31]. http://www.law – lib.com/law/law_view.asp?id=436974.

② 广州市公共图书馆条例 [EB/OL]. [2021 – 07 – 31]. http://www.gzlib.gov.cn/policiesRegulations/78168.jhtml.

人治理结构、馆藏发展规划、文献资源建设与管理、数字化建设、呈缴本制度、古籍保护制度建设等问题；第四章"服务"，主要规定基本服务内容与形式、开展阅读指导和社会教育活动、阅读环境创设、设置少儿阅览区域、开放时间、读者图书馆权利与义务、突发事件应急处理、图书馆宣传、图书馆标准化建设、图书馆融合发展等问题；第五章"法律责任"，主要规定公共图书馆及其工作人员、出版单位、政府部门承担的法律责任以及违法需承担的相应后果，其他与公共图书馆有关的民事责任和刑事责任等问题；第六章"附则"，规定条例施行日期。①

（八）《上海市公共图书馆管理办法》

《上海市公共图书馆管理办法》于 1996 年 11 月 28 日由上海市人民政府发布，根据 2002 年 11 月 18 日上海市人民政府令（第 128 号）修正，根据 2004 年 7 月 1 日起施行的《上海市人民政府关于修改〈上海市化学危险物品生产安全监督管理办法〉等 32 件市政府规章和规范性文件的决定》修正，根据 2010 年 12 月 20 日上海市人民政府令（第 52 号）公布的《上海市人民政府关于修改〈上海市农机事故处理暂行规定〉等 148 件市政府规章的决定》修正，根据 2015 年 5 月 22 日上海市人民政府令（第 30 号）公布的《上海市人民政府关于修改〈上海市盐业管理若干规定〉等 19 件市政府规章的决定》修正并重新公布。

该办法共 8 章 37 条。第一章"总则"，主要规定立法目的、公共图书馆定义、法律使用范围、主管部门和协管部门、设置原则和管理原则；第二章"设置"，主要规定设计方案的备案，馆舍面积、阅览座位和布局要求；第三章"书刊资料的收藏"，主要规定收藏量、收藏重点、目录管理、投入借阅的时间要求、书刊资料的清理和出版物样本的送缴；第四章"工作人员、设备与经费"，主要规定馆长的条件，工作人员的配备、培训与考核，专用设备的配置，经费保证和书刊资料购置费使用的监督；第五章"读者服务工作"，主要规定开放时间、借阅方式、借阅范围、阅读指导、信息服务、读者义务和收费规定；第六章"辅导与协作"，主要规定业务辅导、业务协作；第七章"奖惩"，主要规定奖励和对违反本办法规定的处理；第八章"附则"，主要规定里弄、村图书室的设置，应用解释部门

---

① 贵州省公共图书馆条例［EB/OL］.［2021-07-31］. http://www.gzrd.gov.cn/xwzx/zyfb/cwhgg/35052.shtml.

和施行日期。①

（九）《河南省公共图书馆管理办法》

《河南省公共图书馆管理办法》经河南省人民政府常务会议审议通过，自2002年9月1日起施行。

该办法共有28条，主要规定立法宗旨、公共图书馆定义、主管部门与协管部门职责、馆长负责制与馆长条件、设置原则、建筑用地、公共图书馆设计、馆舍用途、经费来源保障、数字化建设、文献资料保存与管理、开放时间、借阅服务、未成年人服务、阅读指导、信息服务、收藏重点、目录管理、投入借阅的时间要求、书刊资料的清理和出版物样本的送缴、文献资源开发、对违反本办法规定的处理以及施行时间。②

（十）《广西壮族自治区公共图书馆管理办法（修订稿）》

《广西壮族自治区公共图书馆管理办法（修订稿）》于2002年11月15日由广西壮族自治区人民政府发布。

该办法共8章34条。第一章"总则"，主要规定立法宗旨、公共图书馆定义、主要任务和适用范围；第二章"管理"，主要规定政府主管部门职责、设置图书馆专家委员会、图书馆网络建设和公共图书馆设置备案；第三章"公共图书馆的建设"，主要规定分级设置原则、经费来源保障和文献保障；第四章"读者服务工作"，主要规定开放时间、借阅范围、阅读指导、信息服务、读者的图书馆权利与义务；第五章"书目资料的收藏"，主要规定馆藏特色、编目标准、流通管理、出版物呈缴和藏书管理；第六章"工作人员"，主要规定馆长条件、工作人员配备和图书馆专业队伍的建设；第七章"奖励与惩罚"，主要规定奖励和对违反本办法规定的处理；第八章"附则"，主要规定应用解释部门和施行日期。

---

① 上海市公共图书馆管理办法［EB/OL］．［2021-07-31］．http：//www.spcsc.sh.cn/n1939/n1948/n1949/n2329/u1ai134081.html.

② 河南省公共图书馆管理办法［EB/OL］．［2021-07-31］．https：//www.chinacourt.org/law/detail/2002/07/id/82128.shtml.

(十一)《浙江省公共图书馆管理办法》

《浙江省公共图书馆管理办法》经浙江省人民政府第九次常务会议审议通过,自2003年10月1日起施行。

该办法共7章34条。第一章"总则",主要规定立法宗旨、公共图书馆定义、适用范围和政府管理部门职责;第二章"公共图书馆建设与经费",主要规定分级设置、公共图书馆建设用地保证、公共图书馆建设备案和经费来源保障;第三章"公共图书馆服务与读者权益",主要规定读者权利与义务、开放时间、书目数据库建设、无障碍设施建设、阅读指导、信息服务和文献资料开放范围;第四章"文献信息资源",主要规定技术管理标准、地方文献保存与保护、文献资料收藏、文献资料管理和文献资源共建共享;第五章"工作人员",主要规定馆长资质、工作人员配备和业务培训与考核;第六章"法律责任",主要规定公共图书馆及其工作人员、出版单位、政府部门承担的法律责任以及违法需承担的相应后果,其他与公共图书馆有关的民事责任和刑事责任等问题;第七章"附则",主要规定施行日期。[①]

(十二)《乌鲁木齐市公共图书馆管理办法》

《乌鲁木齐市公共图书馆管理办法》于2008年经乌鲁木齐市人民政府第二次常务会议通过,自2008年5月1日起施行。

该办法共6章40条。第一章"总则",主要规定立法宗旨、公共图书馆定义、适用范围、主管部门职责和图书馆捐赠;第二章"建设与发展",主要规定公共图书馆发展规划和公共图书馆信息网络建设方案备案,公共图书馆建设用地保证,公共图书馆设立,社区、村兴办公共图书馆(室)建设及公共图书馆布局等问题;第三章"服务与读者权益",主要规定开放时间、馆藏书目数据库建设、阅读环境创设、文献资料开放范围、阅读指导、信息服务以及读者权利与义务;第四章"文献信息资源建设",主要规定文献信息资源建设原则、文献收藏重点、文献量、新增文献管理、文献信息资源保护、呈缴本管理和数字化建设;第五章"法律责任",主要规定对违反本办

---

① 浙江省公共图书馆管理办法[EB/OL].[2021-07-31]. http://www.law-lib.com/lawhtm/2003/81816.htm.

法规定的处理；第六章"附则"，主要规定施行日期。①

（十三）《山东省公共图书馆管理办法》

《山东省公共图书馆管理办法》于2009年4月20日经山东省人民政府第四十二次常务会议通过，2009年4月23日由山东省人民政府令（第211号）发布，自2009年6月1日起施行。

该办法共27条，主要规定立法宗旨、适用范围、公共图书馆定义、公共图书馆建设经费来源、主管部门职责、鼓励社会力量参与、公共图书馆设置原则、公共图书馆布局、建筑面积和阅览座位的配置、文献信息资源建设原则、文献信息资源规模、文献资源管理、服务对象、开放时间、借阅服务、文献资源开放范围、阅读指导、信息服务、出版物呈缴、工作人员配备、奖励与对违反本办法规定的处理以及施行日期。②

（十四）《东莞市公共图书馆管理办法》

《东莞市公共图书馆管理办法》于2016年12月13日经十五届东莞市人民政府第一百六十六次常务会议审议通过，自2017年3月1日起施行。

该办法共5章57条。第一章"总则"，主要规定立法宗旨、适用范围、公共图书馆定义、主管部门、公共图书馆经费来源、鼓励图书馆捐赠、公共图书馆发展社会基金、法人治理结构建设、全民阅读推广活动；第二章"公共图书馆的设立与管理"，主要规定建立覆盖城乡的公共图书馆服务体系、成立公共图书馆专家委员会、图书馆选址、少年儿童图书馆建设、公共图书馆建设标准与用途、各级公共图书馆职责、数字信息资源共建共享、藏书量、新增文献量、图书馆空间利用、文献信息资源的保存和保护、地方文献收集与管理、出版物呈缴、文献信息资源交换业务、工作人员配备、馆长资质、志愿服务以及公共图书馆考核；第三章"公共图书馆服务与用户权益"，主要规定服务原则、基本服务内容、成本服务、专项服务、阅读指导、流动服务、开放时间、资源共享与联合服务、社会力量参与图书馆建设、用户权利与义务以及读者意见反馈处理等；第四章"法律责任"，主要规定公共图书馆及其工作人员、出版单位、政府部门承担的法律责任以及违法需承担的

---

① 乌鲁木齐市公共图书馆管理办法［EB/OL］.［2021-07-31］. http://www.law-lib.com/law/law_view.asp?id=307098.

② 山东省公共图书馆管理办法［EB/OL］.［2021-07-31］. http://www.sd.gov.cn/art/2009/4/27/art_2267_18724.html.

相应后果,其他与公共图书馆有关的民事责任和刑事责任等问题;第五章"附则",主要规定施行日期。①

(十五)《佛山市公共图书馆管理办法》

《佛山市公共图书馆管理办法》于 2021 年 2 月 10 日经十五届佛山市人民政府第八十三次常务会议审议通过,自 2021 年 5 月 1 日起施行。

该办法共 6 章 58 条。第一章"总则",主要规定立法目的和依据、适用范围、公共图书馆内涵、公共图书馆设立与变更(终止)的备案、主管部门的基本责任和公共图书馆事业管理体制;第二章"设立",主要规定公共图书馆服务网络建设、联合图书馆体系架构、图书馆馆舍标准、馆长配备及专业队伍建设;第三章"运行",主要规定公共图书馆运行管理制度、文献信息资源建设与共享以及与其他公共文化服务机构合作等;第四章"服务",主要规定服务原则和内容、重点群体服务、自助阅读服务、流动阅读服务以及信息技术阅读服务等;第五章"法律责任",主要规定公共图书馆及其工作人员、出版单位、政府部门承担的法律责任以及违法需承担的相应后果,其他与公共图书馆有关的民事责任和刑事责任等问题;第六章"附则",主要规定施行日期。②

三、我国地方公共图书馆立法中的现代公共图书馆理念

(一)确立普遍、平等、免费、开放的公共图书馆理念

我国地方公共图书馆建设采用对标国际公共图书馆发展标准与准则③的方式,借助地方法规的形式确立了地方图书馆事业应以"普遍服务"与"平等服务"为原则,逐步推进了我国公共图书馆制度体系④的建设与完

---

① 东莞市公共图书馆管理办法 [EB/OL]. [2021 - 07 - 31]. http://www.dg.gov.cn/zwgk/zfxxgkml/szfbgs/zcwj/gz/content/post_591193.html.

② 佛山市公共图书馆管理办法 [EB/OL]. [2021 - 07 - 31]. http://www.foshan.gov.cn/zwgk/zfgb/srmzfwj/content/post_4756230.html.

③ 潘燕桃,张琳. 创新的法规内容 先进的立法理念:《广州市公共图书馆条例》与我国其他地方图书馆条例的内容比较 [J]. 图书馆论坛,2015 (8):22 - 36.

④ 广州市公共图书馆条例 [EB/OL]. [2019 - 11 - 02]. http://www.gzlib.gov.cn/policiesRegulations/78168.jhtml.

善。以《广州市公共图书馆条例》为例,其在开篇就明确了其制定的根本目的为"实现与保障民众的基本文化权益",明确规定了"公共图书馆应当坚持普遍、平等、免费、开放和便利的服务原则"。① 该条例第四十四条明确规定社会大众享有"平等获取信息和知识"和"免费、平等获得公共图书馆基本服务"的图书馆权利。②与此同时,正文中采用了最基本的"常住人口"概念,将所有的规定都界定为"人均",具体细化了人均馆舍面积、人均藏书量、人均年增长量等专业指标,明确规定了"常住人口约8万人拥有一座公共图书馆(分馆)、人均拥有3册公共图书馆藏书、年新增藏书0.2册"③。该条例全文突出强调政府在"保障与实现民众的基本图书馆权利"的主体责任④,为我国《公共图书馆法》的制定以及后续东莞和佛山等地的公共图书馆立法实践提供了重要借鉴。

(二) 明确构建公共图书馆服务体系,践行公共图书馆理念

构建覆盖城乡的公共图书馆服务体系,是实现公共图书馆服务均等化,保障和实现公民公共图书馆权利的时代要求的具体实践。⑤我国现行多部地方公共图书馆法规的文本以具体条款明确了本地公共图书馆服务体系建设路径,将现代公共图书馆理念落于实处。

《广州市公共图书馆条例》第十二条规定:"市人民政府设立的广州图书馆为全市公共图书馆的中心馆,中心馆可以根据公共图书馆发展规划和实际需要,设立直属综合性分馆或者专业性分馆。区人民政府负责建设区和镇、街道公共图书馆,建立公共图书馆总分馆体系,区公共图书馆为区域总馆,镇、街道公共图书馆为分馆。省、市、区公共图书馆所在地的镇、街道

---

① 程焕文. 全面评价《广州市公共图书馆条例》[J]. 图书馆建设,2016(1): 19-20.

② 广州市公共图书馆条例[EB/OL].[2019-11-02]. http://www.gzlib.gov.cn/policiesRegulations/78168.jhtml.

③ 潘燕桃,彭小群.《广州市公共图书馆条例》解读[M]. 广州:广东人民出版社,2015:139-140.

④ 吴梦. 图书馆法规中平等权利保障思想的政府责任视角:以《广州市公共图书馆条例》为例[J]. 国家图书馆学刊,2016(6):17-22.

⑤ 潘燕桃,彭小群.《广州市公共图书馆条例》解读[M]. 广州:广东人民出版社,2015:139-140.

可以不设立分馆。"①《广州市公共图书馆条例》从顶层设计角度出发,创造性地提出了区域中心馆与总分馆相结合的"四级公共图书馆服务体系建设模式",总体构成了以"一个体系、两级主体、三级设施、四级服务"②为特征的体系化建设、管理与服务模式。

此外,《东莞市公共图书馆管理办法》明确了东莞市"图书馆之城"建设的基本架构是建立市、镇(街)、村(社区)三级架构的总分馆体系,并辅以图书流动车,将少年儿童图书馆作为市总馆的专业性分馆。③《佛山市公共图书馆管理办法》将佛山市"联合图书馆模式"在地方立法层面进行了规定。④完整的公共图书馆体系是公共图书馆理念实践的重要载体,将其以法律条文形式进行确定是对公共图书馆理念深化发展的重要支撑。⑤

(三)确立地区公共图书馆发展规范,落实现代公共图书馆理念

多部地方立法文本对当地公共图书馆事业发展做出了较为细致的定量要求,形成了较为完整的公共图书馆发展测度指标体系。

在省域立法中,定量指标主要聚焦于建筑面积、馆藏、开放时间和阅览座位四个方面,具体情况如表3-2所示。

---

① 广州市公共图书馆条例 [EB/OL]. [2019-11-02]. http://www.gzlib.gov.cn/policiesRegulations/78168.jhtml.
② 广州图书馆.广州"图书馆之城"介绍 [EB/OL]. [2019-11-02]. http://www.gzlib.gov.cn/libCityIntord/index.jhtml.
③ 东莞市公共图书馆管理办法 [EB/OL]. [2021-07-31]. http://www.dg.gov.cn/zwgk/zfxxgkml/szfbgs/zcwj/gz/content/post_591193.html.
④ 佛山市公共图书馆管理办法 [EB/OL]. [2021-07-31]. http://www.foshan.gov.cn/zwgk/zfgb/srmzfwj/content/post_4756230.html.
⑤ 肖鹏,张靖.《佛山市公共图书馆管理办法》的特色与亮点:兼论地方图书馆法的重要性与必要性 [J]. 图书馆建设, 2021 (6): 41-46, 54.

表 3-2 省域层面地方法规定量指标对比①

核心定量指标		内蒙古	湖北	河南	广西	浙江	山东	四川	贵州	评估指标②
建筑面积（平方米）	省级馆	2万	※	※	※	※	※	※	※	基本值1.5万 良好值3.5万
	市/州级馆	0.4万								基本值0.2万 良好值1万
	区县级馆	0.1万								基本值800 良好值3000
馆藏（册、件）	总量 省级馆			250万		※				基本值150万 良好值450万
	总量 市/州级馆	/	※	40万	※	/	/	※	/	基本值20万 良好值60万
	总量 区县级馆			8万		人均0.01				基本值3万 良好值20万
	年新增量 省级馆			10万		人均0.06				基本值1万种 良好值3.5万种
	年新增量 市/州级馆	/		2万	/	/	/	※		基本值2000种 良好值6000种
	年新增量 区县级馆			0.5万						基本值500种 良好值2500种
开放时间（小时/周）	省级馆	/		80	64	74	70	70	72	基本值64 良好值72
	市/州级馆		※	63	56	64	63	63	63	基本值60 良好值68
	区县级馆			56	48	56	56	56	56	基本值56 良好值60
	镇街馆		/	/	/	48	/	48	48	/
	少儿图书馆		/	40	36	43	/	40	/	/

---

① 苏钰雯，汤子珺，刘菡．我国公共图书馆地方立法比较研究［J］．图书馆建设，2021（6）：70-80．

② 依据WH/T 70.1—2015《公共图书馆评估指标第一部分：省级公共图书馆》、WH/T 70.2—2015《公共图书馆评估指标第二部分：市级公共图书馆》和WH/T 70.3—2015《公共图书馆评估指标第三部分：县级公共图书馆》。

（续上表）

核心定量指标		内蒙古	湖北	河南	广西	浙江	山东	四川	贵州	评估指标
阅览座位（个）	省级馆	/	※	※	※	/	※	/	/	基本值800 良好值1400
	市/州级馆									基本值100 良好值500
	区县级馆									基本值60 良好值240

注："※"表示按照或符合国家有关规定（标准）；"/"表示无相关内容。

而在直辖市、地级市层面，核心定量指标具体情况如表3-3所示。其中，北京和上海市在保障上远远高出国家标准；珠三角地区，除较早立法的深圳外，均提出了较为细致的人均指标规定，且将市级馆、区域合计分开。

表3-3 直辖市、地市层面地方法规定量指标对比[①]

核心定量指标		上海	深圳	北京	乌鲁木齐	广州	东莞	佛山	评估指标[②]
建筑面积（平方米）	市级馆	另行规定	※	2万	※	10平方米/千人	10平方米/千人	6平方米/千人	基本值0.2万 良好值1万
	区县级馆	5000		区5000 县3000		区域合计37.5平方米/千人	镇（街）合计30平方米/千人	区域合计23平方米/千人	基本值800 良好值3000
	镇街馆	100		100					/
	少儿服务面积	/		/		20%	20%	20%	/

---

① 苏钰雯，汤子珺，刘菡. 我国公共图书馆地方立法比较研究［J］. 图书馆建设，2021（6）：70-80.

② 依据WH/T 70.1—2015《公共图书馆评估指标第一部分：省级公共图书馆》、WH/T 70.2—2015《公共图书馆评估指标第二部分：市级公共图书馆》和WH/T 70.3—2015《公共图书馆评估指标第三部分：县级公共图书馆》。

(续上表)

核心定量指标		上海	深圳	北京	乌鲁木齐	广州	东莞	佛山	评估指标
工作人员（人）	市级馆	/	/	/	/	市域合计1人/（1～1.5万人）	※	※	/
	区县级馆								
	镇街馆								
馆藏（册、件） 总量	市级馆	另行规定	※	/	※	1册/人	0.6册/人	/	基本值20万 良好值60万
	区县级馆	50万				区域合计2册/人	镇（街）合计1册/人		基本值3万 良好值20万
	镇街馆	1万							/
馆藏（册、件） 年新增量	市级馆	/	/	10万	/	0.06册/人	0.02册/人	0.05册/人	基本值2000种 良好值6000种
	区县级馆	/	/	2万	/	区域合计0.14册/人	镇（街）合计0.04册/人	区域合计0.1册/人	基本值500种 良好值2500种
	镇街馆	/	/	1000	/			基层服务点100册	/
开放时间（小时/周）	市级馆	70	64	70	※	70	72	60	基本值60 良好值68
	区县级馆	63	56	63	/	63	镇（街）56 村（社区）36	60	基本值56 良好值60
	镇街馆	49	48	/		40		40	/
	少儿馆	36	/	43		48	48	/	/
阅览座位（个）	市级馆	/	※	1200	※	/	/	/	基本值100 良好值500
	区县级馆	500		区500 县300					基本值60 良好值240
	镇级馆	50		30					/

注："※"表示按照国家有关规定（标准）；"/"表示无相关内容。

上述指标情况充分体现了各地在推进实现基层图书馆服务规范化以及市、区公共图书馆统一行业标准①等方面的建设特点。将其以法律条文形式进行确定，是使公共图书馆普遍、均等理念落到实处的重要方式，是各地对公共图书馆事业建设的智慧贡献。

> **扩展阅读3.4**
>
> 李国新：《我国地方性公共图书馆立法的新进展》，《图书馆论坛》2015年第8期，第1—5页。
>
> 程焕文：《全面评价〈广州市公共图书馆条例〉》，《图书馆建设》2016年第1期，第19—20页。
>
> 张靖：《把握新发展阶段、贯彻新发展理念、构建新发展格局，全面推进公共图书馆事业高质量发展——〈佛山市公共图书馆管理办法〉笔谈》，《图书馆论坛》2021年第7期，第25—26页。
>
> 肖鹏、张靖：《〈佛山市公共图书馆管理办法〉的特色与亮点——兼论地方图书馆法的重要性与必要性》，《图书馆建设》2021年第6期第41—46、54页。

第五节　图书馆权利

"图书馆权利是什么？"学界已有诸多理论阐发。② 程焕文教授提出："图书馆权利是指民众利用图书馆的平等和自由。"③范并思教授提出："图书馆权利包括以下两种权利：社会意义的图书馆权利，即公民接受图书馆服务的权利；图书馆人的职业权利，即图书馆人维护图书馆科学有效地运作的权

---

① 刘洪辉. 以实现均等化为目标 推动城市公共图书馆服务体系建设：有感于《广州市公共图书馆条例》颁布 [J]. 图书馆论坛，2015 (8)：9-13.

② 屈文. "图书馆权利"的一个综合性概念 [J]. 图书馆学研究，2011 (7)：9-13.

③ 程焕文. 图书馆权利的界定 [J]. 中国图书馆学报，2010 (2)：38-45.

利。图书馆权利应该是这二者的统一。"①李国新教授提出:"所谓图书馆权利,是图书馆员职业集团为完成自身所承担的社会职责所必须拥有的自由空间和职务权利。……从根本上说是利用者的权利。"②在此基础上,图书馆界逐渐主张以"图书馆权利"统摄公共图书馆理念发展。③

《公共图书馆宣言》《公共图书馆服务指南》《公共图书馆法》《广州市公共图书馆条例》四份文件确认了"平等、公平、自由"是现代公共图书馆的核心理念,为图书馆权利的合法性提供了依据。同时,透过这四份文件,可以明确"图书馆平等权利"和"图书馆自由权利"是图书馆权利发展的核心内容。

一、图书馆平等权利

从图书馆权利的角度来讲,平等权利是指每个人在对图书馆资源和服务的利用上处于同等的地位,享有相同的权利。民众享有利用图书馆的平等权利,其主要内容包括如下五个方面。④

第一,获得各种知识和信息的平等权利。

第二,获得图书馆技术设备资源、空间资源的平等权利。

第三,享受图书馆基本服务的权利。

第四,享受图书馆免费服务的权利。

第五,弱势群体利用图书馆受国家特别保护的权利。

公共图书馆是保障民众文化教育权利,实现社会文化教育的重要制度安排。从目前图书馆界遵循的普遍原则来看,图书馆主要通过以下五方面来保障民众的图书馆平等权利。⑤

第一,平等服务。人人享有平等利用图书馆的权利,图书馆应不分年

---

① 范并思. 论图书馆人的权利意识 [J]. 图书馆建设, 2005 (2): 1-5.
② 李国新. 图书馆权利的定位、实现与维护 [J]. 图书馆建设, 2005 (1): 1-4.
③ 程焕文, 高雅, 刘佳亲. 理念的力量: 中国公共图书馆迈入黄金时代: 纪念《公共图书馆宣言》颁布 25 周年 [J]. 图书馆建设, 2019 (3): 14-19.
④ 程焕文, 潘燕桃, 张靖. 图书馆权利研究 [M]. 北京: 学习出版社, 2011: 82-87.
⑤ 程焕文, 潘燕桃, 张靖. 图书馆权利研究 [M]. 北京: 学习出版社, 2011: 82-87.

龄、种族、性别、宗教、国籍、语言或社会地位，为所有人提供服务。①

第二，均等服务。图书馆在运作和管理上还应为民众提供利用图书馆的平等条件，这需要选址合理的馆舍、良好的阅读和研究设施，以及相应的技术和方便用户的充分的开放时间。② 同时还要为不能到馆的用户提供延伸服务。

第三，馆藏多样性。所有年龄层人士都能找到与其需求相关的资料。除传统资料外，还应包括采用各种适当载体和现代技术的馆藏和服务。高品质、适合当地需求和条件是基本的要求。资料必须既反映社会的当前趋势和进展方向，又保留人类奋斗和想象的历史记忆。③

第四，特殊服务。图书馆必须为那些因各种原因不能利用普遍服务的用户，如小语种民族、残障人士、住院人员或被监禁人员，提供特殊服务和资料。④ 图书馆必须为未成年人、老年人利用图书馆提供特殊保护与关照。

第五，免费服务与公益服务。作为社会机构，图书馆本身是国家保障民众平等利用图书馆权利的制度安排。作为公益性公共机构，公共图书馆必须为民众提供免费服务，这是民众利用图书馆平等权利的重要保障。

二、图书馆自由权利

自由和权利是两个不同的概念，权利把人指向某一方向，自由则给人指明了某种选择范围。从图书馆权利的角度来讲，自由权利是指每个人在不违背法律的前提下，享有的持有和表达意见以及寻求和接收信息的权利。⑤ 图书馆自由权利是民众的一项基本权利，也是图书馆的核心价值和基本职业原

---

① IFLA/UNESCO public library manifesto 1994 [EB/OL]. [2020-02-12]. https://www.ifla.org/publications/iflaunesco-public-library-manifesto-1994.
② IFLA/UNESCO public library manifesto 1994 [EB/OL]. [2020-02-12]. https://www.ifla.org/publications/iflaunesco-public-library-manifesto-1994.
③ IFLA/UNESCO public library manifesto 1994 [EB/OL]. [2020-02-12]. https://www.ifla.org/publications/iflaunesco-public-library-manifesto-1994.
④ IFLA/UNESCO public library manifesto 1994 [EB/OL]. [2020-02-12]. https://www.ifla.org/publications/iflaunesco-public-library-manifesto-1994.
⑤ 程焕文，潘燕桃，张靖. 图书馆权利研究 [M]. 北京：学习出版社，2011：82-87.

则，主要内容有以下两方面。①

第一，表达自由。民众在不违背法律的前提下，享有通过图书馆表达和传播其个人思想和言论的自由，而不受非法的干扰和审查。

第二，利用自由。民众利用图书馆收藏的各种信息行使获知关于公共事务的管理情况的知情权，以参与民主社会的建设和发展。每个人利用图书馆的资源和服务的自由不受非法的干涉和审查。民众利用图书馆资源和服务的个人隐私不受非法干扰和审查。

从目前图书馆界遵循的普遍原则来看，图书馆主要通过以下四方面来保障民众图书馆自由权利。②

第一，保障收集和提供的资料和信息的多样性。

第二，保障收集适合图书馆服务范围内的民众需求的各种资料和信息，以维护民众的知情权。

第三，保障民众不受阻碍地寻找和利用信息的自由。

第四，尊重和保护每位用户及其查找或接收的信息以及咨询、借阅、获取或传播的资源有关的隐私权和机密权利。

与上述图书馆权利内涵相关的内容可进一步参阅扩展阅读3.5。

扩展阅读3.5

程焕文、潘燕桃、张靖：《图书馆权利研究》，学习出版社2011年版。

李国新：《图书馆权利的定位、实现与维护》，《图书馆建设》2015年第1期，第1-4页。

范并思：《论图书馆人的权利意识》，《图书馆建设》2005年第2期，第1-5页。

柯平：《从理性思考到科学证明——图书馆权利研究的回顾与前瞻》，《图书馆建设》2015年第12期，第5-8、18页。

---

① 程焕文，潘燕桃，张靖. 图书馆权利研究［M］. 北京：学习出版社，2011：100-104.

② 程焕文，潘燕桃，张靖. 图书馆权利研究［M］. 北京：学习出版社，2011：100-104.

主要参考文献

[1] IFLA. Public Library Service Guidelines [S]. The Hague: International Federation of Library Associations and Institutions, 2009.

[2] IFLA/UNESCO Public Library Manifesto [R]. The Hague: International Federation of Library Associations and Institutions, 1972.

[3] 程焕文, 潘燕桃, 张靖. 图书馆权利研究 [M]. 北京: 学习出版社, 2011.

[4] 潘燕桃, 彭小群.《广州市公共图书馆条例》解读 [M]. 广州: 广东人民出版社, 2015.

[5] 文化和旅游部公共文化司.《中华人民共和国公共图书馆法》为我国公共图书馆事业发展提供根本保障 [J]. 国家图书馆学刊, 2018（2）: 3-7, 13.

[6]《中华人民共和国公共图书馆法学习问答》编写组.《中华人民共和国公共图书馆法》学习问答 [M]. 北京: 中国法制出版社, 2019.

习 题

（1）研读《国际图联/联合国教科文组织公共图书馆宣言》。
（2）研读《国际图联公共图书馆服务指南》。
（3）研读《中华人民共和国公共图书馆法》。
（4）研读《广州市公共图书馆条例》。

思考题

（1）《国际图联/联合国教科文组织公共图书馆宣言》对我国公共图书馆事业发展产生了哪些影响？
（2）图书馆权利的内涵是什么？

第四章　现代公共文化服务体系中的公共图书馆[①]

学习目标

理解建设现代公共文化服务体系是公共图书馆事业发展的重要国家战略和政策背景

理解现代公共文化服务体系建设的基本内涵

把握公共图书馆在现代公共文化服务体系中的定位

了解现代公共图书馆服务体系建设案例

知识点提示

公共文化服务

现代公共文化服务体系

公共图书馆服务体系建设

广州市"图书馆之城"

公共文化服务高质量发展

现代公共文化服务体系建设是满足公民基本文化需求、维护公民基本文化权益的重要保障，也是解决文化发展不平衡、不充分问题的重要路径。进

[①] 本章系根据张靖教授在中山大学所授课程"图书馆学基础"的教案拓展而成。

入21世纪以来，中国公共文化服务迎来前所未有的大发展、大繁荣时期，在中共中央、国务院的高度重视下，一系列政策、法律法规先后颁布实施，我国公共文化服务体系布局日趋合理、资源建设日渐丰富、服务能力不断提升。在这个过程中，公共图书馆服务体系的建设成效尤为显著，是完善公共文化服务体系的重要力量。

本章首先介绍现代公共文化服务体系的提出与发展历程，进而阐述现代公共文化服务体系的内涵、明确公共图书馆在现代公共文化服务体系中的定位，最后介绍公共图书馆服务体系建设的一个典型案例——广州市"图书馆之城"建设。

第一节 现代公共文化服务体系建设的提出与发展

21世纪初，国家提出建设公共文化服务体系的战略构想。经过近20年的大力发展，现代公共文化服务体系建设不仅成为一项重要的国家大政方针，也是满足公民基本文化需求、维护公民基本文化权益的保障，以及解决文化发展不平衡、不充分问题的重要途径。本节将介绍我国公共文化服务体系产生的时代背景、政策演进历程和战略意义。

一、公共文化服务体系建设的提出与时代背景

（一）公共文化服务体系建设的提出

在新中国建立之后的很长一段时期，国内只有"群众文化""社会文化"的说法，没有"公共文化"。经过改革开放20多年的思想和物质积累，在进入21世纪以后，公共文化、公共文化服务体系的理念、政策才开始出现并逐步形成。2005年党的十六届五中全会明确提出建设"公共文化服务体系"；2013年，党的十八届三中全会又进一步提出构建"现代公共文化服务体系"的时代任务。

所谓公共文化服务，"是指由政府主导、社会力量参与，以满足公民基

本文化需求为主要目的而提供的公共文化设施、文化产品、文化活动以及其他相关服务"①。公共文化服务体系是以公共财政为支撑,以公益性文化单位为骨干,以全体人民为服务对象,以保障人民群众基本文化权益为主要内容,向社会提供的公共文化设施、产品、服务及制度体系的总称。②

(二) 时代背景

2012年,时任文化部副部长杨志今同志指出,公共文化服务体系建设战略的提出有着深刻的历史背景和现实原因:全球化浪潮及其带来的国际竞争压力,促使我国将文化作为越来越重要的战略力量;我国进入经济社会改革和变动的关键时期,关注民生、促进社会和谐是这个转折阶段的应有之义。在此背景下,我国开启了大力推进公共文化建设的进程。③

1. 行政管理体制改革与建设服务型政府

改革开放以来,为适应社会主义市场经济发展的要求和社会发展的复杂变化,我国政府开始了持续不断的行政管理体制改革。改革以转变政府职能为主导方向,越来越重视政府履行社会管理和提供公共服务的职能。2002年,党的十六大将我国政府职能明确定位为经济调节、市场监管、社会管理和公共服务四大方面④,加快服务型政府建设成为行政管理体制改革的重要目标;2007年,党的十七大又明确提出"加快行政管理体制改革,建设服务型政府"的目标。⑤ 因此,推进公共文化服务体系建设、为人民群众提供公共文化服务便是建设服务型政府、做好公共服务的重要体现。

---

① 中华人民共和国公共文化服务保障法 [EB/OL]. [2020-01-31]. http://www.npc.gov.cn/zgrdw/npc/xinwen/2016-12/25/content_2004880.htm.

② 文化部关于印发《文化部"十二五"时期公共文化服务体系建设实施纲要》的通知 [EB/OL]. [2021-06-20]. http://zwgk.mct.gov.cn/zfxxgkml/ghjh/202012/t20201204_906367.html.

③ 杨志今. 认真贯彻落实党的十七届六中全会精神,加快构建中国特色公共文化服务体系 [R]//于群,李国新. 中国公共文化服务发展报告 (2012). 北京:社会科学文献出版社,2012:6.

④ 江泽民. 全面建设小康社会,开创中国特色社会主义事业新局面:在中国共产党第十六次全国代表大会上的报告 [EB/OL]. [2021-06-20]. http://cpc.people.com.cn/GB/64162/64168/64569/65444/4429125.html.

⑤ 胡锦涛在党的十七大上的报告(全文) [EB/OL]. [2021-06-20]. http://www.scio.gov.cn/tp/Document/332591/332591.htm.

2. 软实力与国家文化安全

20世纪90年代以来，世界政治格局的多极化发展、日益激烈的国家竞争态势催生了"文明的冲突""软实力""文化安全"等理论，文化越来越成为国家之间竞争的重要内容，文化的力量在国家竞争力中的地位日益凸显。发展中国家如何在与西方发达国家的竞争中保护自己的文化主权和国家文化安全，成为一个极富挑战性的课题。因此，"软实力""文化安全"等理念成为许多国家调整国家战略、重视文化发展、提升综合国力的重要依据。① 自1997年党的十五大以来，党中央高度重视文化发展的战略意义，不断加大力度推动中国特色社会主义文化大发展、大繁荣，以增强文化软实力和文化竞争力，维护国家文化安全，这也是构建公共文化服务体系的重要时代背景。

二、现代公共文化服务体系建设的政策演进历程

作为一项重大国家战略，公共文化服务体系的发展需要政策支撑和保障。进入21世纪以来，在新的发展形势下，根据新发展理念，着眼于构建具有中国特色的现代公共文化服务体系，党和国家进行了系统的、卓有成效的制度设计。下面从政策演进的角度阐述现代公共文化服务体系的发展历程。

2002年11月，党的十六大报告明确提出切实尊重和保障人民的政治、经济和文化权益，将保障人民文化权益提升到了与保障政治和经济权利同等重要的高度，并指出保障人民文化权益的主要途径是发展文化公益事业。党的十六大报告初步表达了党和国家发展公共文化服务的政策取向，拉开了通过大力发展公益性文化事业来保障人民基本文化权益的序幕。

2005年10月，党的十六届五中全会通过《中共中央关于制定国民经济和社会发展第十一个五年规划的建议》，提出建设公共文化服务体系的战略构想，要求"加大政府对文化事业的投入，逐步形成覆盖全社会的比较完备的公共文化服务体系"。这是"公共文化服务体系"首次出现在党和政府的正式文件中，相对于此前较为抽象的"文化事业"，"比较完备的公共文化服务体系"是更加具体、清晰的政策目标。

2006年9月，我国第一个国家级的文化发展专项规划——《国家"十

---

① 毛少莹，等. 公共文化服务概论[M]. 北京：北京师范大学出版社，2014：8.

一五"时期文化发展规划纲要》出台,该纲要专辟一章重点论述"公共文化服务"问题,阐述了公共文化服务的新理念、新思想:公共文化服务以实现和保障公民基本文化权益、满足广大人民群众基本文化需求为目标;兼顾城乡之间、地区之间协调发展的普遍均等原则;提出实用、便捷、高效的公共文化服务体系建设总要求。这些新理念、新思想的提出,给公共文化建设注入了空前的活力和动力。

2006年10月,党的十六届六中全会通过了《关于构建社会主义和谐社会若干重大问题的决定》,再次明确要求"加快建立覆盖全社会的公共文化服务体系",更加体现了构建公共文化服务体系是建设社会主义和谐社会的重要内容。

2007年8月,中共中央办公厅、国务院办公厅下发《关于加强公共文化服务体系建设的若干意见》,全面部署新时期公共文化服务体系建设任务,就如何建立健全公共文化服务体系提出具体要求,成为指导新时期公共文化服务体系建设的纲领性文件。以此为标志,我国公共文化服务体系建设驶入快车道。

2007年10月,党的十七大报告将"覆盖全社会的公共文化服务体系基本建立"作为全面建成小康社会的目标要求之一。

2010年10月,党的十七届五中全会提出"覆盖全社会的公共文化服务体系基本建立,城乡居民能够较为便捷地享受公共文化服务,基本文化权益得到更好保障"。

2011年3月,在国家正式发布的"十二五"规划纲要中,公共文化被纳入基本公共服务范畴,成为与公共教育、社会保障、医疗卫生、住房保障等同样重要的基本民生事业,确立了公共文化在经济社会发展中的基础性地位和作用。

2011年10月,党的十七届六中全会通过《中共中央关于深化文化体制改革推动社会主义文化大发展大繁荣若干重大问题的决定》,提出建设社会主义文化强国的宏伟目标,明确公共文化服务体系建设是社会主义文化建设基本任务的性质定位,对公共文化服务体系的建设提出了具体目标要求和内容:"到2020年,文化事业全面繁荣,覆盖全社会的公共文化服务体系基本建立,努力实现基本公共文化服务均等化""要以公共财政为支撑,以公益性文化单位为骨干,以全体人民为服务对象,以保障人民群众看电视、听广播、读书看报、进行公共文化鉴赏、参与公共文化活动等基本文化权益为主要内容,完善覆盖城乡、结构合理、功能健全、实用高效的公共文化服务体系"。这是一次具有里程碑意义的会议，以党的十七届六中全会为标志，我国公共文化服务体系建设的思想、理论基本形成，方针政策基本完善，公共文化服务体系建设迈入新的发展阶段，实现历史性转折。

2012年7月，《国家基本公共服务体系"十二五"规划》发布，将公共文化服务纳入基本公共服务的范畴，这是公共文化服务体系建设在实践上的重大突破，明确了公共文化服务的性质与功能，使公共文化服务成为政府向老百姓提供的制度化产品与服务。

2013年11月，党的十八届三中全会通过《中共中央关于全面深化改革重大问题的决定》，在全面深化改革的背景下，提出了推进文化体制机制创新、构建现代公共文化服务体系的时代任务，将构建现代公共文化服务体系和促进基本公共文化服务标准化、均等化纳入全面深化改革的重点任务。

2015年1月，中共中央办公厅、国务院办公厅印发《关于加快构建现代公共文化服务体系的意见》，全面部署构建现代公共文化服务体系在标准化、均等化、数字化、社会化和体制机制改革等方面的新任务和目标："到2020年，基本建成覆盖城乡、便捷高效、保基本、促公平的现代公共文化服务体系。公共文化设施网络全面覆盖、互联互通，公共文化服务的内容和手段更加丰富，服务质量显著提升，公共文化管理、运行和保障机制进一步完善，政府、市场、社会共同参与公共文化服务体系建设的格局逐步形成，人民群众基本文化权益得到更好保障，基本公共文化服务均等化水平稳步提高。"

2017年3月，《中华人民共和国公共文化服务保障法》正式实施，为公共文化服务发展提供法律保障，对公共文化服务发展的各方责任与权利进行了法律界定，确保公共文化服务建设有法可依。该法的出台标志着公共文化服务制度体系已经成型。

2021年3月，文化和旅游部、国家发展改革委、财政部联合下发《关于推动公共文化服务高质量发展的意见》，就新形势下更好地推动公共文化服务实现高质量发展提出指导性意见。

2021年4月，文化和旅游部发布《"十四五"文化和旅游发展规划》，注重把握新发展阶段、贯彻新发展理念、构建新发展格局，突出高质量发展的时代主题。该文件将健全现代公共文化服务体系作为"十四五"时期文化发展的重要目标，提出要不断完善覆盖城乡、便捷高效、保基本、促公平的现代公共文化服务体系，提高公共文化服务的覆盖面和实效性。

从2002年党的十六大报告，到2012年党的十七届六中全会决定，到2013年党的十八届三中全会提出"构建现代公共文化服务体系"，再到2021

年提出"公共文化服务高质量发展",近二十年来,我国现代公共文化服务体系建设的理念、思想逐步形成,从理论表述到实践贯彻、从抽象理念到具体制度安排层层推进,各项方针政策逐步完善。党和政府把公共文化服务体系建设上升为国家战略,加快发展公共文化服务事业,展现了对历史负责、对人民负责的文化自觉。

在此过程中,公共文化服务体系建设的内容和形式不断适应不同时期的经济社会发展水平和公共文化服务发展规律。① 针对公共文化服务体系发展中存在的普遍性问题,国家不断出台相应的政策,形成了较为完善的制度保障体系,彰显了在国家治理现代化进程的制度自觉。日渐完善的制度机制也推进了公共文化服务在价值取向、建设理念、治理能力、服务内容和服务方式等方面的现代化,实现了公共文化服务体系的整体提升。②

三、建设现代公共文化服务体系的战略意义

党和政府提出,构建现代公共文化服务体系,是保障和改善民生、满足人民群众日益增长的公共文化需求的重要举措,也是全面深化文化体制改革、促进文化事业繁荣发展的必然要求,更是弘扬社会主义核心价值观、建设社会主义文化强国的重大任务,③ 具有重大战略意义。

(一) 满足基本文化需求,保障基本文化权益

满足人民群众日益增长的精神文化需求,是社会主义文化建设的基本任务。近40年来,一方面,我国经济社会的持续发展和人民生活水平的不断提高,带来民众精神文化多方面、多层次、多样化的需求日益增长;另一方面,区域发展的不均衡、不充分,造成中西部"老少边穷"地区与东部沿海发达地区之间、农村地区与城市之间在公共文化服务水平方面的巨大差距。面对这样的严峻形势,中央提出建设现代公共文化服务体系的战略决策、履行现代服务型政府的公共服务职责,既是对人民群众文化需求的积极回应,

---

① 李少惠,王婷. 我国公共文化服务政策的演进脉络与结构特征:基于139份政策文本的实证分析 [J]. 山东大学学报(哲学社会科学版),2019 (2):57-67.

② 吴理财,解胜利. 中国公共文化服务体系建设40年:理念演进、逻辑变迁、实践成效与发展方向 [J]. 上海行政学院学报,2019 (5):100-111.

③ 杨志今. 加强公共文化服务体系建设努力满足人民群众的精神文化需求 [N]. 中国文化报,2012-12-26 (1).

同时也是缩小不同地区之间公共文化发展差距、保障各阶层人民群众基本文化权益、实现文化领域公平正义的必要举措。

（二）传播文化知识，提升公民素质

现代公共文化服务体系的建设，带来了全国各地一大批基础性公共文化设施的兴建和公共文化服务的免费或优惠提供。图书馆、文化馆、乡镇基层文化站等公共文化设施为民众搭建了学习、休闲、娱乐、交流的平台，公共文化服务机构在提供各类文化服务、开展各项文化活动的过程中，使广大人民群众享受到各种文化成果，学习到各种文化知识和技能。这些传播文化知识的举措，对于提升人民群众的综合文化素质，培育现代公民应有的权利意识、平等意识、参与意识具有重要作用，为我国公民以良好的精神风貌、积极的公民意识投身社会主义现代化建设奠定了重要基础。

（三）构建国民文化认同，提升国家文化软实力

对于一个国家和民族而言，文化软实力是国家富强、民族振兴的重要标志；软实力表现为国家核心价值理念的吸引力和共同文化身份认同所产生的凝聚力。提升国家软实力的关键在于形成占据人类文明制高点的、稳固的文化认同，以及形成被民众普遍接受的文化价值理念。毫无疑问，公共文化服务体系正是国家文化软实力建设的重要抓手。党的十七大报告将"建设社会主义核心价值体系"作为文化建设的首要任务，通过构建和完善公共文化服务体系，弘扬社会主义核心价值观，以文化的力量凝聚核心价值，维护国家意识形态安全，提高公民的价值判断力，强化民族文化认同感和自豪感，从而推动国家文化软实力的全面提升。

四、新时期推动公共文化服务高质量发展

（一）推动公共文化服务高质量发展的必要性

我国公共文化服务事业经过"十三五"时期的高速发展，虽然"缺不缺、够不够"问题总体上得到解决，但"好不好、精不精"问题愈发凸显。随着经济社会发展水平提高，人民对美好生活的需要更加强烈，享有更丰富、更高品位文化生活的期盼日益高涨，这使得文化需求和供给之间的结构性矛盾更加突出。当前我国的社会主要矛盾反映在公共文化服务领域，就是

公共文化服务体系发展的不平衡、不充分与人民日益增长的精神文化需要之间的不匹配。缺乏高水平、高品质的公共文化供给成为新时期公共文化服务发展亟待攻克的难题。要解决这些问题和矛盾，关键在于从过去外延式"量"的扩张转变为内涵式"质"的提升。① 在新发展阶段，推动公共文化服务高质量发展是进一步深化文化体制改革、发展社会主义先进文化的重要任务；也是让人民群众享有更加充实、丰富、高质量的精神文化生活，保障人民群众基本文化权益，满足人民群众对美好生活新期待的必然要求。②

（二）公共文化服务高质量发展的内涵

习近平总书记指出："高质量发展，就是能够很好满足人民日益增长的美好生活需要的发展，是体现新发展理念的发展。"公共文化服务高质量发展的内涵包括品质发展、均衡发展、开放发展、融合发展四个方面。③

（1）品质发展。推动品质发展是公共文化服务高质量发展的主要特征。高质量发展意味着提供更多的特色化、个性化、多样化公共文化服务；丰富服务内容、提高服务质量是品质发展的根本。

（2）均衡发展。深化均衡发展是公共文化服务高质量发展的基础条件。高质量发展首先体现在提升公共文化服务普遍均等、惠及全民的水平。"十四五"时期要推进城乡公共文化服务体系一体建设，弥补城乡发展不均衡的短板，实现更高水平的均等化、普惠化。

（3）开放发展。坚持开放发展有助于增强公共文化服务高质量发展的内生动力。要深化公共文化体制机制改革、创新管理方式、扩大社会参与，形成开放多元、充满活力的公共文化服务供给体系。

（4）融合发展。融合发展是共享发展新理念在公共文化服务体系建设中的体现。要在把握各自特点和规律的基础上，促进不同公共文化服务机构相融合，促进公共文化服务与科技、旅游相融合，促进文化事业与文化产业相融合，建立协同共进的文化发展新格局。

---

① 傅才武. 推进公共文化服务高质量发展［N］. 中国文化报，2021-03-25（2）.
② 关于推动公共文化服务高质量发展的意见［EB/OL］.［2021-07-15］. https：//www.mct.gov.cn/whzx/bnsj/ggwhs/202104/t20210401_923473.htm.
③ 《关于推动公共文化服务高质量发展的意见》的解读［EB/OL］.［2021-07-15］. https：//www.mct.gov.cn/vipchat/home/site/1/332/.

（三）推动公共文化服务高质量发展的路径

依据文化和旅游部、国家发展改革委、财政部联合下发的《关于推动公共文化服务高质量发展的意见》，新时期推动公共文化服务高质量发展的路径主要有以下九个方面。①

（1）深入推进公共文化服务标准化建设。全面落实国家基本公共服务标准，推动各省（自治区、市）制定地方标准；完善公共文化设施建设和服务标准规范，加强评估定级工作；进一步完善评估定级结果运用机制。

（2）完善基层公共文化服务网络。以建设县级公共图书馆、文化馆总分馆制为抓手，优化基层公共文化服务网络布局；强化县级总馆建设，合理规划分馆建设；推动公共文化服务机构建立联动机制，加强功能融合，提高综合效益。

（3）创新拓展城乡公共文化空间。立足城乡特点，打造有特色、有品位的公共文化空间，扩大公共文化服务覆盖面，增强实效性；积极推进社区文化"嵌入式"服务，鼓励社区养老、文化等公共服务设施共建共享。

（4）促进公共文化服务提质增效。推动基本公共文化服务融入城乡居民生活，创新服务形式，提升服务品质；推动公共文化服务机构扩展阵地服务功能，开展个性化、差异化服务；加强公共文化服务品牌建设。

（5）做大做强全民艺术普及品牌。推动全民艺术普及，健全支持开展群众文化活动的机制；广泛开展群众文化活动，创新群众文化活动管理和服务手段；加强群众文化艺术培训，组建全民艺术普及联盟，搭建推广平台。

（6）加快推进公共文化服务数字化。加强智慧图书馆建设，提升数字文化馆服务水平；完善公共文化云平台，拓宽数字公共文化服务应用场景；培育线上文化服务品牌。

（7）进一步强化社会参与。加大政府购买公共文化服务力度；推动社会力量参与公共文化服务；推进公共文化机构法人治理结构改革；推动基层文化设施社会化运营；规范社会力量参与，做好政治导向和服务绩效评估。

（8）促进文化志愿服务特色化发展。实施全民阅读推广人和全民艺术普及推广人培育计划；打造具有区域影响力的文化志愿服务品牌；完善文化志愿者招募、培训辅导、志愿服务记录和激励制度。

---

① 关于推动公共文化服务高质量发展的意见［EB/OL］. ［2021-07-15］. https: //www. mct. gov. cn/whzx/bnsj/ggwhs/202104/t20210401_923473. htm.

(9) 加强乡村文化治理。将乡村文化建设融入城乡经济社会发展全局，融入乡村治理体系；开展乡村艺术普及活动，提升乡村文化建设品质，传承乡村文脉；打造特色乡村文化和旅游品牌。

扩展阅读 4.1

1982 年颁布的现行《中华人民共和国宪法》将建设公共文化服务体系确立为基本国策，其中有两个与文化发展相关的条款：

"第二十二条　国家发展为人民服务、为社会主义服务的文学艺术事业、新闻广播电视事业、出版发行事业、图书馆博物馆文化馆和其他文化事业，开展群众性的文化活动。国家保护名胜古迹、珍贵文物和其他重要历史文化遗产。"

"第四十七条　中华人民共和国公民有进行科学研究、文学艺术创作和其他文化活动的自由。国家对于从事教育、科学、技术、文学、艺术和其他文化事业的公民的有益于人民的创造性工作，给予鼓励和帮助。"

宪法是国家的根本大法，以上两个条款便是我国公共文化服务体系建设的基本依据。

扩展阅读 4.2

1966 年 12 月，第 21 届联合国大会通过了著名的《经济、社会及文化权利国际公约》，该公约规定了现代社会公民所拥有的三项基本文化权利：①人人有权参加文化生活；②人人有权享受科学进步及其应用所产生的利益；③人人有权对其本人的任何科学、文学或艺术作品所产生的精神上和物质上的利益，享受被保护的权利。

1977 年 10 月，中国政府签署了该公约；2001 年 2 月，第九届全国人大常委会第二十次会议批准该公约在中国生效，这标志着国际社会普遍认可的现代社会公民拥有的基本文化权利被纳入我国公民基本权利的范畴，党和政府对公民基本文化权利的理解、认识和保障迈入新阶段。

第二节 现代公共文化服务体系的内涵

现代公共文化服务体系是指具有时代性、创新性和开放性的公共文化服务理念思想、组织体制、运行机制、政策体系、服务系统、传播方式的统称,① 均等化、标准化、社会化、数字化是其重要内涵。

一、基本公共文化服务均等化

公共文化服务以全体人民为服务对象,均等化是其最核心的理念和最显著的特点。所谓基本公共文化服务均等化,是指政府为公众提供基本的、与经济社会发展水平和人民群众需求相适应的、大致均等的公共文化产品和服务。② 政府所提供的公共文化服务,其根本目标在于向全社会提供公平、均等的基本公共文化服务,使全体公民平等享有基本文化权利的保障。具体而言,就是要从法律制度上确保全体公民在享有基本公共文化服务方面的权利均等,从财政投入上确保全体公民在享有基本公共文化服务方面的资源均等,从运行机制上确保全体公民在享有基本公共文化服务方面的机会均等,从重大举措上确保全体公民在享有基本公共文化服务方面的结果均等。③

应从以下两个方面来正确理解基本公共文化服务均等化。

一方面,均等化的内容和范围具有相对性。从服务内容上看,是指均等提供基本的公共文化服务,而非提供所有文化服务;从服务的数量和质量上看,是指满足群众基本公共文化需求与政府公共财政支撑能力相统一;从实现范围上看,由于国内经济社会发展水平的区域差异长期存在,均等化公共

---

① 金武刚,李国新. 公共文化政策法规解读 [M]. 北京:北京师范大学出版社,2019:32.

② 金武刚,李国新. 公共文化政策法规解读 [M]. 北京:北京师范大学出版社,2019:45.

③ 陈祥东. 公共文化服务体系的四大特征 [EB/OL]. [2019-11-19]. http://www.cssn.cn/zzx/ggxzygl_zzx/201412/t20141209_1434582.shtml.

文化服务也具有区域性差异，而非全国一致。

另一方面，均等化是指机会均等、起点均等，而非结果均等。政府的责任在于通过均等化的制度安排，保障全体社会成员拥有公平均等地享受公共文化服务的机会和条件，通过机会均等保障起点公平；但均等化并不意味着每一个社会成员最终享受到的公共文化服务平均化，均等化不排斥个人享受公共文化服务的多元选择和自由选择。

覆盖全社会的公共文化服务体系基本建立，努力实现基本公共文化服务均等化，这是公共文化建设的时代任务。全覆盖的公共文化服务体系基本建立和实现基本公共文化服务均等化之间，存在着相辅相成的内在逻辑关联：实现基本公共文化服务均等化是目标，建立覆盖全社会的公共文化服务体系是途径；换而言之，只有建立起全覆盖的公共文化服务体系，才能实现提供均等化的公共文化服务的目标。

均等化水平较低是当前公共文化服务体系建设中存在的主要问题，集中表现在县级以下基层公共文化体育资源仍然比较匮乏，中西部地区落后于东部地区，当前针对老年人、少年儿童、残疾人、农民工和边疆民族地区群众的公共文化体育资源普遍偏少，把农民工纳入城市公共文化服务体系的政策要求在不少地方尚未落实。①

二、基本公共文化服务标准化

在构建现代公共文化服务体系的过程中，人民群众文化需求的无限性和政府责任与公共财政支撑能力的有限性是一对始终存在的矛盾。为了将实现公共文化服务均等化转变为各级政府的自觉行动，需要有制度化的约束。基本公共文化服务标准化是指，通过制定和实施一系列具有约束性的公共文化服务标准，使各级政府明确与自身职责相对应的均等化公共文化服务应该提供什么、提供到什么程度、达到什么标准。标准化的目标在于追求公共文化服务的最佳秩序和最佳效能。②

标准化与均等化不是简单的并列关系，两者虽同为公共文化服务的目

---

① 国务院关于公共文化服务体系建设工作情况的报告［EB/OL］.［2019-11-19］. http://www.npc.gov.cn/zgrdw/npc/cwhhy/12jcwh/2015-04/23/content_1934246.htm.

② 金武刚，李国新. 公共文化政策法规解读［M］. 北京：北京师范大学出版社，2019：46.

的，但更多表现为相辅相成的辩证统一体。① 以公共文化服务的标准化促进均等化，标准化是手段，均等化是目的，标准化是均等化的前提；促进公共文化服务均等化，必须以标准化为抓手，明确各级政府的责任和义务，建立以均等化为导向的公共文化投入机制，以资源配置的均等化促进公共文化服务的均等化。② 离开了标准化，均等化就没有尺度、没有约束、没有衡量准则，也就无法实现真正的均等化。

2015年，中共中央办公厅、国务院办公厅发布《国家基本公共文化服务指导标准（2015—2020年）》，这是我国第一份明确国家基本公共文化服务内容和种类，体现政府保障责任的"底线标准"，在全国范围内发挥保障基本、统一规范的作用。2017年正式实施的《中华人民共和国公共文化服务保障法》，将基本公共文化服务保障标准作为基本制度纳入法律规范体系，以最高的规制力保障了以标准化促进均等化的建设路径。这标志着党的十八届三中全会提出的"以公共文化服务的标准化促进均等化"的战略构想落实为实际行动，在我国公共文化服务体系建设进程中具有划时代的意义。

三、公共文化服务社会化

促进公共文化服务社会化发展，是丰富公共文化产品和服务供给的需要。从根本上讲，提供公共文化服务是政府的职责，政府理所应当在公共文化资源供给中占据主导地位。但政府主导不等于政府主办，也不等于政府包办。随着政府职能转变，以及有限责任政府、有限财力政府等理念的普及，社会力量、社会资本参与公共文化服务体系建设成为丰富公共文化产品供给的有效途径。

2015年出台的《关于加快构建现代公共文化服务体系的意见》首次将社会力量作为公共文化发展的动力，改变了单纯依靠政府主导、财政保障、政策推动、政府举办、政府管理、政府评价的陈旧模式，真正形成政府主导下的公共文化机构、社会组织、企业、公众共同参与、共同谋划、共同实

---

① 柯平，胡娟，刘旭青. 发展文化事业，完善公共文化服务体系［J］. 图书情报知识，2018（5）：10-19.
② 杨志今. 构建现代公共文化服务体系的原则与重点［EB/OL］. ［2019-11-19］. http://www.cssn.cn/zzx/ggxzygl_zzx/201504/t20150401_1570496.shtml.

施、共同管理的共建、共享、共管、共赢新格局。①

政府促进公共文化服务社会化发展的主要途径有：培育和规范文化类社会组织、引导和鼓励社会资本参与公共文化服务体系建设、向社会力量购买公共文化服务、税收优惠四个方面。② 文化类社会组织是政府以社会化机制和方式提供公共文化服务的主要依靠力量，培育和规范各类文化社会组织是形成公共文化服务社会化发展格局的重要前提，因为没有文化类社会组织的存在，就没有社会化参与。政府通过建立现代文化市场体系、开放特定的文化领域、允许社会资本进入公共文化服务领域、投资兴办公共文化设施、生产公共文化产品，提供公共文化服务。在此基础上，政府利用市场机制和手段，将原本由政府直接向公众提供的部分公共文化服务事项，交给具备资质的社会力量承担，政府根据其服务数量和质量支付费用，这便是政府购买公共服务。而对于捐赠或从事公共文化服务事业的自然人、法人或其他组织，国家已出台多项法律和政策给予相应表彰、税收减免或优惠。

四、公共文化服务数字化

在数字化、网络化已经深度融入当代社会生产生活的背景下，要实现基本公共文化服务均等化的战略目标，以数字化促进基本公共文化服务均等化是必然选择。③ 充分运用数字技术、网络技术，通过公共数字文化资源建设和服务，使基本公共文化服务所依托的资源更加丰富，使社会公众获取服务的途径更加便捷、成本更加低廉，将会有力地促进基本公共文化服务均等化的实现。④

公共文化服务数字化包含公共文化服务内容数字化、公共文化服务方式数字化、公共文化管理数字化三个方面的内容。其中，公共文化服务内

---

① 金武刚，李国新. 公共文化政策法规解读 [M]. 北京：北京师范大学出版社，2019：72.

② 金武刚，李国新. 公共文化政策法规解读 [M]. 北京：北京师范大学出版社，2019：74-78.

③ 肖希明，完颜邓邓. 以数字化促进基本公共文化服务均等化的实践研究 [J]. 图书馆工作与研究，2016（8）：5-10.

④ 肖希明，完颜邓邓. 以公共数字文化资源整合促进基本公共文化服务均等化 [J]. 图书馆，2015（11）：22-25，31.

容数字化是指将原有的公共文化产品和服务项目，通过电子化、数据化转换，使之可以利用现代信息传播技术进行适用的产品和服务；以及按照现代信息传播方式提供全新形态的公共文化产品和服务。公共文化服务方式数字化是指将现有的服务方式向电子化、网络化迁移，在保留传统服务方式的同时提供新的数字化服务渠道。公共文化管理数字化是指通过数字化管理平台，对公共文化服务所涉及的服务设施、产品、人员、对象、行动等进行管理。①

进入"十四五"时期，国家更加重视公共文化服务数字化发展。在2021年3月文化和旅游部、国家发展改革委、财政部联合印发的《关于推动公共文化服务高质量发展的意见》中，加快推进公共文化服务数字化被纳入推动公共文化服务高质量发展的主要措施。2021年6月文化和旅游部发布的《"十四五"公共文化服务体系建设规划》提出了"十四五"时期公共文化服务数字化发展的三项重要任务：加强数字文化内容资源和管理服务大数据资源建设，加快公共文化网络平台建设，拓展公共文化服务智慧应用场景。②

第三节　公共图书馆在现代公共文化服务体系中的定位

公共图书馆作为一种重要的公共文化服务设施，不仅是现代公共文化服务体系的骨架，也完整彰显了现代公共文化服务体系的四个重要内涵，在现代公共文化服务体系中具有举足轻重的地位。

---

① 阮可. 公共文化服务标准化建设 [M]. 北京：北京师范大学出版社，2019：185-187.
② "十四五"公共文化服务体系建设规划 [EB/OL]. [2021-09-25]. http://zwgk.mct.gov.cn/zfxxgkml/ggfw/202106/t20210623_925879.html.

一、公共图书馆体系是现代公共文化服务体系的骨架

在国家大力发展现代公共文化体系的过程中，公共图书馆体系建设始终是最为活跃的一股力量，强有力地推动着公共文化服务体系的建设和完善。"十三五"时期，国家出台多项法规政策支持公共文化服务事业发展，并明确将公共图书馆体系作为公共文化服务体系的核心，凸显建设公共图书馆体系之于现代公共文化服务体系发展的引领作用。公共图书馆体系完整诠释了现代公共文化服务体系的特点、支撑着现代公共文化服务体系发展，堪称现代公共文化服务体系的骨架。

（一）公共图书馆体系完整诠释了现代公共文化服务体系的特点

2011年10月，党的十七届六中全会表决通过了《中共中央关于深化文化体制改革推动社会主义文化大发展大繁荣若干重大问题的决定》（以下简称《决定》）。《决定》指出现代公共文化服务体系具有公益性、基本性、均等性、便利性四个突出特点①，而公共图书馆体系对这些特点做出了最完整的诠释。

公共图书馆体系为公众提供公益的图书馆服务。自诞生之日起，公益性便是公共图书馆最本质的属性，这体现在公共图书馆由公共资金支持设立，不以营利为目的，以全体公众为服务对象，免费提供图书馆服务。

公共图书馆体系为公众提供基本的图书馆服务。《决定》指出，当前人民群众的基本文化权益包括看电视、听广播、读书看报、进行公共文化鉴赏、参与公共文化活动等。② 公共图书馆可提供文献借阅、文化鉴赏、文化活动等基本服务，充分保障人民群众的基本文化权利。

公共图书馆体系为公众提供均等的图书馆服务。《公共图书馆宣言》指出："公共图书馆向所有人提供平等的服务，不分年龄、种族、性别、宗教、国籍、语言或社会地位。"③ 提供均等服务是全球公共图书馆界的共识，它

---

① 本书编写组.《中共中央关于深化体制改革推动社会主义文化大发展大繁荣若干重大问题的决定》辅导读本［M］. 北京：人民出版社，2011：19.

② 本书编写组.《中共中央关于深化体制改革推动社会主义文化大发展大繁荣若干重大问题的决定》辅导读本［M］. 北京：人民出版社，2011：19.

③ IFLA. IFLA/UNESCO Public Library Manifesto 1994［EB/OL］.［2019 - 11 - 17］. https://www.ifla.org/publications/iflaunesco - public - library - manifesto - 1994.

使得全体民众可以从图书馆自由获取其所需的信息、知识、文化资源或其他图书馆服务。

公共图书馆体系为公众提供便利的图书馆服务。公共图书馆通过建设覆盖全社会的服务体系，使得公众可以在家门口便利地就近获取图书馆服务。

总而言之，公共图书馆所具有的公益、普遍均等精神，与现代公共文化服务体系的基本理念一脉相承；公共图书馆体系是承载现代公共文化服务体系"普遍均等、全民共享"核心价值的最好载体[1]，最能完整诠释现代公共文化服务体系的特点。

（二）公共图书馆体系支撑着现代公共文化服务体系发展

1. 公共图书馆拥有完善的服务体系架构

经过20余年的努力，目前国内大多数城市已基于总分馆制，因地制宜建立起多种形式的公共图书馆服务体系架构。这个架构中一般包含区域总馆、街镇分馆、社区分馆三个层级的公共图书馆，以及作为补充的流动图书馆、自助图书馆等服务平台。完善的体系使得公共图书馆服务可以延伸到街镇、延伸到社区，从而实现公共图书馆服务对全社会的覆盖。

2018年正式实施的《中华人民共和国公共图书馆法》第三十一条明确规定："县级人民政府应当因地制宜建立符合当地特点的以县级公共图书馆为总馆，乡镇（街道）综合文化站、村（社区）图书室等为分馆或者基层服务点的总分馆制，完善数字化、网络化服务体系和配送体系，实现通借通还，促进公共图书馆服务向城乡基层延伸。"[2] 从而将图书馆界自发开展的服务体系建设探索上升到政府责任、政府主导建设的层面，公共图书馆服务体系的架构完整性得到法律保障。

2. 公共图书馆拥有完备的服务手段

公共图书馆通过引入先进科学技术而具有完备的服务手段，如利用互联网和数字技术建设数字图书馆，为公众提供全时空、全媒体、随时随地、触手可及的数字图书馆服务；引进以射频识别（radio frequency identification，RFID）技术为代表的物联网技术进行业务管理、提供自助化服务，使得图

---

[1] 汪东波. 公共图书馆概论［M］. 北京：国家图书馆出版社，2012：329.
[2] 中华人民共和国公共图书馆法［EB/OL］.［2019－11－17］. http：//www.gov.cn/xinwen/2017－11/05/content_5237326.htm.

书馆管理和服务更加方便快捷、人性化。① 这些完备的服务手段支持公共图书馆更好地实现公共文化服务所要求的各种目标。

3. 公共图书馆拥有深厚的理论支撑

经过近两千年的发展，图书馆已经形成了相当完整的学科理论体系，并且还在随着经济社会的发展而不断拓展和深化，深厚的学科理论积淀为公共图书馆事业提供强有力的指导和支撑。此外，图书馆学专业还有着完备的学科教育体系，为公共图书馆事业培养了大批专业人才。科学理论的指导和专业人员的不断涌现使得公共图书馆服务有了坚实的基础，从而带来公共图书馆事业强大的生命力和不断发展的可能。

二、公共图书馆与公共文化服务均等化

均等化是公共文化服务体系最核心的理念和最显著的特点。② 公共图书馆可以"不分年龄、种族、性别、宗教、国籍、语言或社会地位，向所有人提供平等的服务"，这是《公共图书馆宣言》向全社会传递的图书馆行业理念，与公共文化服务均等化的要求一致。总分馆体系建设是落实公共文化服务均等化要求的最佳实践，它旨在把优质资源与服务延伸到基层，覆盖区域内所有公众。国内总分馆体系建设的实践肇始于公共图书馆行业的探索。2000年"上海中心图书馆"工程建设催生"总馆""分馆"雏形；2003年佛山市禅城区图书馆第一家分馆挂牌成立，开启总分馆建设先河；此后，在国家政策和图书馆行业学会推动下，全国掀起公共图书馆总分馆制建设热潮，并涌现了"苏州模式"、"嘉兴模式"、深圳"图书馆之城"等各具特色的总分馆体系建设路径。2011年公共图书馆总分馆制建设作为国家推荐标准被写入《公共图书馆服务规范》，2017年又被写入《中华人民共和国公共图书馆法》，得到有力的法律保障。

---

① 汪东波. 公共图书馆概论 [M]. 北京：国家图书馆出版社，2012：330.
② 金武刚，李国新. 公共文化政策法规解读 [M]. 北京：北京师范大学出版社，2019：45.

> **扩展阅读 4.3**
>
> 广州图书馆示范性服务体系是广州图书馆为积极履行中心馆职责、充分发挥中心馆资源优势而建立的以广州图书馆为总馆，直属分馆为骨干，流动图书馆、自助图书馆和快递借还书服务为补充的服务体系。该服务体系引领各区总分馆服务体系建设，形成阵地服务与流动服务相配套、纸质资源与数字资源相结合的格局。目前，广州图书馆示范性服务体系已建成直属分馆20个、流动图书馆服务点13个、自助图书馆服务点10个，并为全市读者提供网上快递借还书服务。"十三五"时期，广州图书馆示范性服务体系共计外借文献451.84万册次，举办读者活动635场，接待读者304.61万人次，为满足市民阅读需求、保障市民基本文化权益发挥了重要作用。
>
> 广州图书馆：《关于全面推进我市公共图书馆总分馆建设的实施意见》，http://www.gzlib.org.cn/policiesRegulations/163037.jhtml.

三、公共图书馆与公共文化服务标准化

公共文化服务标准化的目的在于通过制定、发布和实施一系列具有约束性的标准，让各级政府明确与自身职责相对应的均等化公共文化服务应该提供什么内容、提供到什么程度、达到什么标准，以此来实现最佳秩序和最佳效能。公共文化服务标准化通过制定、发布和实施一系列具有约束性的公共文化服务标准来实现。公共文化服务标准化体系包括三个方面：体现各级政府责任和义务的保障标准；有关公共文化服务的设施建设、业务管理、服务规范、技术应用等方面的实施标准；对各级政府、公共文化机构、项目、活动等的评价标准。标准化工作所确立的业务规范，如运营管理、人员配备、经费投入、绩效考核等有助于形成长效机制，实现公共文化服务良性发展。[①]

在公共文化服务领域，图书馆行业是最早制定和实施国家标准的。第一份国家推荐性标准《公共图书馆服务规范》（GB/T 28220—2011）于2011年12月31日发布，自2012年5月1日起正式实施。全国图书馆标准化技术委员会负责图书馆行业的标准起草工作，该委员会成立于2008年，截至

---

① 金武刚，李国新. 公共文化政策法规解读［M］. 北京：北京师范大学出版社，2019：53.

2020年年底，共计制定发布了15种国家标准和43种文化行业标准①，基本完成图书馆行业标准体系布局工作。可以说，公共图书馆引领公共文化服务标准化发展。

> **扩展阅读4.4**
>
> "十三五"时期，广州市围绕建设"图书馆之城"建立了一套较为完整、系统的公共图书馆制度规范体系。在政策法规层面，以《广州市公共图书馆条例》为核心，以《广州市"图书馆之城"建设规划（2015—2020）》《广州市公共图书馆服务规范》《广州市公共图书馆第三方评估管理办法》《关于全面推进我市公共图书馆总分馆制建设的实施意见》《广州市公共图书馆统一标识》等为配套制度，保障地区公共图书馆事业发展。在具体业务层面，制定《广州市公共图书馆业务统计工作规范》《广州市数字图书馆管理办法》《广州市公共图书馆统一借阅规则》《广州市公共图书馆通借通还物流管理办法》《广州地区公共图书馆条形码管理细则》《统一广州地区公共图书馆书目数据来源办法》《广州地区公共图书馆IC卡读者证标准》等规章制度，规范图书馆业务工作。

四、公共图书馆与公共文化服务社会化

公共文化服务社会化发展，是指引导和鼓励社会力量共同参与公共文化服务建设，旨在丰富公共文化产品和服务供给，满足社会公众多样化需求。2015年中共中央办公厅、国务院办公厅下发的《关于加快构建现代公共文化服务体系的意见》提出鼓励和引导社会力量参与公共文化服务建设："鼓励和支持社会力量通过投资或捐助设施设备、兴办实体、资助项目、赞助活动、提供产品和服务等方式参与公共文化服务体系建设。"促进公共文化服务社会化发展，既是丰富公共文化产品和服务供给的需要，也是提升公共文化机构服务水平的需要。②

---

① 此处数据根据全国图书馆标准化技术委员会官网公布的标准列表统计。
② 金武刚，李国新. 公共文化政策法规解读［M］. 北京：北京师范大学出版社，2019：72.

社会力量参与公共图书馆分馆建设作为近年来公共图书馆服务体系建设中的一个亮点，是公共文化服务社会化的重要体现。各地公共图书馆探索采取文教融合、文商融合、文企融合等方式与社会力量合建分馆，用财政小投入撬动社会力量大投入，为公共图书馆总分馆体系建设注入强大活力。此外，党的十八届三中全会提出公共文化机构法人治理结构改革，旨在增强机构的自主发展权，释放机构内在活力，激励社会力量广泛参与，形成现代治理方式，是社会化发展的一项关键制度。公共图书馆在公共文化机构法人治理试点改革探索中同样发挥着关键作用。[1]

> **扩展阅读 4.5**
>
> 2015 年，广州图书馆与万科集团合作共建了万科城市体验中心分馆，开广州地区社会力量参与公共图书馆建设之先河，该分馆开放后受到社会各界的广泛关注和热烈好评。此后数年间，广州图书馆陆续与万科地产、雅居乐地产、越秀地产、广州地铁地产、品秀地产、品实地产等多家房地产企业开展合作，建成富春山居、春风十里、荔湾湖、星汇云城、品秀星樾、云湖花城等多个社区分馆。广州图书馆于 2018 年 4 月与必胜客合作共建"广州图书馆·必胜客阅读基地"；2020 年与广东城轨集团合作共建广清城际花都站"粤书吧"，不断丰富社会力量参与公共文化服务的形式；与佛山图书馆、粤海天河城商管集团在佛山南海合作共建南海天河城分馆，探索广佛两地公共文化服务融合发展之路。到 2020 年年底，广州图书馆已有 15 个社会力量分馆/服务点向读者开放，为广州地区公共图书馆与社会力量合作起到良好的示范指引作用。
>
> 广州图书馆：《广州市公共图书馆与社会力量合建分馆工作指引》，http://www.gzlib.org.cn/policiesRegulations/169768.jhtml.

---

[1] 金武刚. 公共文化服务体系中的图书馆创新发展研究 [J]. 图书馆, 2019, 296 (5): 5-12.

五、公共图书馆与公共文化服务数字化

2015年中共中央办公厅、国务院办公厅下发的《关于加快构建现代公共文化服务体系的意见》首次提出要"加快推进公共文化服务数字化建设"。公共文化服务数字化，是指依托现代科技和信息技术，实现公共文化服务传播利用的现代化。公共图书馆作为重要的公共文化服务机构，在推进公共文化服务数字化发展发挥了重大作用。"十二五"期间，我国大力推进公共数字文化建设，统筹实施了全国文化信息资源共享工程、数字图书馆推广工程、公共电子阅览室建设计划等重点公共数字文化工程，各级公共图书馆作为共享工程分中心、支中心、服务点，在三大工程的建设推进中发挥了关键作用。2017年发布的《文化部"十三五"时期公共数字化文化建设规划》将与公共图书馆直接相关的数字图书馆推广工程服务平台、公共图书馆基础资源库、面向特殊群体的数字图书馆等列为重点建设项目。2021年3月发布的《中华人民共和国国民经济和社会发展第十四个五年规划和2035年远景目标纲要》提出要积极发展智慧图书馆，以扩大优质公共图书馆服务资源辐射覆盖范围。①

> **扩展阅读4.6**
>
> 《广州市公共图书馆条例》第十九条规定："公共图书馆应当加强数字信息资源共建共享。中心馆应当建立全市统一的通用数字信息资源库，对数字信息资源与传统载体资源进行整合，为全市公共图书馆用户提供数字化、网络化服务；区域总馆可以建设具有本区特色内容的数字信息资源库。区域总馆建设的数字信息资源库应当在中心馆网站建立链接。"为规范和加强广州市数字图书馆管理工作，广州图书馆牵头制定了《广州市数字图书馆管理办法》，并作为广州地区中心馆，负责"广州数字图书馆"门户建设，实现广州市公共图书馆统一门户、统一检索、统一服务、统一管理、效益共享。

---

① 中华人民共和国国民经济和社会发展第十四个五年规划和2035年远景目标纲要[EB/OL]．[2021-09-20]．http：//www.gov.cn/xinwen/2021-03/13/content_5592681.htm．

第四节 广州市"图书馆之城"建设

21世纪初,随着党和国家提出并开始实施公共文化服务体系建设战略,以及在国内经济保持20多年高速发展、国家探索建设服务型政府、现代图书馆基本理念在国内完成重建的时代背景下,我国东部经济发达地区率先开展总分馆体系建设的探索①,在此过程中,上海、苏州、嘉兴、佛山禅城、深圳、广州等地区因地制宜,建成了各具特色的总分馆体系。其中,广州市"图书馆之城"建设虽然起步较晚,却凭借后发优势在较短时期内取得高速发展,广州的公共图书馆服务体系在国内处于领先位置。

一、广州市"图书馆之城"的由来

早在20世纪90年代初期,广州图书馆便开始了与社会力量合作推进社区服务的探索与实践,并取得良好成效,当时合作共建的基层分馆被称为"联合图书馆";这种联合图书馆体系建设模式也在全国产生了一定的影响。② 到90年代末,广州市的市、区两级公共图书馆体系架构逐步成型,协同配合服务全市读者。

2004年,以广州图书馆新馆项目立项为标志,广州市吹响了实现公共图书馆事业跨越式发展的号角。广州市委、市政府坚定文化自信,以大力培育世界文化名城为目标,集中力量建设基本公共文化服务体系,促进广州市公共文化事业的大发展、大繁荣。

2006年,《广州市图书馆条例》课题研究启动,开启第一轮立法进程。2012年4月,时任广州市市长陈建华在原广州市文化广电新闻出版局调研时

---

① 金武刚,李国新. 中国公共图书馆总分馆制建设:起源、现状与未来趋势 [J]. 图书馆杂志,2014 (5):4-15.

② 惠德毅. 联合办馆天地宽:公共图书馆如何提高办馆效益漫谈 [J]. 图书馆论坛,1999 (4):65-67.

做出了"加强社区文化建设,把广州建设成图书馆之城"的重要指示。①2012年10月发布的《中共广州市委广州市人民政府关于培育世界文化名城的实施意见》提出将推进建设"图书馆之城"作为优化公共文化服务体系的重要举措。② 2012年,广州图书馆新馆建成并试运行开放,广州市公共图书馆立法再次被纳入议事日程。

2015年5月1日《广州市公共图书馆条例》正式颁布施行,"标志着图书馆事业进入公民权利保障和体系发展的新时代"③;其配套实施文件《广州市"图书馆之城"建设规划(2015—2020)》亦在2015年年底发布,明确提出了"图书馆之城"建设的"四大保障计划,六大支撑机制"。自此,广州市公共图书馆事业迈入"图书馆之城"建设的新征程。

> **扩展阅读4.7**
>
> 《广州市公共图书馆条例》,http://www.gzlib.org.cn/policiesRegulations/78168.jhtml.

二、广州市"图书馆之城"的建设目标

2015年12月,原广州市文化广电新闻出版局发布《广州市"图书馆之城"建设规划(2015—2020)》(以下简称《规划》),这是广州市"图书馆之城"建设工作的指导性文件。

《规划》中提出广州市"图书馆之城"在"十三五"时期的四项总体目标④:

(1)以广州快速发展的经济水平为基础,设置适度超前的指标体系。

(2)创新高效管理体制,建立以广州图书馆为中心馆,区图书馆为区域

---

① 广州市文化广电新闻出版局.广州市"图书馆之城"建设规划研究与探索[M].广州:广州出版社,2016:1.

② 中共广州市委广州市人民政府关于培育世界文化名城的实施意见[EB/OL].[2019-11-11].http://zwgk.gd.gov.cn/007482532/201309/t20130910_405079.html.

③ 方家忠.广州市公共图书馆发展的六个核心理念[J].图书馆论坛,2015,199(11):61-69.

④ 广州市"图书馆之城"建设规划(2015—2020)[EB/OL].[2019-11-1].http://www.gzlib.org.cn/policiesRegulations/148307.jhtml.

总馆，镇（街道）图书馆为分馆，以村（社区）图书馆、农家书屋、流动图书车、24小时自助图书馆和其他服务点为延伸，以学校图书馆、科学与专业图书馆及其他类型图书馆为补充，社会力量积极参与的全天候、全方位、多形式的公共图书馆网络体系。

（3）构建地区信息资源共建共享平台，实现资源合理配置，形成纸质与数字资源相结合的，多层次的，快捷、优质、高效的图书馆文献信息资源服务体系。

（4）形成与广州市经济社会发展水平相称、向世界先进城市和图书馆事业看齐、以需求与服务为主导、可持续发展的现代公共图书馆服务体系，使广州市公共图书馆事业达到国内领先水平。

> **扩展阅读4.8**
>
> 《广州市"图书馆之城"建设规划（2015—2020）》，http://www.gzlib.org.cn/policiesRegulations/148307.jhtml.

三、广州市"图书馆之城"的建设现状[①]

"十三五"时期，在广州市政府对公共图书馆事业的高度重视和大力支持下，在《广州市公共图书馆条例》等法规制度的保障下，广州市"图书馆之城"建设工作稳步推进，公共图书馆事业快速发展，已构建起市、区、街镇和村（社区）四级公共图书馆服务体系，在政策制度、设施设备、管理体制和服务效能等方面均取得历史性突破，已形成公众需求、政府保障、图书馆服务和社会参与"四位一体"的可持续发展模式，各项服务指标实现跨越式增长，整体服务绩效位居全国前列。

截至2020年底，广州市"图书馆之城"共有实现通借通还且面向所有公众免费开放的公共图书馆（分馆）294个，其中市级图书馆2个，区级图书馆11个（馆舍18座），镇街级分馆221个，社区级分馆53个，此外，还有面向所有公众免费开放的服务点、自助图书馆72个。全市共有169个镇街设置了实现通借通还且面向所有公众免费开放的公共图书馆（分馆）、服

---

① 广州图书馆.广州市"图书馆之城"建设年度报告2020[M].广州：广州出版社，2021：40-47.

务点、自助图书馆，全市图书馆覆盖率为96.02%。

（一）基本完成顶层设计，图书馆事业规范发展

自2015年5月1日《广州市公共图书馆条例》正式施行以来，广州市陆续出台《广州市"图书馆之城"建设规划（2015—2020）》《广州市加快构建现代公共文化服务体系的实施意见》《广州市公共图书馆总分馆服务体系建设试点方案》《广州市公共图书馆服务规范》《广州市公共图书馆文献信息资源剔除规定》《广州市公共图书馆第三方评估管理办法》《广州市公共图书馆统一标识》《关于全面推进我市公共图书馆总分馆制建设的实施意见》《广州市公共图书馆与社会力量合建分馆工作指引》等配套制度，规范图书馆事业发展。与此同时，市政府通过市文化行政主管部门履行全市公共图书馆事业的行政管理职责，积极推进总分馆制建设试点工作，建立常态化指导机制，促进公共图书馆服务体系标准化建设、规范化管理和专业化服务，总体上取得较好的管理效果；各区政府因地制宜推进顶层设计衔接落实，陆续制定并实施了一批制度建设成果，保障和促进区域公共图书馆事业规范发展。

（二）各级政府较好地履行了保障责任，体制机制逐步建立

经费保障是公共图书馆事业发展的基础条件，广州市、区、街镇各级政府依法履行职责，保障公共图书馆事业运行和发展经费的持续投入。

"十三五"时期，广州市公共图书馆总经费约为23.16亿元，其中，文献购置经费合计约为5.18亿元。截至2020年年底，全市公共图书馆建筑面积合计为52.42万平方米，均摊面积约为33.42平方米/千人；馆藏文献量合计为2925万册（件），人均馆藏文献量约为1.86册（件）。

全市公共图书馆设施建设稳步推进。广州市政府与华南理工大学合作，启动建筑面积约6万平方米的广州科技图书馆项目。2020年12月，南沙区图书馆新馆投入使用，结束了南沙区无独立建制区级馆的历史。截至2020年年底，已有7个区实现公共图书馆在街镇一级全覆盖。各区新建或改造开放了一批街镇分馆、社会力量分馆，加快构建覆盖城乡的公共图书馆服务系统，促进全市公共图书馆覆盖率和建设水平稳步提升，有效增加公共图书馆服务供给，更好地满足市民的公共文化需求。

区域总分馆服务体系运行保障机制逐步健全。目前，已有多个区建立区域总分馆体系运行保障机制，涵盖机构设置、经费投入、人力资源等多个层面，有利于区域总分馆服务体系的高效运行和效能提升。在机构设置方面，

越秀区、海珠区、黄埔区、白云区、从化区、增城区、花都区等区域总馆均设有专门负责区域总分馆体系建设的职能部门或承担相应职责的部门。在经费投入方面，越秀区、黄埔区、南沙区、天河区、白云区、番禺区、增城区、花都区等区域总馆均有专项经费支持区域总分馆体系运行。在人力资源方面，越秀区、海珠区、黄埔区、白云区、从化区、增城区、花都区等区域总馆通过配备专职或者兼职人员、服务外包等方式保障分馆正常运营。

（三）区域总馆提质增效，体系建设促进效能提升

广州市各区积极推动《广州市公共图书馆条例》《广州市"图书馆之城"建设规划（2015—2020）》《广州市加快构建现代公共文化服务体系的实施意见》等服务体系建设顶层设计落地实施，在全市全面铺开总分馆制建设，管理运行机制和效能产出情况总体较好。大部分区域总馆稳步推进区级图书馆新馆和镇、街道图书馆建设，推进统一管理、统一业务标准、统一服务规范、统一人员调配，制定或修订管理与服务规章制度，创新管理与服务，业务建设与读者服务水平持续提升。截至2020年年底，广州市11个区域总馆均设有专门负责区域总分馆体系建设的职能部门或承担相应职责的部门，并配有专职或兼职工作人员负责总分馆体系建设。

到"十三五"收官阶段，广州市公共图书馆建筑面积、馆藏总量、工作人员数量、总经费比2015年分别增长90.29%、74.46%、57.71%和73.39%。全市图书馆覆盖率达到96.02%，越秀、荔湾、天河、黄埔、番禺、从化、南沙7个区达到100%；全市平均每5.2万人拥有一座公共图书馆，基本实现"镇街分馆全覆盖"的规定目标。

（四）社会力量共建共享，规范性和实效性显著提升

广州市积极探索社会力量参与公共图书馆建设的新路径，坚持政府主导、社会参与的原则，为社会力量参与公共文化建设提供开放性平台，采取文教融合、文商融合、文企融合等方式，积极与学校、企业、园区、地产商等各类社会机构合办分馆，基本形成政府与社会力量合作共建机制，合作双方互利共赢。公共图书馆通过标准化建设、项目化管理和专业化服务，有效整合社会资源，完善服务体系布局，进一步推动公共图书馆事业均衡发展；社会力量借此履行社会责任、提升社会形象，收获良好社会效益。

为更好地支持与引导社会力量参与公共图书馆建设，2019年广州市出台《广州市公共图书馆与社会力量合建分馆工作指引》，鼓励市、区两级图书馆

与中小学、高校、企业、园区等各类社会力量合建分馆,并将其全部纳入全市总分馆服务体系,实行统一规则、统一服务、通借通还。截至2020年年底,广州市公共图书馆与社会力量合建图书馆分馆达到88个,建筑面积为6.37万平方米,配备专职工作人员135人,全年投入资金超过8000万元。全年共计接待读者123.46万人次,外借文献58.19万册次,举办读者活动1416场。社会力量分馆已成为广州市公共图书馆服务体系的重要组成部分,为满足公众日益增长的文化信息需求发挥着重要作用。

四、广州市"图书馆之城"的服务成效

经过"十三五"时期的跨越式发展,广州市"图书馆之城"的服务效能已跻身国内城市公共图书馆前列。其中,广州图书馆自2014年起连续6年基本服务指标位居全国公共图书馆第一,广州少年儿童图书馆自2016年起连续4年基本服务指标位居全国少年儿童图书馆第一。

(一)外借文献量

2020年,广州市公共图书馆外借文献量共计2436.38万册次,比2015年增长77.45%。其中,市级图书馆外借文献量共计1518.54万册次,比2015年增长55.30%;区级图书馆外借文献量共计917.84万册次,比2015年增长132.24%。全市通借通还外借文献量共计271.42万册次,比2015年增长373.51%。

(二)累计注册读者量

2020年,广州市公共图书馆累计注册读者量共计396.79万人,比2015年增长112.61%,占广州全市常住人口的25.92%。其中,市级图书馆累计注册读者量共计261.67万人,比2015年增长89.00%;区级图书馆累计注册读者量共计135.12万人,比2015年增长180.45%。

(三)读者活动量

2020年,广州市公共图书馆共计举办线下读者活动8413场,比2015年增长144.56%。其中,市级图书馆举办线下读者活动1958场,比2015年增长15.79%;区级图书馆举办线下读者活动6455场,比2015年增长269.07%。

主要参考文献

[1] 方家忠. 广州市公共图书馆发展的六个核心理念[J]. 图书馆论坛, 2015 (11): 61-69.

[2] 广州图书馆. 广州市"图书馆之城"建设2017年度报告[M]. 广州: 广州出版社, 2018.

[3] 广州图书馆. 广州市"图书馆之城"建设年度报告2018[M]. 广州: 广州出版社, 2019.

[4] 广州图书馆. 广州市"图书馆之城"建设年度报告2019[M]. 广州: 广州出版社, 2020.

[5] 广州图书馆. 广州市"图书馆之城"建设年度报告2020[M]. 广州: 广州出版社, 2021.

[6] 金武刚, 李国新. 公共文化政策法规解读[M]. 北京: 北京师范大学出版社, 2019.

[7] 金武刚, 李国新. 中国公共图书馆总分馆制建设: 起源、现状与未来趋势[J]. 图书馆杂志, 2014 (5): 4-15.

[8] 金武刚. 公共文化服务体系中的图书馆创新发展研究[J]. 图书馆, 2019 (5): 5-12.

[9] 毛少莹, 等. 公共文化服务概论[M]. 北京: 北京师范大学出版社, 2014.

[10] 汪东波. 公共图书馆概论[M]. 北京: 国家图书馆出版社, 2012.

[11] 吴理财, 解胜利. 中国公共文化服务体系建设40年: 理念演进、逻辑变迁、实践成效与发展方向[J]. 上海行政学院学报, 2019 (5): 100-111.

[12] 杨志今. 构建现代公共文化服务体系的原则与重点[EB/OL]. [2019-11-19]. http://www.cssn.cn/zzx/ggxzygl_zzx/201504/t20150401_1570496.shtml.

[13] 杨志今. 加强公共文化服务体系建设努力满足人民群众的精神文化需求[N]. 中国文化报, 2012-12-26 (1).

[14] 杨志今. 认真贯彻落实党的十七届六中全会精神, 加快构建中国特色公共文化服务体系[R]//于群, 李国新. 中国公共文化服务发展报告 (2012). 北京: 社会科学文献出版社, 2012: 6.

习 题

（1）我国的现代公共文化服务体系建设相关政策是如何演进的？

（2）请简述公共文化服务均等化、标准化、社会化和数字化的基本内涵及其相互关系。

思考题

（1）为什么要将公共图书馆放置在现代公共文化服务体系建设的框架中来加以理解？

（2）您所在的图书馆是如何践行公共文化服务均等化、标准化、社会化、数字化的？

第五章　公共图书馆管理概述

学习目标

了解公共图书馆的管理体制

了解公共图书馆的组织管理方式

知识点提示

图书馆管理体制

图书馆法人治理结构

图书馆评估定级

图书馆总分馆制

图书馆绩效管理

图书馆战略规划

　　本章从管理体制、组织架构及内部管理等方面概述公共图书馆的基本管理内容。第一节从行政管理体制、行业管理体制、评估定级、法人治理结构改革等方面介绍公共图书馆的宏观管理架构；第二节从部门及岗位设置、规章制度、人力资源管理、经费管理、建筑和设备资源管理、绩效管理、战略规划等方面介绍公共图书馆的微观管理内容。

第一节 公共图书馆管理体制

所谓图书馆管理体制是指对各类型图书馆实施控制、监督、指导、操作的机构安排以及这些机构间的权利义务关系,也称图书馆治理(library governance)。具体地说,图书馆管理体制决定着谁负责制定图书馆的方针、政策、标准;谁负责对图书馆给予财政拨款;谁决定它的发展规划;谁对它进行监督约束;谁在业务上对它进行指导;谁组织实施图书馆服务等一系列问题。① 一般而言,图书馆管理体制应包括主管部门(图书馆所属的母体机构)、图书馆管理部门(主管部门成立的专门的图书馆管理机构)、馆长及其领导班子几个基本结构,有时还包括类似全国性或地区性图书馆协调委员会、图书馆发展委员会、图书馆资助委员会、图书馆顾问委员会等协调、领导、资助或指导机构。

一、行政管理体制

(一) 管理主体

图书馆管理主体是指"在一个图书馆治理单元内,由建设主体提议组建并经所有者主体认可或同意的、负责图书馆发展重大决策事务的实质性管理部门"②。我国公共图书馆现行的是分级财政基础上的多层管理体制和多元建设主体,长期以来形成了"一级政府建设并管理一个图书馆"的基本格局③,一般由文化行政主管部门担当公共图书馆管理主体的角色。《中华人民共和国公共图书馆法》第五条明确规定:"国务院文化主管部门负责全国公共图书馆的管理工作。国务院其他有关部门在各自职责范围内负责与公共图书馆管理有关的工作。县级以上地方人民政府文化主管部门负责本行政区域内公共图书馆的管理工作。县级以上地方人民政府其他有关部门在各自职

---

① 于良芝. 图书馆学导论 [M]. 北京:科学出版社,2003:82-83.
② 蒋永福. 现代公共图书馆制度研究 [M]. 北京:知识产权出版社,2010:187.
③ 金武刚,李国新. 中国公共图书馆总分馆制建设:起源、现状与未来趋势 [J]. 图书馆杂志,2014(5):4-15.

责范围内负责本行政区域内与公共图书馆管理有关的工作。"

在我国,文化和旅游部是负责公共文化事业发展,推进国家公共文化服务体系建设和旅游公共服务建设,深入实施文化惠民工程,统筹推进基本公共文化服务标准化、均等化的部门。① 省、市、区/县级的人民政府文化主管部门具体负责本行政区域内的公共文化服务工作。例如广东省文化和旅游厅、广州市文化广电旅游局、广州市各区文化广电旅游体育局分别负责其行政区域内的公共文化事业发展,公共文化服务体系建设,旅游公共服务建设,文化和旅游行业信息化建设,文化惠民工程实施,基本公共文化服务标准化、均等化的统筹推进等工作。

以广州地区公共图书馆为例,梳理出公共图书馆的行政隶属关系如图5-1所示。

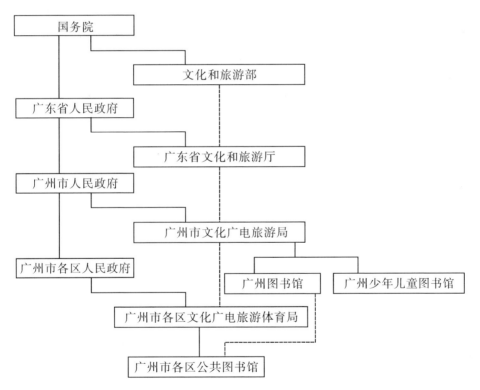

图5-1 广州市的市级、区级公共图书馆行政隶属关系

---

① 中华人民共和国文化和旅游部主要职责[EB/OL].[2019-10-13]. https://www.mct.gov.cn/gywhb/zyzz/201705/t20170502_493564.htm.

(二) 人事管理制度

事业单位的人事管理制度是指各级各类事业单位的人事部门对事业单位人员进行管理的一系列法规、制度和措施的总称，它包括对事业单位人员的录用、考核、培训、交流、回避、工资、福利、保险等进行管理的规定。2014 年，我国第一部系统规范事业单位人事管理的行政法规——《事业单位人事管理条例》出台，对事业单位的岗位设置、公开招聘和竞聘上岗、聘用合同、工资福利和社会保险等方面做出具体规定，事业单位人事制度改革走向法制化轨道。[①] 根据《中共中央、国务院关于分类推进事业单位改革指导意见》，公共图书馆属于公益一类事业单位，相关人事管理制度按照事业单位相关政策法规执行。

（1）岗位设置管理制度。根据《事业单位岗位设置管理试行办法》（国人部发〔2006〕70 号），事业单位岗位分为管理岗位、专业技术岗位和工勤技能岗位三种类别。同时，根据事业发展和工作需要，经批准，事业单位可设置特设岗位，主要用于聘用急需的高层次人才等特殊需要。管理岗位是指担负领导职责或管理任务的工作岗位，分为 10 个等级，即一至十级职员岗位；专业技术岗位是指从事专业技术工作、具有相应专业技术水平和能力要求的工作岗位，分为 13 个等级，包括高级岗位、中级岗位和初级岗位；工勤技能岗是指承担技能操作和维护、后勤保障、服务等职责的工作岗位，包括技术工岗位和普通工岗位，其中技术工岗位分为 5 个等级，普通工岗位不分等级。岗位设置具体如表 5-1 所示。

表 5-1 事业单位岗位类别与等级

管理岗位		专业技术岗位			工勤技能岗位（技术工）	
		高级	中级	初级		
一级	部级正职	一级	八级	十一级	一级	高级技师
二级	部级副职	二级	九级	十二级	二级	技师
三级	厅级正职	三级	十级	十三级	三级	高级工
四级	厅级副职	四级			四级	中级工

---

① 齐书花. 我国事业单位人事制度改革评价与建议 [J]. 中国人力资源开发，2016（21）：85-89.

(续上表)

管理岗位		专业技术岗位			工勤技能岗位（技术工）	
		高级	中级	初级		
五级	处级正职	五级			五级	初级工
六级	处级副职	六级				
七级	科级正职	七级				
八级	科级副职					
九级	科员					
十级	办事员					

（2）聘用制度。2002年7月，《国务院办公厅转发人事部关于在事业单位试行人员聘用制度意见的通知》（国办发〔2002〕35号）规定事业单位除参照国家公务员制度进行人事管理的以及转制为企业的以外，都要逐步试行人员聘用制度。根据2014年出台的《事业单位人事管理条例》，事业单位新聘用工作人员应当面向社会公开招聘，国家政策性安置、按照人事管理权限由上级任命、涉密岗位等的人员除外。事业单位与工作人员订立的聘用合同，期限一般不低于3年。初次就业的工作人员与事业单位订立的聘用合同期限为3年以上的，试用期为12个月。

（3）工资分配制度。《事业单位人事管理条例》对事业单位工资分配制度有明确规定：国家建立激励与约束相结合的事业单位工资制度。事业单位工作人员工资包括基本工资、绩效工资和津贴补贴。事业单位工资分配应当结合不同行业事业单位特点，体现岗位职责、工作业绩、实际贡献等因素。国家建立事业单位工作人员工资的正常增长机制。事业单位工作人员的工资水平应当与国民经济发展相协调、与社会进步相适应。

二、行业管理体制

（一）总分馆制

公共图书馆总分馆制是国际普遍采取的公共图书馆组织模式和运行机制[①]，真正的总分馆制为"总馆建设主体和分馆建设主体统一（经费来源统

---

① 张娟，倪晓建．我国公共图书馆总分馆体系建设模式分析［J］．图书与情报，2011（6）：17-20.

一);总馆主管部门与分馆主管部门统一(管理统一);总分馆统一人财物管理,统一规划和实施服务,统一服务水准(服务统一)"①。2016年发布的《关于推进县级文化馆图书馆总分馆制建设的指导意见》(文公共发〔2016〕38号)明确提出"推进以县级文化馆、图书馆为中心的总分馆制建设",因此我国的总分馆制是以县级图书馆为总馆,乡镇(街道)综合文化站、村(社区)图书室等为分馆或者基层服务点的管理体制。在该制度下,通常由总馆主导协调多个分馆共建共享,实行文献资源统一采购、统一编目、统一配送、统一服务政策、统一服务标准,通借通还等。2021年1月1日起实施的《公共图书馆总分馆业务规范》②对我国公共图书馆总分馆体系的设置,总馆、分馆和服务点所承担的不同职责,总分馆建设中的相关业务做出了规范,成为总分馆建设的指导性标准。2015年颁布施行的《广州市公共图书馆条例》规定,广州图书馆为全广州市公共图书馆的中心馆;区域总分馆体系的建设责任由区人民政府统一承担;区公共图书馆为区域总馆,镇、街公共图书馆为区域总馆的分馆。

(二)区域图书馆联盟

图书馆联盟是指图书馆之间的一种联合方式,是促进图书馆合作、进行资源共建共享的有效途径,一般需要具备以下几个必要条件:两个或多个图书馆联合致力于一系列共同的目标,但保持各自的独立性;联盟成员馆互惠互利,共同分享联盟收益;图书馆联盟是靠协议或契约来制约和规范的;现代图书馆联盟的建立以网络为基础。③按照图书馆联盟覆盖的区域范围,可以分为国家级的系统联盟模式〔如中国高等教育文献保障系统(China Academic Library & Information System,CALIS)、国家科技图书文献中心(National Science and Technology Library,NSTL)〕、跨省大区域图书馆联盟模式(如长三角图书馆联盟、"一带一路"公共图书馆联盟、西部省级公共图书馆联盟)、省级联盟模式(如安徽省公共图书馆阅读推广联盟、陕西公共图书馆服务联盟、浙江省公

---

① 邱冠华,于良芝,许晓霞.覆盖全社会的公共图书馆服务体系:模式、技术支撑与方案[M].国家图书馆出版社.2008:204.

② 中华人民共和国文化和旅游部.公共图书馆总分馆业务规范:WH/T 89—2020[S/OL].[2021-06-10].https://www.mct.gov.cn/whzx/zxgz/wlbzhgz/202009/t20200928_875564.htm.

③ 许军林.地市级区域图书馆联盟建设研究[M].成都:西南交通大学出版社.2011:3.

共图书馆信息服务联盟）、市级联盟模式（如佛山市联合图书馆、重庆市区域性公共图书馆联盟）。无论是从联盟建设起步时间，还是从联盟建设的技术、内容来看，广东省图书馆的联盟建设始终处在比较领先的地位。

> **扩展阅读5.1**
>
> 　　粤港澳大湾区公共图书馆联盟成立于2019年11月，该联盟作为区域性图书馆协作机制，由广州图书馆联合广东省立中山图书馆、深圳图书馆等12家公共图书馆和文献机构共同发起，旨在推进粤港澳大湾区历史文献、全民阅读、图书馆发展等领域交流合作，弘扬中华优秀传统文化，支持岭南历史文化研究。该联盟是一个开放合作的框架，秉持自愿、平等、共赢、开放原则，促进大湾区图书馆事业的协同发展，并对大湾区范围内其他有意向的公共图书馆及相关机构持续开放。
> 　　广东公共图书馆粤西联盟成立于2018年，是广东西部七个地级市图书馆本着"自愿、互利、共赢"的原则组建的图书馆联合体，基于统一的系统平台实现粤西文献资源共建共享，它的成立推动着粤西片区公共图书馆事业的发展。
> 　　全国图书馆参考咨询联盟是由我国各类型图书馆自愿参加的公益性组织和技术平台，其宗旨是以数字图书馆馆藏资源为基础，以互联网的丰富信息资源和各种信息搜寻技术为依托，为社会提供免费的网上参考咨询和文献远程传递服务，其运行经费由广东省中心图书馆委员会承担。该平台拥有我国目前最大规模的中文数字化资源库群，提供网络表单咨询、文献咨询、电话咨询和实时在线咨询等多种方式的服务。①
> 　　"珠江三角洲数字图书馆联盟"联合目录平台是我国公共、教育、科技系统图书馆建立的首个跨系统文献资源共享平台，其联合目录基本覆盖广东省三大系统主要图书馆的馆藏，并同联合参考咨询与文献传递网实现无缝连接。该系统具有为读者提供深入内容的章节和全文检索、部分文献试读、参考咨询等多种功能。②

---

① 全国图书馆参考咨询联盟［EB/OL］．［2019－10－27］．http：//www.ucdrs.net/admin/union/rule.jsp.
② 珠江三角洲数字图书馆联盟［EB/OL］．［2019－10－27］．http：//dlib.gdlink.net.cn/.

（三）各级图书馆学（协）会

行业协会是现代社会行业管理的重要主体之一，美国、英国、澳大利亚、日本都有比较成熟的图书馆管理制度，能有效地降低政府管理成本，实现行业管理效率和质量的提升。我国目前尚未建立全国性的图书馆行业协会组织，仅在北京、上海、海南等地有自发性的地方性图书馆行业协会组织。目前中国图书馆行业组织的存在形式主要是图书馆学会。中国图书馆学会作为学术性社团承担了部分"协会"的职能。①

在管理体制上，中国图书馆学会接受中国科学技术协会和民政部的业务指导和监督管理，挂靠国家图书馆，其办事机构行政上隶属国家图书馆，承担着学术研究、人才培养、基层辅导、决策服务、组织建设、统筹协调等职能。目前，31个省、自治区、直辖市的图书馆学（协）会与中国图书馆学会保持着密切的业务往来，对中国图书馆学会在全国开展活动提供了大力支持。

广东图书馆学会是旨在促进广东省图书馆事业繁荣发展的公益性、学术性群众团体，接受业务主管单位广东省文化和旅游厅、社团登记管理机关广东省社会组织管理局的业务指导和监督管理，并接受广东省社会科学界联合会、广东省科学技术协会领导和中国图书馆学会的业务指导，其挂靠于广东省立中山图书馆②，业务范围包括学术研究与交流、专业人才队伍培训、咨询服务等。

广州市图书馆学会是广州市图书资料工作者自愿参加的学术性群众团体，是以图书馆学研究为目的的非营利性社会组织，是联系全市各级各类图书馆的桥梁和纽带。广州市图书馆学会接受广州市文化广电旅游局、广州市社会科学界联合会、广东图书馆学会的业务指导和监督管理，旨在促进图书馆学和情报学的发展、繁荣广州市图书情报事业。③

---

① 蒋永福. 现代公共图书馆制度研究 [M]. 北京：知识产权出版社，2010：259.
② 广东图书馆学会章程 [EB/OL]. [2020 – 02 – 14]. http：//www. lsgd. org. cn/zzjs/xhzc/index. shtml.
③ 广州市图书馆学会章程 [EB/OL]. [2020 – 02 – 14]. http：//www. gzlib. org. cn/societyzc/index. jhtml.

三、法人治理结构改革

(一) 政策背景

法人治理结构最早出现且普遍应用于公司治理中,是现代企业制度中最重要的组织架构,其最大的特点是所有者与经营者责权利分明。文化事业单位的法人治理结构借鉴了公司企业法人治理结构的基本原理,决策、执行、监督三权相对分离而又相互促进;但又弱化了其资本和财产属性,不以股份多少决定表决权的大小,更强调体现利益相关方的共同治理。[①]

公共图书馆法人治理结构的建立依托于事业单位分类改革。[②] 2008 年出台的《关于深化行政管理体制改革的意见》要求"主要从事公益服务的,强化公益属性,整合资源,完善法人治理结构,加强政府监管";2011 年出台的《关于分类推进事业单位的改革的指导意见》提出要推进从事公益服务事业单位的改革,建立健全法人治理结构;2013 年,党的十八届三中全会在推进文化体制机制创新的顶层设计中,提出了构建现代公共文化服务体系的战略任务,其中重点任务之一是文化事业单位建立法人治理结构,推动公共图书馆、博物馆、文化馆、科技馆等组建理事会,吸纳有关方面代表、专业人士、各界群众参与管理。2017 年,中共中央宣传部、原文化部等七部门联合印发《关于深入推进公共文化机构法人治理结构改革的实施方案》,这一具有顶层设计性质的公共文化机构法人治理结构改革施工蓝图和行动指南出台,标志着我国公共文化体制机制改革迈出了新步伐;2017 年开始实施的《中华人民共和国公共文化服务保障法》明确要求推动公共文化机构建立法人治理结构;2018 年起施行的《中华人民共和国公共图书馆法》第二十三条规定"国家推动公共图书馆建立健全法人治理结构,吸收有关方面代表、专业人士和社会公众参与管理"。公共图书馆建立法人治理结构、实行理事会制度,成为深化文化体制改革的重点工作之一。事业单位之所以要建立法人治理结构,其根本目的就是实现"政事分开、管办分离",其核心应当是将决策权从主管行政机关转移到理事会,从而实现图书馆的灵活和多元化管理。

---

① 岳云龙,陈立庚. 事业单位法人治理结构问答 (4) [J]. 中国机构改革与管理, 2013 (2): 45.
② 霍瑞娟. 公共图书馆法人治理结构现状调研及思考 [J]. 中国图书馆学报, 2016 (4): 117–127.

(二) 法人治理的运行机制

文化事业单位法人治理结构是由利益相关方共同参与治理的组织架构和运行机制,其组织架构一般由理事会和管理层构成。① 根据职能不同,理事会大体分为三种类型:一是议事决策型,即将理事会作为图书馆的议事和决策机构;二是议事监督型,即理事会不仅是图书馆的议事决策机构,同时也是监督机构,向主管单位报告工作;三是咨询型,理事会作为图书馆的议事协调和咨询机构发挥作用。《关于建立和完善事业单位法人治理结构的意见》(国办发〔2011〕37号)指出,理事会作为决策和监督机构,依照法律法规、国家有关政策和本单位章程开展工作,接受政府监督和社会监督。② 理事会的组成体现共同治理原则,成员由政府有关部门、公共文化机构、服务对象和其他有关方面的代表构成。理事会严格实行集体审议、独立表决、个人负责的决策制度,依法依章程行使决策权和监督权,对举办单位负责,接受政府监管和社会监督。管理层对理事会负责,定期向理事会报告工作,接受理事会监督。相关行政主管部门作为举办单位,负责对公共文化机构和理事会建设进行监督指导、绩效考核。

(三) 广州图书馆法人治理结构改革实践

广州图书馆于2012年分别被确定为中央编办事业单位法人治理结构试点工作联系单位以及广东省、广州市事业单位法人治理结构试点单位。2012年7月31日,广州图书馆理事会成立大会暨第一次理事会会议召开,审议通过《广州图书馆章程》;2012年8月,《广州图书馆章程》经核准后正式组织实施。《广州图书馆章程》共计10章62条,其内容规定了广州图书馆的宗旨和业务范围,明确了理事会的构成、权利、义务和会议制度,理事的产生方式和任期,界定了理事会与管理层关系和管理制度等相关原则,目标着眼于对涉及广州图书馆的重大专业事项、对涉及馆员切身利益的事项按照有关规定进行讨论或审议,探索一种政府、广州图书馆、读者等利益相关方共同参与治理、创新公益性公共文化服务和管理体制的新模式。

2020年12月,广州图书馆完成理事会换届,第三届理事会理事共15

---

① 岳云龙,陈立庚. 事业单位法人治理结构问答 (6) [J]. 中国机构改革与管理,2013 (4): 41-42.
② 霍瑞娟. 公共图书馆法人治理结构现状调研及思考 [J]. 中国图书馆学报,2016 (4): 117-127.

名，包括广州市文化广电旅游局、广州市财政局、广州市人力资源和社会保障局等政府方代表各 1 名；图书馆界、地方历史界、企业界代表各 1 名，文化艺术界代表 2 名，服务对象（读者）代表 2 名；广州图书馆馆长、党委书记以及副馆长、专业馆员、职工代表等馆方代表各 1 名。①

四、评估定级

图书馆评估，是指用定性和定量的方法，对图书馆实现其目标和满足读者需求程度所进行的评价和测度活动。② 1992 年 12 月，由原文化部召开的全国公共图书馆工作会议在广西柳州召开，部署在县以上图书馆开展评估定级试点工作。③ 1993 年，在部分省、市、自治区开展了评估定级试点工作。1994 年，原文化部发布文件《关于在县以上公共图书馆进行评估定级工作的通知》，成立了相应的评估领导小组，正式开始全国公共图书馆的评估工作。④ 自此，在原文化部的统一组织和领导下，四年一次的全国县级以上公共图书馆评估逐渐成为公共图书馆领域的一项必备事项，每次评估都反映了社会对公共图书馆事业发展的新要求⑤，形成了系统化、标准化的省、市、县不同行政级别的公共图书馆和少年儿童图书馆评估指标体系，评估工作取得了显著的成效，全国公共图书馆的基础设施、业务建设和服务水平得到较大提高。2017 年，为贯彻落实《中共中央办公厅、国务院办公厅关于加快构建现代公共文化服务体系的意见》精神，发挥以评促建、以评促管、以评促用的作用，促进全国公共图书馆事业发展，按照每四年进行一次全国县级以上公共图书馆评估定级工作的要求，原文化部开展了第六次全国县级以上

---

① 广州图书馆理事会［EB/OL］.［2021 - 08 - 02］. http：//www.gzlib.org.cn/gygtlsh/index.jhtml.
② 图书馆评估［EB/OL］.［2021 - 08 - 28］. https：//www.termonline.cn/search？k = 图书馆评估&r = 1630130167169.
③ 晓明. 加快改革步伐 服务经济建设：全国公共图书馆工作会议综述［J］. 图书馆，1993（1）：7 - 10.
④ 柯平，张海梅，张蓝. 公共图书馆事业管理的"三驾马车"：政策法律、发展规划与评估定级［J］. 图书馆理论与实践，2019（8）：32 - 38, 69.
⑤ 柯平，刘旭青，邹金汇. 以评促建、以评促管、以评促用：第六次全国公共图书馆评估定级回顾与思考［J］. 图书与情报，2018（1）：37 - 48.

公共图书馆评估定级工作。① 此次评估在指标设置上加强了对公共图书馆工作的指导，发挥了对公共图书馆事业的规范、引领和促进作用，并在评估工作的过程中把科学性与创新性贯穿始终。② 2018 年 8 月，文化和旅游部公布了第六次全国县级以上公共图书馆评估定级的结果，全国有 2522 个公共图书馆达到三级以上公共图书馆标准，其中，"一级图书馆" 969 个，"二级图书馆" 519 个，"三级图书馆" 1034 个。广东省 146 个公共图书馆共有 73 个被定级为"一级图书馆"，15 个被定级为"二级图书馆"，38 个被定级为"三级图书馆"，广东在此次评估中的整体成绩略优于 2013 年开展的第五次评估，反映其图书馆事业取得了长足的进步。③

2020 年 9 月，文化和旅游部发布了文化行业标准《公共图书馆评估指标》（WH/T 70—2020）。该评估标准在《公共图书馆评估标准》（WH/T 70—2015）系列标准的基础上进行修订，结合我国公共图书馆事业发展与评估管理需求，对原系列标准的各部分构成做了调整。调整后的标准分为 3 个部分：第 1 部分，区域公共图书馆事业发展；第 2 部分，省、市、县级公共图书馆；第 3 部分：省、市、县级少年儿童图书馆。该系列标准各部分结合公共图书馆事业发展实践，对各指标进行了增删调整，各指标的描述内容包括"定义""方法""适用范围""相关指标"，使得各指标描述更为规范、科学，并突出了指标间的联系。

2021 年 7 月，第七次全国公共图书馆评估定级标准研制工作会在国家图书馆召开。该会议介绍了第七次全国公共图书馆评估定级工作的总体思路和工作安排，并从评价公共图书馆事业发展水平、引领公共图书馆改革创新的角度，对评估指标设计工作提出具体要求。其中，在评估指标设计方面，要求立足全国公共图书馆事业发展的阶段性特点，统筹基础建设和改革创新，反映不同层级公共图书馆的职能定位，包容行业改革发展的创新点，突出反映事业发展水平的核心指标和方向性指标，突出数据统计的可操作性。此外，与会专家着重针对评估方式、评估内容、指标数量、数据采集、评分标准划定、图书馆定级等问题交流了意见，统一了工作思路，为第七次全国公

---

① 文化部办公厅关于开展第六次全国县级以上公共图书馆评估定级工作的通知［EB/OL］．［2021-08-29］．http://zwgk.mct.gov.cn/zfxxgkml/ggfw/202012/t20201205_916591.html

② 柯平，宫平．全国公共图书馆第六次评估的意义和特点［J］．图书馆建设，2016（12）：4-7，14.

③ 刘洪辉，张靖．广东图书馆事业发展报告（2013—2017）［M］．北京：社会科学文献出版社，2018：1.

共图书馆评估定级工作打下了坚实的基础。①

第二节 公共图书馆机构管理

"图书馆管理是对图书馆的文献信息、人力、财务、物质资源,通过计划和决策、组织、领导、控制、协调等一系列过程,来有效地达成图书馆的目标的活动。"② 本节将从公共图书馆的部门及岗位设置、规章制度、人力资源管理、经费管理、建筑和设备管理、绩效管理、战略规划七个方面对公共图书馆的基础管理进行介绍。

一、部门及岗位设置

组织结构是为实现组织目标,分解职能活动为独立单元,在职务范围、责任、权利方面所形成的结构体系。与现代社会诸多社会组织一样,为了适应公共图书馆组织管理的需要,完成管理任务,图书馆需要相应地对管理任务和职责进行分解和细分,并由此形成公共图书馆层级管理的工作框架。③公共图书馆的组织结构可以通过部门设置、分类岗位等表现出来。

(一) 部门设置

1. 部门设置的依据

公共图书馆的职能定位是业务部门设置的根本依据。《中华人民共和国公共图书馆法》将公共图书馆定义为"收集、整理、保存文献信息并提供查询、借阅及相关服务,开展社会教育的公共文化设施"。随着社会的发展,公共图书馆的组织结构经历了简单草创、细分增设到精简提效的发展历程,逐渐形成了统一的核心职能与特色化的拓展职能体系,为公共图书馆的业务

---

① 第七次全国公共图书馆评估定级标准研制工作会召开 [EB/OL]. [2021 – 08 – 29]. http://www.lsc.org.cn/contents/1342/15336.html.
② 吴慰慈,董焱. 图书馆学概论 [M]. 北京:国家图书馆出版社,2019:205.
③ 张勇. 省级公共图书馆部门设置与管理研究 [J]. 图书馆建设,2013 (1):66 – 70.

管理提供了依据。①

部门设置首先应该考虑有利于管理，各部门之间既有明确的分工，体现各个部门的工作范围、职责；又便于相应的协作，互相补充，发挥整体的作用。要把那些性质相近的工序组织在一起，减少往返传递，避免重复劳动，节省人力和时间。一般来说，工序是图书馆设置部门的主要依据，这样有利于组织业务工作，便于业务部门直接的互相联系。传统的图书馆通常设置采编、外借阅览、参考咨询、文献典藏、业务研究辅导、特藏、自动化等部门。②

2. 部门设置的案例

随着云计算和移动互联网技术的兴起，新技术、新媒体、新领域大量涌现，给公共图书馆部门管理工作带来了机遇和挑战。在服务体系方面，随着公共图书馆服务体系的蓬勃发展，部分图书馆成立了体系建设部、馆外流通部、中心图书馆办公室等；在资源建设方面，大部分图书馆将地方文献、特藏文献从普通图书中分离出来，单独成立地方文献相关部门；在阅读推广方面，全民阅读已然成为全社会的共识和焦点，大部分图书馆都成立了阅读推广部或读者活动部；在技术应用方面，从20世纪80年代后期起，各馆纷纷成立自动化工作部门，其名称也各有特色，如技术部、自动化部、网络技术部等。国内部分图书馆的部门设置情况如表5-2所示。

表5-2　部分图书馆部门设置情况

图书馆名称	行政部门	业务部门
广州图书馆③	办公室、人力资源部、资产与物业管理部、安全保卫部	文献流通部、信息咨询部、专题服务部、儿童与青少年部、网络服务部、社会活动推广部、中心图书馆办公室、采编中心、技术部、研究发展部

---

① 陈昊琳，刘亭亭. 公共图书馆业务管理变革趋势解读：《国家图书馆业务管理机制》读后 [J]. 图书馆工作与研究，2019（5）：31-36.
② 吴慰慈，董焱，图书馆学概论 [M]. 北京：国家图书馆出版社，2019：168.
③ 广州图书馆机构设置 [EB/OL]. [2020-02-16]. http://www.gzlib.org.cn/setup/index.jhtml.

（续上表）

图书馆名称	行政部门	业务部门
深圳图书馆①	办公室、行政部、人事部、财务部	书刊采编部、读者服务部、参考部、阅读推广部、数字图书馆部、系统部、典藏保障部、信息开发部、网络部、书刊借阅部、图书馆事业发展部
东莞图书馆②	办公室、物业管理部	业务部、少儿部、编目部、报刊部、辅导部、网络部、公共关系部、图书借阅部、读者服务部、参考咨询部
宁波市图书馆③	办公室	资源采编部、文献借阅部、阅读推广部、读者服务部、专题活动部、特藏文献部、事业发展部、学术研究部、文化信息部、技术研发部、后勤管理部
重庆图书馆④	办公室、党群（老干）工作部、组织人事部、计划财务部、采购招标部、行政保障部、安全保卫部、资产管理部	教育培训中心、采访编目中心、读者服务中心、专题文献中心、研究咨询中心、业务协调中心、特藏文献中心、网络数字中心、馆外服务中心、活动推广中心
无锡市图书馆⑤	党政办公室、物业管理中心	业务协调中心、社会工作中心、少儿服务中心、信息服务中心、资源管理中心、历史文献中心、读者服务中心

---

① 深圳图书馆部门设置［EB/OL］.［2020-02-16］. https：//www.szlib.org.cn/page/institutional-settings.html.
② 东莞图书馆部门设置［EB/OL］.［2021-07-23］. https：//www.dglib.cn/dglib/jg-sz/list_tt.shtml.
③ 宁波图书馆部门设置［EB/OL］.［2021-07-23］. https：//www.nblib.cn/information/299.
④ 重庆图书馆机构设置［EB/OL］.［2021-07-23］. http：//www.cqlib.cn/? q=103.
⑤ 无锡市图书馆机构设置［EB/OL］.［2020-02-16］. http：//www.wxlib.cn/web/inside.html? typecode=1571814952416&key=1.

（续上表）

图书馆名称	行政部门	业务部门
浙江图书馆①	党政办公室、人力资源部、资产财务部、综合管理部（含新馆基建办公室）	业务办公室（中心图书馆委员会办公室秘书处、省学会秘书处）、采编部（省图书馆文献采编中心、国际OCLC联编中心）、技术研发部、文献典藏部、文献借阅部、古籍部（省古籍保护中心办公室、四库全书研究中心、典籍博物馆）、地方文献部（浙江版本图书馆、浙学书目中心、藏书文化研究中心、浙江方志馆）、数字资源部、阅读推广部、公共事务部（理事会秘书处）、学术研究部（期刊编辑部、公共文化研究中心）
厦门市图书馆②	办公室	业务协调部、技术服务部、信息资源部、典藏管理部、流通服务部、馆外流通部、活动部

（二）岗位设置

事业单位的岗位是指事业单位根据其社会功能、职责任务和工作需要设置的工作岗位，可以分为管理岗位、专业技术岗位和工勤技能岗位三种类别，每个岗位应有明确的岗位名称、职责任务、工作标准和任职条件。国家对事业单位岗位设置实行宏观调控、分类指导、分级管理。事业单位要按照科学合理、精简效能的原则进行岗位设置，坚持按需设岗、竞聘上岗、按岗聘用、合同管理。

科学设岗是提高组织效能、提升服务水平的基础，也是公共图书馆组织管理中的重点和难点。全额拨款事业单位长期以来实行粗放的行政管理方式，使人们对岗位和岗位管理缺乏清晰的认识和科学的手段，而且由于缺少

---

① 浙江图书馆组织机构［EB/OL］.［2020－02－16］. https：//www.zjlib.cn/gkzzjg/index.htm? li_id=4.

② 厦门市图书馆部门设置［EB/OL］.［2020－02－16］. http：//www.xmlib.net/dzzn/bmsz/201512/t20151218_108065.htm.

系统分析和科学监管，容易出现因人设岗、岗位责权不一、岗位管理观念淡薄等问题。根据此指导原则，各公共图书馆的岗位设置都建立了基本原则，如佛山市图书馆的岗位设置原则为"整合资源，注重效能；因事设岗、双向选择；优势互补、合理配岗"，并明确为"以加强全市公共图书馆服务体系内部合作、提高人才和资源使用效率、发挥部门功能为目的，以发展眼光，为图书馆业务发展、创新创造条件；岗位设置以'事'为中心，不因人设岗，不交叉和重复设岗，所有岗位实行双向选择；各部门完成岗位竞聘后，因业务发展需要调整个别岗位的，在协商一致的基础上由领导小组统一安排；各部室岗位的人员组合应在专业背景、年龄结构、岗位层次等方面综合考虑，充分发挥个人的优势和特长，形成整体优势"。又如河北省图书馆的岗位设置原则为"因事设岗、重点导向、最高限额、实事求是"，并进一步阐释为"岗位设置以'事'为中心，以岗位的工作性质、难易程度、责任轻重和所需资格条件为依据，不因人设岗；岗位设置向关键岗位、重点项目倾斜，向人才紧缺、技术力量薄弱的岗位倾斜；岗位设置原则上不得突破规定的编制、职数限额和职务档次；在岗位设置上既考虑我馆发展的前景规划，又立足本馆现有人员实际情况，在任职条件上予以充分考虑，力争人皆有岗，人尽其才"[1]。

从业务流程运转的层面来看，公共图书馆各业务岗位可分为行政类和业务类，具体可根据各馆的业务重心、机构设置、人员数量、馆舍大小等要素进行岗位设置。如行政类岗位可以分为公文管理、文秘工作、党务工作、工会工作、档案管理、接待工作、监督检查、财务管理、资产管理、后勤管理、物业监管、消防安全、设备管理、组织文化建设等。与读者服务相关的岗位可分为文献流通、阅览服务、读者证业务、违约金与赔书处理、自助设备的使用指引与管理、读者遗失物品管理、馆际互借与文献传递、文献上架、文献下架与剔旧、读者咨询、馆外流动服务、图书物流等。

二、规章制度

图书馆规章制度是指图书馆工作人员或用户必须遵守的工作条例、章程、规则、细则和办法。它是图书馆开展工作的总纲领，是实行科学有效管

---

[1] 齐健崖. 河北省图书馆人事聘用管理优化研究[D]. 天津：河北工业大学，2014.

理的依据和准绳，是整个图书馆工作正常而有序地进行的保证，因此必须充分考虑图书馆与用户的关系、用户与用户的关系、利用馆藏文献与保管文献的关系、图书馆内部各部门的关系等。规章制度的内容应该涵盖行政工作与业务工作两方面。①

（一）规章制度的内容

行政工作方面的规章制度可包括图书馆章程、岗位职责、会议制度、公文处理、印章管理、人事管理、财务管理、资产管理、物业管理等内容。

业务工作方面的规章制度可包括文献采集工作、编目工作、借阅工作、书库管理、自动化管理等内容。

（二）案例：东莞图书馆《图书馆规范管理工作手册》②

《图书馆规范管理工作手册》出版于2016年，由东莞图书馆编制，全书共4编19章192项。第一编"组织文化"，阐释图书馆的使命、愿景、价值观和办馆理念方针，规范图书馆的形象；第二编"制度管理"，从人本管理的角度制定图书馆人、财、物的管理体制；第三编"业务规程"，按照标准化、规范化的要求制定业务制度；第四编"绩效测评"，以图书馆统计、档案管理为依据，以卓越绩效管理为指导，意在加强绩效评价和绩效考核，提升图书馆服务质量和效益，促进图书馆的可持续发展。（如表5-3所示）

表5-3 东莞图书馆管理工作架构

一级类目	二级类目	主要内容
组织文化	组织文化建设	使命・愿景・价值观；组织文化方针；VI形象使用及管理暂行规定；工作人员着装暂行规定；图书馆用语用字规范；等等

---

① 吴慰慈，董焱．图书馆学概论 [M]．北京：国家图书馆出版社，2019：208－212．
② 东莞图书馆．图书馆规范管理工作手册 [M]．北京：国家图书馆出版社，2016．

（续上表）

一级类目	二级类目	主要内容
制度管理	管理体制	图书馆章程；馆长岗位职责；副馆长岗位职责；各部室职责；会议制度；值班馆长工作制度；党支部工作制度；职工代表大会实施细则；工会工作条例
	行政事务管理	公文处理规定；印章使用管理办法；宣传工作规定；信息公开制度
	人事管理	全员聘任实施办法；目标责任制管理办法；首问负责制管理办法；员工满意度调查管理办法；职工考勤管理办法；集体户口管理办法；奖惩制度；等等
	财务管理	财务管理制度；预决算管理制度；政府采购管理办法；合同管理制度；专项经费管理办法；社会捐助资金管理办法
	资产管理	固定资产管理办法；固定资产验收流程；物资采购管理规定；办公用品领用办法；车辆管理办法
	物业管理	区域范围管理暂行办法；消防管理制度；安全管理规定；突发灾害（事件）应急预案；恐怖袭击事件应急管理办法；紧急事故电话报告（求助）流程；环境卫生和绿化管理办法；能源管理办法
业务规程	文献采访	文献资源采选条例；文献资源采选工作流程；中文图书采访细则；外文图书采访细则；报刊订购规则；音像资料采访细则；数字资源采访细则；文献验收工作细则；期刊记到工作细则；报刊管理工作流程；捐赠文献接受工作管理办法
	文献分编	文献分类编目工作规则；中文图书分编工作细则；西文图书分编工作细则；音像制品分编工作细则；随书附盘分编工作细则；文献加工细则；文献移交工作规则；报刊分编工作细则；报刊装订规范；等等

（续上表）

一级类目	二级类目	主要内容
业务规程	藏书管理	藏书组织规则；典藏工作细则；书库管理制度；藏书排架规则；藏书保护制度；古籍书库管理规定；粤剧图书馆文献管理规定；漫画图书馆文献管理规定；名人藏书管理制度；地方文献管理制度；畅销图书专区管理办法；馆藏文献剔旧工作规程；藏书清点工作规程；藏书调配规则
	读者服务	图书馆文明服务公约；读者文明使用图书馆公约；图书馆服务承诺；用户需求调查管理办法；读者发展管理程序；用户满意度调查制度；读者证办理规定；图书阅览室管理规范；文献借阅服务规范；专题文献借阅规则；24小时自助图书馆使用规则；视障人士阅览室管理规则；数字资源服务规范；"文化共享工程"播放室管理规定；公共电子阅览室工作规程；读者意见（建议）处理办法；读者损坏、遗失书刊赔偿暂行规定；总服务台广播系统使用规定；宣传单管理办法（暂行）；等等
	读者活动	社会教育和阅读推广活动管理办法；展览管理办法；志愿者管理暂行办法；读者团体参观接待办法；市民学堂管理规定；市民空间管理规定；公益课堂管理规范；研讨室管理规定；录播室管理规定；捐赠换书中心管理办法；少儿活动策划与组织规程；"礼仪之家"培训活动管理规范；少年儿童图书馆读者活动管理办法；等等
	参考咨询与文献开发	参考咨询服务工作规程；文献信息研究与开发细则；专题服务工作规范；"两会"服务工作规定；地方文献数据库建设规范；《易读》编辑与推广工作规程
	信息技术工作	技术开发管理规定；总分馆业务系统管理细则；计算机网络管理办法；自动化设备管理办法；网站管理与信息发布规范；官方微博、微信规范管理暂行办法；官方微信发布规范；电子广告屏管理与信息发布办法；关于数字资源数据库建设的有关规定；全国文化信息资源共享工程建设与统计制度；计算机房管理制度；弱电间管理及维护制度；图书馆ATM（自助借还）管理办法；等等

（续上表）

一级类目	二级类目	主要内容
业务规程	业务组织与研究	业务研究工作流程；项目管理办法；业务研究委员会工作规则；关于员工参加学术会议的管理办法；业务学习和培训暂行管理办法；专业技术人员业务研究考核办法；等等
	总分馆建设	总分馆服务工作流程；总分馆工作条例；总分馆运行管理制度；分馆建设标准；分馆（服务点）服务标准；图书流动车建设与服务标准；总分馆馆藏地点管理规程；总分馆馆藏地点命名规则；总分馆通借通还规则；等等
绩效测评	图书馆统计	业务统计制度；馆藏文献统计办法；读者统计办法；借阅统计办法；参考咨询统计办法；业务交流活动统计办法；人事管理统计办法；网站访问量与数字资源利用量统计办法
	档案管理	档案综合管理细则；文件材料归档范围及保管期限；档案分类和编号办法；档案保管制度；档案借阅利用制度；档案保密制度；档案鉴定销毁制度；部门档案管理办法
	绩效评价	卓越绩效管理实施办法；工作人员考核办法；考核工作实施细则；物业公司考核实施细则；工作项目管理效能评价标准；读者服务效益评价指标体系；绩效数据测量、分析与处理；业务能手评选及考核奖励办法（试行）；先进工作者评选及奖励办法

三、人力资源管理

"图书馆人力资源是指所有从事图书馆工作的在职人员的总和，或者说是指为图书馆创造物质财富和精神财富，具有从事智力劳动和体力劳动能力的工作人员的总和。它是图书馆组织中最重要的资源，在图书馆工作中发挥着主导作用。"[①] 图书馆人力资源管理包括工作人员的招聘、培训、绩效评估、组织文化建设等具体工作流程。

---

① 付立宏，袁琳. 图书馆管理学[M]. 武汉：武汉大学出版社，2010：311.

(一)人力资源招聘

根据公共图书馆实际工作需要和岗位需求,图书馆按照公开竞争原则、平等原则、因事择人原则和全面原则招聘所需要的人才,招聘流程由计划、招募、测评、选拔、录用、评估等一系列活动组成。① 我国公共图书馆的从业人员分为事业编制人员和事业编制外人员两种。事业编制人员招聘通常有两种途径:一种是内部招聘,对图书馆内部的员工进行选拔;另一种是外部招聘,对社会成员进行公开招聘。根据《事业单位人事管理条例》,事业单位公开招聘工作人员按照下列程序进行:①制定公开招聘方案;②公布招聘岗位、资格条件等招聘信息;③审查应聘人员资格条件;④考试、考察;⑤体检;⑥公示拟聘人员名单;⑦订立聘用合同,办理聘用手续。事业单位内部产生岗位人选,需要竞聘上岗的,按照下列程序进行:①制定竞聘上岗方案;②在本单位公布竞聘岗位、资格条件、聘期等信息;③审查竞聘人员资格条件;④考评;⑤在本单位公示拟聘人员名单;⑥办理聘任手续。

(二)人力资源培训

建立有效的人才培训体系是提升人才队伍素质的关键。通过系统的培训,更新和强化馆员知识结构,让馆员习得新知识和新技术,开阔视野,能提升馆员的创新能力,最终实现公共图书馆整体服务效能提升的目标。公共图书馆工作人员在不同岗位、不同工作时期,其培训的重点也有所不同,主要分岗前培训、在岗培训、脱产学习及继续教育。

岗前培训,培训对象主要为新入职员工,就其本质来讲,岗前培训只是培训的开始。为了让新员工尽早融入团队并胜任岗位工作,应对其进行本馆历史、宗旨、规章制度、组织文化等方面的教育,使新员工不仅了解本职工作,而且了解所在图书馆的使命、愿景、价值观和发展目标。尚未具备图书馆学专业知识的员工,要进行基础专业知识学习,并在各部门轮岗实习,以尽快熟悉馆情。

在岗培训,主要针对已在工作岗位上从事相应工作的员工。要根据政策发展、技术革新、行业发展的变化制订培训计划,紧密结合与员工岗位密切相关的新技术和新方法,科学地进行课程设置,更新员工的知识结构,并针

---

① 霍瑞娟. 基层图书馆管理与服务 [M]. 北京:北京师范大学出版社, 2018:103.

对其职称晋升和工作绩效的提升进行目标明确、实效突出的训练。

脱产学习，是员工脱离工作生产岗位，到高等院校或有关机构进行的短期或长期培训，这也是馆员培训的一种形式。通过脱产学习，馆员可以较为系统地学习专业知识或技能，实现学历的提升或技能的更新。

继续教育，是面向学校教育之后所有社会成员特别是成人的教育活动，是终身学习体系的重要组成部分。根据《专业技术人员继续教育规定》，"继续教育内容包括公需科目和专业科目。公需科目包括专业技术人员应当普遍掌握的法律法规、理论政策、职业道德、技术信息等基本知识。专业科目包括专业技术人员从事专业工作应当掌握的新理论、新知识、新技术、新方法等专业知识。专业技术人员参加继续教育的时间，每年累计应不少于90学时，其中，专业科目一般不少于总学时的三分之二"[①]。

公共图书馆工作人员的培训方法有多种，可采取灵活多样的培训手段，如学术研讨、馆内指导、专家讲座、现场实习、轮岗学习、馆员互派、馆际交流参观、网络授课、学历教育等。在实施培训计划时，要充分结合当地的实际情况和国家、省（自治区、直辖市）的相关项目开展有针对性的培训，明确需求、制订计划、面向对象、确定师资、保障经费和绩效考核。[②]

> **扩展阅读 5.2**
>
> 粤图基层馆员轮训提升计划：自公共文化"十二五"建设开展以来，广东图书馆学会和广东省立中山图书馆邀请国内、省内知名学者及图书馆界的专家，建立专家库；面向全省图书馆界同仁举办各式各样的培训班、学术报告、研讨会等活动，旨在提高全省图书馆界同仁整体专业水平，特别是粤东西北欠发达地区基层图书馆馆员的业务水平。尤其是结合原广东省文化厅2014年起开展的"基层文化馆站服务效能提升计划"，有针对性地开展基层馆人才队伍培训，有效提升了基层图书馆人才队伍的素质。

---

① 专业技术人员继续教育规定 [J]. 中华人民共和国国务院公报, 2015 (34): 38-41.

② 霍瑞娟. 基层图书馆管理与服务 [M]. 北京：北京师范大学出版社, 2018: 91.

(三) 人力资源绩效评估

随着现代管理学的不断深入发展，对人力资源的考核已不再局限于工作效果的评估，而强调把图书馆组织的目标融入日常工作中，建立整个图书馆组织管理的考核与激励体系，同时也逐渐把考核的重点放在对图书馆工作过程的全程监督、指导与调节上。① 根据2011年发布的《广东省事业单位工作人员考核办法（试行）》，事业单位工作人员"考核分为平时考核、年度考核和聘期考核。平时考核重点考核工作人员履行岗位职责、完成日常工作任务和出勤情况。年度考核侧重考核事业单位工作人员年度工作表现情况。聘期考核侧重考核聘期任务完成情况"②。由于岗位性质不同，人力资源部门应根据岗位职责及岗位实际工作内容，制定相应的考核标准，通过量化考核、定性评议相结合，客观、真实地反映员工的表现。考核方法一般采取个人总结、绩效分析、部门内部评议、服务对象满意度调查等方法进行。绩效评估的内容包括工作业绩、工作能力、工作态度、个人性格、今后的发展方向等不同的方面。考评内容的选择应结合考评的目的，绩效评估按照制订绩效评估计划、设计绩效指标与绩效标准、人员准备、收集信息资料、分析评价员工的实际绩效、绩效反馈等过程进行。③

(四) 组织文化建设

公共图书馆组织文化是指公共图书馆在长期的实践发展过程中，经过累积、沉淀、凝练而逐渐形成的具有一定特色、为全体员工所认同并且对员工的心理活动及行为选择产生约束力和激励力的价值系统④，包含物质文化、制度文化、行为文化及精神文化，是图书馆内部价值、规范、行为、制度、保障措施的总和。图书馆的物质文化是指图书馆的建筑、设施、布局、装饰等各种物质形态所营造出来的环境氛围；制度文化是指图书馆的组织架构、岗位职责、行为规范、工作细则、奖惩制度等各项规章制度下体现出来的组织氛围；行为文化是在日常生产生活中表现出来的特定行为方式和行为结果

---

① 付立宏，袁琳. 图书馆管理学［M］. 武汉：武汉大学出版社，2010：326.

② 广东省事业单位工作人员考核办法（试行）［J］. 广东省人民政府公报，2011（20）：39-46.

③ 霍瑞娟. 基层图书馆管理与服务［M］. 北京：北京师范大学出版社，2018：103.

④ 宋香云，等. 管理学原理［M］. 北京：中国传媒大学出版社. 2008：190.

的积淀，包括员工的日常工作表现、员工之间的交流、馆领导的领导方式、馆领导与馆员间的交流、馆领导之间的交流沟通等①；精神文化是组织文化结构中的深层文化，包括图书馆的价值观、思维模式、行为准则、习惯、社会心理等，是图书馆内部大多数职工对图书馆活动的追求、志向及意义等看法趋于一致时所形成的总体观念。精神文化是组织价值观的核心，体现了一个组织独特的风格、信念和追求。在具体路径上，公共图书馆可以通过管理者角色示范、教育培训、非正式活动、建章立制，传递和培育团队的价值观。②

四、经费管理

《中华人民共和国公共图书馆法》第四条规定："县级以上人民政府应当将公共图书馆事业纳入本级国民经济和社会发展规划，将公共图书馆建设纳入城乡规划和土地利用总体规划，加大对政府设立的公共图书馆的投入，将所需经费列入本级政府预算，并及时、足额拨付。"公共财政是公共图书馆创办、正常运转、开展对外服务的主要资金来源，是图书馆存在的基本条件。

公共图书馆的服务范围和服务质量在很大程度上取决于经费的多少，因此，合理、科学地进行经费管理至关重要。我国 2013 年 1 月 1 日正式启用新的《事业单位会计制度》和《事业单位会计准则》，2017 年 11 月 5 日起实施修正后的《中华人民共和国会计法》，2018 年 12 月 29 日起实施修正后的《中华人民共和国预算法》，更进一步规范事业单位会计行为，提高事业单位会计信息质量，从而达到加强事业单位预算管理、财务管理、资产管理和绩效评价的目的。

（一）经费预算管理

美国图书馆学专家罗伯特·D. 斯图亚特在《图书馆管理》一书中提出

---

① 李沂濛，等. 管理沟通视角下高校图书馆与公共图书馆组织文化异同研究 [J]. 图书馆，2018（11）：37-43.
② 邱冠华，陈萍. 公共图书馆管理实务 [M]. 北京：北京师范大学出版社，2013：224.

"预算或许是衡量图书馆现存计划及其效果的最好、最重要的控制措施"①。随着各级政府对公共图书馆事业的财政资金投入持续增加,国家对经费的管理也越来越规范和严格,不仅对经费预算的申报严格审批,而且在支出上不断跟踪预算的使用进度、社会效益等,加强和重视预算管理逐步成为各级公共图书馆的共识。《事业单位会计准则》中也首次提出"财务会计与预算会计信息并重",从预算精细化管理的角度来实现预算绩效的"提高监督绩效"和"控制成本"的"双目标"。②

编制年度经费预算的方法主要有基础法和零基法。基础法是指在上年度公共图书馆年度预算基础上,根据事业任务的增减而相应增减年度经费的预算编制方法。此方法假定图书馆现有业务活动是合理的,不需要进行调整;现有各项业务的开支水平是合理的,在预算期予以保持。但在实际应用中,基础法有可能导致无效费用开支项目无法得到有效控制,进而容易导致预算固化甚至只增不减,造成浪费。从 2000 年开始,我国财政进行了部门预算改革,零基础预算法(简称零基法)开始在全国推广应用。零基法是指以零为基础,按照本年度的事业任务来编制经费的预算方法。这种方法要求预算申报单位系统地评估和审查所有的项目和活动,审查以项目的产出和成本为基础进行,强调以管理决策为核心、数字导向的预算为辅,并且要求加大技术分析的比重。③

(二) 收入管理

免费开放是公共图书馆服务的基本原则。2011 年,原文化部、财政部联合出台了《关于推进全国美术馆、公共图书馆、文化馆(站)免费开放工作的意见》,全面启动所有公益性文化单位的免费开放工作,规定了公共图书馆免费服务范围。《公共图书馆法》规定公共图书馆应当免费向社会公众提供 "文献信息查询、借阅" "阅览室、自习室等公共空间设施场地开放" "公益性讲座、阅读推广、培训、展览" "国家规定的其他免费服务项目"。事业单位收入是指事业单位开展业务及其他活动依法取得的非偿还性资金,包括财政补助收入、事业收入、上级补助收入、附属单位上缴收入、经营收入和其他收入等。对于基本服务以外的服务,公共图书馆应严格控制收费内

---

① 斯图亚特,伊斯特利克. 图书馆管理[M]. 石渤,译. 北京:书目文献出版社,1984: 216.
② 唐静. 图书馆预算精细化管理刍议[J]. 图书馆,2013 (6):120 - 121.
③ 中国发展研究基金会. 公共预算读本[M]. 北京:中国发展出版社,2008:52.

容、严格界定服务范围、严格控制收费尺度、严格控制使用范围。① 根据新修订的《中华人民共和国预算法》，规范收入管理，图书馆取得的各类收入纳入财政预算，实行统一预算，统一管理。总体来说，公共图书馆的收入管理应重点注意以下五个方面：在国家政策允许的范围内合法组织收入；注重社会效益、经济效益，发挥资金的作用；严格执行经费管理制度，做好过程管理；不得擅自设立收费项目，应严格执行国家批准的收费项目和收费标准；收入全部纳入单位预算，统一管理。

（三）经费支出管理

事业单位支出或者费用是指事业单位开展业务及其他活动所发生的资金耗费和损失，包括事业支出、对附属单位补助支出、上缴上级支出、经营支出和其他支出等。公共图书馆在经费支出的过程中，应秉承以下原则：严格执行国家有关法律、法规和财务规章制度；厉行节约，制止奢侈浪费；统筹兼顾，合理使用资金，实现收支平衡；单位所有收入和支出均纳入财政预算管理，实行统收统支。在支出的内容上，可分为经常性支出和专项经费支出。经常性支出包括公务接待费、会议费、差旅费、培训费、日常办公费、水电费、医疗费、探亲路费等。专项经费支出是国家或有关部门、上级部门下拨行政事业单位，具有专门指定用途或特殊用途的资金；这种资金都会要求进行单独核算，专款专用，不能挪作他用。在流程上，经费开支应在坚持"先审批，后用款"的前提下，按"轻重缓急"的原则合理安排支出，确保图书馆正常业务的开展。

五、建筑和设备管理

（一）建筑管理

根据2015年发布的《图书馆建筑设计规范》（JGJ 38—2015），图书馆建筑应满足文献资料信息的采集、加工、利用和安全防护等要求，并应为读者、工作人员创造良好的环境和工作条件。其建筑设计应根据图书馆的性质、规模和功能，分别设置藏书、阅览、检索出纳、公共活动、辅助服务、

---

① 邱冠华，陈萍. 公共图书馆管理实务［M］. 北京：北京师范大学出版社，2013：224.

行政办公、业务及技术设备用房等。建筑布局应与图书馆管理方式和服务手段相适应，并应合理安排采编、收藏、借还、阅览之间的运行路线，使读者、管理人员和书刊运送路线便捷畅通，互不干扰。① 根据此要求，公共图书馆应对建筑进行规范管理，提升图书馆的运行效果。

1. 建筑日常管理

建筑日常管理包括安全管理、秩序维护、突发事件处理、保洁、绿化等常规管理内容。公共图书馆应设立专门的物业服务部门或专门的工作人员对接建筑日常管理的各项工作，并制定物业服务相关的规章制度。具体管理内容：安全管理，包括大楼巡查、物品放行、出入登记等日常安保工作；治安秩序维护，包括大楼外围停车、单车管理、交通秩序维护等；突发事件处理，制定各种应急预案，随时对遇难、遇危、遇险、遇困的读者及工作人员提供紧急援助，及时组织进行应急预案演练；保洁管理，对公共区域、办公区、外围等整栋大楼进行保洁工作；绿化管理，对大楼内部及外围的植物进行养护等。

2. 建筑维修和保养

物业工作人员应每日对图书馆建筑本体、各机房、设备进行巡检，及时发现、解决问题。随着公共图书馆设施建设热潮的兴起，新建的大部分建筑都实现楼宇自动化管理，在此背景下，建筑维修和保养要着重保证建筑设备管理系统、建筑设备监控系统、智能照明控制系统、安全管理系统、公共广播系统、电子巡查系统、无线对讲系统、空调系统、采暖通风空气调节系统、电梯系统、电力监控系统、防雷设施、给排水系统等的正常运行。在接到故障通知后，工作人员应及时到达现场处理，无法当场解决问题的，应第一时间通知售后人员上门维修。此外，要建立设备台账：将所有公共区域设备分类、输入电脑、建立设备台账、为所有设备配备设备卡。设备台账应具备设备名称、设备型号、设备编号、生产厂家、出厂编号、制造日期、使用年限、购买日期、使用日期、安装地点、主要技术参数、主要配件目录等。设备台账应真实记录设备大、中、小修情况，包括维修日期、维修内容、维修后的验收记录。

3. 消防安全管理

公共图书馆作为公共场所，消防安全是重中之重，需要达到消防安全

---

① 中华人民共和国住房和城乡建设部. 图书馆建筑设计规范：JGJ 38—2015 [S]. 北京：中国建筑工业出版社，2015：1-5.

"四个能力",即检查消除火灾隐患的能力、组织扑救初起火灾的能力、组织人员疏散逃生的能力、消防宣传教育培训能力。消防安全管理内容如下:建立落实消防层级责任制,设立安全员制度;建立日常巡检制度,安全员每天要例巡大楼,认真查找隐患,查看消防设施是否完好;密切注意消防警报,一旦发生消防报警,即刻赶往报警地点,确认火警;定期消防检查,检查大楼的消防设备设施是否完好、消防通道是否畅通,重大长假节日前(如国庆节、春节等)组织消防检查,发现问题及时整改;维护保养消防设施、系统,包括对火灾自动报警系统、消火栓系统、自动喷淋灭火系统、气体灭火系统、细水雾灭火系统、防排烟系统等系统进行联动测试并进行维护保养,保障正常运行;组织消防演练、培训。

(二)设备管理

1. 设备管理的范围

此处的设备是指一切用于馆内办公、读者服务及公共图书馆日常运转的物品,包括家具设备、机电设备、自助借还设备、多媒体终端设备、办公设备等。家具设备包括书架、阅览桌椅、办公家具等;机电设备包括电梯、空调、楼宇(消防)系统、配电系统等;自助借还设备包括自助借还机、馆员工作站、标签转换设备、盘点设备、RFID安全门禁等;多媒体终端包括触控一体机、数字大屏幕拼接屏、LED屏、数字公告板、电视等带有宣传功能的终端设备;办公设备包括办公用计算机、打印机、扫描仪、复印机等。公共图书馆应加强设备日常管理,规范采购、验收、使用、保养维修、报废流程,进一步提高设备的使用效率,保证图书馆事业的健康发展。

2. 设备管理的步骤

公共图书馆对设备的申请、采购、合同签订、资金支付、产品验收、领用、调拨、保管、处置等都应制定严格的规章制度,并由专门的部门进行设备的日常管理。可按照以下步骤进行:确定设备的归口管理部门;收集设备的基础信息资料,建立设备台账;对设备进行分类、编号和登记;分类保管与分工管理;验收、保管、移交、封存;事故处理、报废等。对于重大设备、专业设备等,应由供货商、采购人员与资产管理人员共同验收,现场拆箱查看确认并进行测试。设备维护人员应定期做好维护工作,并及时记录,减少设备损耗。图书馆应定期开展设备维护维修培训,通过培训使工作人员熟知设备的性能、配置，从而合理使用设备，进而能延长设备的使用寿命。①

六、绩效管理

（一）绩效管理的基本概念

绩效管理是指为了达成组织的目标，通过持续开放的沟通过程，形成组织目标所预期的利益和产出，并推动团队和个人做出有利于目标达成的行为，② 包括事前目标的制定、事中管理、事后考评，是一个完整的循环系统。③ 根据《信息与文献　图书馆绩效指标》（GB/T 29182—2012）中对"绩效"的定义，图书馆绩效被描述为"图书馆提供服务的效益以及在提供服务过程中资源分配和利用的效率"。图书馆绩效管理不仅要针对过去的工作进行检查和考评，而且要解决如何改善绩效、达到目标等问题，强调对当前工作效率的揭示和控制以及对员工未来工作潜能的挖掘。④

（二）绩效评估

图书馆绩效评估就是对照统一的指标，采取一定的方法，对图书馆投入的资金和资源、对图书馆管理者和从业人员在一定时间内经营图书馆所取得的业绩以及图书馆在一定时间内提供各项服务所获得的效益进行评价和测评。⑤ 绩效评估包括员工个人绩效评估和组织绩效评估，此处重点阐述组织绩效评估。

随着公共图书馆绩效评估体系研究与实践的不断完善，公共图书馆的绩效评估从注重资源输入的评估逐渐演变为采用投入产出分析的方法进行评估。2019年3月，国际标准化组织发布新标准《信息与文献：国家图书馆质量评估》（ISO 21248：2019）。该标准规定并描述了国家图书馆的绩效评估方法和影响力评估方法，并定义了34项国家图书馆绩效评价指标，涵盖国

---

① 霍瑞娟. 基层图书馆管理与服务 [M]. 北京：北京师范大学出版社，2018：106.
② 付亚和，许玉林. 绩效管理 [M]. 上海：复旦大学出版社，2003：63.
③ 王健. 从绩效考评到绩效管理 [J]. 河南图书馆学刊，2006（6）：63-64.
④ 凌征强，卢桥. 近20年国内图书馆绩效管理研究综述 [J]. 图书馆，2014（1）：59-63.
⑤ 余胜. 关于图书馆绩效评估的研究和实践 [J]. 中国图书馆学报，2006（4）：101-104.

家馆藏、国家书目、文化活动和社会教育等全部业务领域。① 该绩效评估指标体系注重实效，对我国公共图书馆的评估有较大的借鉴意义和参考价值。国际标准化组织分别于1998年、2003年、2008年、2014年颁布了图书馆绩效评估国际标准 ISO 11620，从可达性（accessibility）、可用性（availability）、有效性（effectiveness）等方面设置了诸多评价指标，以有效评估图书馆提供的资源和设施的质量。国际图联于2006年推出第二版《质量评估：图书馆绩效评估》，引入成本效益与平衡计分卡理论，把图书馆绩效评估指标内容分为四大部分：资源、基础设备，使用，资源与服务效率，潜力与发展。该标准还将评估范围由学术图书馆扩展到公共图书馆领域。

在我国，关于图书馆绩效评估可供参考的标准包括《信息与文献　图书馆绩效指标》（GB/T 29182—2012）、《信息与文献　图书馆统计》（GB/T 13191—2009）。1993年，原文化部社图司主持制定了《全国公共图书馆评估标准》，自1994年开始，我国原则上每四年开展一次全国县级以上公共图书馆评估工作，截至2018年已经完成了六次。随着每一次评估实践的不断深入，公共图书馆的评估重心也逐步转向对图书馆的现代化、网络化设施建设和服务效能的考察。

（三）案例

1. 佛山市图书馆"项目立馆"实践

佛山市图书馆于2011年提出了"项目立馆"的办馆理念，目的是通过理念的更新，推动实践创新，实现管理效益最大化。"项目立馆"重在"五个立"——"立业""立人""立心""立规矩""立品牌"。它将图书馆长远目标中的某些特定的目标任务打包成一个个具体的项目，在规定的时间和资源付出范围内达到预期目标。通过项目的实施和成果推广，激发人才活力，提升服务效益，树立良好的服务品牌，推动图书馆业务蓬勃发展，最终实现发展总目标。组织架构方面，佛山市图书馆采取项目职能兼顾的矩阵型结构，纵向结构保留传统层级制实体，横向结构以项目与之虚拟交织，一线二线部门都参加项目化管理。"业务管理部"是图书馆业务管理、协调和规划部门，兼行项目管理办公室（project management office，PMO）职能，具体负责项目管理政策起草和修订、项目管理信息系统日常维护等过程。全馆

---

① The quality of national libraries contained in new ISO standard [EB/OL]. [2019-05-10]. https://www.iso.org/news/ref2383.html.

项目分为 5 类（读者活动类、学术类、业务提升类、技术类和其他）4 级（A、B、C、D），并制定《佛山市图书馆员工绩效评分规则》，根据员工参与的项目等级、参与的程度赋予相应的分值。技术方面，2015 年"佛山市图书馆项目管理系统"正式上线，建成了一个集项目申报、进度管理、项目成果展示、项目数据库、业务学习、科研交流功能于一体的项目管理平台。自此，所有项目资料得到共享，项目审批全部透明，绩效评分得到实时反馈，促进了全馆工作业务的繁荣与创新。至 2021 年 5 月底，全馆共立项 1011 个，项目参与率 100%，项目参与成员累计达 18000 多人次，促进了业务迅速增长。

"项目立馆"不仅是一种管理技术，还是一种价值观及管理文化，这一价值观及管理文化强调以结果为导向、对任务负责、团队精神和灵活性。项目管理与员工绩效评分系统结合，使项目参与程度成为评估员工绩效的重要指标，在全馆营造了锐意创新、良好竞争的氛围，同时也成为当下佛山市图书馆发展壮大的动力和源泉。

2. 东莞图书馆卓越绩效管理

卓越绩效模式是以各国质量奖评价准则为代表的一类经营管理模式的总称。它最早源自 20 世纪 80 年代美国波多里奇国家质量奖的评审标准，其核心是以事实为基础、以顾客为导向、追求卓越的管理绩效，主要内容包括领导、战略、顾客和市场、资源、过程管理等七个方面。该标准后来逐步风行于世界发达国家与地区，成为一种卓越的管理模式，即卓越绩效模式。东莞图书馆自 2005 年新馆开馆以来，加强质量管理，创新管理方式，探索新的管理方法；2010 年，经过新馆开馆后的第一个五年发展，东莞图书馆又站在一个新的阶段性起点。东莞图书馆积极探索科学的管理方法，卓越绩效模式为东莞图书馆的持续发展提供了全新的视野和方法。东莞图书馆卓越绩效管理实施过程包括：图书馆领导层统一认识，全面主导并参与卓越绩效管理的全过程；对《卓越绩效评价准则》《卓越绩效评价准则实施指南》开展多种形式的学习活动；建立卓越绩效管理小组；建立基于卓越绩效模式的整合管理体系，包括开展组织文化建设、完善战略规划并制定战略目标、建立用户反馈机制、关注组织和个人学习、建立绩效指标体系、开展绩效考核、建立绩效分析会制度等。2012 年，在实施卓越绩效管理之初，东莞图书馆从实际出发，按照财务、内部运营、用户服务、学习与成长四个层面要求，建立绩效指标库，共计 140 个指标，包括关键绩效指标和业务统计指标，分布在各个部门和各个岗位。该指标体系并不是一成不变的，在实际操作过程中，还会根据主题年的要求和工作内容变化，每年对绩效指标做适当调整，或新增，或删减。经过整合，东莞图书馆建立了卓越绩效管理体系，运行良好，各项工作有序推进。2012年，东莞图书馆以优异的成绩获得第三届政府质量奖，成为我国图书馆界第一个获得政府质量奖的公共图书馆。

卓越绩效模式作为一种评价体系，为图书馆开展评价和考核提供了科学的方法。该模式引导组织不断追求卓越的理念，其所提供的一整套"卓越经营模式"对目前正处在快速发展时期的我国公共图书馆来说，无疑是值得学习和实践的。

七、战略规划

图书馆战略规划是图书馆发展的纲领性文件，对图书馆事业发展起着引领统筹作用；其主要内容包括对图书馆战略规划进行综合分析，确定图书馆使命、愿景与核心价值观，并在此基础上制定图书馆战略规划目标体系。[①]国际图联从2010年起陆续发布《IFLA 2010—2015年战略规划》《IFLA 2016—2021年战略规划》《IFLA 2019—2024年战略规划》，具有较好的连续性，并根据不同时期内外部环境的变化进行战略目标调整，成为IFLA各部门和各成员单位战略行动的指南。2021—2025年是中国步入全面建设社会主义现代化国家新征程的第一个五年。2021年6月4日，文化和旅游部发布《"十四五"文化和旅游发展规划》[②]，对未来五年文化和旅游发展谋篇布局；6月10日，发布《"十四五"公共文化服务体系建设规划》[③]，对"十四五"时期现代公共文化服务体系建设做出全面部署，为当前和今后一段时期的公共文化服务体系建设确立了时间表和路线图。2020年12月，文化和旅游部、粤港澳大湾区建设领导小组办公室、广东省人民政府联合印发《粤港澳大湾区文化和旅游发展规划》，围绕"人文湾区"和"休闲湾区"建设，统筹推

---

① 柯平，王洁，包鑫. 促进公共图书馆发展的战略规划理论与实践［J］. 图书馆论坛，2021（1）：3-11.

② "十四五"文化和旅游发展规划［EB/OL］.［2021-09-04］. http://zwgk.mct.gov.cn/zfxxgkml/zcfg/zcjd/202106/t20210604_925006.html.

③ "十四五"公共文化服务体系建设规划［EB/OL］.［2021-09-04］. http://zwgk.mct.gov.cn/zfxxgkml/ggfw/202106/t20210623_925879.html.

进粤港澳大湾区文化和旅游发展。① 广州图书馆、深圳图书馆、佛山市图书馆等图书馆已陆续发布了"十四五"战略规划,对图书馆未来五年的发展起到提纲挈领的功用。

(一) 启动与准备阶段②

图书馆战略规划工作的第一个阶段是启动与准备阶段,主要内容与任务包括:明确战略规划动因;明确战略规划制定方法,根据图书馆工作人员介入程度,可分为自上而下、自下而上、上下相结合、战略小组四类;明确战略规划制定机构的选择;成立战略规划组织,明确组织成员来源、规划委员会规模、确定战略规划制定负责人、明确各方职责、确定规划制定人员等;制定规划时间表;进行会议安排,明确会议次数与主题、会议地点选择、会议准备工作等;确定战略规划保障,制定预算表、沟通计划等。

(二) 分析阶段③

图书馆战略规划工作的第二个阶段是分析阶段,可细分为四个阶段:一是历史回顾,对已有规划进行回顾与总结,研究图书馆已有的发展基础、现有的服务项目与发展方向及本机构的独特性,以便找出图书馆在寻求发展过程中可以吸收与借鉴的信息;二是调研分析,在调研和数据处理的基础上进行环境分析、需求分析、发展分析等综合分析;三是战略方向推导,确定图书馆的愿景、使命和价值观,确定战略主题及重点;四是确定战略目标体系,评价组织资源,进行差距分析。

(三) 制定与发布阶段④

战略规划制定与发布阶段是在上一阶段形成目标体系的基础上,通过战略选择,确定总体战略和业务战略,形成战略方案。具体包括三个子阶段:一是形成战略方案,包括制定行动计划、整合优化战略目标体系、进行专项规划等;二是编制战略规划文本,由战略规划工作小组开展工作并讨论、形成战略规划讨论文稿,拟订规划文本初稿;三是规划审定与发布,包括文本

---

① 粤港澳大湾区文化和旅游发展规划 [EB/OL]. [2021 - 09 - 04]. http://zwgk.mct.gov.cn/zfxxgkml/ghjh/202012/t20201230_920403.html.
② 柯平. 图书馆战略管理 [M]. 北京:海洋出版社,2015:50 - 61.
③ 柯平. 图书馆战略管理 [M]. 北京:海洋出版社,2015:62 - 71.
④ 柯平. 图书馆战略管理 [M]. 北京:海洋出版社,2015:72 - 77.

修订、广泛征求意见、修改定稿、审定和提交、发布等步骤。

(四) 实施与评价①

战略规划制定完成,经过批准、发布与广泛宣传之后,便进入战略执行阶段。战略实施过程中的工作重点包括:成立专门的战略实施组织或小组;重视战略规划目标的分解、排序和实施计划的制订;落实责任,为各战略任务确定负责人;制定监督机制。战略规划评价的最重要环节是评估标准的确立,图书馆应遵循系统优化、通用可比、实用性、与图书馆评估匹配等原则构建图书馆战略规划评估标准。

(五) 案例

1. 《广州图书馆2021—2025年发展规划》的编制②

为了继续发挥规划引领的作用,将广州图书馆建设成为国际一流的大都市图书馆,广州图书馆于2020年3月启动《广州图书馆2021—2025年发展规划》编制工作,在对"十三五"时期图书馆发展的全面总结和对未来图书馆发展内外部环境的综合分析的基础上,制定发展规划,作为新时期广州图书馆事业发展的总纲领。

为保证规划编制的科学化、规范化和民主化,充分发挥全馆员工的积极性和主动性,群策群力,凝聚共识,广州图书馆由馆领导及下属各业务部门领导组成规划编制工作领导小组,组建工作小组和22个专项研究小组。其中,规划编制工作领导小组负责规划编制动员、编制方案审定、基本思路研讨、组织馆员参与、文本审核等;工作小组负责项目组织实施、文字统稿、研究协调、文本拟写等工作;各专项研究小组通过组建部门内或跨部门的项目团队开展工作,主要工作内容是评估完成情况,总结经验及教训,研究目标、社会需求与存在的问题,提出策略与具体行动方案。

规划的编制工作自2020年3月启动至12月完成,历时约10个月,分为三个阶段:前期准备和起草阶段(2020年3—4月);调研及规划编制阶段(2020年5—9月);论证及定稿阶段(2020年10—12月)。规划共有6大目标、21个实现策略、125个行动计划。其中,6大目标为:①完善管理模式,

---

① 柯平. 图书馆战略管理[M]. 北京:海洋出版社,2015:150-159.
② 广州图书馆2021—2025年发展规划[EB/OL]. [2021-09-05]. http://www.gzlib.org.cn/devplan/index.jhtml.

率先实现公共图书馆服务均等化,推动全市服务体系进入国际一流行列;②提升知识服务,强化知识汇聚,扩大知识传播,推动知识创新;③引领全民阅读,支持终身学习,为公众自主发展赋能;④打造最具影响力的综合性城市文化平台,丰富城市文化地标、城市窗口内涵;⑤强化公共空间功能,为公众和社会各层面交流提供机遇;⑥提升管理运营的专业化水平,支撑高质量发展。

广州图书馆立足"建设以人为中心、国际一流的大都市图书馆"的总体目标,设计了规划的绩效指标体系。按照资源条件、资源与服务利用、服务效率与效果、影响与贡献4个维度分类,同时筛选关键指标15个、质量指标32个、发展指标9个以及统计指标29个。关键指标主要面向社会各界,展示图书馆的产出数量、产出效益、主要成本,履行信息公开的法定职责;质量指标主要面向组织内部,用以评估、控制图书馆的运行效率与运行成本,持续提高机构专业化管理运营水平;发展指标的统计内涵、统计路径还不完善,但体现了图书馆发展方向、战略、创新能力,是未来重点关注的方向性指标;统计指标则是图书馆事业发展过程中产生的其他数据,用于数据存档与报送。

2.《深圳图书馆2021—2025年发展规划》的编制①

2020年年初,深圳图书馆启动"十四五"发展规划编制工作,成立由馆领导牵头、全馆各部门和中山大学信息管理学院共同参与的规划编制工作组。工作组通过"十三五"评估、对标分析和用户调研完成发展现状研究,通过城市发展环境、文化发展环境和行业发展环境扫描完成发展图景描绘;在此基础上,充分结合深圳图书馆第二图书馆建设、十大专项研究以及"图书馆之城"建设规划,经由专业分析、经验借鉴和充分讨论,草拟了发展规划初稿;再经过多轮意见征集、咨询和修改完善,该发展规划最后经深圳图书馆理事会审议通过。

规划确立了深圳图书馆"十四五"期间的愿景、理念、使命、总体目标及目标体系;根据面向未来的目标导向和面对现实的问题导向,提出从现状到目标的实现路径和重点任务,提出了5个角色定位、2个关键抓手、7个用力方向、9大具体目标、25个重点行动计划。其中9大具体目标为:坚持加强党的领导;全面进入双馆模式;创新推动智慧引领;着力扩大服务范

---

① 深圳图书馆2021—2025年发展规划[EB/OL].[2021-09-25]. https://www.szlib.org.cn/page/id-723.html

围；全面优化服务体验；强化引领，体系联动；深化文化内涵，主动彰显价值；强化专业能力，提高职业声望；促进"图书馆+"融合发展。规划编制和文本体例体现主线引领、思路统一、整体布局、重点突出的特点，将对深圳图书馆"十四五"发展起到提纲挈领的功用。

主要参考文献

［1］东莞图书馆．图书馆规范管理工作手册［M］．北京：国家图书馆出版社，2016．

［2］霍瑞娟．基层图书馆管理与服务［M］．北京：北京师范大学出版社，2018．

［3］蒋永福．现代公共图书馆制度研究［M］．北京：知识产权出版社，2010．

［4］柯平．图书馆战略管理［M］．北京：海洋出版社，2015．［5］刘洪辉，张靖．广东图书馆事业发展报告（2013－2017）［M］．北京：社会科学文献出版社，2018．

［6］邱冠华，陈萍．公共图书馆管理实务［M］．北京：北京师范大学出版社，2013．

［7］吴慰慈，董焱．图书馆学概论［M］．北京：国家图书馆出版社，2019．

［8］于良芝．图书馆学导论［M］．北京：科学出版社，2003．

习 题

（1）您所在的图书馆的部门设置情况是怎样的？
（2）您所在的图书馆的岗位设置情况是怎样的？
（3）您所在的图书馆有哪些主要的规章制度？

思考题

（1）什么是图书馆总分馆制？为什么要推行图书馆总分馆制？
（2）公共图书馆评估定级有何意义？当前的评估定级标准中有哪些主要指标？

第六章 公共图书馆业务概述

学习目标

了解公共图书馆业务的基本框架
熟悉公共图书馆的常见业务

知识点提示

图书馆整体业务布局
图书馆文献借阅服务
图书馆空间服务
图书馆网络信息安全
国家公共数字文化工程
图书馆服务体系建设

本章以公共图书馆业务工作的实际需求为导向,概述对图书馆运行中涉及的主要业务,从整体业务布局、文献借阅服务、社会教育活动、空间服务、信息服务、技术应用、服务体系建设7个方面进行介绍,为图书馆事业发展与馆员工作实践提供参考。

第一节 整体业务布局

公共图书馆的业务布局与其职能密切相关。随着社会的变迁与事业的发展，我国公共图书馆业务逐渐形成了核心职能与延伸职能相结合的业务体系。《中华人民共和国公共图书馆法》对公共图书馆的定义为"向社会公众免费开放，收集、整理、保存文献信息并提供查询、借阅及相关服务，开展社会教育的公共文化设施"。《公共图书馆业务规范》把业务分为文献采集，文献组织，文献保存、保护与修复，读者服务，信息化建设，协作协调，业务管理与研究7个方面（如表6-1所示）。① 可见，文献收集保存与文献信息服务两大基础性工作是公共图书馆的核心职能，与读者服务、信息化建设、协作协调等职能共同构成了整体的业务布局。

表6-1 《公共图书馆业务规范》中的业务框架

业务类型	具体内容
文献采集	文献采集的方式、类型、流程
文献组织	文献的外在特征和内容特征的描述和整序，包括文献编目、文献加工等
文献保存、保护与修复	对文献进行合理保存、有效保护，采取修复措施
读者服务	开展文献借阅、信息检索、参考咨询、讲座、培训、展览、阅读推广等服务，并开展读者调查、意见反馈、读者信息管理等工作
信息化建设	信息化基础设施建设、软件系统建设、系统运行与维护及网络安全等

---

① 中华人民共和国文化和旅游部. 公共图书馆业务规范：WH/T 87.1—2019 [S/OL]. [2020-02-16]. https://www.mct.gov.cn/whzx/zxgz/wlbzhgz/202001/t20200108_850151.htm.

(续上表)

业务类型	具体内容
协作协调	区域内图书馆服务体系建设、业务指导、业务合作，学会及协会工作，以及社会捐赠、志愿者等社会合作工作
业务管理与研究	对重要业务开展研究，开展业务培训、数据统计、档案管理、标识管理等工作

第二节　文献借阅服务

　　文献借阅服务是读者服务中最常见、最基本的一项服务。图书馆通过进行科学合理的文献资源布局、规划各类型阅读空间、推出汽车图书馆服务等措施吸引读者借阅文献，满足读者阅读需求。随着信息技术的发展，图书馆提供服务的方式与途径更加多元。本节将结合传统文献借阅服务与新兴借阅服务方式阐述现阶段图书馆文献借阅服务概况。

一、文献资源布局

　　文献资源布局是指馆藏文献按学科或类型在地域空间分布的状况或格局。公共图书馆应该通过整体化建设和调控，使文献资源形成统一的、协调优化的整体，使其收藏与分布能够方便、经济、有效地满足整个社会的文献信息需求。① 随着公共图书馆"资源""空间""服务"三要素协同发展意识的兴起，文献资源布局主要体现为三线典藏制布局、大流通大阅览布局、碎片式实体资源布局等形式。

（一）三线典藏制布局

　　三线典藏制是基于藏书利用的"二八率"理论进行馆藏文献资源布局的

---

① 刘兹恒．文献资源建设中一个具有重要历史意义的会议：纪念全国文献资源布局学术讨论会20周年［J］．图书馆，2006（6）：1－5．

典藏理论,以密集书库、半开放书库、开放式书库三种方式互相补充的"三线"为特征。馆藏文献资源按照利用率的高低分成三个不同层次:一线藏书利用率最高,服务于用户检索与实体资源陈列,采取开架布局;二线藏书利用率较高,服务于馆员活动与实体资源索取,采取半开架布局;三线藏书利用率不高,资源长期完整保存,采取封闭式密集书架布局。①这种布局方式减少了利用率低、时效性差、复本量大的滞架图书所占空间,扩大了新书和高流通率信息资源的馆藏空间。随着图书馆"藏、借、阅一体化"管理模式的实施,三线典藏布局方式已少有提及,但其根据藏书利用率调整文献布局的理念仍有深远影响,大部分图书馆仍然采用全局流通、仅供馆内阅览、密集库闭架管理的文献流通方式进行文献资源布局。

(二) 大流通大阅览布局

大流通大阅览布局是指打破图书馆建筑空间上的界限,在图书馆馆藏文献开架借阅的基础之上,实现图书馆的藏、借、阅、检索功能的充分融合,实现各种载体资源有效集成的一种实体资源布局形式。② 这种布局模式以开放式行列式书架、图书陈列设备与阅览设施混排等形式为特征,充分考虑不同功能空间的要求和特点,动静区分、个人与群体兼顾、私密性与交流性平衡地分隔空间③,是当前公共图书馆常用的布局方式。

(三) "碎片式"布局

"碎片式"布局是适应现代公共图书馆空间服务理念的一种布局形式,早期见于推荐书架、专题陈列,后来发展为行列式架位布局、廊式布局、阶梯式布局、墙面式布局、圈围式布局、装饰性布局等丰富多样的布局模式。该布局具有"空间上无固定形态集合""内容上无系统化陈列要求""类型上无特别规定"等特征。在碎片式布局模式下,实体资源顺应空间建设的需要,逐步走向多对象、多维度、多用途的"碎片式"集合,"以类相从"的

---

① 吴晞,吴星. 藏书整体布局的宏观思维 [J]. 图书馆学研究,1986 (5):66-69.
② 李晋瑞,郑玲. "大流通"模式在图书馆应用的探索 [J]. 图书馆工作与研究,2009 (10):70-72.
③ 宋晓丹. "大流通"服务模式下的图书馆阅览空间设计研究 [J]. 图书馆建设,2015 (9):81-84.

体系性在物理空间上被碎片化。①

二、阅览服务

阅览服务是图书馆面向读者提供文献和空间，以便他们在馆内利用文献的服务。在当前的公共图书馆服务中，阅览服务与外借服务基本上已融为一体，采取了"藏、借、阅"一体化服务模式。在文献类型上，报纸、特藏文献、损耗率较高的录音录像资料等多采取馆内阅览、不外借的方式提供服务。

三、外借服务

外借服务是指图书馆允许读者通过办理必要的手续将馆藏文献携出馆外，在规定的期限内享受自由使用的权利并承担保管义务的服务方式。公共图书馆对外借服务应有一套较为明确系统的规定，如可外借文献的种类、册数、借阅时间、文献超期、受损、遗失处理办法、文献预约、续借方式等。根据《公共图书馆业务规范》，公共图书馆应以适当的形式公开文献外借工作制度；建立提前预约制度；闭架文献提供不超过30分钟；对于不能提供外借的特种文献，尽可能通过复制、数字化等手段提供利用渠道；对于不方便借阅的读者，尽可能提供邮寄外借、送书上门等服务。

按照服务对象的组织方式和外借形式，外借服务可以分为个人外借、集体外借、馆际互借、文献传递等类型。② 集体外借是指图书馆面向特定用户群提供文献外借服务，其服务管理的方式主要是通过办理集体借书证，一次性向用户群外借一定数量的文献。馆际互借是指图书馆与其他文献收藏机构洽商达成协议，根据读者需求，依照协议向其他机构借出并回收文献，或依照协议从其他机构借入并归还文献。文献传递是根据读者要求，利用互联网、电子邮件、传真、邮递等方式，为本地或异地的读者直接提供原本文献的复印件、扫描件等不需要归还的复本。

随着互联网技术的发展，公共图书馆的文献借阅服务开始探索与互联网

---

① 徐红玉，等.图书馆实体资源碎片式布局探要［J］.图书馆建设，2019（4）：152-159.

② 霍瑞娟.基层图书馆管理与服务［M］.北京：北京师范大学出版社.2018：142.

相结合的方式，线上线下联动开展服务，涌现出"信用借还""网上借阅、社区投递""图书快递到家"等多种文献借阅服务方式。

（一）信用借还

"信用借还"是指图书馆引入完善成熟的第三方信用机制，建立相应的用户信用体系，提供分类读者服务和管理，培养读者信用意识，进而推动诚信社会的构建。① 第一种模式是图书馆将读者行为纳入政府征信系统，如2014年上海市把各级各类公共图书馆的读者借阅信息纳入上海市公共信用信息服务平台，用信用代替押金来确保图书馆与读者之间的图书借阅约定。② 第二种模式是图书馆与金融服务集团合作，将读者证号与第三方信用进行对接，比如将读者支付宝账号引入图书馆作为读者证账号，并通过支付宝账号查询读者芝麻信用分，当读者芝麻信用分达到图书馆规定办证所需要的分值时，图书馆给该读者发放信用借阅证，读者凭该证即可享受免押金、免办实体证卡、支付宝扫码登录享受信用借还等一系列服务项目。2018年，浙江省公共图书馆信用服务平台正式开通，浙江省公共图书馆以整体对接第三方信用服务机构模式，打造全省统一的信用服务入口，推出标准统一的免押、免证服务。

（二）"网上借阅、社区投递"

"网上借阅、社区投递"是指读者通过电脑或手机、平板电脑等移动智能终端访问图书馆的网上借阅平台，提出借阅请求，当图书馆找到图书后，通过物流系统配送到读者指定的社区分馆或者社区服务点，同时短信通知读者凭证刷卡取书，还书时可到就近的社区分馆或者服务点自助还书。③ 2014年，苏州市图书馆"网上借阅、社区投递"服务正式运行，该馆以RFID技术为基础，在全市范围内设置社区投递点，将市民需要的图书送到居民身边，在方便市民借阅图书的同时，提高文献资源的使用效率。

---

① 阮可. 公共图书馆"信用+阅读"：开启中国阅读新时代［J］. 图书馆学刊，2018（1）：8–12.

② 上海市公共图书馆读者借阅信息纳入市公共信用信息服务平台［EB/OL］. ［2021–08–01］. https：//www.mct.gov.cn/whzx/qgwhxxlb/sh/201405/t20140504_781633.htm.

③ 苏州图书馆. 借书就像下楼取报纸一样简单：苏州图书馆"网上借阅社区投递"，让读者与书之间没有距离［DB/OL］. ［2019–11–16］. http：//www.chinalibs.net/ArticleInfo.aspx？id=359853.

(三) 图书快递到家

快递到家模式是图书馆直接与快递物流企业合作，图书通过快递物流直接配送到读者手中，省去各类中间环节的干扰。① 2018年，由南京的市、区图书馆联合推出的"书服到家"南京市公共图书馆网借平台上线试运行，该平台整合各馆已有网借资源，连通各馆网借服务，统一入口、统一书库、统一管理、统一运营，读者在全南京市范围内可实现通借通还，仅需网上下单借书，物流即可配送图书上门。②

四、汽车图书馆服务

汽车图书馆服务是公共图书馆提供延伸服务的重要途径，是流动图书馆服务的主要方式之一。《图书馆学情报学词典》将流动图书馆定义为"利用某种运输工具（如汽车、火车等）装备起来的图书馆，可以任意移动，定期将图书送至各个工矿企业、机关、农场、学校、居民点，开展图书借阅工作，举办群众性的图书宣传活动"③。在理论上，广义的流动图书馆是指定期或不定期地为读者送书上门或者在交通不便的地方设置图书流动站办理借阅服务，又称流动图书站；狭义的流动图书馆专指汽车图书馆。④ 此处主要从狭义的角度介绍以汽车为工具提供图书馆延伸服务的形式，即汽车图书馆服务。

汽车图书馆一般由汽车主体、书架、自助终端设备、视频监控系统、空调系统、多媒体显示配套设备、辅助配套设施等几个部分构成。除书刊借阅、办理借书证外，汽车图书馆还承担着阅读推广活动、数字资源推广、信息发布、宣传等多方位服务功能。汽车图书馆一般采取定点定时巡回服务模式，即汽车图书馆与服务点协商好固定的时间、频率、服务内容，到各个服务点巡回服务。

汽车图书馆在欧美发达国家有着悠久的历史。19世纪中叶，在英国和美

---

① 徐祖明. O2O 环境下公共图书馆借阅服务模式探析：以杭州图书馆为例 [J]. 图书馆研究与工作, 2019 (10)：79-82.

② 金陵图书馆推出"书服到家"网借平台 [EB/OL]. [2021-08-01]. http://www.sxjszx.com.cn/portal.php?mod=view&aid=608008.

③ 周文骏. 图书馆学情报学词典 [M]. 北京：书目文献出版社, 1991：48.

④ 张海燕. 中外流动图书馆比较研究 [J]. 图书馆, 2003 (4)：44-47.

国就已出现马车图书馆并提供借阅服务。而随着现代交通工具和经济的发展，汽车图书馆应运而生，法国在 1921 年建立了第一个汽车流动图书馆。在我国，随着经济持续发展，国家加大了对文化领域的资金投入，1985 年武汉图书馆建立了首个汽车图书馆，车厢墙板可以如同机翼一般张开，车中设有两排书架，可存放 2000 册图书。① 此后，汽车图书馆的发展逐渐受到地方政府与文化部门重视，经济发达省市如广东、浙江、上海、北京等的公共图书馆也相继设立汽车图书馆。② 广州图书馆智能流动图书馆以丰富的文献资源、先进的设施设备及网络为支撑，实现全面自助服务、通借通还和优质专业服务的提供，服务内容包括免费办证、自助服务、通借通还、数字资源服务。目前广州智能流动图书馆服务点遍及广州各区，涉及居民社区、学校、广场、部队和机关等，总数有 30 多个，与广州市各级公共图书馆、城市街区 24 小时自助图书馆等形成全天候、全方位、多形式的网络体系。③ 汽车图书馆服务模式不但扩大了图书馆服务工作的覆盖面，更便于图书服务延送至有需求的偏远地区，在一定程度上解决了公共图书馆服务资源分配不均的问题，是目前基层图书馆分馆建设中的一个重要而又有效的载体，真正有助于实现公共图书馆资源共享的目标。④

第三节　社会教育活动

社会教育活动是指图书馆根据其社会教育职能向公众提供的一系列服务活动。1975 年，国际图联明确将"开展社会教育"列为图书馆四大社会职能之一；2013 年发布的《国际图联关于图书馆与发展的宣言》提出"图书

---

① 黄文才. 坚持 12 年 行程 10 里 送书 13 万：武汉"汽车图书馆"无偿上门服务纪实 [J]. 图书情报论坛, 1996 (4)：52 – 53.
② 王月琴. 汽车图书馆服务存在的问题与对策 [J]. 福建图书馆理论与实践, 2014 (4)：16 – 18
③ 流动图书馆服务概况 [EB/OL]. [2020 – 02 – 16]. http：//www.gzlib.org.cn/ysSvcgk/index.jhtml.
④ 马一萍. "汽车图书馆"是实现城乡服务一体化最快捷的方式：以宁波鄞州区图书馆为例 [J]. 山东图书馆学刊, 2010 (5)：50.

馆是一个支持教育、就业和社会发展的关键基础设施的重要组成部分"；《中华人民共和国公共图书馆法》明确提出，公共图书馆是"开展社会教育的公共文化设施"。社会教育活动是公共图书馆的重要业务，而公益讲座与论坛、公益展览、读者培训、读书会等是四种常见形式。

一、公益讲座与论坛

公益讲座是指公共图书馆组织的、由主讲人和听众共同参与和交流的文化活动，具有公益性、公开性、大众性等性质。图书馆组织讲座与论坛类读者活动，是图书馆履行社会教育职能的重要形式。我国省市图书馆的讲座主题主要可以分为文学艺术、科学普及、政治历史、经济法律、热点时事、教育健康、地方文化七种类型。① 讲座形式主要可以分为单人演讲、双人对话、多人讨论、演讲与艺术表演相结合等类型②。公共图书馆组织公益讲座方面的工作内容包括策划讲座选题、邀请主讲人、活动宣传、布置场地和组织听众、整理保存讲座资源、建立读者意见征集及读者评价反馈的工作机制。《公共图书馆业务规范 第2部分：市级公共图书馆》对讲座的质量要求为："每年举办讲座次数不少于20次；结合读者需求策划讲座，做到内容丰富、主题涵盖面广；制定长期规划，精心策划选题，保证讲座的思想性、学术性、知识性和前瞻性；提前获得充分授权，方便讲座资源的保存和利用；重点了解读者对于讲座选题、效果和主讲人的评价意见；与本地区基层图书馆共享讲座资源。"③ 中国图书馆学会阅读推广委员会下设多个专业委员会，图书馆讲坛与培训专业委员会是其中之一，佛山市图书馆是其挂靠单位。新时代的讲座与论坛工作开始与互联网结合，在线讲座兴起，并开始向品牌化发展。如由中共广州市委宣传部、广州市社会科学界联合会主办，广州图书馆、信息时报社协办的"羊城学堂"，邀请著名专家学者主讲人文历史、科普教育、经济民生等市民普遍关注的话题，成为广受市民欢迎的公益性讲坛。

---

① 王世伟. 图书馆讲座工作引论［J］. 图书馆学研究，2005（10）：86 - 88.
② 王余光. 图书馆阅读推广研究［M］. 北京：朝华出版社，2015：187.
③ 中华人民共和国文化和旅游部. 公共图书馆业务规范：WH/T 87.2—2019［S/OL］. ［2020 - 02 - 16］. https：//www.mct.gov.cn/whzx/zxgz/wlbzhgz/202001/t20200108_850152.htm.

二、公益展览

图书馆展览服务通常是指在图书馆的一定地域空间和网络空间，通过展品陈列等方式，以展示文化艺术为主要内容的读者服务。[①] 我国省市图书馆举办展览展出的场地可以分为专用的展览展示厅、图书馆公共读者活动空间两类。公共图书馆组织公益展览方面的主要工作内容包括策划展览选题、展览活动宣传、布置场地和展品、组织读者观展。展览的主题大致可以分为特色馆藏展览、地方文献展览、纪念性展览、文化艺术作品展览、科普教育展览、新书展览、国际交流展览等。《公共图书馆业务规范》对市级公共图书馆展览的质量要求为："每年举办展览次数不少于5次；展览主题鲜明、内容丰富、形式新颖、社会效益良好；制定长期规划，精心策划选题；重点了解读者对于展览选题、内容和效果的评价意见；与本地区基层图书馆共享展览资源。"全国各地相继成立了展览联盟，推动区域展览资源的共建共享，如浙江省公共图书馆展览联盟，宁波、江西、重庆等省市成立的"公共图书馆讲座展览联盟"等。自2013年起，广东省立中山图书馆就开始在全省开展精品展览巡展，并采取"点单式"服务，先发放展览需求调查问卷至各流动分馆，各分馆根据自身需求和场地情况选择2～3个展览项目，省馆再根据展览需求分片统筹安排展览项目，并组织各市行政区域范围内的各县级以上公共图书馆举办巡回展览，缓解了基层图书馆展览资源不足的问题，丰富了基层民众的文化生活。

三、读者培训

读者培训有多种其他表述方式，如用户培训、用户教育、信息素质教育、信息素养教育等，是指图书馆针对不同层次读者的需求，以多种形式为读者提供教育培训服务，以提升读者判断信息、获取信息、有效利用信息能力以及提高图书馆资源使用率的社会性活动。我国省市图书馆的读者培训活动按主题可以分为入馆培训、电脑与网络使用培训、馆藏特色文献专题培训、数字资源使用和文献检索培训、图书馆信息服务培训、文化休闲培训

---

① 王世伟. 图书馆展览服务初探［J］. 图书馆杂志，2006（10）：22-26.

等。① 公共图书馆组织读者培训方面的工作内容包括策划培训选题、邀请培训师、培训活动宣传、布置场地和组织读者、整理保存培训资源、建立读者意见征集及读者评价反馈的工作机制。《公共图书馆业务规范》对市级公共图书馆培训的质量要求为："每年举办培训次数不少于10次；培训内容有针对性、形式多样、社会效益良好；制定长期规划，精心策划选题；重点了解读者对于培训选题、效果和培训师的评价意见；与本地基层图书馆共享培训资源。"② 如嘉兴市图书馆2013年开设的"夕阳红E族"老年人培训公益课程，内容包括老年电子相册制作班、老年电脑打字班、网购培训班、美图秀秀班等，为老年读者提供操作培训及后续指导服务，提升了老年人在数字化时代的生活体验，受到了老年读者的关注。③

四、读书会

读书会，又称"书友会"，其英文称谓包括 study circle、book club、reading groups 等。根据瑞典政府发布的《成人教育通告》，读书会被界定为：一群朋友根据事先确定的题目或议题，共同进行有方法、有组织的一种学习。④ 读书会按照其成立目的可分为两种，一种以商业营利为目的，有较为稳定的运营模式和收费标准；另一种则是非营利性质，以知识分享和同好交流为目的。在后一种即非营利性质的读书会中，根据读书会的发起主体，可将其分为民间读书会和公共读书会两类。民间读书会主要由非正式组织或私人发起，公共读书会则主要由公共图书馆、高校等公共服务机构发起。⑤ 读书会按照活动空间可分为线上读书会和线下读书会；按主题活动的类型还可以分为亲子关系、心灵成长、外语学习等读书会。⑥

读书会由五个基本要素构成：一是群体性阅读，阅读是读书会的核心任务；二是读物，即阅读材料或阅读资源；三是交流；四是读书会带领人，即

---

① 王余光. 图书馆阅读推广研究［M］. 北京：朝华出版社，2015：196－198.
② 中华人民共和国文化和旅游部. 公共图书馆业务规范：WH/T 87.2—2019［S/OL］. ［2020－02－16］. https：//www.mct.gov.cn/whzx/zxgz/wlbzhgz/202001/t20200108_850152.htm.
③ 嘉兴市图书馆"夕阳红E族"老年电脑打字班圆满落幕［EB/OL］. ［2020－02－16］. http：//www.jiaxing.gov.cn/art/2019/7/19/art_1555581_35873713.html.
④ 冯玲. 读书会运营与阅读推广［M］. 北京：朝华出版社，2020：1.
⑤ 任缘，李桂华. 公共读书会的公共性培育［J］. 图书馆论坛，2020（1）：46－53.
⑥ 冯玲. 读书会运营与阅读推广［M］. 北京：朝华出版社，2020：12－13.

领读人、阅读推广人；五是规则，即读书会的章程、制度、流程、规范、评估等。

公共图书馆在读书会发展中具有三个平台作用：一是生长平台，即组织和培育读书会；二是服务平台，即为读书会提供各种帮助和支持；三是交流平台，即成为连接各读书会的纽带。公共图书馆读书会的组织和活动方式有四种：一是自办，即图书馆自行组织的读书会，如深圳罗湖区图书馆的"静心读书会"、顺德图书馆的"德胜读书会"等；二是委托组织，如成都图书馆的"阳光读友会"由业务辅导部指导与监督，读友会义工以小组联络人的名义进行活动主持；三是合作组织，活动主题由各方共同策划，图书馆对活动过程提供管理和协助，如深圳读书会是一家民间公益组织，深圳图书馆、罗湖区图书馆长期与其合作开展活动；四是联盟式组织，如"佛山阅读联盟""广州公益阅读"等。[1]

第四节　空间服务

随着"空间即是服务"（Space as Service）[2] 理念的提出，实体馆舍空间从图书馆服务的载体转变为图书馆重要服务之一。北京大学刘兹恒教授在《图书馆未来发展的十大趋势》一文中把"图书馆空间创意化"作为图书馆未来发展的十大趋势之一，并认为"传统图书馆资源、空间和服务是三位一体的，而剥离了资源之后，图书馆空间对于证明图书馆的价值，就变得尤为重要"。《中华人民共和国公共图书馆法》第三十三条规定公共图书馆应当免费向社会公众提供"阅览室、自习室等公共空间设施场地开放"等服务。图书馆作为一个不断生长的有机体，在空间角色的转换上正发生着深刻的变革，公共图书馆逐渐成为社会的"第三空间"，发挥着公共交流平台的功能。

---

[1]　冯玲. 读书会运营与阅读推广［M］. 北京：朝华出版社，2020：74-76.

[2]　SPENCER M, WATSTEIN S. Academic library spaces: advancing student success and helping students thrive［J/OL］. Portal：libraries and the academy，2017，17（2）：389-402.［2018-04-25］. https://www.clir.org/pubs/reports/pub162/.

一、信息共享空间

信息共享空间（information commons，IC）发端于1992年美国艾奥瓦大学名为"信息拱廊"的图书馆项目，后正式更名为"信息共享空间"。其特征可以概括为：无所不在（ubiquity）、适用性（utility）、灵活性（flexibility）、群体性（community）。① 信息共享空间是为用户提供一站式服务和协作学习环境的场所，它整合了图书馆中各种软、硬件资源，数字信息资源，以及图书馆人员，为用户提供了一个可以进行信息检索，并进行交流、学习和协作的空间。② 信息共享空间为用户提高信息素养、提升独立学习的能力和实现终身学习的目标提供了一站式的服务平台和协同学习的环境。③ 如浙江大学的信息共享空间把空间划分为多媒体空间、知识空间、学习空间、研究空间、文化空间、系统体验空间、创新空间和社交空间八大功能区。④ 进入21世纪，出现了"LC空间"（learning center）的概念，属于图书馆空间进化的更高级阶段，其更强调提供大量的个体/小组学习研讨，以及为学生学习提供指导和帮助的团队协作。

二、创客空间

"创客"（maker）指的是一类不以营利为目标，努力把创意转变为现实的人。"创客空间"的概念包含了三个层面：环境层面，一种能共享所有资源，具备分享特质的氛围；精神层面，一种协作、分享、创造的人生理念；功能层面，能促进技能学习和人类知识创新。⑤ 2013年5月，上海图书馆"创·新空间"开放，拉开了我国图书馆界创客空间建设的序幕。"创·新

---

① SEAL R A. The information commons：new pathways to digital resources and knowledge management [C]. Preprint for the 3rd China PU. S. Conference on Libraries. Shanghai，2005.

② WHINNIE M. The information commons：the academic library of the future [J]. Portal，2003（3）：241-257.

③ 胡昌平，胡媛. 高校图书馆信息共享空间用户交互学习行为分析 [J]. 中国图书馆学报，2014（4）：16-29.

④ 王左利. 以未来视角设计图书馆空间：访浙江大学图书馆副馆长黄晨 [J]. 中国教育网络，2013（8）：67-68.

⑤ 陶蕾. 图书馆创客空间建设研究 [J]. 图书情报工作，2013（14）：72-76,113.

空间"整体划分为阅读空间、信息共享空间、专利标准服务空间、创意设计展览空间、全媒体交流体验空间五大功能区域,活动内容包括民间艺术、艺术设计、家居设计、生态时尚、DIY 小手工、数码科技普及等。① 广州图书馆创客空间成立于 2016 年,旨在打造广州市个人、团体创意创新实践、分享、交流的平台,支持城市各个领域的创新实践。经过两年多的发展,广州图书馆创造空间成功打造了"一起创·创客大赛""创学营""友创意"系列以及"阅创空间·小小创客"等多个品牌活动,为广州市民提供了优质的创客服务。②

三、主题特色空间

主题特色空间的打造有两种模式。一种是"馆中馆"的模式,是指把图书馆内的部分区域进行特色资源整合、氛围营造、硬件升级,提供特色服务,如沧州市图书馆根据当地的特色地方文化,以武术、杂技、运河、《诗经》、纪晓岚、张之洞、张岱年、沧州作家、书画为主题,在馆内建成九个独具特色的专题文献馆。③ 另一种是主题分馆模式,是指有独立建筑的特色主题分馆,如杭州图书馆结合馆藏资源特色、地方文化特色以及市民的文化需求,依靠政府支持和社会力量,通过直建、委托、共建共管等方式,陆续新建、改扩建了生活、音乐、佛学、科技、运动等主题分馆十余家。④ 主题特色空间丰富了公共图书馆服务的内容,满足了公众多样化、专业化的服务需求,是当前公共图书馆深化、优化服务的重要渠道之一。

四、新型阅读空间

新型阅读空间是一种适应小康社会生活水平、形态新颖的城市公共阅读

---

① 熊泽泉,段宇锋. 上海图书馆"创·新空间"[J]. 图书馆杂志,2018(2):26-32.
② 章洁,伍玉伟. 公共图书馆创客空间服务实践与探索:以广州图书馆创客空间为例[J]. 图书馆学研究,2019(12):17-25,90.
③ 沧州图书馆简介[EB/OL]. [2018-10-12]. http://www.czlib.com.cn/contents/168/496.html.
④ 朱峻薇. 公共图书馆特色服务建设的实践与探讨:以杭州图书馆运动主题分馆为例[J]. 图书馆杂志,2019(4):56-60.

空间[1]。根据参与建设的主体，新型阅读空间可以分为三种类型：一是在政府主导下建设而成的公益性新型公共阅读空间，如温州"城市书房"、张家港"24小时图书馆驿站"、深圳罗湖"悠·图书馆"；二是咖啡馆、茶楼、旅馆等非图书零售商业设施与政府或中心图书馆合作，在其自身业态的基础上搭载公共阅读服务功能，如江阴"三味书咖"；三是书店企业为了改善自身经营状况而自主创办的复合式经营书店，如北京"单向空间"、广州"方所"[2]。在广东地区，南海"读书驿站"、韶关"风度书房"、广州图书馆与社会力量合作打造的多个分馆，都是广受欢迎的阅读空间。这些空间经过科学选址、精心设计与装饰、社会广泛参与，在公共图书馆等传统公共阅读空间以外，提供公共阅读服务、阅读活动、休闲等多种功能，拓展阅读服务，弥补传统公共阅读空间在覆盖面、时空可及性和亲和性等方面的不足。

五、实体空间与虚拟空间

图书馆虚拟空间是与实体空间相对应的一个概念，主要包括虚拟现实空间和网络空间两类，是进入数字化时代后出现的新型空间形态。公共图书馆需要加强实体资源和虚拟资源的整合，实现不同形态文献资源的无缝关联，实现虚拟空间与实体空间的科学呈现。如新加坡南洋理工大学（Nanyang Technological University，NTU）图书馆以电子书长廊的方式揭示并呈现电子馆藏，不仅营造出极具时代感的环境氛围，还实现了虚拟资源在物理空间中的尽量"实体化"；[3] 苏州第二图书馆的文学馆中还布置了一个"信息瀑布"，读者可以在"瀑布流"里看到更多文学史的名人和名作，通过扫码或者其他形式查看介绍、阅读电子书。此外，智能图书馆的出现能够实现物理空间向虚拟空间的拓展，利用虚拟空间的灵活性和无限性向用户提供全域化、个性化、智能化的服务。[4]

---

[1] 李国新. 城市公共阅读空间发展的新趋势［J］. 公共图书馆，2016（3）：2.

[2] 石少微. 合肥市新型公共阅读空间研究［D］. 广州：华南理工大学，2018.

[3] 徐红玉，曹伟平，艾华，等. 图书馆实体资源碎片式布局探要［J］. 图书馆建设，2019（4）：152–159.

[4] 王欢. 图书馆的智能形态变革及新服务论析［J］. 出版广角，2018（13）：41–43.

第五节 信息服务

广义的信息服务泛指以产品或劳务形式向用户提供和传播信息的各种信息劳动,包括信息的搜集、整理、存贮、加工、传递以及信息技术服务和信息提供服务等;狭义的信息服务指专职信息服务机构针对用户的信息需要,将开发好的信息产品以用户方便的形式准确传递给用户的活动。图书馆开展信息服务包括五个基本要素:信息用户、信息服务者、信息产品、信息服务设施、信息服务方法。① 图书馆信息服务的方式和内容包括参考咨询、信息开发、政府信息公开服务等。在现代公共图书馆的信息服务中,专题信息服务是其重要的一环,因此本节将重点对其进行阐述。

一、参考咨询服务

《中国大百科全书》对参考咨询的定义为:图书馆对读者在利用文献和寻求知识、情报方面提供帮助的活动。它以协助检索、解答咨询和专题文献报道等方式向读者提供事实、数据和文献线索,是发挥图书馆信息服务职能、开发信息资源、提高文献资源利用率的重要手段。因此,可以认为,参考咨询服务是指图书馆针对用户需求,以各类型的权威信息源为依托,帮助和指导用户检索所需信息或提供相关数据、文献资料、文献线索、专题内容等多种形式信息服务的模式。② 根据《公共图书馆服务规范》,公共图书馆需提供现场、电话、信件、传真、电子邮件、网上实时、短信等多样化的文献咨询服务方式,以有效缩短文献咨询的响应时间。现场、电话、网上实时咨询需在服务时间内当即回复读者,其他方式的咨询服务的响应时间不超过2个工作日。

根据读者提问的性质,参考咨询可分为事实性咨询、方法性咨询、专题性咨询。事实性咨询是指查找具体人物、事件、产品、数据、名词、图像

---

① 杜希林. 图书馆信息服务工作手册 [M]. 沈阳:沈阳出版社,2008:7.
② 霍瑞娟. 基层图书馆管理与服务 [M]. 北京:北京师范大学出版社,2018:143.

等;方法性咨询是指为读者提供检索方法或途径;专题性咨询是指读者提出某一专门性问题,请求图书馆代查有关资料。①

根据读者咨询的途径,参考咨询可以分为馆内咨询、电话咨询、网络咨询等。馆内咨询是发生在图书馆内的面对面咨询方式,图书馆通过在馆内设立总咨询台或专门的咨询窗口解答读者咨询;电话咨询是读者从馆外获取图书馆信息的主要渠道,具有方便、及时的特点;网络咨询是指图书馆借助门户网站、微博、微信公众号等网上平台解答读者咨询的服务。②

二、专题信息服务

参考咨询服务的内容是有层次区分的。根据咨询的专业程度,可以将参考咨询服务的内容大致分为导读型参考咨询服务、专题型参考咨询服务两种模式。③ 专题型参考咨询服务也称为专题信息服务,是指文献信息机构根据用户研究课题的需要,对信息进行收集、筛选、整理并定期或不定期地提供给用户,直至协助课题完成的一种连续性服务。④ 随着信息服务的发展,新时期的专题信息服务不再局限于"研究课题"的范围,而是有了新的定义和内涵:"依托文献资源、数据库资源和网络资源针对用户特定需求,通过信息的定期跟踪监测、整理加工等工作,以定向和个性化方式,为用户提供专题资源的行为。"⑤

目前,我国公共图书馆专题信息服务主要有以下四种方式。

(1)舆情监测服务。为地方政府机关了解舆情动态、把握社会脉搏、改进工作方式、科学决策提供依据。如上海图书馆制作的《上海世博会媒体测评》、吉林省图书馆开发的舆情信息产品《吉林文化舆情参考》、佛山市图书馆编辑的《境内外媒体看佛山》、东莞图书馆编辑的《东莞舆情》等。

(2)立法决策专题服务。《中华人民共和国公共图书馆法》规定"政府设立的公共图书馆应当根据自身条件,为国家机关制定法律、法规、政策和

---

① 周国正. 现代图书馆学基础[M]. 合肥:安徽大学出版社,2011:186.
② 霍瑞娟. 基层图书馆管理与服务[M]. 北京:北京师范大学出版社,2018:144.
③ 翟辰敏. 图书馆参考咨询服务发展演变研究[D]. 郑州:郑州大学,2016.
④ 焦玉英,等. 信息检索[M]. 武汉:武汉大学出版社,2001:418.
⑤ 蔡鸣聿. 深圳图书馆专题信息服务的实践与探讨[J]. 图书馆研究,2018,48(4):75-79.

开展有关问题研究，提供文献信息和相关咨询服务"，立法决策服务进入了法律保障范畴。广州图书馆从2009年就开始为广州市人大提供立法决策信息服务，推出"热点推送"服务和综述服务，在2014年8月建成广州图书馆立法主题图书馆并开展服务。

（3）行业监控服务。如上海浦东图书馆制作的《浦东环境每周舆情》、佛山禅城区图书馆建设的"童装数据库""金属数据库""陶瓷数据库"等。

（4）竞争情报服务。如国家图书馆、苏州独墅湖图书馆、江苏昆山图书馆等开展的面向企业用户的竞争情报服务工作。

三、政府信息公开服务

2019年4月3日，中华人民共和国国务院令（第711号）正式公布修订后的《中华人民共和国政府信息公开条例》，其中第二十五条规定："各级人民政府应当在国家档案馆、公共图书馆设置政府信息查阅场所，并配备相应的设施、设备，为公民、法人或者其他组织获取政府信息提供便利……行政机关应当及时向国家档案馆、公共图书馆提供主动公开的政府信息。"公共图书馆在国家法规的意义上被确立为政府信息公开场所之一。在第六次全国县级以上公共图书馆评估定级工作中，政府公开信息服务是其中的指标之一，要求：在馆内设查询专区，有政府信息查阅标识和相关设施设备；提供纸质政府文件及政府可公开的各种材料并达到良好效果；在馆内有设施设备提供电子政府文件及政府可公开的各种材料查询；通过图书馆网站或移动图书馆等形式提供网上查询等。

公共图书馆的政府信息服务，包括两个方面的内容：一是政府信息组织工作，指公共图书馆进行当地政府信息的收集，公开目录、指南、索引、摘要的编制工作，对政府信息进行深度加工，深化政府信息服务内容；二是政府信息服务，指提供政府信息的查询、获取和咨询[①]，如设立政府信息查阅中心、开展政府信息网络服务、提供个性化政府信息服务等。

相比其他政府信息公开查询部门，公共图书馆在信息组织、信息服务等方面具有优势：一是公共图书馆可以对政府信息提供较为专业的分类、收藏、整理、借阅等服务；二是公共图书馆对政府信息可以进行二次加工，将

---

① 杨玉麟，屈义华. 公共图书馆资源建设与服务［M］. 北京：北京师范大学出版社，2013：208.

政府信息按部门、关键字、服务内容等进行整合,方便读者查询使用;三是公共图书馆政府信息服务一般坐落在图书馆中,可以将政府信息和专业图书报刊等内容相结合,开展相关文献资源推荐服务。①

2009年4月,国家图书馆联合公共图书馆共同建设推出了"中国政府公开信息整合服务平台",各级公共图书馆也开始积极开展政府信息服务。该平台为社会提供政府信息服务,通过全面采集并整合我国各级政府公开信息,构建一个方便、快捷的政府公开信息整合服务门户,使用户能够一站式地发现并获取政府公开信息资源及相关服务。②

第六节 技术应用

一、图书馆自动化管理系统

图书馆自动化管理系统(integrated library system,ILS),是指以电子计算机为手段实现图书馆的采购、编目、检索、流通、连续出版物管理等功能的软件系统。它的物理结构包括计算机硬件系统、软件系统、数据库和人员;功能结构包括采访子系统、编目子系统、典藏流通子系统、期刊管理子系统(包括对连续出版物的管理)、公共检索子系统、办公管理子系统、其他业务管理子系统。国外图书馆采用的自动化管理系统主要有以色列 Ex Libris 公司的 Aleph 500,澳大利亚 DYNIX 公司的 Horizon,美国 SIRSI 公司的 SIRSI Unicorn、INNOVATIVE 公司的 INNOPAC、Endeavor 公司的 Voyage 等。国内开发使用的图书馆自动化管理系统有图创 Interlib、汇文、力博、科图 ILAS、清大新洋 GLIS、北邮 MELINETS 以及丹诚 DT-1000 等。③

进入21世纪,图书馆业务逐渐从单馆走向集群化、网络化,出现了不

---

① 陈晴晴. 公共图书馆政府信息部门发展特点和现状分析 [J]. 图书馆工作与研究, 2018 (S1): 125-127.
② 中国政府信息整合服务平台开通 [J]. 电子政务, 2009 (5): 84.
③ 李群. 公共图书馆常用自动化管理系统比较研究 [J]. 图书情报工作, 2013 (S1): 275-277.

同模式的地区图书馆网络集群,如上海城市中心图书馆、深圳"图书馆之城"、广州"图书馆之城"、佛山市联合图书馆集群、东莞地区图书馆网络集群等,自动化管理系统实现了书目数据共享、联合目录查询、馆际通借通还等功能。一些有实力的公司利用云技术和 SOA 架构,推出了所谓的"下一代"图书馆服务平台(library services platform,LSP),其主要特点为整合数字资源、提供资源发现、基于 SOA 规范和提供 SaaS 云服务。① 此外,以FOLIO 为代表的"第三代图书馆服务平台"开始进入大家的视野,它不仅能支撑当前复合型图书馆对全媒体管理、全流程管理和全网域发现的基本需求,而且能灵活地支持未来图书馆的各种已知和未知的业务,代表了未来的发展方向。②

二、信息网络安全

信息安全是通过实施一组合适的控制措施而达到的,包括策略、过程、规程、组织结构以及软件和硬件功能(ISO/IEC 27002)。机密性、完整性和可用性是信息安全的三个重要属性,此外还有真实性、可核查性、不可否认性和可靠性等特征。最初,信息安全用于保护信息系统中处理和传递的秘密数据,主要强调的是通信安全(communication security,COMSEC);随着数据库技术和信息系统的广泛应用,访问控制技术变得更加重要,开始强调计算机安全(computer security,COMPSEC);后来,随着网络的发展,信息系统的应用范围不断扩大,因此必须考虑网络安全(net security,NETSEC)。③

(一)图书馆信息安全技术的构成④

信息安全作用的层面包括物理安全层、软件安全层、数据安全层,对应

---

① CHAD K. Rethinking the library services platform [EB/OL]. [2019-11-22]. http://www.kenchadconsulting.com/wp-content/uploads/2018/09/Rethinking_the_LSP_Jan2016a.pdf.
② 谢蓉,刘炜,朱雯晶. 第三代图书馆服务平台:新需求与新突破 [J]. 中国图书馆学报,2019(3):25-37.
③ 方滨兴,殷丽华. 关于信息安全定义的研究 [J]. 信息网络安全,2008(1):8-10.
④ 陈秀英. 网络环境下高校图书馆信息安全 [M]. 北京:研究出版社,2014:122-123.

着技术体系里的实体安全技术、运行安全技术、数据安全技术。

实体安全是图书馆网络正常运行的物质基础,包括计算机设备、网络通信设备、磁盘、磁带、硬盘等,其面对的安全隐患包括自然灾害、电磁泄漏、通信干扰等,主要的保护技术有数据和系统备份、电磁屏蔽、抗干扰、容错等。

运行安全是指网络与信息系统的运行过程和运行状态的安全,包括操作系统、数据库系统和应用系统安全。面对的威胁有网络攻击、网络病毒、网络阻塞、系统安全漏洞利用等,主要的保护技术有访问控制、病毒防治、应急响应、风险分析、漏洞扫描、入侵检测、系统加固、安全审计等。

数据安全是指围绕数据(信息)的生成、处理、传输、存储等环节的安全事项。面对的威胁包括对数据(信息)的窃取、篡改、冒充、抵赖、破译、越权访问等,主要的保护技术有加密、认证、访问控制、鉴别、签名等。

(二) 图书馆信息安全技术的种类与方法[①]

图书馆信息安全技术包括防护技术、数字签名技术、防火墙技术、防病毒技术、信息过滤技术、入侵检测技术、应急响应技术、备份恢复技术等。方法主要有身份鉴别、访问权限控制、用户权限控制、防火墙技术、应用网关与代理服务器、审计跟踪等。

三、国家公共数字文化工程

公共数字文化工程是指原文化部、财政部组织实施的全国文化信息资源共享工程、数字图书馆推广工程、公共电子阅览室建设计划等。该文化工程承担以下任务:优秀公共数字文化资源的征集、建设与使用;推进公共图书馆、文化馆等公共文化机构数字化服务;推进乡镇(街道)、村(社区)公共数字文化服务;公共数字文化服务标准体系建设;公共数字文化服务平台建设。经过多年的建设,文化和旅游部全国公共文化发展中心(以下简称"发展中心")、国家图书馆会同各地图书馆、文化共享工程分支中心、文化馆建立了完善的六级服务网络体系,在数字资源建设、技术服务平台支撑、

---

① 陈秀英. 网络环境下高校图书馆信息安全 [M]. 北京:研究出版社,2014:123-133.

专业人才队伍培训等方面取得了较大的成效。2019年4月，文化和旅游部向各省、国家图书馆、发展中心印发《公共数字文化工程融合创新发展实施方案》，标志着公共数字文化工程融合创新发展工作正式启动。2021年8月，广东省发布《广东省公共数字文化建设三年计划（2021—2023）》，以"平台+内容+终端+服务"相结合，提升全省公共数字文化服务水平及服务效能，进一步完善服务保障机制。①

（一）全国文化信息资源共享工程

全国文化信息资源共享工程（以下简称"文化共享工程"）是2002年起，由原文化部、财政部共同组织实施的一项国家重大文化惠民工程。它应用现代信息技术，将中华优秀文化信息资源进行数字化加工与整合，依托各级公共图书馆、文化馆（站）等公共文化设施，通过互联网、广播电视网、无线通信网等新型传播载体，在全国范围内实现中华优秀文化资源的共建共享。文化共享工程是政府提供公共文化服务的重要手段，是实现广大人民群众基本文化权益的重要途径，是改善城乡基层文化服务的创新工程，在我国公共文化服务体系建设中具有战略性、基础性地位。②

（二）数字图书馆推广工程

2011年，原文化部、财政部共同启动了"数字图书馆推广工程"，旨在构建以国家数字图书馆为中心，以各级数字图书馆为节点，覆盖全国的数字图书馆专用网络，建设分级分布式数字图书馆资源库群，以电信网、广播电视网、互联网为通道，以手机、数字电视、移动电视等新媒体为终端，向公众提供多层次、多样性、专业化的数字图书馆服务。数字图书馆推广工程作为重大文化惠民工程，积极推动基本公共文化服务标准化、均等化，坚持保障基层群众与特殊群体的文化权益，推动新媒体、新技术在图书馆建设与服务中的应用，以创新跟进时代脉搏，用科技助力图书馆事业发展，将更便捷、更丰富、更智能、更高效的数字图书馆产品和服务，带到全国图书馆用户身边。

---

① 广东出台公共数字文化建设三年计划 打通文化惠民服务"最后一公里" [EB/OL]. [2021-09-28]. http://whly.gd.gov.cn/service_newggwhzx/content/post_3498419.html

② 全国文化信息资源共享工程介绍 [EB/OL]. [2019-11-25]. http://www.ndcnc.gov.cn/gongcheng/jieshao/201212/t20121212_495375.htm.

(三) 公共电子阅览室建设计划

2012年，原文化部、财政部开始在全国实施"公共电子阅览室建设计划"。公共电子阅览室是以计算机技术、网络通信技术为基础，依托文化共享工程各级服务点、图书馆、文化馆，以及具备条件的工人文化宫、少年宫、妇女儿童活动中心、乡镇（街道）文化站、社区文化中心（村文化室）、学校、工业（产业）园区等，提供集互联网信息查询、文化共享工程信息资源服务、数字图书馆服务、素质培训、网络通信、休闲娱乐于一体的现代化多功能公共文化服务场所。公共电子阅览室建设是在公共数字文化建设发展到新的阶段，为保障基层广大群众的基本文化权益而推出的一种创新服务模式，它将进一步完善全国各级公共图书馆、文化馆（站、室）的软硬件设施，增强数字文化服务能力，把更多适应人民群众需求的数字资源传送到社区、城镇和农村，以活跃基层群众的文化生活，推进全社会的信息化进程。①

第七节　服务体系建设

公共文化服务体系是政府提供普惠型公共文化服务的保障机制和实现途径，具体包括设施网络覆盖，产品生产服务供给，人才、资金和技术保障，组织支撑，运行评估五大体系。② 文化和旅游部发布的《"十四五"公共文化服务体系建设规划》提出了公共文化服务布局更加均衡，公共文化服务水平显著提高，公共文化服务供给方式更加多元，公共文化数字化、网络化、智能化发展取得新突破的发展目标。公共图书馆服务体系是公共文化服务体系的重要组成部分，发挥着主导和中心的作用。

公共图书馆服务体系由所有实体图书馆、流动图书馆、总分馆系统、各

---

① 公共电子阅览室建设计划［EB/OL］.［2019-11-25］. http://www.ndcnc.gov.cn/yuelanshi/jianjie/201302/t20130225_571514.htm.
② 李国新. 公共文化服务体系建设中的图书馆［J］. 图书馆研究与工作，2010 (3)：5-11.

类图书馆服务点、图书馆联盟以及全国性或区域性服务网络等组成,① 它的要素包括政策法律、管理机构、主体构成、服务对象、服务设施、服务方式、服务网络等。目前,我国公共图书馆服务体系的架构分为两个维度,一是以县(区)为基本单位的总分馆服务体系,二是以市级图书馆为中心的"中心馆—总分馆"服务体系。②

一、县(区)级图书馆总分馆服务体系

总分馆服务体系是指由所在行政区域内各级公共图书馆及其他提供公共阅读服务的基层公共文化设施构成的服务体系,它通过区域内包括文献信息资源、设备设施资源、人力资源以及相关服务的全面布局、统一调取、协调提供和共建共享,提高管理运行绩效,扩大服务覆盖面,提升区域公共图书馆服务保障的均等化水平。总分馆服务体系一般由总馆、分馆和服务点构成。在业务管理、资源调配、统一协调中发挥主导作用的图书馆为总馆;具备一定规模,一般服务于乡镇(街道)、大型企业或较大社区的公共图书馆或承担文献信息服务功能的基层公共文化设施为分馆;服务于小型社区、村、小型企业等,承担部分分馆职能的基层公共文化设施为服务点。在本行政区内,独立于总分馆服务体系之外,可为多个总分馆服务体系提供支持和指导的公共图书馆为中心馆。中心馆的行政层级、馆藏及人员规模和技术力量一般在总馆之上,依需要承担部分总馆职能。③

在长期的理论研究与实践中,我国逐渐形成了两种不同的总分馆实践模式。一种是标准总分馆制,在该体系中,总馆始终处于领导地位和核心地位,分馆处于从属地位,分馆不仅要在行政上隶属于总馆,在业务上接受总馆领导,而且在资源、管理、技术各个方面均要服从于总馆,受到总馆的统一指挥、约束和协调。这种总分馆制被认为是严格意义或真正意义上的总分馆制,目前佛山市禅城区图书馆总分馆服务体系采取的就是该模式。另一种是准总分馆制,是在不能完全实现标准总分馆制的前提条件下,因地制宜,

---

① 邱冠华,于良芝,许晓霞. 覆盖全社会的公共图书馆服务体系:模式、技术支撑与方案 [M]. 北京:国家图书馆出版社,2008:3.
② 霍瑞娟. 基层图书馆管理与服务 [M]. 北京:北京师范大学出版社,2018:8-9.
③ 中华人民共和国文化和旅游部. 公共图书馆总分馆业务规范:WH/T 89—2020 [S/OL]. [2021-06-10]. https://www.mct.gov.cn/whzx/zxgz/wlbzhgz/202009/t20200928_875564.htm.

只要能够实现统一规划、统一协调、统一服务、资源共建共享，这样的图书馆群也视为总分馆，如分级投入、集中管理的"嘉兴模式"，分级建设、统一规划的"上海模式""杭州模式"。①

（一）中心馆/总馆职能②

在总分馆体系中，总馆职能通常由县（区）级图书馆承担，主要包括：编制并组织实施本地区总分馆体系建设的年度计划和中长期规划；统一制定服务规范和业务标准；统一开展文献资源的采购、编目、加工、配送，组织建立文献物流传递系统，实行通借通还；建立统一的业务管理平台，实现统一书目查询；协同分馆、服务点，面向总分馆体系内的服务人口开展服务；指导、援助、监督分馆和服务点的建设与运行；统一开展总分馆体系内工作人员业务培训；对本地区总分馆体系业务档案进行妥善保管，开展业务数据分析，编制本地区总分馆体系年度报告并及时公开；考核分馆和服务点管理与服务绩效；对流转返馆的文献等资源进行妥善保管和合理调配。有中心馆的地区，总馆部分职能可由中心馆承担。

（二）分馆职能③

分馆通常设置在乡镇（街道）综合文化站、村（社区）基层综合性文化服务中心。分馆在总馆的统筹安排和指导下承担以下主要职能：接收总馆调配的资源，承担总馆分配的任务；对流转到本馆的文献等资源进行妥善保管和合理利用，并合理组织本区域流通点文献的流转配送工作；主要面向本区域内服务人口提供与总馆水平相当的文献信息查询、书刊借阅、公益性讲座、阅读推广、培训、展览等基本服务项目，并根据自身功能定位开展特色服务；对本区域内的服务点进行指导管理，协调服务点的资源配送和联合服务；接受总馆的指导、援助、监督、培训和考核；采集本分馆及本区域内服

---

① 霍瑞娟. 基层图书馆管理与服务［M］. 北京：北京师范大学出版社，2018：30-31.

② 中华人民共和国文化和旅游部. 公共图书馆总分馆业务规范：WH/T 89—2020［S/OL］.［2021-06-10］. https://www.mct.gov.cn/whzx/zxgz/wlbzhgz/202009/t20200928_875564.htm.

③ 中华人民共和国文化和旅游部. 公共图书馆总分馆业务规范：WH/T 89—2020［S/OL］.［2021-06-10］. https://www.mct.gov.cn/whzx/zxgz/wlbzhgz/202009/t20200928_875564.htm.

务点的统计数据及读者意见、建议,及时向总馆反馈。

扩展阅读6.1①

在统一规范方面,总分馆模式下,总馆与分馆实施相同的管理理念和服务理念,总馆对分馆实行业务管理或进行业务指导,分馆在业务上与总馆具有从属关系。总馆制定总分馆体系各项业务管理制度,包括业务规划制度、业务标准制度、考评制度、业务数据统计与年报制度、业务档案管理制度、业务培训制度、标识管理制度与总分馆馆长业务工作会议制度等。

在读者服务方面,总分馆体系按照平等、开放、共享、免费的原则,依据体系内各项读者服务制度,联合向社会公众提供文献信息查询及借阅、参考咨询、公益性讲座、阅读推广、培训、展览等服务,并利用门户网站及新媒体服务平台向公众提供数字化、网络化服务,通过流动服务设施与自助服务设施为公众提供便捷服务。与此同时,总馆指导分馆并与其共同做好读者管理工作,定期开展读者需求调查,及时收集读者意见并反馈。

在文献资源建设方面,应根据本区域公共图书馆总分馆体系的服务任务与服务对象的需求,制定本区域馆藏发展规划;根据统一的业务标准,统一开展本区域文献资源的采购、编目、加工、配送等工作,构建与本区域经济、文化与社会事业发展相适应的文献资源保障体系。

在信息化建设与管理方面,总馆和分馆应将现代信息技术广泛应用到图书馆的馆藏建设、信息服务、业务管理与统计、网络开发等领域,提高图书馆资源建设、服务及管理等工作的质量与效率。

(三)案例:禅城区联合图书馆总分馆制

禅城区联合图书馆服务体系建设突破行政"分级管理"和财政"分灶吃饭"的传统体制限制,直接将分馆设立在街道、社区,构建了一个具有高

---

① 中华人民共和国文化和旅游部. 公共图书馆总分馆业务规范:WH/T 89—2020 [S/OL]. [2021-06-10]. https://www.mct.gov.cn/whzx/zxgz/wlbzhgz/202009/t20200928_875564.htm.

度地域辐射性，深入社区、贴近市民的图书馆服务网络，开创了国内第一个总分馆模式，被誉为"最能实现公共图书馆普遍均等服务的办馆模式"。

分馆建设模式：禅城区图书馆为总馆，街道馆为分馆，由总馆对分馆行使统一的人事、财务、资源及业务管理权。分馆所有权与管理权分离，分馆馆舍由街道办无偿提供，所有权归属街道办；分馆由总馆全权管理，街道只协助、不干预，管理权归属区图书馆；分馆运作经费由区政府承担，全部直接下拨给总馆（人、水电、图书等）。总分馆的人、财、物实行统一管理，由总馆统筹安排。

基层服务点（成员馆）建设模式：由总馆（禅城区图书馆）将条件成熟的基层图书馆如社区书屋、农家书屋、职工书屋、园区书屋、校园书屋、警营书屋等纳入禅城区联合图书馆服务体系，以基层服务点（成员馆）的形式开展服务。总馆负责图书分编、人员培训，提供业务指导和技术支持等。基层服务点（成员馆）的所有权和管理权不变，购书经费、员工经费、水电费以及各种设施费用和业务费用均由其自主承担或由其主管部门负责。

二、"中心馆—总分馆"服务体系

"中心馆—总分馆制"是指作为地区公共图书馆服务网络建设中心的图书馆（即中心馆）不直接参与基层分馆建设，也不直接管理基层分馆的人、财、物，而是由下一级公共图书馆作为辖区内的总馆，承接该地区分馆建设。中心馆只负责对下一级公共图书馆业务的规划、指导、协调、评估，整合地区资源等工作。①

以深圳"图书馆之城"为例，其整体思路是把深圳建成为一个没有边界的大图书馆网，以全市已有、在建和将建的图书馆网点和数字网络为基础，联合各图书情报系统，建立覆盖全城、服务全民的文献信息资源共享网络，实现图书馆网点星罗棋布、互通互联、资源共享，为市民提供功能完善、方便快捷的图书馆服务，达到提供丰富资讯、支持终身学习、丰富文化生活的目的。自 2003 年"图书馆之城"建设启动以来，深圳逐步构建了一个理念超前、资源丰富、设施先进、服务便利、互通互联的图书馆服务网络。2009年，深圳市公共图书馆启动了"图书馆之城"统一服务平台建设，统一全市公共图书馆的条形码、RFID 标签，建立统一的书目数据库和读者数据库，

---

① 汪东波．公共图书馆概论［M］．北京：国家图书馆出版社，2012：349．

实现对馆藏数据、读者数据、流通数据的集中运作、管理和维护,通过"图书馆之城"门户网站统一导航、统一检索、统一使用,着力打造"全城一个图书馆",为读者提供便捷、高效、无差别的一站式图书馆服务。2012 年 4 月 23 日,深圳"图书馆之城"统一服务平台全面正式启动。截至 2020 年年底,深圳"图书馆之城"共有各类公共图书馆(室)、自助图书馆 1012 个。其中,公共图书馆(室)710 家:包括市级馆 3 家、区级馆 9 家、街道及以下基层图书馆 698 家;各类自助图书馆 302 台:包含城市街区自助图书馆 235 台、24 小时书香亭 67 个。星罗棋布的公共图书馆网络覆盖全市,彰显现代都市的书香氛围,构筑快捷便利的阅读通道。①

主要参考文献

[1] 冯玲. 读书会运营与阅读推广 [M]. 北京:朝华出版社,2020.

[2] 王世伟. 图书馆讲座工作引论 [J]. 图书馆学研究,2005(10):86-88.

[3] 王余光. 图书馆阅读推广研究 [M]. 北京:朝华出版社,2015.

[4] 杨玉麟,屈义华. 公共图书馆资源建设与服务 [M]. 北京:北京师范大学出版社,2013.

习 题

(1) 您所在的图书馆的整体业务布局是怎样的?
(2) 如何对您所在的图书馆的整体业务布局进行优化?

思考题

(1) 对公共图书馆的整体业务进行布局应该考虑哪些因素?
(2) 近年来出现的公共图书馆新兴业务有哪些?反映了公共图书馆事业怎样的发展趋势?

---

① 深圳市图书馆之城简介 [EB/OL]. [2021-09-28]. https://szln.szlib.org.cn/lib/about/9.do.

第七章　公共图书馆信息资源建设

学习目标

整体了解信息资源建设知识
了解信息资源的各种类型
了解资源采访的基本原则
掌握文献分类、主题标引、文献编目工作的基础知识
了解特色馆藏的建设方法

知识点提示

信息资源的类型
馆藏资源发展原则
文献分类
主题标引
文献编目
特色馆藏

信息资源建设是人类对处于无序状态的各种媒介信息进行有机集合、开发、组织的活动。网络环境下的信息资源建设既包括文献型的资源建设，也包括数据库的建设，还包括对网络信息资源的开发与组织。信息资源建设与

文献信息资源建设、馆藏建设是包容关系，信息资源建设犹如一级类目，属于宏观层面；文献信息资源建设犹如二级类目，属于中观层面；馆藏建设犹如三级类目，属于微观层面。① 信息资源建设是公共图书馆的一项基础性工作，收集、整理、储存和提供利用信息资源是公共图书馆最基本的职能之一。② 本章将从微观层面着手，重点对馆藏资源的类型、发展政策、采访、组织、特色馆藏建设五个方面进行阐述。

第一节 公共图书馆馆藏资源的类型

公共图书馆的馆藏资源，按照存储的空间位置可以分为两大类。一是以某种形式存在于图书馆内，图书馆完全拥有其所有权和使用权的现实馆藏；二是数据存在于图书馆之外的其他地方，但用户借助计算机系统、通信网络等可以广泛利用的虚拟馆藏。③

一、现实馆藏

按照存储的载体划分，现实馆藏主要包括印刷型文献、视听资料、缩微文献、单机信息资源和自建数据库等。④

（一）印刷型文献

印刷型文献是指通过石印、油印、铅印、胶印或雕版印刷等各种印刷方式，将信息内容记录在纸质载体上的一种文献形式，是人类存储、传播知识信息的基本手段。它包括图书、连续出版物、会议文献、科技报告、专利文献、学位论文、标准文献、科技档案、政府出版物、产品资料等多种类型。印刷型文献历史悠久，是目前公共图书馆中仍占主导地位的馆藏资源。

---

① 高波，吴慰慈．从文献资源建设到信息资源建设［J］．中国图书馆学报，2000（5）：22-25．
② 汪东波．公共图书馆概论［M］．北京：国家图书馆出版社，2012：62．
③ 汪东波．公共图书馆概论［M］．北京：国家图书馆出版社，2012：63．
④ 汪东波．公共图书馆概论［M］．北京：国家图书馆出版社，2012：64．

（二）视听资料

视听资料又称声像资料，它以电磁材料为载体，以电磁波为信息符号，记录声音、文字及图像，具有动静交替、声情并茂、形象逼真的特点。其主要类型有普通唱片、盒式或匣式录音带、幻灯片、电影胶片、普通电视录像带、激光电视录像盘、激光唱盘、多媒体学习工具、程序化学习工具、游戏卡等。①

（三）缩微文献

缩微文献又称缩微复制品，是以感光材料为载体，用摄影的方法将文献的内容缩摄在感光胶片或感光胶卷上，借助专门的阅读设备进行阅读的一种文献类型。缩微文献具有体积小、信息存储量大、复制性能好、成本低廉等优点；按外形可分为缩微胶片、缩微胶卷、缩微卡片，按透光性可分为透明体和不透明体。

（四）单机信息资源

单机信息资源即单机版的电子出版物，它是以数字代码为主，将有知识内容的信息编辑加工后存储在固定物理形态的磁、光、电等介质上，通过电子阅读、显示、播放设备读取使用，但不在网络上传输的数字化信息资源。它主要包括只读光盘（CD－ROM、DVD－ROM、HD DVD－ROM、BD－ROM等）、一次写入式光盘（CD－R、DVD－R、HDDVD－R和BD－R等）、可擦写光盘（CD－RW、DVD－RW、HDDVD－RW和BD－RW等）、磁光盘（MO）、软磁盘（FD）、硬磁盘（HD）、集成电路卡（SD卡、CF卡等）等。②

（五）自建数字资源③

自建数字资源是图书馆依托本馆的信息资源，独立建设或与其他单位合作开发建设的，存储于本馆的各种数字资源，主要包括馆藏书目数据库、特

---

① 赖茂生. 名词解释：音像文献［DB/OL］. ［2020－03－07］. http：//www. chinalibs. net/ArticleInfo. aspx？id＝30045.

② 电子出版物出版管理规定［EB/OL］. ［2021－09－05］. http：//www. nppa. gov. cn/nppa/contents/310/24197. shtml.

③ 汪东波. 公共图书馆概论［M］. 北京：国家图书馆出版社，2012：64.

色数据库、参考咨询库等。

二、虚拟馆藏

虚拟馆藏主要包括联机检索信息资源和网络信息资源。

（一）联机检索信息资源

联机检索信息资源是指图书馆通过签约付费，可远程登录、在线利用的数字资源。这些数字资源存储在数据库提供商的服务器上，图书馆只有对它们的限期使用权，而非永久占有与使用权。这些数据库可分为参考数据库、全文数据库、事实数据库等。[①] 参考数据库是指包含各种数据、信息或知识的元素来源和属性的数据库，如文摘数据库（如"化学文摘"）、索引数据库（如"复印报刊资料索引"）等。全文数据库是指收录原始文献全文的数据库，内容以期刊论文、会议论文、法律条文、商业信息等为主，如中国知网（CNKI）的"中国期刊全文数据库"。事实数据库是指包括大量数据、事实，直接提供原始资料的数据库，又分为数值数据库、指南数据库、术语数据库，如"科学数据库""中国宏观经济数据库"等。

（二）网络信息资源

广义的网络信息资源是指借助计算机网络可以获取和利用的所有信息资源的总和，具有数量庞大、增长迅速、共享程度高、传输速度快、质量良莠不齐等特点。按照发布方式，网络信息资源可分为正式出版物、半正式出版物、非正式出版信息。

（1）正式出版物。根据我国《互联网出版管理暂行规定》，互联网出版是指"互联网信息服务提供者将自己创作或他人创作的作品通过选择和编辑加工，登载在互联网上或者通过互联网发送到用户端，供公众浏览、阅读、使用或下载的在线传播行为"。这类出版物受到产权保护，质量可靠，利用率较高。

（2）半正式出版物。是指受到一定的产权保护但在正式出版物上无法得到的信息，如各种正式机构、行业组织在网络上发布的相关信息。

（3）非正式出版信息。是指流动性、随意性较强，信息量大，信息质量

---

① 舒炎祥，方胜华. 数字文献检索［M］. 修订版. 北京：科学出版社. 2012.

难以保证和控制的动态信息,如电子邮件、专题讨论小组和论坛帖子、电子会议报告、电子公告板新闻等。

第二节 公共图书馆馆藏发展政策

馆藏发展政策(collection development policy,CDP)是图书馆系统地确定馆藏资源长期发展策略以及具体实施规范的纲领性文件。[①] 图书馆需要根据自身定位和读者需求系统地规划馆藏发展方向,确定收藏原则、收藏范围、收藏重点、采购标准等。馆藏发展政策与规划是图书馆功能发挥与服务效益实现的基础,能保障馆藏的一致性和连续性,减少个人偏见,提高采访工作效率,具有重要意义。

一、馆藏发展政策制定的原则[②]

公共图书馆馆藏资源发展既要和本地区经济、文化与社会事业发展相适应,又要与日益增长的读者需求、本馆实际情况相匹配,因此,公共图书馆在制定馆藏发展政策时应遵循以下原则。

(一)适应性原则

本地区的文化水平和特色决定着图书馆馆藏的收藏特色,经济发展水平影响着图书馆馆藏的投入规模,读者需求影响着馆藏结构,因此,公共图书馆应根据所处的社会环境、地方文化特色、本馆的规模和任务,有针对性地收集和组织符合当地读者实际需求的各类文献资源。

(二)一致性原则

馆藏发展政策应与《中华人民共和国公共图书馆法》、国家知识产权保

[①] 李少芳. 图书馆馆藏发展政策思考:美国乔治城大学法律图书馆馆藏发展政策及启示[J]. 图书馆建设,2011(10):49-51.

[②] 杨玉麟,屈义华. 公共图书馆资源建设与服务[M]. 北京:北京师范大学出版社,2013:44.

护等方面法律法规的要求相一致，遵循各级政府相关文件对资源保障的要求，还应与本馆文献资源建设规划、采集方针及服务功能相匹配。

（三）系统性原则

馆藏发展政策应有利于形成系统的资源体系，包括：科学知识的系统性，即将某些学科、专业的文献作为重点收集的对象；馆藏资源自身的连续性，即多卷书、丛书、连续出版物及重要工具书的收藏不能随意中断；读者需求的系统性，即在充分考虑读者群体需求的前提下，协调好馆藏体系与读者需求的关系；保存和传递的系统性，这是图书馆具备科学的馆藏体系的标志。

（四）特色化原则

馆藏资源特色化是一个图书馆区别于其他图书馆的重要标志，具体表现在学科特色、专题特色、地方特色、文献类型特色等方面。特色化原则有利于图书馆形成专业特色馆藏、积淀与丰富历史文献。如湖南图书馆的连环画特色文献资源、东莞图书馆的动漫文献等，成为图书馆开展相关服务的重要馆藏依托。

（五）共建共享原则

在当今文献信息资源数量急剧增长、购书经费又有限的情况下，仅靠单个图书馆难以形成既完整又有特色的文献资源体系，难以满足不同的读者需求。因此，区域内的图书馆应该在统一的目标下分工协作、联合采集、优势互补，建立本地区有特色、有重点、覆盖全社会的文献资源保障体系。

（六）动态发展原则

馆藏资源建设是一个新陈代谢的过程。根据"长尾理论"，利用率较低的图书也有一定规模的潜在用户群体，因此，图书馆应该尽可能多地完善馆藏文献资源。根据"二八定律"，利用率最高的馆藏永远集中在那部分特定的文献资源，因此，公共图书馆应该按照动态发展原则，通过优化馆藏结构、调整藏书布局、整合藏书空间等有效手段增强藏书活力。

二、馆藏发展政策制定的依据[①]

馆藏发展政策的制定需要综合考虑社会政治、经济、科学、教育、文化发展的大环境，也需要结合图书馆自身的条件、定位、规划、任务，注重馆藏资源体系的社会需求适应性。

（一）图书馆所处的环境

馆藏资源建设是选择、收集、组织、布局、开发和利用文献信息资源的社会性活动，受到国家政策、法律、经济、科技、文化的影响。自我国2005年提出建设公共文化服务体系以来，一系列推进公共文化服务体系建设的政策文件密集出台，《中华人民共和国公共文化服务保障法》和《中华人民共和国公共图书馆法》相继出台并实施，这十余年来全国公共图书馆事业得到迅速发展。5G技术、人工智能、大数据、物联网、云计算等技术的发展，推动着图书馆向智慧化方向迈进。政府重视程度、社会发展水平这些外部环境影响着当地公共图书馆的经费投入，是公共图书馆馆藏发展政策需要考虑的大背景、大环境。

（二）图书馆的定位与任务

省级公共图书馆、市级公共图书馆、县级公共图书馆和乡镇村级图书馆在公共文化服务体系中的角色定位和职能任务不同，服务重心不同，其馆藏发展政策也需要做出相应的调整。具体到某一个公共图书馆，是否需要留保存本，哪些类型需要留保存本，建设哪个专题的特色馆藏，都是需要考虑的问题。在服务对象上，图书馆所有资源和服务都应该以满足当地读者需求为前提，在分析图书馆读者特点和读者信息需求的基础上确定图书馆定位与发展方向，从而制定具体的馆藏发展政策。

（三）图书馆的未来发展规划

根据每个时期的发展目标、工作重心，公共图书馆通常会制定年度计划、三年计划、五年规划等，这对馆藏发展政策的制定起着直接作用。比如

[①] 杨玉麟，屈义华. 公共图书馆资源建设与服务 [M]. 北京：北京师范大学出版社，2013：45.

《广州市"图书馆之城"建设规划（2021—2025）》《广州图书馆2021—2025年发展规划》对资源共建共享、数字资源服务、特色馆藏建设做出了具体要求和规划。图书馆在此基础上制定的馆藏发展政策，就应以规划为指导思想，在总框架下进行馆藏资源的细节谋划。

三、馆藏发展政策的内容

一份完整的馆藏发展政策的研究与制定，需要在充分调研内外部环境、分析资源现状的基础上进行具体内容的铺排，从而为馆藏资源建设提供宏观指导、标准规范。公共图书馆制定的馆藏发展政策应包括建设目标、资源结构、采访、资源管理、馆际合作、赠书接收、经费分配、馆藏评价等政策内容。[①]

（一）馆藏资源建设目标

馆藏资源建设目标具体包括数量目标和质量目标。数量目标是指在一定时期内馆藏资源的具体数量、覆盖程度应该达到的要求；质量目标即入藏文献信息要达到的广度、深度、新度，各类文献载体的比例等。

（二）馆藏资源结构规划

馆藏资源结构是馆藏体系中各种资源的联系、组合方式，一般包括：学科结构，构建一个有重点、有粗细、科学合理、因地制宜的馆藏学科结构；等级结构，确定各类别文献收集的完备程度；时间结构，合理设计收藏文献的出版时间或公布时间；文种结构，即馆藏中各种语种文献的构成情况；资源类型结构，即馆藏中不同出版形式、不同载体文献的构成情况。[②]

（三）馆藏资源采访

馆藏发展政策需要对馆藏资源采访制度做出要求，对文献采访的一系列流程做出具体规定，包括采访人员的选任与职责、采选工具、采访方针及原则、收藏范围、复本政策等。

---

① 杨玉麟，屈义华. 公共图书馆资源建设与服务［M］. 北京：北京师范大学出版社，2013：46.

② 肖希明. 信息资源建设［M］. 武汉：武汉大学出版社，2008：111.

(四）馆藏资源管理

馆藏管理政策包括馆藏组织、盘点、更新、保护、评价与剔除在内各项工作的规范制度。比如，馆藏保护方面，需要确定馆藏保护的原则、经费投入、技术标准；馆藏处理方面，需要确定馆藏资源存储、保留、剔旧、处置的规则。

（五）馆际合作政策

在合作藏书与资源共享方面，需要说明图书馆正在或者准备参与的馆藏合作组织，明确本馆的权利、义务和责任等，同时以多种方式参与当地图书馆之间的文献资源共享合作与协作。

（六）文献征集与捐赠

馆藏发展政策应详列捐赠机构间文献交换的条件、程序和原则，明确规定接受或拒绝哪些赠书、有哪些不能接受的附加条件等。

（七）经费分配

馆藏发展政策需要阐明图书馆经费的使用原则、分配优先顺序和相关问题处理方法，明确指出用于采购印刷型文献、数字文献等资源的经费使用的标准和策略，以及购书经费如何在馆藏和存取方面保持恰当的比例。

（八）馆藏评价

馆藏评价的标准可分为两个维度，一是文献标准，即评价文献本身的特征；二是社会标准，即文献对社会需求的满足能力。馆藏评价指标具体包括藏书保障率、读者满足率、学科覆盖率、藏书结构、图书利用率等。

第三节　公共图书馆馆藏资源采访

《中华人民共和国公共图书馆法》第二十五条规定："公共图书馆可以通过采购、接受交存或者捐赠等合法方式收集文献信息。"如今，出版发行行业日益繁荣，文献品类繁多。在数量上，全国出版的图书、期刊、报纸、音像制品和电子出版物的品种日益丰富；在载体上，纸质文献、电子文献并驾齐驱；在发行渠道上，实体店和网店同生共存。对文献采访工作来说，这些发展既拓宽了采访的渠道，也带来了挑战。为确保馆藏资源结构合理、重点突出、载体多样、种类齐全，公共图书馆馆藏资源采访可分为购入采集方式和非购入采集方式。

一、购入采集方式

购入采集方式是指图书馆向出版单位和个人有偿获取文献信息的方式[①]，包括书目预订、现场采访、网上采访、复制四种形式。互联网技术的发展，让公共图书馆馆藏资源采访方式在传统方式基础上发生了很大变化，文献的时效性、满足程度都有了较大的提升。

（一）书目预订

书目预订是一种传统的馆藏资源采访方式，是公共图书馆有计划采集文献的比较可靠的方法。具体是指采访人员从文献征订目录中选择文献，获取并填制订单后向经销商发送，再由经销商按订单供应文献的方式。这种方式具有文献来源保障率高的优点，也有预订手续复杂、周期较长、书目描述不充分等缺点，适用于采购文献品种多、数量大及长期订购的情况。

（二）现场采访

现场采访是馆藏资源采访的主要方式，是指文献采访人员直接到书店、书市或出版销售部门选购书刊。现场采访主要有本地现采、外地现采两种方式。现场采访能看到实物，能快速、准确地进行取舍，但由于品种数量、货源的限制，采购的偶然性较大。

（三）网上采访

网上采访又称在线采购，即通过互联网完成文献采购的过程，具体步骤为：登录网上书店网站，查找相关书目，选定文献后提交订单购买。其优点有书目丰富、更新及时、采访范围广、节省人力物力等；其缺点有结算方式

---

① 吴慰慈. 图书馆学基础 [M]. 北京：高等教育出版社，2017：151.

不完备、配送服务不完善、售后服务保障不足等。

（四）复制

复制是指通过复印、照相、录音、录像、扫描等手段获得所需资源的复制品，多用于获取图书馆无处购买的稀缺资料。复制文献有时候需要支付一定的费用，是获得珍贵书刊和稀缺资源的途径，但这种采访方式必须注意解决知识产权问题。

二、非购入采集方式

非购入采集方式是指图书馆不通过贸易渠道或不用货币购买而通过呈缴、调拨、征集、交换、捐赠等途径免费获得各类文献或非卖品文献的方式。① 这种方式的优点是可以获得通过公开途径无法主动获取的文献资源，其难点在于获取的不可控和偶然性。

（一）呈缴

呈缴是以法律或法令的形式，规定全国所有出版社或负有出版责任的单位必须将其出版的每一种出版物向指定的机构免费缴送一定数量的样本。② 《中华人民共和国公共图书馆法》第二十六条明确规定："出版单位应当按照国家有关规定向国家图书馆和所在地省级公共图书馆交存正式出版物。"

（二）文献调拨

文献调拨是指在上级主管部门的组织下或按照一定的协调机制，有计划地将部分馆藏文献调拨给需要的图书馆。常见的情况有：撤销单位移交、馆际支援、其他图书馆调剂复本量过大的文献或呆滞文献等。③

（三）文献征集

文献征集是指图书馆通过主动发函、登门访求、向社会发布图书征集广告或启事等方式，有针对性地从机构或个人那里获得珍贵文献。

---

① 肖希明. 信息资源建设 [M]. 武汉：武汉大学出版社，2008：168.
② 吴慰慈. 图书馆学基础 [M]. 北京：高等教育出版社，2017：152.
③ 杨玉麟，屈义华. 公共图书馆资源建设与服务 [M]. 北京：北京师范大学出版社，2013：51.

(四) 文献交换

文献交换是获取内部文献资料和难得文献资料的重要方法,具体是指图书馆之间或图书馆与其他文献收藏机构之间相互交换文献,以达到互通有无、调剂余缺的目的。

(五) 文献赠送

文献赠送又称文献捐赠,是指图书馆等文献信息机构接受团体或个人的文献捐赠以丰富自身馆藏。图书馆获得文献赠送的途径包括知名人士赠送、国外友好人士和社团赠送、出版发行者赠送、个人著作赠送等。

三、馆藏资源采访新方式——用户驱动采购

(一) 用户驱动采购的概念

用户驱动采购(patron driven acquisitions,PDA)也可以称为"读者决策采购",是指图书馆赋予读者文献资源采购的决策权,读者从文献资源建设的接受者转变为发起者和决策者。在这种采购模式下,图书馆基于用户需求进行馆藏资源采购,能提升馆藏资源的利用率;对于经费有限的公共图书馆来说,可以把有限的经费投入读者真正需要的资源上。

按照读者参与的途径,可分为:现场采购途径,即读者可到图书馆合作书商的场地现场选书,或者在图书馆的新书区域现场选书;网上采购途径,是指读者在与图书馆有合作协议的网上书店或书商网上目录检索图书,若该书符合图书馆预先设置的采购标准,读者可直接下单获取。

按照载体类型,可以分为:纸质图书的 PDA、电子图书的 PDA、纸质图书与电子图书整合的 PDA。

按照馆员的介入程度,可以分为:无须馆员参与的全自动的 PDA、需要馆员审核批准才能购买的人工干预的 PDA。①

---

① 樊国萍. 读者决策采购:用户需求驱动的文献资源建设模式[J]. 大学图书馆学报,2012(6):57-61,82.

(二) 案例：内蒙古"彩云服务计划"①

2014年5月，为了满足广大读者的借阅需求，提高馆藏文献的利用率，内蒙古图书馆实施了"彩云服务——我阅读你买单　我的图书馆我做主"项目。以读者为主导来进行资源建设的模式，使读者从文献资源建设的接受者和终端转变为发起者与首端，成为文献资源建设的决策者。内蒙古图书馆通过自主研发"公共文化服务体系中读者、书店、图书馆集'借、采、藏'一体化服务管理平台"，将图书馆和书店的资源与服务集成整合，扩充资源总数，提供联合编目、资源共享、图书外借等一系列基于动态数据的云服务。在内蒙古自治区呼和浩特市任一与数据交互平台实现计算机联网的图书销售单位，读者只需持有内蒙古图书馆的读者证就可采购借阅图书。读者选好书后在书店柜台刷读者证、输入密码，即可完成读者下单购书环节。在书店工作人员对所购（借）图书进行条码和RFID芯片粘贴并通过光笔扫描转换后，系统自动将图书编目信息上传到图书馆书目数据库，完成图书的图书馆编目业务操作，读者即可将图书带走阅读。为规避重复采购图书，进而导致图书资源浪费，该系统也做了相应的程序设计。当读者在书店借阅系统"下单"后，系统会自动与内蒙古图书馆库存数目比对，若该书在图书馆的库存数已达到一定数量，系统会提示读者去图书馆借阅。

"彩云服务计划"的实施，为内蒙古图书馆带来服务方式、服务理念、服务流程的转变。图书馆通过云平台提供"一站式"服务、个性化服务等创新服务，使资源建设与服务更加高效、快捷。公共图书馆资源服务与需求有效对接的实现，有效地满足了广大读者的阅读需求，真正实现了"我的阅读我做主"的读者服务理念。

---

① 彩云服务［EB/OL］.［2021-08-02］. http://www.nmglib.com/index.php? c=show&id=509.

第四节　公共图书馆馆藏资源组织

根据肖希明教授在《信息资源建设》一书中对馆藏文献组织整理的定义，"馆藏文献的组织整理是指为了实现图书馆有效保存和积极利用文献资源的目的，而对馆藏文献进行整序、布局、排列及科学的管理，使之成为有序化的科学的文献资源体系的过程"①。在数字化、网络化环境下，公共图书馆的馆藏资源结构发生了较大的变化，因此，需要综合运用多种资源组织方法，对不同渠道、不同载体的馆藏资源进行科学、有效的组织。

一、文献分类

文献分类就是以文献分类法为工具，根据文献所反映的学科知识内容与其他显著属性特征，运用文献分类规则，分门别类地、系统地组织与揭示文献的一种方法。②

（一）分类法的类型

文献分类法是文献分类的工具，能为分类人员提供可靠、统一的分类标准，同时便于读者检索利用。其具体是指按照一定的思想观点，以科学分类和知识分类为基础，并结合文献的内容和特点，对概括文献情报内容及某些外表特征的概念或术语，进行逻辑划分和系统排列而成的类目一览表。③ 文献分类法基本分为体系分类法、分面分类法两种类型。在文献分类工具中，真正意义上的现代文献分类法以1876年问世的《杜威十进分类法》（dewey decimal classification，DDC）为标志，其作为体系分类法的代表，成为世界上现行文献分类法中流行最广、影响最大的一部分类法。

体系分类法也称为列举式分类法、枚举式分类法，是以科学分类为基

---

① 肖希明．信息资源建设［M］．武汉：武汉大学出版社，2008：244.
② 武德运．图书馆通论［M］．西安：陕西人民出版社，2006：124.
③ 国家图书馆《中国图书馆分类法》编辑委员会．《中国图书馆分类法》第五版使用手册［M］．北京：国家图书馆出版社，2012：13.

础，根据概念的划分与概括原理，把概括文献内容与事物的各种类目组成一个层层隶属、详细列举的等级结构体系的一种文献分类法。① 《中国图书馆分类法》（简称《中图法》）、《中国科学院图书馆图书分类法》（简称《科图法》）、《中国人民大学图书馆图书分类法》（简称《人大法》）、《杜威十进分类法》、《美国国会图书馆分类法》等都属于体系分类法。

分面分类法也称为组配分类法、分析—综合分类法，是依据概念的分析与综合原理，将概括文献内容与事物的主题概念组成"分面—亚面—类目"的结构体系，通过各分面内类目之间的组配来表达文献主题的一种文献分类法。② 《冒号分类法》就属于分面分类法。此外，还有体系-组配式分类法，也称为半分面分类法，是在详细列类的基础上广泛采用各种组配方式编制的分类法，如《国际十进分类法》。

（二）《中国图书馆分类法》概述

《中图法》（原称《中国图书馆图书分类法》）是新中国成立后编制出版的一部具有代表性的大型综合性分类法，是当今国内图书馆使用最广泛的分类法体系。《中图法》初版于1975年，曾先后四次修订，2010年出版了第五版。该书是我国图书馆和情报单位普遍使用的一部综合性的分类法，使用字母与数字相结合的混合号码，基本采用层累制编号法，主要供大型图书馆图书分类使用。随着计算机技术的应用，《中图法》出版了电子版和Web版。③ 为适应不同图书信息机构及不同类型文献分类的需要，它还有几个配套版本：《中国图书资料分类法》《中国图书馆分类法（简本）》《〈中国图书馆分类法〉期刊分类表》等。

《中图法》的结构包括编制说明、基本大类表、基本类目表（简表）、主表、附表、索引和使用手册。基本部类也称基本序列，是分类法中为建立知识分类体系，对知识门类所进行的最概括、最本质的区分和排列，是确立基本大类的基础。《中图法》将知识门类分为哲学、社会科学、自然科学三大部类，同时增设马列主义、毛泽东思想和综合性图书两大部类，构成基本序列如下：马克思主义、列宁主义、毛泽东思想，哲学，社会科学，自然科学，综合性图书。基本大类又称基本大纲，是分类法列出的第

---

① 俞君立，陈树年. 文献分类学［M］. 武汉：武汉大学出版社，2015：26.
② 俞君立，陈树年. 文献分类学［M］. 武汉：武汉大学出版社，2015：56.
③ 《中国图书馆分类法》编辑委员会. 中国图书馆分类法［EB/OL］. ［2020-03-10］. http://clc.nlc.cn/.

一级类目。《中图法》在考虑学科领域平衡的基础上，以国际上通用的基本学科划分和专业划分为依据，设置了22个基本大类。（见表7-1所致）

表7-1 《中图法》的基本部类与基本大类

基本部类	基本大类	
马克思主义、列宁主义、毛泽东思想	A 马克思主义、列宁主义、毛泽东思想、邓小平理论	
哲学	B 哲学、宗教	
社会科学	C 社会科学总论	D 政治、法律
	E 军事	F 经济
	G 文化、科学、教育、体育	H 语言、文字
	I 文学	J 艺术
	K 历史、地理	
自然科学	N 自然科学总论	O 数理科学和化学
	P 天文学、地球科学	Q 生物科学
	R 医药、卫生	S 农业科学
	T 工业技术	U 交通运输
	V 航空、航天	X 环境科学、安全科学
综合性图书	Z 综合性图书	

《中图法》的类目由类号、类名、类级、注释和参照组成。类号是类目的标记符号，决定类目在分类体系中的位置；类名是类目的名称；类级是类目的级别，显示类目间的等级关系；注释和参照用来对类目的含义及内容范围、分类方法、与其他类目的关系进行说明。① 《中图法》类目的结构如图7-1所示。

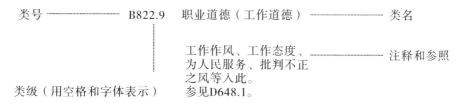

图7-1 《中图法》类目示例

---

① 国家图书馆《中国图书馆分类法》编辑委员会.《中国图书馆分类法》第五版使用手册[M].北京：国家图书馆出版社，2012：18.

二、主题标引

主题标引工作是从文献资料研究、论述对象的主题概念的角度来揭示文献的内容,主题标引方法也叫主题法。① 主题法的特点是直接以事物为中心组织文献,不考虑文献在学科体系中的位置,用直观的语词而不是符号进行标引。主题标引的基本原理是概念组配,其目的是通过对文献进行主题分析,从文献中客观、全面、准确地提炼出主题概念,然后借助主题词表和标引规则,把主题概念转换成标引词,从而建立主题建设系统。② 主题标引的步骤主要有选择标引方式、文献主题分析、主题概念转换成主题词、标引工作记录、标引结果审核等。③

(一) 主题标引的类型

根据主题的构成原理,主题法可分为标题词法、元词法、叙词法和关键词法四种类型。

标题词法是一种以标题词作为主题标识,以词表预先确定的组配方式标引和检索的主题法,通常用来标引比较定型的事物。标题词法有三个特点:一是必须采用规范的检索标识;二是采用定组方式,即以主标题词与副标题词的固定组配形式来表现某一主题概念,标题词表上未予规定的组配关系不能任意采用;三是采用二元组配,即一组检索款目多由一个主标题词和一个副标题词组成。标题表是一种主题语言,如美国的《国会图书馆标题表》是美国乃至世界范围内使用最广泛的标题表。

元词法是指以元词(单元词)作为检索标识的文献标引与检索方法,亦称单元词法。元词采用自然语言的形式(必须是规范词),所表现的概念是一个最基本的概念单元,无论在含义上还是在字面上都不能再拆分。

叙词法又称为主题词法。叙词是经过规范化处理的、以基本概念为基础进而表达文献信息主题的词或词组。叙词的概念组配类型主要有交叉组配和方面组配两类。我国比较著名的叙词表有《汉语主题词表》,它是我国第一

---

① 吴慰慈,董焱.图书馆学概论[M].北京:国家图书馆出版社,2019:174.
② 中华人民共和国国家质量监督检验检疫总局,中国国家标准化管理委员会.文献主题标引规则:GB/T 3860—2009[S].北京:中国标准出版社,2009.
③ 中华人民共和国国家质量监督检验检疫总局,中国国家标准化管理委员会.文献主题标引规则:GB/T 3860—2009[S].北京:中国标准出版社,2009.

部大型的综合性的叙词表。①

关键词法是指从文献中抽取的、能够表达主题并具有检索意义的词或词组,具有标引速度快、易于自动标引的优点,也具有检索效率低、检索质量差的缺点。

(二)《中国分类主题词表》概述

《中国分类主题词表》(以下简称《中分表》)是我国20世纪80年代末90年代初对情报检索语言进行应用研究的产物,是我国文献信息资源组织整序的主要工具②,于1994年首次出版,经过多次修订,到2017年已推出第三版。《中分表》第三版共2卷8册,其更新重点在于增改主题词、与《中图法》第5版类目对应,它起到《汉语主题词表》第3次修订版的作用。《中分表》采用《中图法》第5版的数据,分为分类号-主题词表和主题词-分类号表两种方式,既方便用户从分类号查找规范的主题词,也方便用户从主题词角度套用合适的分类号。现在《中分表》有印刷版、单机版和Web版等不同版本可供选择使用。《中分表》已成为我国图书馆界开展文献主题标引的首选工具。

《中分表》的宏观结构由三部分组成:编制说明和修订说明,《分类号-主题词对应表》和《主题词-分类号对应表》。

《分类号-主题词对应表》共1卷2册,是从分类体系到主题词对照的完整索引,包含了《中图法》22个大类、8个通用复分表、大类中的专用复分表及其对应的主题词、主题词组配形式、对应注释和说明;其微观结构包括来源于《中图法》的分类号、类名和注释,来源于《汉语主题词表》的对应的主题词。摘取片段如下。

---

① 司莉. 信息组织原理与方法 [M]. 武汉:武汉大学出版社,2011:23.
② 隆重推出《中国分类主题词表》(第二版,电子版) [J]. 国家图书馆学刊,2004(4):36.

```
D521　政治制度
论述世界各国政治制度，以及国家表征（国都、国旗、国徽、国花等）的著作
入此。
总论世界各国人权问题入 D815.7。
参见 D034。
国花 \ 世界；国徽 \ 世界；国家表征 \ 世界；国旗 \ 世界；政治制度 \ 世界
国花；国徽；国家表征；国旗；国庆日；国树；民主政治；首都
```

《主题词－分类号对应表》共1卷6册，是从主题词到分类号的对照索引；其基本要素和微观结构是：主题词，主题词的含义注释和语义参照，对应的分类号。摘取片段如下。

```
zhi ye dao de
职业道德
Professional ethics
B822.9；［B822.98］
Z 道德
S 道德
·商业道德
·体育道德
·医务道德
C 企业责任
```

三、文献编目

文献编目是指依据一定的规则和方法，对馆藏文献资源的内容特征和形式特征进行分析、选择，做出记录，并将其组织成目录的过程。① 编目包括两个部分：一是文献的描述性编目，主要对在编文献的物质形态进行分析、选择和记录；二是文献的主题性编目，主要通过分析在编文献所论述的主题内容来揭示其内容特征，以文献分类标引和主题标引及编制相应款目的工作

---

① 王松林. 现代文献编目［M］. 北京：国家图书馆出版社，1996：2.

为重点。目前，公共图书馆广泛采用计算机进行文献的编目工作。21世纪以来，编目工作出现了四大发展趋势，即编目格式简单化、编目外包普遍化、数据来源多样化及联合目录本地化。①

（一）文献编目的发展历程

1961年，巴黎国际编目原则会议确定了"巴黎原则"，成为编目国际标准化的基础；1967年，《英美编目条例》（Anglo-American Cataloguing Rules，AACR）发布，分为英国版（British text）和北美版（North American text）；1978年，《英美编目条例》第二版（AACR2）发布，实现了两版合一，采用《国际标准书目著录》（International Standard Bibliographic Description，ISBD）的格式，反映了国际编目事业的发展水平；2005年，AACR第三版改称《资源描述与检索》（Resource Description and Access，RDA），其目的在于满足数字环境下资源著录与检索的新要求，成为数字世界的通行标准。RDA以统一的《国际编目原则声明》（Statement of International Cataloguing Principles，ICP）为纲领，以传统的AACR2为基础，以现代的FRBR（Functional Requirements for Bibliographic Records，书目记录功能需求）和FRAD（Fuctional Requirements for Authority Data，规范数据功能需求）概念模型为框架，创造性地提供了一套更为综合、能覆盖所有内容和媒介类型资源的描述与检索的原则和说明，其包容性与可扩展性、一致性与连贯性、灵活性与便利性、继承性与协调性以及经济性与高效性等诸多特点为国际编目界所瞩目。② 目前，我国的文献编目规则以AACR2和相关国际标准为参照，于2005年出版了《中国文献编目规则》第二版，已成为我国文献编目领域的主要参考工具书。西文编目则以2003年出版的《西文文献著录条例（修订扩大版）》为主要标准。随着RDA的普及与实施，编目规则的修订已是大势所趋。

（二）元数据

随着互联网的繁荣和发展，对网络信息资源的描述与组织变得越来越重要，元数据（metadata）的概念被提出。元数据是用来描述数据的数据，它使信息的描述和分类可以实现格式化，从而为机器处理创造了可能。

---

① 胡小菁. 编目的未来［J］. 大学图书馆学报，2008（3）：18-22.
② RDA发展联合指导委员会. 资源描述与检索RDA［M］. 北京：国家图书馆出版社，2014.

1995年3月，由联机计算机图书馆中心（Online Computer Library Center，OCLC）与国家超级计算应用中心（National Center for Supercomputer Applications，NCSA）联合发起，52位来自图书馆界、电脑网络界专家共同研究产生了一个精简的、包含13个元素的元数据集——都柏林核心元数据集（Dublin Core Element Set），简称都柏林核心（DC），目的是建立一套描述网络电子文献的方法，以便于网上信息检索。后来新增了两个元素，形成了15个"核心元素"的集合。DC的15个元素分别为主题、题名、作者、出版者、相关责任者、出版日期、对象类型、格式、标识、关联、来源、语种、覆盖范围、描述、权限管理字段，分别对资源内容、知识产权、外部属性进行描述。2013年开始，国家图书馆通过数字图书馆推广工程资源联合建设项目，首先在全国31家副省级以上图书馆开展了元数据仓储建设工作，将多年以来国家图书馆关于元数据的研究成果应用于全国图书馆。于目前全国各级图书馆都不同程度地开展了元数据建设与应用。2015年，上海图书馆正式加入都柏林核心元数据组织（Dublin Core Metadata Initiative，DCMI）。

（三）书目框架格式

书目框架格式（BIBFRAME）源于美国国会图书馆的一项全称为Bibliographic Framework Initiative的计划，它希望开发一种"适应未来需求"的书目数据格式，能使未来的书目描述出现在互联网上，不仅为图书馆具体需求服务，而且服务于更宽泛的信息社区，其宗旨是对分类资源达到"一次编制，无限通用"①。书目框架格式是一种可以取代MARC的新模型草案，由创作作品、实例、规范、注释四个主要类组成，该计划的最终目的是形成一套适应互联网的书目信息应用规范（包括模型与实体、术语词表、编码及打包规则），以实现与图书馆以外的网络空间的信息交换。②

（四）《中国文献编目规则（第二版）》概述

国际图联制定的《国际标准书目著录》是我国图书情报标准化部门制定国家编目标准的依据，在此背景下，《文献著录规则》（GB 3792）、《中国文献编目规则》相继出台，在相当长的时期内规范了我国中文图书编目工作，

---

① 安晓丽. BIBFRAME与图书馆工作的变革［J］. 图书馆建设，2015（10）：40 - 42，50.

② 刘炜，夏翠娟. 书目数据新格式BIBFRAME及其应用［J］. 大学图书馆学报，2014（1）：7.

受到了业内人士好评。为了进一步规范我国当前图书著录的标准，国家图书馆组织全国各系统、各行业的文献编目专家依据《国际标准书目著录》，参考英美编目条例的最新版本，结合我国编目工作的实际需要，对《中国文献编目规则》进行了修订并于 2005 年推出了第二版。① 全书分"著录法""标目法"两部分，内容有：普通图书著录法，学位论文、科技报告、标准文献著录法，乐谱著录法，影像资料著录法，连续性资源著录法等。

（五）《中国机读目录格式》概述

机读目录格式（MARC format）是指信息资源在书目数据库中的组织形式，是各国编制书目数据普遍遵循的一种规范，从 UNIMARC、USMARC、MARC21 到 CNMARC 等，各种格式都在不断完善。根据《国际标准书目著录》的规则，著录是用以揭示文献形式特征和内容特征的记录事项，包括题名与责任说明项、文献特殊细节项、版本项、出版发行项、载体形态项、丛编项、附注项、标准编号与获得方式项，各个项目又包括对其特定内容的说明。文献信息资源的著录，就是对这八大项及其相互间关系的客观描述。著录的结果就形成关于在编文献的一条完整的书目记录，在传统形式下，书目记录表现为一张目录卡片，在计算机编目状态下则是一条书目的 MARC 数据。

1996 年，原文化部发布了标准《中国机读目录格式》（CNMARC），在我国图书馆书目数据制作工作中起到重要作用。与此同时，原国家技术监督局通过原文化部下达国家图书馆研制机读目录格式的国家标准。经过近 8 年时间，国家标准《中国机读目录格式》已通过原文化部组织的专家鉴定。2004 年，根据标准格式文本编写的《新版中国机读目录格式使用手册》出版，成为图书馆编目工作者的重要工具书。机读目录的逻辑结构如表7-2所示。②

---

① 邵小鸥. 谈谈《中国文献编目规则（第二版）》[J]. 国家图书馆学刊，2005（02）：31-33.
② 国家图书馆. 新版中国机读目录格式使用手册[M]. 北京：北京图书馆出版社，2004：112.

表 7-2　机读目录的逻辑结构

区域		功能块	字段	子字段
记录	记录头标			
	地址目次区			
	数据字段区	0-标识块		
		1-编码信息块		
		2-著录信息块	200 题名与责任说明	
			205 版本说明	
			206 资料特殊细节项：测绘制图资料-数学数据	
			207 资料特殊细节项：连续出版物编号	
			208 资料特殊细节项：乐谱特别说明	
			210 出版发行等	
			215 载体形态项	$a 特种资料标识和文献的数量及单位
				$c 其他形态细节
				$d 尺寸
				$e 附件
			225 丛编项	
			230 资料特殊细节项：电子资源特征	
		3-附注块		
		4-款目连接块		
		5-相关题名块		
		6-主题分析块		
		7-知识责任块		
		8-国际使用块		
		9-国内使用块		
	记录分隔符			

第五节 公共图书馆特色馆藏建设

特色馆藏是指图书馆在本馆定位、历史传统、社会环境等因素的影响下，积累、收藏的具有一定特点和优势的馆藏文献，是一个图书馆区别于其他图书馆的馆藏特色所在。由于信息化时代下馆藏资源的多样性，特色馆藏已被赋予了新的内涵，打破了传统以古籍善本、地方文献为主体的特点。特色馆藏的含义包括两个方面，一是指一个图书馆中独具特色的部分馆藏；二是指一个图书馆总的藏书体系所具有的特点。① 本节按照特色馆藏的类型，从"一个图书馆中独具特色的部分馆藏"的角度来阐述各特色馆藏的范围、收集、整理和开发。

一、古籍

古籍是图书馆保存的各类文献中最为珍贵和重要的文献。党和国家历来重视古籍保护工作，在法律上，有《中华人民共和国文物保护法》《中华人民共和国公共文化服务保障法》《中华人民共和国公共图书馆法》对古籍保护做出了法律层面的规定，古籍保护工作已上升到国家战略层面；在政策上，发布了《国务院办公厅关于进一步加强古籍保护工作的意见》（国办发〔2007〕6号）、《文化部办公厅关于加快推进全国古籍普查登记工作的通知》（办社文函〔2011〕518号）、《全国古籍保护工作方案》、《中共中央办公厅国务院办公厅关于实施中华优秀传统文化传承发展工程的意见》、《"十三五"时期全国古籍保护工作规划》等系列文件，贯彻落实中央关于传承和弘扬中华优秀传统文化的重要决策部署；在标准制定上，2006年，原文化部委托国家图书馆主持制定了《古籍定级标准》《图书馆古籍特藏书库基本要求》《古籍特藏破损定级标准》《古籍修复技术规范与质量要求》《古籍普查规范》五项标准，此外陆续出台了《古籍修复技术规范与质量要求》（GB/T

---

① 马春燕. 民族高校图书馆特色馆藏数字化建设的新思路［J］. 现代情报，2007(8)：160-162.

21712—2008）、《图书馆古籍书库基本要求》（GB/T 30227—2013）、《古籍函套技术要求》（GB/T 35662—2017），极大地推进了古籍特藏行业的标准化进程，足见其受重视程度。在古籍数字化方面，"中国基本古籍库"是国内目前规模最大的一项古籍数字化工程，先后被列为"全国高等院校古籍整理研究工作委员会重点项目"和"国家重点电子出版物十五规划项目"，由北京大学刘俊文教授策划、编纂、监制，北京爱如生数字化技术研究中心开发制作。项目于2001年3月正式启动，2005年10月全部完成，共计有500张光盘，总计约20亿字，图像约2000万页。

古籍的印刷形式主要有雕版印刷、活字印刷、套版印刷。常见的装帧形式有卷轴装、旋风装、经折装、包背装、蝴蝶装、线装等。古籍特藏文献的主要收集方式有国家调拨、无偿捐赠、购买和交换等，其中购买分为私人出售、书店选购和拍卖会竞买三种形式。公共图书馆古籍的收集以捐赠和购买较为常见。以中山大学收藏的"徽州文书"特色馆藏为例，早在20世纪50年代徽州文书大规模发现之前，中山大学历史学系教授梁方仲便已开始通过屯溪市古籍书店为中大收购包括近百册鱼鳞册在内的珍贵徽州文书，使中山大学图书馆成为徽州文书的最早收藏机构之一。21世纪以来，中山大学图书馆大规模收集徽州文书，收藏范围上起明朝初年，下迄20世纪70年代，时间跨度为600多年，目前已收藏33.8万件，其数量之巨大、时代之久远、内容之丰富、记录之系统，堪称历史文献收藏典范。①

二、地方文献

地方文献是记录有某地区知识的一切载体。图书馆学家杜定友先生认为"地方文献是指有关本地方的一切资料，表现于各种记载形式的，如：图书、杂志、报纸、图片、照片、影片、画片、唱片、拓本、表格、传单、票据、文告、手稿、印模、簿籍等等"②。地方文献具有地域性、史料性、综合性、系统性等特征，是图书馆特色馆藏建设的重点。

根据编纂方式，地方文献可分为书籍、报刊、会议录、文献汇编、舆图、谱录、相册、乐谱，以及地方文献专用的参考工具书等；根据载体类型，可分为纸本、光化学制品和磁记录品；根据出版方式，可分为公开出版

---

① 王蕾. 徽州文书、徽学研究与数字人文［J］. 图书馆论坛，2016（9）：1-4.
② 杜定友. 地方文献的搜集整理与使用［M］. 武汉：湖北人民出版社，1957：1.

物、非公开出版物、非书资料等；根据信息密度，可分为核心文献、辅助文献、背景文献。①

（一）地方文献采访的制度保障

地方文献的采访与普通馆藏的采访不同，须在有制度保障的前提下方能顺利进行。一是社会保障制度，具体是指地方文献呈缴制，是由地方国家权力机关在整个地方行政区划的范围内颁布和实施的一种制度，对保障地方文献采访工作的顺利开展非常重要。目前《中华人民共和国公共图书馆法》对国家图书馆和省级公共图书馆有出版物缴存的要求，但未对市级及以下公共图书馆做出相应的要求。二是馆内制度保障，即得到全馆上下的一致支持。

（二）建立地方文献采访的信息网络

地方文献的信息来源是采访工作的关键，具体可以通过以下途径掌握：一是通过征订书目掌握公开出版的地方文献情况；二是从本馆馆藏中析出地方文献，避免重复购买、漏采；三是建立社会信息网络，与社会上生产、流通、收藏地方文献的单位、团体、个人建立长期合作关系；四是留意电视、网络、报刊、广播等其他公共传播系统中的地方文献信息。②

（三）推进地方文献采访工作的方法

公共图书馆应通过多种途径采访各类地方文献，丰富地方文献馆藏，具体做法如下：一是推动建立地方文献呈缴本制度，对正式出版物、各级政府和企事业单位、科研部门的内部资料进行系统、完整的收集；二是加强馆际协作，互通有无，充实馆藏；三是利用多种渠道进行宣传，吸引更多的人捐赠和利用地方文献；四是积极整理地方文献，便于读者利用，通过社会的广泛利用来以用代征、以用促征。③

广东省地方文献收藏丰富，整理与研究开始较早，成果丰硕。广东省立中山图书馆从1941年杜定友先生担任馆长时就已经开始了广东地方文献的征集和收藏工作，经过几代专家、学者半个多世纪的艰辛探索和辛勤劳动，目前已有广东地方文献馆藏10多万种、40多万册，包括广东地方志、族谱、

---

① 金沛霖. 图书馆地方文献工作［M］. 北京：北京图书馆出版社，2000：11-12.
② 金沛霖. 图书馆地方文献工作［M］. 北京：北京图书馆出版社，2000：38-40.
③ 杨玉麟，屈义华. 公共图书馆资源建设与服务［M］. 北京：北京师范大学出版社，2013.

广东史料、粤人著述、孙中山文献、报纸、期刊、舆图等，是国内最具规模的广东地方文献中心。① 广东省各地级市的地方文献的收集工作也是成果颇丰，以广州图书馆为例，广州图书馆的地方文献工作已开展30余年，经过精心收集，逐步积累，形成了今天6万余册的馆藏实体面貌。2012年，广州图书馆成立广州人文馆，以拓展地方人文专题服务、保存地方文化遗产、弘扬岭南文化为目标。该馆以人文社科藏书为主，重点开展《广州大典》、地方名人专藏、家谱族谱、广府文化等专题资料服务，是开展地方人文专题服务和广府文化研究的品牌基地，也是岭南地方人文文化的展示、交流和共享空间。广州人文馆设《广州大典》专区、广州文献区、地方名人专藏区、家谱查询中心，收藏广州政治、经济、历史、文化、地理等各方面文献资料，其中名人专藏、家谱文献为重点特色馆藏。②

三、非物质文化遗产

根据《中华人民共和国非物质文化遗产法》，非物质文化遗产是指各族人民世代相传并视为其文化遗产组成部分的各种传统文化表现形式，以及与传统文化表现形式相关的实物和场所，包括：传统口头文学以及作为其载体的语言，传统美术、书法、音乐、舞蹈、戏剧、曲艺和杂技，传统技艺、医药和历法，传统礼仪、节庆等民俗，传统体育和游艺，其他非物质文化遗产。保护人类文化遗产可以说是公共图书馆最古老和传统的职能之一。早在1975年，国际图联就将公共图书馆的社会职能归纳为保护人类文化遗产、开展社会教育、传递科学信息、开发智力资源四个方面。1994年的《公共图书馆宣言》将"加强文化遗产意识"列为公共图书馆主要使命之一。被称为"文化活化石"的非物质文化遗产是人类文化遗产的重要组成部分，公共图书馆顺理成章地承担对其的保护和传承职能。

由于非物质文化遗产的相关资料具有零散性、多样性等特点，公共图书馆可通过走访征集、馆际协作、自采自建等多种方式加以收集和保存。具体是指：一方面通过走访相关文化部门、民间团体及个人，征集有关非物质文化遗产各种载体的资源；另一方面加强馆际协作，实现资源共享；此外，自

---

① 特藏文献［EB/OL］.［2021-08-02］. http：//www.zslib.com.cn/Page/Page_tc.html.

② 何虹. 图书馆地方文献资源建设与利用途径探索：以广州图书馆为例［J］. 图书馆，2019（11）：105-111.

行对文化遗产进行采访、拍摄、记录，留档保存。

四、学科专业特色馆藏

学科专业特色馆藏是社会政治经济文化情况、本地公共图书馆馆藏的历史积累、馆藏建设的重心等多个因素共同作用的结果。因此，公共图书馆应该综合考虑地方历史文化、当地特色产业、资源可获得性、经费状况、用户需求等条件，确定特色馆藏的主题、类型。如杭州拱墅区图书馆同时作为运河文献分馆，收藏了世界各地有关运河的书籍、报刊资料，还设置了专题开展信息交流、动态研究及各类资料挖掘、整理、研究工作的运河文献资料陈列、研究室。此外还有温州市图书馆中的服装图书馆、鞋都图书馆，成都熊猫图书馆，云南普洱茶文化图书馆，上海图书馆的"家谱馆"，东莞图书馆的"漫画馆""粤剧图书馆"等。他们以本馆馆藏、当地文化特色为基础，通过专人采访、社会征集等多种方式建立起系统的特色学科文献资源体系。

五、标准文献

标准是指为了在一定范围内获得最佳秩序，经协商一致制定并由公认机构批准，共同使用和重复使用的一种规范性文件。① 2017年修订后的《中华人民共和国标准化法》规定"本法所称标准（含标准样品），是指农业、工业、服务业以及社会事业等领域需要统一的技术要求"。我国标准包括国家标准、行业标准、地方标准和团体标准、企业标准。国家标准分为强制性标准、推荐性标准，行业标准、地方标准是推荐性标准。

标准文献一般是指由技术标准、管理标准、经济标准及其他具有标准性质的类似文件所组成的一种特种文献。标准文献要求至少具备三个条件：标准化工作成果；经过主管机关批准认可后发布；随着科学技术和生产的发展不断补充、修订或废止。②

公共图书馆一般较少有标准文献馆藏，有些公共图书馆会收集部分标准目录，标准化机构出版的图书、专著或期刊，以满足特定读者群体的需求。

---

① 中国标准出版社. 标准化工作指南[M]. 北京：中国标准出版社，2002.
② 信海红，李小亭，王宝军. 质量技术监督基础[M]. 北京：中国计量出版社，2007：61.

在标准文献资源的建设方面，收集范围可包括标准、标准化法规、文件、标准化书籍、期刊、论文以及与标准化有关的文件、会议资料等。收集方法包括：通过《标准新书目》订购；到标准发行站直接购买；及时关注各种标准化期刊提供的订购信息；积极参加标准化活动，扩大信息来源。① 国家标准文献共享服务平台（http://www.nssi.org.cn/）是国家科技基础条件平台之一，由中国标准化研究院承担建设，承担国内外标准文献资源的收集、加工与服务工作，是目前我国最大的标准文献资源共建共享平台。平台收录标准文献题录数据库、全文数据库，涵盖国家标准、行业标准、地方标准，以及70多个国际区域组织的国际标准、60多个国家的国家标准、450多个专业学协会的专业标准，向用户提供标准文献检索、文献阅览、标准翻译及标准查新、动态跟踪分析、标准指标揭示与比对分析等各类服务②，可为公共图书馆标准文献馆藏建设提供权威参考。

六、专利文献

专利文献是各专利管理机构在受理、审批、注册专利过程中产生的记述发明创造技术及权利等内容的官方文件及出版物的总称，包括公开出版的专利单行本、专利公报等。专利文献具有数量巨大、发布连续、涉及领域广、内容详尽、数据规范、检索方便等特点。③ 作为世界上数量最大的信息源之一，专利文献可以提供技术参考、启迪创新思路、避免重复研究、传播法律信息、提供竞争情况，已成为推动科技、经济、文化和社会发展的重要支撑。目前专利文献的获取几乎都依赖数字资源，大部分中外专利信息可通过相关数据库以及相关官方网站来查找，国内专利可通过中国知识产权网专利信息服务平台、国家知识产权局专利检索与查询系统、佰腾专利检索系统、专利之星、中国知识产权出版社的专利信息服务平台、国家重点产业信息服务平台、Soo Pat 等途径进行检索；国外专利可通过欧洲专利局、美国专利商标局、日本特许厅的电子图书馆、世界知识产权组织等的网站进行检索。

---

① 信海红，李小亭，王宝军. 质量技术监督基础 [M]. 北京：中国计量出版社，2007：70 - 71.

② 宫轲楠，李爱仙. 基于用户需求的标准文献资源建设与服务研究 [J]. 数字图书馆论坛，2018（6）：45 - 51.

③ 国家知识产权局专利局专利文献部. 专利文献与信息检索 [M]. 北京：知识产权出版社，2013：1 - 7.

在广东省的专利信息服务中,广东省科技图书馆开展了包括专利检索、专利信息咨询、专利分析在内的专利检索及知识产权服务,对特定主题可进行技术发展态势、竞争对手专利布局、核心专利挖掘、专利预警等深层次专利情报服务;暨南大学开展了面向地方企事业单位的专利信息服务,并且对国内外知识产权相关数据进行统计和监测;华南农业大学图书馆于2016年成立了专利信息服务站,引进了专业的专利信息资源和分析工具进行专利信息服务,开展专利咨询、专利培训、专利查新、行业技术分析、机构竞争力分析及专利预警等专利信息服务;2018年,华南理工大学图书馆组织召开了第一届粤港澳大湾区图书馆科技文献协作会议,以打破高校与社会机构间信息壁垒为目标,实现大湾区图书馆信息资源共建共享。①

七、案例

(一) 中山大学图书馆特藏资源

中山大学图书馆拥有丰富的古籍与特藏文献资源,资源类型主要包括中文古籍、西文古籍、碑帖拓片、徽州民间历史文献、近现代历史文献、校史文献、大师专藏、保存本图书、港澳台文献及石刻、文物等。

1. 中文古籍

普通古籍3万余种,30万册。中文善本4000余种,4.8万册。其中以元刻本年代最早,明刻本最精,广东地方文献及抄本戏曲最具特色,除此之外亦有不少珍贵稿本和名家批校题跋本。

2. 西文古籍

西文古籍包括从17世纪到20世纪初的英、德、法、俄、拉丁等语种文献,其中以与中国研究相关的文献最有特色。

3. 碑帖拓片

拓本文献约3.8万余件,以石刻拓本为主,兼有部分青铜器物拓本。造刻年代上自秦汉,下迄当代,形制含碑帖、墓志、画像、造像、经幢、法帖及钟磬、砚铭等,内容涉及历史、地理、宗教、书法、绘画及篆刻诸领域。其中,既有名碑、名帖,亦不乏稀见拓本,且部分有名家题跋、观款,颇具

---

① 范家巧. 面向粤港澳大湾区的图书馆专利信息服务 [J]. 中国高校科技,2019 (12):32-35.

收藏、研究价值。

4. 徽州民间历史文献

收藏有自明初至民国近600年间徽州地区的民间历史文献接近39万件，数量居全国首位。文献内容涵盖行政事务、赋役户籍、土地财产关系、法律诉讼、商业经营、宗族会社、民俗、科式教育、民间文学等。文献类型包括公文执照、田赋串票、鱼鳞图册、契约合同、投状、商业收支账、家谱、会书、婚书礼单、风水择吉、医书药方、科举试卷、唱本等。中山大学图书馆收藏的徽州民间历史文献具有极强的归户性和关联性，全面地反映了徽州的社会历史变迁，可管窥自明迄民国时期历史进程之一斑，具有重大的学术价值。

5. 近现代历史文献

收藏有民国时期的文献约28万册，其中图书10万册，期刊17万余册，报纸3000册，所藏民国期刊的种类及数量位居全国前列。此外，还收藏有近现代名人手稿信札、讲义、笔记等珍贵历史文献资料。

6. 石刻、文物

所藏石刻有17种，多为墓志和造像。墓志字迹清晰，颇具唐风；造像多样，形态传神，有南北朝风致。所藏文物包括古铜器、古墨、古瓷、古纸、经卷、名人字画、印章等，年代最早可溯源至战国时期。

7. 大师专藏

大师专藏包括陈寅恪、商衍鎏、商承祚、梁方仲、金应熙、戴馏龄、李新魁、安志敏、吴宏聪、叶汝贤、端木正、李锦全等多位著名学者捐赠的藏书，共计5万余册。

（二）暨南大学图书馆世界华侨华人文献馆[①]

2016年，值暨南大学110周年校庆之际，世界华侨人文献馆（以下简称世华馆）正式揭牌成立。世华馆位于校本部图书馆六楼西侧，面积约1700平方米，长期致力于华侨华人文献的综合性收集、整理与研究，目前已收藏各类型纸质文献近5万册（件），是海内外同类文献收藏最为集中的机构之一。世华馆依托暨南大学的五大特色优势学科，设置华侨华人、华文文学、华文教育、华语传媒、华商经济文献专区。其中，华侨华人民间文献、侨刊乡讯及族谱尤具特色。2018年10月24日下午，习近平总书记来到暨南大

---

① 王华. 世界华侨华人文献馆成立［J］. 华侨华人文献学刊，2017（1）:298–307.

学，观看校史展览和办学成果展示，了解学校教学科研、文化学术、人才培养等情况。在世华馆，习近平总书记认真察看馆藏文献和实物，与同学们亲切交谈，勉励暨大人把中华优秀传统文化传播到五洲四海。

1. **华侨华人民间文献**

2011年11月，"华侨华人民间文献展示室"建成并对外开放，这是全国唯一以收藏纸质华侨华人民间文献为主的主题展室。馆藏侨批、卖"猪仔"合同、移民口供纸（簿）、入境宣誓单、捐款收据、侨乡族谱、证章、邮票、中餐牌、明信片以及广告单等晚清民国时期较有特色的民间文献原件2000余件，涉及海外20多个国家和地区。

2. **侨刊乡讯**

侨刊乡讯是经国家新闻出版管理部门批准、面向海外乡亲发行的报纸和期刊，素有华侨华人"集体家书"的美誉。现馆藏全国各地侨刊乡讯300余种、1万余册，是海内外该类文献收藏最为集中的机构。

3. **华侨华人族谱**

与相关信息技术有限公司合作共建，收藏福建、广东、台湾、浙江等重点侨乡1949年以前编修的线装族谱3000余册。同步推出"华侨华人族谱数据库"。

4. **专题数据库建设**

建有海外侨情数据库、侨务信息数据库、学术资源数据库、侨务政策和侨务法规数据库、侨务政策（问答）咨询数据库、华侨华人图片数据库、华侨华人视频数据库等7个专题数据库，现已积累30万余条数据，成为当前有关华侨华人研究数据量最大的数据库群。研制开发有华侨华人书刊全文数据库，创建数字人文项目——侨情发展态势数据库。

主要参考文献

［1］国家图书馆《中国图书馆分类法》编辑委员会．《中国图书馆分类法第五版使用手册［M］．北京：国家图书馆出版社，2014．

［2］国家图书馆．新版中国机读目录格式使用手册［M］．北京：北京图书馆出版社，2004．

［3］汪东波．公共图书馆概论［M］．北京：国家图书馆出版社，2012．

［4］吴慰慈．图书馆学基础［M］．北京：高等教育出版社，2017．

［5］肖希明．信息资源建设［M］．武汉：武汉大学出版社，2008．

[6] 杨玉麟,屈义华. 公共图书馆资源建设与服务 [M]. 北京:北京师范大学出版社,2013.

[7] 俞君立,陈树年. 文献分类学 [M]. 武汉:武汉大学出版社,2015.

习 题

(1) 您所在的图书馆有哪些类型的馆藏资源?又有哪些特色馆藏?
(2)《中国图书馆分类法》的基本大类有哪些?
(3) 都柏林核心元数据集的 15 个元素是什么?

思考题

您所在的图书馆是如何进行馆藏资源组织的?其中有哪些工作是由图书馆完成,又有哪些工作是采用外包的方式完成?选择或考虑的依据是什么?又有何利弊?

第八章　公共图书馆阅读推广

学习目标

了解公共图书馆阅读推广相关理论和政策
了解公共图书馆阅读推广的主要形式
了解国内外公共图书馆阅读推广优秀案例

知识点提示

阅读推广
全民阅读

《国际图联/联合国教科文组织公共图书馆宣言》（以下简称《公共图书馆宣言》）指出：与信息、读写能力、教育和文化相关的重要使命，是公共图书馆服务的核心。[1] 阅读推广，是公共图书馆实现这些使命的重要方式。公共图书馆阅读推广是指由公共图书馆独立或参与发起组织的，面向大众的，以扩大阅读普及度、改善阅读环境、提高读者阅读数量和质量等为目

---

[1] IFLA/UNESCO public library manifesto 1994 [EB/OL]. [2020 – 01 – 31]. https://www.ifla.org/files/assets/public – libraries/publications/PL – manifesto/pl – manifesto – zh.pdf.

的、有规划、有策略的社会活动。① 公共图书馆阅读推广的历史可以追溯至其诞生初期,作为一个人群聚集且肩负社会文化教育职能的公共阅读场所,在公共图书馆中举办各种形式的阅读促进活动可谓顺理成章。20世纪后半叶,随着国际社会对全民阅读的重视程度与日俱增,公共图书馆更是理所当然地成为全民阅读最主要、最有力的组织者和实施者,以及推进全民阅读的重要力量。在此背景下,阅读推广已经成为公共图书馆的一项重要业务。

本章首先阐述"全民阅读"文化战略的由来和公共图书馆在促进全民阅读中的重要作用;而后介绍公共图书馆阅读推广的理论基础,包括图书馆学相关理念、党和政府制定的相关政策;再而介绍公共图书馆阅读推广的主要形式;最后介绍国内外公共图书馆阅读推广的典型案例。

第一节 全民阅读与公共图书馆

一、作为国家重要文化战略的全民阅读

(一) 全民阅读的由来

人类阅读书籍的历史源远流长,而全民阅读却并非自古有之。今天我们所说的"全民阅读",肇始于20世纪90年代,其标志性事件是联合国教科文组织于1995年设立的"世界读书日"(即4月23日"世界图书与版权日")。目前,"世界读书日"已经发展成一个世界性的读书盛会,在每年的这一天,许多国家都会举办多种形式的阅读促进活动,有些国家还为促进全民阅读制定了法律法规,这便是当代意义上的全民阅读的由来。②

在我国,全民阅读的风潮始于1997年1月,中共中央宣传部、原文化部等9个部门共同发出《关于在全国组织实施"知识工程"的通知》,提出了实施"倡导全民读书,建设阅读社会"的知识工程。2004年4月23日,

---

① 王余光. 图书馆阅读推广研究 [M]. 北京:朝华出版社, 2015:4.
② 吴晞. 图书馆阅读推广基础理论 [M]. 北京:朝华出版社, 2015:2.

由全国知识工程领导小组和原文化部主办、中国图书馆学会和国家图书馆承办的以"倡导全民阅读、建设阅读社会"为主题的"世界读书日"宣传活动拉开序幕，并将每年4月定为"全民读书月"，我国的全民阅读促进活动开始与世界接轨。此后，在每年"世界读书日"前后，全国各地都会举办丰富多彩的阅读推广活动。全民阅读推广的目的在于培养民众的阅读兴趣，使阅读逐渐成为一种社会风气，进一步提高民族的整体素养。

（二）全民阅读战略的提出

2012年11月，党的第十八次全国代表大会在北京召开，"开展全民阅读活动"被历史性地写入党的十八大报告①，这标志着促进全民阅读正式成为党中央的一项重大战略部署。

此后，国家为实施全民阅读战略制定了一系列政策。2012年年底，我国首部基本公共服务规划——《国家基本公共服务体系"十二五"规划》提出了"全民阅读"的目标任务。《国家"十二五"时期文化改革发展规划纲要》将"全民阅读"纳入公共文化服务体系的构建。

2014年3月，"倡导全民阅读"被写入李克强总理在第十二届全国人大第二次会议上所做的《政府工作报告》中，这也是"全民阅读"首次出现在国务院的政府工作报告中。从"开展"到"倡导"全民阅读，体现了国家对全民阅读的重视和鼓励。2014年至今，"倡导全民阅读"已连续8年被写入国务院政府工作报告，成为政府的一项重要文化工作。②

2016年3月，国务院发布《中华人民共和国国民经济和社会发展第十三个五年规划纲要》，将全民阅读列为"十三五"时期的八大文化重要工程之一。③ 2016年12月，原国家新闻出版广电总局发布了我国首个国家级"全民阅读"规划——《全民阅读"十三五"时期发展规划》④，此举具有开创性意义。2021年3月，国务院发布《中华人民共和国国民经济和社会发展第十四个五年规划和2035年远景目标纲要》，进一步提出"深入推进全民阅

---

① 胡锦涛在中国共产党第十八次全国代表大会上的报告［EB/OL］．［2021-07-20］．http://cpc.people.com.cn/n/2012/1118/c64094-19612151-6.html.

② 屈义华. 阅读政策与图书馆阅读推广［M］. 北京：朝华出版社，2020：67.

③ 中华人民共和国国民经济和社会发展第十三个五年规划纲要［EB/OL］．［2021-07-20］．http://www.gov.cn/xinwen/2016-03/17/content_5054992.htm.

④ 《全民阅读"十三五"时期发展规划》发布［EB/OL］．［2021-07-20］．http://www.xinhuanet.com/politics/2016-12/27/c_129421928.htm.

读，建设'书香中国'"①。

二、公共图书馆是促进全民阅读的中坚力量

全民阅读是一项社会文化系统工程，需要集中全社会的力量来推进，政府部门、图书馆、出版机构和大众传媒都负有不可推卸的责任。在这其中，公共图书馆以其独有的丰富馆藏资源、公益性和专业性的服务，在倡导和推动全民阅读的过程中发挥倡导者、组织者和实施者的重要作用，是促进全民阅读的中坚力量。②

（一）公共图书馆是全民阅读的文献资源保障中心

公共图书馆拥有数量庞大、类型丰富、载体多样的馆藏文献资源，并以其内容的系统性、多元性、可检索性等诸多不可替代的优势成为全民阅读的文献资源保障中心。据文化和旅游部公布的《2020年文化和旅游发展统计公报》，2020年年末，全国公共图书馆图书总藏量为11.79亿册，人均图书藏量0.84册③，为全民阅读推广提供了坚实的文献资源保障。

（二）公共图书馆是保障公民平等阅读的场所

《公共图书馆服务指南》中指出："公共图书馆的一项最基本原则就是它的各项服务必须对社区的所有成员开放。"公共图书馆是体现社会公平正义的场所，免费向所有社会成员开放，尤其是公共图书馆对老年人、未成年人、残障人士等弱势群体阅读需求的关注和保障，是实现阅读推广全民性、确保公民平等阅读的重要保障。

（三）阅读推广是公共图书馆核心业务

图书馆有指导阅读的传统，公共图书馆推进全民阅读的主要方式就是开展阅读推广活动。目前，公共图书馆的阅读推广活动已经进入迅猛发展阶

---

① 中华人民共和国国民经济和社会发展第十四个五年规划和2035年远景目标纲要[EB/OL].[2021-07-20]. http://www.gov.cn/xinwen/2021-03/13/content_5592681.htm.
② 邱冠华，金德政. 图书馆阅读推广基础工作[M]. 北京：朝华出版社，2015：5.
③ 2020年文化和旅游发展统计公报[EB/OL].[2021-07-24]. http://zwgk.mct.gov.cn/zfxxgkml/tjxx/202107/t20210705_926206.html.

段,图书馆在阅读推广工作中主要承担引导、训练、帮助、服务等内容;①很多公共图书馆都设立了专门从事阅读推广服务的部门,或有专人负责组织阅读推广活动,使其成为公共图书馆的核心业务工作。②

第二节 公共图书馆阅读推广理论基础

一、图书馆学相关理念

自19世纪末现代公共图书馆诞生以来,先后有多种哲学理念引领着图书馆事业发展。但无论是哪种哲学思想,都对倡导阅读、培养民众的阅读习惯抱有极大的热忱。如理想主义图书馆哲学认为,促进阅读就是促进社会的文明、理性、秩序,要让尽可能多的读者阅读最多最好的图书;阅读习惯的养成有助于图书馆发挥社会教化、开启民智的作用。③ 自由主义图书馆哲学认为,思想的自由交流是民主社会的基础,促进阅读也就是在促进思想的交流,图书馆的使命就是向最广大的读者提供最广泛的阅读选择,图书馆和好的图书都有促进社会进步的内在价值。④ 功利主义图书馆哲学认为,图书馆和图书是有用的,如印度图书馆学家阮冈纳赞的"图书馆学五定律"就指出:书是为了用的,每位读者有其书、每本书有其读者,促进阅读可以最大程度地发挥图书馆的功用性。⑤ 在这些哲学思想的影响下,现代图书馆职业也将促进阅读作为一项重要的使命。长久以来,阅读行为就是图书馆实现自身价值的基础条件,现代图书馆职业将阅读行为视作具有独立意义的文化活动而加以倡导,把培养公众的阅读行为和习惯当成最终目的,而非仅仅是实现知识传递的一种手段。⑥

---

① 范并思. 阅读推广为什么 [J]. 公共图书馆, 2013 (3): 6.
② 吴晞. 图书馆阅读推广基础理论 [M]. 北京:朝华出版社, 2015: 12.
③ 于良芝. 图书馆学导论 [M]. 北京:科学出版社, 2003: 170 – 171.
④ 于良芝. 图书馆学导论 [M]. 北京:科学出版社, 2003: 172 – 173.
⑤ 于良芝. 图书馆学导论 [M]. 北京:科学出版社, 2003: 174 – 177.
⑥ 于良芝. 图书馆学导论 [M]. 北京:科学出版社, 2003: 193.

《公共图书馆宣言》对上述思想理念做了更加具体的阐述,该文件指出,"从小培养并加强儿童的阅读习惯""既支持各级正规教育,又支持个人教育和自学教育""支持并参与针对不同年龄层开展的读写能力培养和计划,必要时主动发起此类活动"等与信息、读写能力、教育和文化相关的重要使命是公共图书馆服务的核心;"公共图书馆应该是所有文化、信息提供、读写能力培养和教育相关长期战略的重要组成部分"。①

2019年11月国际图联发布的《参与阅读与识字的策略:IFLA给图书馆的工具包》再度强调图书馆在阅读促进中发挥着重要作用。该文件开篇便点明阅读的重要性:"要先学会阅读,再通过阅读来学习""图书馆是值得信赖、安全友好的空间,支持终身学习和社区发展""图书馆能够在安全友好的环境中免费提供阅读材料、扫盲活动和信息,让家庭和个人能够一起阅读和学习""图书馆不仅促进人们的读写能力,也促进人们对阅读的热爱;养成阅读习惯已被证明能提高学习和其他方面的成绩;图书馆也支持个人一生对书籍的需求"。②

二、图书馆阅读推广相关政策

随着全民阅读日益受到重视,中央和各级地方政府相继出台了一系列促进阅读的法律法规、政策,这些法规政策进一步明确了公共图书馆开展阅读推广的职责,对阅读推广工作起到了重要的指引和保障作用。

(一)《关于促进全民阅读工作的意见》

2020年10月,中共中央宣传部印发《关于促进全民阅读工作的意见》(以下简称《意见》),明确指出通过大力推动全民阅读工作,实现到2025年基本形成覆盖城乡的全民阅读推广服务体系,全民阅读理念更加深入人心,活动更加丰富多彩,氛围更加浓厚,成效更加凸显,优质阅读内容供给能力显著增强,基础设施建设更加完善,工作体制机制更加健全,法治化建设取得重要进展,国民综合阅读率显著提升等目标。新时期全民阅读工作的重点任务包括加大阅读内容引领、组织开展重点阅读活动、加强优质阅读内

---

① 公共图书馆宣言[EB/OL].[2019-12-09]. https://repository.ifla.org/bitstream/123456789/691/1/pl-manifesto-zh.pdf.

② IFLA toolkit for library engagement in literacy and reading strategies[EB/OL].[2020-02-05]. https://www.ifla.org/publications/node/92449.

容供给、完善全民阅读基础设施和服务体系、积极推动青少年阅读和家庭亲子阅读、保障特殊群体基本阅读权益、提高数字化阅读质量和水平、组织引导社会各方力量共同参与和加强全民阅读宣传推广等。在保障方面，应加强组织领导，建立党委宣传部门牵头负责的全民阅读工作联席会议制度；加强服务保障，推进全民阅读工作法治化建设，支持社会力量参与提供全民阅读公共服务；加强评估督导，制定完善全民阅读评价指标体系，定期开展全民阅读调查。[1]

（二）《全民阅读促进条例（草案）》

2017年5月，原国务院法制办审议通过了由原国家新闻出版广电总局组织起草的《全民阅读促进条例（草案）》（以下简称《草案》）[2]，该《草案》是我国第一部国家层面的全民阅读促进法规，对各级政府部门、各类机构在促进全民阅读工作中应承担的职责做出了明确规定。

《草案》由总则、全民阅读服务、重点群体阅读保障、促进措施、法律责任五个部分构成。其主要内容为：国务院和各级地方人民政府要遵循公益性、基本性、均等性、便利性等原则，依法保障公民参与阅读活动的权利；对图书出版发行、规划建设各类全民阅读设施、组织开展并宣传各种形式的全民阅读活动、建立阅读推广人队伍等做出具体规定；将未成年人及其监护人、留守儿童、低收入家庭儿童、福利院儿童、外来务工人员及其子女、残障人士等纳入保障阅读的重点群体；加强全民阅读工作人才队伍建设、保障全民阅读设施建设、定期开展全民阅读状况调查、建立全民阅读服务评价制度；各级政府不履行职责、违反条例的行为将承担相应法律责任。《草案》中规定："公共图书馆……等全民阅读设施管理单位应当保障和满足公众的基本阅读需求，有条件的，应当提供多语种、多种载体的文献借阅服务和一般性的咨询服务，组织开展阅读活动和指导培训。"将公共图书馆作为最重要的全民阅读设施，指明公共图书馆开展阅读推广的落脚点和基本方式。

（三）《广东省全民阅读促进条例》

《广东省全民阅读促进条例》（以下简称《促进条例》）由中共广东省委

---

[1] 中宣部印发《关于促进全民阅读工作的意见》深入推进全民阅读［EB/OL］．［2021-6-17］．http：//www.gov.cn/xinwen/2020-10/22/content_5553414.htm．

[2] 国务院法制办办务会议审议通过《全民阅读促进条例（草案）》［EB/OL］．［2019-11-5］．http：//www.sapprft.gov.cn/sapprft/contents/6582/336234.shtml．

宣传部组织起草,2019年3月28日经广东省第十三届人大常委会第十一次会议通过,于2019年6月1日正式实施,是全民阅读在广东首次立法,填补了广东在全民阅读领域的立法空白,为广东全民阅读促进工作提供了法治保障。《促进条例》从全民阅读服务、重点群体阅读促进、保障措施、法律责任等方面对各级政府部门、各类机构、社会组织在推动全民阅读工作中的职责,以及不同读者群体的阅读权利做出了明确规定。按照政府主导、社会参与、公益普惠、保障重点的原则,县级以上人民政府承担对全民阅读工作的组织领导职责。《促进条例》充分体现广东特色,如规定每年4月23日为"广东全民阅读日"、8月为"广东全民阅读月"、全省开展"书香岭南"全民阅读活动、每年定期举办"南国书香节"等。《促进条例》将公共图书馆纳入全民阅读服务设施范畴,并规定:"政府设立的公共图书馆应当为公众提供便捷高效的借阅服务,逐步实现与本行政区域内其他图书馆、全民阅读服务设施之间图书的通借通还,数字资源与本行政区域内其他阅读设备终端的互联互通、共享共用。"①

(四)《全民阅读"十三五"时期发展规划》

2016年12月,原国家新闻出版广电总局印发《全民阅读"十三五"时期发展规划》(以下简称《发展规划》),这是"十三五"时期全民阅读工作的国家级规划文件。《发展规划》将"政府主导,社会参与;重在内容,提升质量;少儿优先,保障重点;公益普惠,深入基层"作为基本原则;将举办全民阅读促进活动、加强阅读内容供给、推动全民阅读深入基层、促进少儿阅读、保障重点群体阅读需求、完善基础设施和服务体系、提高数字化阅读质量、引导社会力量参与、加强宣传推广九个方面作为重点任务来推进;将建立全民阅读指导委员会、建立书香社会指标体系作为加强组织领导和统筹协调的措施。

《发展规划》中提出:"要充分发挥各级各类图书馆在阅读推广中的重要作用""强化公益性文化单位在全民阅读工作中的重要作用,文化馆(站)、公共图书馆、科技馆、工人文化宫、青少年宫、妇女儿童活动中心等各级公益性文化单位要常年开展主题读书活动、荐书送书活动、读书交流会

---

① 广东省全民阅读促进条例[EB/OL].[2021-6-18].http://whly.gd.gov.cn/special_newzt/fzxc/flfg/content/post_2961848.html.

等。鼓励政府机关、社会组织和企事业单位开展公益性阅读活动"。①

> **扩展阅读 8.1**
>
> 国家新闻出版广电总局：《全民阅读"十三五"时期发展规划》(2016)，http://www.gapp.gov.cn/sapprft/contents/6588/311617.shtml.
>
> 国家新闻出版广电总局：《全民阅读促进条例（草案）》(2017)，http://www.sapprft.gov.cn/sapprft/contents/6582/336234.shtml.
>
> 中共广东省委宣传部：《广东省全民阅读促进条例》(2019)《http://whly.gd.gov.cn/special_newzt/fzxc/flfg/content/post_2961848.html.
>
> 中共中央宣传部：《关于促进全民阅读工作的意见》(2020)，http://www.gov.cn/xinwen/2020-10/22/content_5553414.htm.

第三节 公共图书馆阅读推广的主要形式

图书推荐在很长一段时期内是公共图书馆推广阅读的主要方式，而阅读活动只是一种辅助形式。近些年来，通过举办各种形式的活动来吸引读者阅读逐渐转变为开展阅读推广的主流方式。由于其服务对象的多样性，公共图书馆所举办的阅读推广活动也是丰富多彩，许多阅读活动如讲座、读书会变得常规化，大型的专题性阅读推广活动在众多公共图书馆开展得有声有色，深受读者欢迎。

一、常规阅读推广

（一）图书推荐

图书推荐是图书馆最基础的阅读推广形式，就是将馆藏图书资源主动向

---

① 国家新闻出版广电总局关于印发《全民阅读"十三五"时期发展规划》的通知[EB/OL].[2019-11-05]. http://www.gapp.gov.cn/sapprft/contents/6588/311617.shtml.

读者推送,以此来提升读者对馆藏资源的了解程度,进而推动读者阅读。根据 20 世纪中后期美国学者的研究,在公共图书馆中任何能够将读者的注意力从海量馆藏引导到小范围图书的行为都能显著提高图书借阅率,也就是说,通过图书推荐将读者的注意力聚焦到特定小范围内的图书,对增加读者的借阅量是有效果的。① 一般而言,图书馆的图书推荐有以下三种形式。

1. 借阅排行榜

向读者公布借阅排行榜是图书馆日常推荐图书采用较多的一种方式,很多图书馆会在其官网上公布近一个月、一个季度或者一年的借阅排行榜,比较详细的还会按《中图法》将 22 个大类的图书借阅情况分别排行展示。从排行榜中,读者就可以了解到哪些图书是受其他读者普遍喜爱的,而且一般情况下排行榜头部的图书质量是比较高的,可为读者自身的阅读选择提供参考。

2. 新书推荐

新书推荐是另一种常见的图书推荐方式,最普遍的做法是在馆内显著位置设置新书专架或新书展示区,此外也可以通过图书馆网站或微信、微博等新媒体来推介新书。此处需要注意的是,并非所有新书都可以用于推荐展示,所推荐的新书必须是经过馆员认真选择、适合大多数读者阅读的优质图书,否则新书推荐的阅读推广作用就会大打折扣。

3. 编制主题书目

编制主题书目是指将馆藏文献中关于某一个主题的图书进行筛选和宣传,一般情况下主题书目是在某些重大节日、事件到来之际或者为配合某些阅读推广活动的举办而编制的。如在农历新年到来之际推出新年民俗文化主题的书目、每年诺贝尔文学奖揭晓后推出获奖作家的作品书单、推出与某次讲座主题相关的书目等。

(二) 常规阅读活动

1. 阅读分享会

阅读分享会又称阅读沙龙,是一种阅读的延伸活动,对读者而言具有提升阅读质量、丰富阅读体验、交流阅读感悟以及交流思想的作用。这类活动可定期或不定期举办,组织形式多样,可以是"主讲+主题讨论"模式,也

---

① 于良芝,于斌斌. 图书馆阅读推广:循证图书馆学(EBL)的典型领域 [J]. 国家图书馆学刊,2014(6):9–16.

可以是主题讨论模式。阅读分享会以读者为主，不需要特别策划，但讨论的主题要有吸引力，通常是根据某一图书的内容来形成主题，如名著、热点小说或其他书籍；有时候也不是直接围绕书本进行，而是针对某一社会问题开展讨论。举办阅读分享会可以邀请学者、作家、艺术家等专业人士参与，这一类人容易形成话语中心，也有能力把话题引向高潮。[①]

2. 文化讲坛

图书馆开设的文化讲坛是一种开放式的社会化教育平台，通过专家学者对某一知识或信息进行梳理讲解，去粗取精，帮助读者触类旁通、加深理解，达到拓宽视野、传播科学知识、阅读品鉴、陶冶情操的目的，是吸引读者阅读的重要方式之一。文化讲坛内容众多，知识含量丰富，可以帮助读者克服知识获取过程中的局限性和可能产生的认知错误；且在有限的讲座时间里，通过专家的讲授可以帮助读者迅速获取知识，节省阅读时间。讲座的形态较为固定，只需要确定主题、邀请合适的主讲人即可。可以针对不同的受众确定相关主题，形成系列讲座。[②]

二、专题性阅读推广

专题性阅读推广活动是非日常性的阅读推广形式，图书馆开展专题性阅读推广活动有两个方面的作用：一是充分激发读者阅读的积极性，二是吸引没有阅读习惯的潜在读者加入阅读队伍。公共图书馆的读者群体在缺乏外力刺激的情况下往往会进入一种稳定状态，甚至有所流失，要打破这种稳定状态，图书馆就必须以一种非常规的方式去形成亮点，以便引起非读者对图书馆的注意。专题阅读推广的亮点来自专题活动策划以及为实现和演绎主题而形成的活动内容和形式，活动策划越具有创意、活动内容越丰富、活动形式越精彩，对读者的吸引力就越大。

（一）主题阅读活动

主题阅读活动就是围绕一个特定的主题来开展相关的阅读推广活动，举办主题阅读活动有三个具体作用：体现阅读活动的正向价值，使阅读活动更

---

① 李超平. 公共图书馆宣传推广与阅读促进 [M]. 北京：北京师范大学出版社，2013：265.

② 邱冠华. 图书馆讲坛工作 [M]. 北京：朝华出版社，2017：36-42.

有吸引力,形成阅读活动宣传的落脚点。① 主题阅读活动的灵魂在于"主题",因此确定一个合适的主题至关重要。

(二) 读书竞赛

近年来,通过读书竞赛的形式来促进阅读越来越受到图书馆界的热捧,如长三角地区公共图书馆联合举办的"阅读马拉松"、上海图书馆的开放数据应用开发竞赛、深圳图书馆的"南书房家庭经典阅读书目"主题征文比赛、广州图书馆的"一起创"创客大赛等。这些内容、形式多样的活动在所在城市都具有较大的社会关注度,也因为它们的新颖性,吸引了不少读者热情地参与其中。在特定的阅读规则之下,参赛者在智力、技术、技能等方面进行综合竞争,最终依照规则评定胜负或排名,这样的阅读比赛既具有观赏性,又可提高馆藏利用率,达到阅读推广的目的。

(三) 大型宣传活动

图书馆每年都会在4月23日"世界读书日"、城市读书月或者重大节庆日期间举办一些大型的宣传活动。大型宣传活动较为容易调动社会资源,也更能吸引媒体的关注报道和社会各界的目光,因而能够起到良好的宣传效果。如广州图书馆在每年4月的"广州读书月"会开展持续一个月的大型宣传活动,其间密集举办一系列阅读推广活动;在4月23日"世界读书日"当天举办发布会,向社会公布上一年度的《广州"图书馆之城"建设年度报告》,为评选出的年度"好读者""好馆员""优秀志愿者""优秀合作伙伴"等举行隆重的颁奖典礼、发布广州图书馆推出的新服务项目,将整个读书月活动推向高潮。在读书月活动期间,广州本地的各大媒体也会集中对举办的活动和广州地区的公共图书馆建设情况进行宣传报道,将市民的目光吸引到图书馆、吸引到阅读中来。

---

① 李超平. 公共图书馆宣传推广与阅读促进 [M]. 北京:北京师范大学出版社,2013:267.

第四节 公共图书馆阅读推广的典型案例

一、美国"一城一书"

(一) 案例概述

美国"一城一书"活动起源于1998年南希·珀尔(Nancy Pearl)在西雅图公共图书馆举办的"假如西雅图民众共读一本书"(If All of Seattle Read The Same Book)的活动。① 该活动的方式是选出一本有代表性的书,并通过读书会、讲座等各种类型活动的举办,让这个城市中的每个人都来阅读和讨论这本书,以此来提高公民的阅读率,促进社区关系。之后该活动由美国图书馆协会(American Library Association, ALA)推广到全美,并逐渐向全世界延伸。美国图书馆协会的公共计划部把"一城一书"活动称为"One book one community",将社区作为该项目的最小活动范围。② 在美国500多个城镇的"一城一书"活动中,以芝加哥举办得最有声有色,该活动每年分春秋两季举行,春季活动与4月中旬的"芝加哥图书馆周"同步进行,秋季活动则配合10月中旬的"芝加哥读书周"。③

"一城一书"活动大体上分成两个阶段:首先是选择合适的图书,而后是围绕图书开展阅读活动。选书是"一城一书"活动的核心,所有活动策划皆取决于书的选择。选书思路大多是根据本城市亟须解决的问题而选书,如:西雅图曾选过《梅岗城的故事》《爱在冰雪纷飞时》,通过讨论小说来推动消除种族隔阂,促进社区互动;旧金山选择华裔作家李健孙的自传小说

---

① The Seattle Public Library. Seattle reads [EB/OL]. [2019 - 11 - 11]. https://www.spl.org/programs - and - services/authors - and - books/seattle - reads.
② 赵俊玲,郭腊梅,杨绍志. 阅读推广理念·方法·案例[M]. 北京:国家图书馆出版社, 2013: 238.
③ Chicago Public Library. One book, one Chicago [EB/OL]. [2019 - 11 - 04]. https://www.chipublib.org/one - book - one - chicago/.

《中国小子》，与西雅图是同一初衷；有的城市选择与本地区相关作家的作品，以增加地域文化的凝聚力。南希·珀尔提出了几项选书的原则：首先必须考虑作者的知名度及作品的多样化；其次是必须考虑作者的配合度；最后是考虑作品的内容，所选作品必须包含值得探讨的议题。

（二）案例分析

类似美国"一城一书"这种"共读"的阅读推广形式，越来越受到世界各地图书馆的青睐，如新加坡的"读吧！新加坡"（Read! Singapore）、广州图书馆和佛山图书馆联合举办的"广佛同城共读"都是这种形式的典型案例。开展"共读"活动有两个优势：一是能够形成阅读焦点，制造共同话题，最大限度地激发公众的关注度和阅读热情；二是所有的活动都围绕一本书展开，避免了以往全民阅读活动的多主题或无主题所带来的华而不实。"共读"活动可操作性强，尤其适合社区图书馆在社区范围内开展，可先通过投票选出一本书，再围绕这本书开展一系列阅读活动，在社区中营造出一股阅读的氛围。

二、美国西雅图公共图书馆读书会活动

（一）案例概述

西雅图公共图书馆为成年人、老人、青少年、视障人士等群体举办读书会（book groups），读者可以从西雅图公共图书馆官网上的 Book Groups Calendar 栏目上查询到读书会活动的预告，包括举办地点、时间、参加对象、所用语言、本月讨论的主题和图书、下个月讨论的主题等详细信息。①

西雅图公共图书馆的读书会主要有 Morning Book Group, Afternoon Book Group, Evening Book Group, A No-pressure Book Group, Low Vision Reader Book Group, Older Adults Book Group, EI Club Latino 等活动品牌。Morning Book Group, Afternoon Book Group, Evening Book Group 是分别在上午、下午、晚上举办的读书会活动，面向普通成年人读者或残障人士；A No-pressure Book Group 是一个在午休时间举办的读书会，它鼓励读者自带午餐参

---

① The Seattle Public Library. Book groups［EB/OL］.［2019-11-10］. https：//www.spl.org/programs-and-services/authors-and-books/book-groups.

加,一边吃饭一边交流,以营造一种轻松愉快的阅读分享氛围;Older Adults Book Group 是面向老年人的读书会;EI Club Latino 是面向拉丁裔群体的读书会。这些读书会每个月固定时间在各个分馆举办,每一场读书会分享交流的图书和主题各有不同,读者可以选择自己感兴趣的主题和方便到达的分馆去参与读书会,无须提前报名。

读书会一般由图书馆组织,同时也鼓励读者自行组织读书会活动,有意向组建读书会的读者首先要确定每个月固定举办活动的时间,然后就可以发邮件向图书馆提交组建读书会的申请。在图书馆官网上有一个叫 Tips for running a book group 的栏目,读者可在其中获取如何发起读书会、如何选择图书、如何获取图书背景信息、如何提出讨论问题、如何开展讨论等运营读书会的技巧。图书馆还为读者准备了读书会工具箱(book group kits),每个工具箱里包含了图书馆配置的 370 种图书,读者可以在线申请使用这些工具箱来辅助开展读书会活动,工具箱里的图书每个月都有变化。

(二)案例分析

国外很多城市的公共图书馆都有成熟的读书会运营机制,西雅图公共图书馆读书会是其中的典型代表,对国内公共图书馆有很好的参考借鉴价值。首先,读书会活动在城市公共图书馆服务体系中全面铺开,由总馆主导组织策划,并分配在各个分馆举办,便于读者参与;其次,将读书会活动品牌化,不同时段举办的读书会、面向不同读者举办的读书会各自形成品牌,便于宣传推广和读者识别;再次,读书会活动常态化,每个品牌的读书会在图书馆举办的时间是固定不变的,读者只需按时来参加活动即可;最后,鼓励读者自行在分馆组织读书会,申请的程序也十分简便,图书馆可提供活动策划指导。

三、山西朔州图书馆"手抄地方文献"活动

(一)案例概述

地方文献作为"一方之全史",不仅为地方史志工作提供基础资料,也为研究地方历史、弘扬地方文化、进行乡土教育提供了丰富素材,是各地图书馆馆藏文献中的独特资源。但长期以来,地方文献仅得到少数研究人员的关注、利用。为充分发挥地方文献的社会功能,体现其内在价值,吸引广大

读者了解与关注地方文献，朔州图书馆策划了"手抄地方文献"系列活动。①

"手抄地方文献"作为朔州市图书馆的一项原创策划，于2016年启动开展。该活动以让更多的读者发现、发掘、利用地方文献为主旨，有两个显著特色：一是"以抄促读、以读促知、以知促用"，有效地使地方文献里的文字"活"起来；二是活动通过书法艺术的有形形式呈现，既弘扬中华优秀传统文化，也使得图书馆更具文化魅力与文化厚重感。

读者可通过多种形式参与其中：读者自愿选择本馆馆藏地方文献中的相关内容进行手工誊抄，软、硬笔抄写均可，所用笔墨纸砚由图书馆提供；所抄写内容的题材与体裁不限，但每次抄写的内容应相对完整、独立，硬笔作品字数应不少于300字（诗歌除外）；鼓励、支持读者在活动期间每天到馆抄写；因评奖、展览、悬挂、集结印刷所需，所有誊抄作品均应留存在图书馆。

（二）案例分析

图书馆中的地方文献作为一种体现地方文化特色的文献资源，长期以来极少为普通读者所知晓和利用，"手抄地方文献"就是一个推广地方文献的创新案例。通过手抄这样一种简单的形式，便可以让广大读者增加一些对地方文献的关注和了解。推而广之，根据"二八定律"，图书馆中20%的图书就可以满足80%的读者的需求，那剩下的80%的图书该怎么办呢？图书放在书架上无人问津也是一种资源浪费，"手抄地方文献"活动就为我们提供了一个很好的思路，如手抄某位作家的作品、手抄某类主题文献等，简单的办法就可以取得较好的推广效果。

四、长三角地区公共图书馆"阅读马拉松大赛"

（一）案例概述

长三角地区公共图书馆"阅读马拉松大赛"由上海图书馆、浙江省图书馆、安徽省图书馆、南京图书馆、阅读马拉松组委会和上海市徐汇区虹梅庭

---

① 朔州市图书馆. 活动发布中心［EB/OL］.［2019-11-4］. http：//www.szlib.sx.cn：8888/action/web/publish.do.

公益中心共同主办。"阅读马拉松"作为个人专注与意志力的终极挑战，是中国原创的阅读推广活动，旨在响应"全民阅读"的号召，大力营造书香社会氛围，推广检视阅读方法的传播，宣传阅读的乐趣，给广大阅读者留下共同阅读的美好记忆，更是促进长三角区域公共服务供给便利化的实际举措。

参赛者需在6个小时内阅读完一本尚未正式出版的新书，并做完一份试卷，完成比赛任务后将答题时间与阅读时间进行累加，总成绩由阅读速度分和阅读质量分相加确定。参赛者自由组队，以5人小组的形式组团参赛，最终环节既有个人成绩的排名，也将计算团队总成绩。这种形式既符合以比赛提高阅读社交化的初衷，也可以让参赛者通过比赛结识更多热爱阅读的朋友。

2019年的长三角"阅读马拉松大赛"共有115家公共图书馆作为比赛地点，有1400支参赛队伍、超过7000名读者参赛。① 该年适逢国际天文联合会成立100周年、人类首次登月50周年，参赛者须在6小时内阅读完尚未发售的科幻主题新书《寻找宜居星球》，并完成相应的阅读测试。

（二）案例分析

"阅读马拉松"是近年来兴起的一种形式新颖的阅读推广活动，连续6个小时的持续阅读对参赛者的专注力和意志是巨大挑战；读书后再答题是对参赛者阅读技术的考验，高效获取所需知识、快速建立知识框架，是我们在信息时代生存的重要技能。这样一个极具仪式感的集体阅读比赛，为参赛者提供了全新的阅读体验、创造了特别的阅读记忆。举办各种形式的阅读比赛，已逐渐成为图书馆吸引读者、推广阅读的重要形式。

五、佛山图书馆"邻里图书馆"

（一）案例概述

2018年佛山市图书馆推出"千家万户"阅暖工程——邻里图书馆项目。邻里图书馆聚焦家庭阅读推广，将公共图书馆资源"搬进"家庭，鼓励家庭参与阅读资源社会共享，向邻里、亲朋、陌生人提供借阅、文化活动等服

---

① 长三角"阅读马拉松"助力全民阅读［EB/OL］．［2019-11-08］．http://www.xinhuanet.com//politics/2019-05/26/c_1210144134.htm.

务,促进邻里之间的知识交流,推动社区融合。

在佛山市内有固定居住场所、室内阅读环境洁净、有一定藏书基础、愿意分享所藏图书的市民家庭可申请加入邻里图书馆;成功加入后可获得借阅200册图书、还书期限365天的借阅权限,还可自主命名自家的邻里图书馆、自行决定服务对象、获得官方授牌、享受图书馆专场活动进驻等。邻里图书馆成员馆任期最少1年,每年服务不少于10个家庭,每年组织阅读分享活动不少于3场。佛山图书馆成立邻里图书馆管理中心负责统筹协调邻里图书馆管理。此外,佛山图书馆还编制了一套家庭阅读推荐书目①,邻里图书馆可从书目中勾选所需图书清单提交给佛山市图书馆,工作人员会在3个工作日内为其配齐图书。

2018年4月21日,首批20个邻里图书馆获得授牌;2019年,邻里图书馆项目获得第三批广东省公共文化服务体系示范项目创建资格;2020年7月,邻里图书馆项目荣获国际图联营销奖第一名。截至2021年6月,佛山市已建成邻里图书馆1263个,助力打造"佛山阅读之城"②。

(二)案例分析

"邻里图书馆"是家庭阅读推广的典型案例。我国自古以来就有家庭阅读的传统,"诗礼传家""耕读传家久,诗书继世长"等家训就是这一阅读传统的体现。以往的家庭阅读要求家中要有一定数量的藏书,且一般图书只供自家人阅读,具有自发性、封闭性的特点;而类似"邻里图书馆"这种家庭图书馆则由公共图书馆负责配置图书,且强调邻里间的分享阅读,具有组织性、开放性的特点,是营造家庭、社区良好的阅读氛围的良好途径。

六、广州图书馆"新年诗会"

(一)案例概述

广州新年诗会是由广州图书馆联合有"中国第一民刊"之称的《诗歌与人》杂志(由广州著名诗人黄礼孩独立主编)共同打造的一个以诗歌为

---

① 佛山市图书馆. 家庭阅读书目推荐 [EB/OL]. [2019-11-7]. http://www.fslib.com.cn/special/86.

② 佛山市图书馆. 邻里图书馆 [EB/OL]. [2019-11-7]. http://www.fslib.com.cn/special_category/6.

主的大型阅读推广活动。该活动自2014年起在广州图书馆举办，每年一次，时间在元旦前后，截至2021年已成功举办8场，主题分别是"光芒涌入""静与光""诗与墨""时间之间""无限的凝视""移动的瞬间""此时此地""自然，一切事实"。每场诗会活动的主要参与者为广州图书馆读者、公众及诗歌爱好者、文艺界人士、合作伙伴、媒体记者等，现场参加人数在1000人次左右。①

广州新年诗会是文学与图书馆公共空间在美学上践行的新鲜个案，诗歌与多种艺术方式发生关联的创意呈现，每年围绕一个主题，以"诗"为轴心，打破一般诗歌朗诵的单纯表现形式，从诗歌创作、节目编排、场景设置等多方面围绕一个主题创设。在诗会上，多种艺术互相关联，以呈现诗歌的独特魅力，给予观众美的享受和熏陶。广州新年诗会邀请国内外诗人、导演、艺术家、文学家、音乐家、舞蹈家、设计师加盟创作，利用广州图书馆的建筑特点，配合光影搭建艺术舞台，将诗会主题与空间设计融为一体，以不同艺术表演形式，如诗歌朗诵、舞蹈、沙画、音乐、对话、多媒体欣赏等展现诗歌的魅力，打造具有较高艺术水准的视听盛宴。

广州新年诗会在开启之初便确立了名人营销策略，如邀请蓝蓝、吉狄马加及美国的乔治·欧康奈尔、波兰的莱娜塔·谢根、澳大利亚的客远文等众多国内外诗人、学者，使广州新年诗会受到诗歌爱好者们的追捧。同时，广州新年诗会在传播方式上践行了整合营销的策略。首先，统一宣传标识，包括宣传海报、宣传单张、活动手册等，每个宣传产品具有一致的标识；其次，在诗会举办一周前整合各种传播渠道进行密集式宣传，线上线下相互配合；再次，活动当天，官方微博、网络平台直播诗会活动，如2018年广州新年诗会收看直播总人数达10万人次；最后，活动结束后，传统媒体和网络转载报道。

（二）案例分析

"广州新年诗会"是公共图书馆大型阅读推广活动的典型案例，具有以下几个特点：一是内容形式新颖。其将诗歌、音乐、舞蹈、绘画等艺术形式融为一体，美轮美奂，为读者打造了一场听觉、视觉的艺术盛宴。二是活动品牌的塑造和营销都非常成功。"新年诗会"广州只此一家，持续举办多年，已成为读者在每年新春期盼的文化盛会；通过线上线下、传统媒体和新媒体

---

① 广州图书馆. 广州图书馆年度报告2018［EB/OL］.［2019-11-7］. http://www.gzlib.gov.cn/gzlibYearReport/170716.jhtml.

平台的高密集宣传，"广州新年诗会"这个品牌已具有很高的辨识度和关注度。将品牌塑造、品牌营销的理念引入阅读推广活动，是当前阅读推广的一个重要趋势，这种方式可以赋予阅读活动独特的辨识度。

主要参考文献

［1］范并思．阅读推广为什么［J］．公共图书馆，2013（3）：6.

［2］李超平．公共图书馆宣传推广与阅读促进［M］．北京：北京师范大学出版社，2013.

［3］邱冠华，金德政．图书馆阅读推广基础工作［M］．北京：朝华出版社，2015.

［4］邱冠华．图书馆讲坛工作［M］．北京：朝华出版社，2017.

［5］屈义华．阅读政策与图书馆阅读推广［M］．北京：朝华出版社，2020.

［6］王余光，霍瑞娟．图书馆阅读推广基础理论［M］．北京：朝华出版社，2015.

［7］王余光．图书馆阅读推广研究［M］．北京：朝华出版社，2015.

［8］吴晞．图书馆阅读推广基础理论［M］．北京：朝华出版社，2015.

［9］于良芝，于斌斌．图书馆阅读推广：循证图书馆学（EBL）的典型领域［J］．国家图书馆学刊，2014（6）：9－16．［10］于良芝．图书馆学导论［M］．北京：科学出版社，2003.

［11］赵俊玲，郭腊梅，杨绍志．阅读推广：理念·方法·案例［M］．北京：国家图书馆出版社，2013.

习　题

（1）我国的全民阅读战略是如何提出的，其对公共图书馆阅读推广产生了怎样的影响？

（2）您所在的图书馆有哪些阅读推广活动，其成效如何？

思考题

（1）为什么阅读推广是公共图书馆的一项核心业务？

（2）公共图书馆能否以及如何在全民阅读中发挥引领或主导作用？

第九章　公共图书馆信息素养教育

学习目标

理解信息素养教育是公共图书馆的重要使命
掌握信息素养的相关基本概念
知道信息素养的相关基础理论
了解公共图书馆信息素养教育的优秀案例

知识点提示

信息素养
信息意识
信息检索技能
信息安全
个人信息管理

《国际图联/联合国教科文组织公共图书馆宣言》指出:"推动信息和计算机素养技能的发展"是公共图书馆的重要使命,是公共图书馆服务的核心①。本章将对公共图书馆信息素养教育的理论基础、主要内容、活动组织以及代表性案例进行介绍。

第一节 公共图书馆信息素养教育理论基础

一、基本概念

(一)信息素养概念

"信息素养"(information literacy)一词于1974年由美国信息产业协会主席保罗·佐尔科茨(Paul Zurkowshi)在美国图书馆与情报科学委员会上提出。他认为:信息素养就是利用大量的信息工具及主要信息源使问题得到解答的技术和技能。②

1989年,美国图书馆协会将信息素养定义为"个人有意识何时需要信息,并且有能力去获取、评估以及有效使用信息的能力"③。

2000年,美国大学与研究图书馆协会(The Association of College and Research Libraries,ACRL)发布的《高等教育信息素养能力标准》(*Information Literacy Competency Standards for Higher Education*)将信息素养界定为:"信息素养是一套个人发展中所必需的能力,主要为识别个人信息需求并能准确获

---

① IFLA/UNESCO public library manifesto 1994 [EB/OL]. [2020-02-06]. https://www.ifla.org/publications/iflaunesco-public-library-manifesto-1994.

② ZURKOWSKI P. The information service environment: relationships and priorities [EB/OL]. [2020-02-06]. http://files.eric.ed.gov/fulltext/ED100391.pdf.

③ Association of College & Research Libraries. Framework for information literacy for higher education [EB/OL] [2020-02-06]. http://www.ala.org/acrl/sites/ala.org.acrl/files/content/issues/infolit/Framework_ILHE.pdf.

取、评价和有效利用所需信息。"① 2015 年，ACRL 对这一标准进行修订，发布了《高等教育信息素养框架》（*Framework for Information Literacy for Higher Education*），在这一框架中，信息素养定义更新为："信息素养是一套综合能力，涉及批判性发现信息、了解信息的来源和评价，以及如何利用信息创造新的知识并合理参与社群学习。"②

2018 年，英国图书馆与信息专业协会（The Chartered Institute of Library and Information Professionals，CILIP）发布的《英国图书馆与信息专业协会关于信息素养的定义》（*CILIP Definition of Information Literacy*）将信息素养界定为："信息素养是能够对发现和使用的信息进行批判性思考并作出平衡判断的能力。包括每个人在进行信息相关活动时所需的技能和能力。例如，如何发现、获取、理解、分析、管理、创造、交流、存储和共享信息。整体涵盖了批判性思考、信息意识以及信息伦理问题。"③

透过上述重要国外组织关于信息素养的概念界定，可以明确信息素养是信息意识、信息知识、信息能力和信息伦理等多方面的总和。④

（二）相关概念

近十几年来，随着信息技术的高速发展，信息素养的内涵与外延一直处于变化中。多个学科（如传播学、计算机科学）和行业领域（如新闻媒体）逐步将视角聚焦于这一领域，数字素养、数据素养、媒介素养等与信息素养相关的概念层出不穷。

---

① Association of College & Research Libraries. Information literacy competency standards for higher education ［EB/OL］．［2020 – 02 – 06］．https：//www. losmedanos. edu/accreditation/documents/II. C. 1. b – 1ACRLInformationLiteracyCompetencyStandardsforHigherEducation2000. pdf.

② Association of College & Research Libraries. Framework for information literacy for higher education ［EB/OL］．［2020 – 02 – 06］．http：//www. ala. org/acrl/sites/ala. org. acrl/files/content/standards/standards. pdf.

③ The Chartered Institute of Library and Information Professionals. CILIP definition of information literacy 2018. ［EB/OL］．［2020 – 02 – 06］．https：//infolit. org. uk/ILdefinitionCILIP2018. pdf.

④ 潘燕桃，肖鹏. 信息素养通识教程［M］北京：高等教育出版社，2019：28 – 35.

1. 数字素养

"数字素养"（digital literacy）这一术语最早出现于1995年，由Lanham首次提出。他认为，"数字资源有可能变成不同形式的信息，如文本、图片、声音等等，他认为数字素养是一种包含多种媒介素养组成的新素养"①。2004年，以色列学者埃谢特－阿尔卡莱（Eshet-Alkalai）提出了数字素养的五大要素。他认为数字素养框架应该包括：①图片—图像素养，指识别理解视觉图形信息的能力；②再创造素养，指重新整合各种信息的能力；③分支素养，指驾驭超媒体信息和非线性思考的能力；④信息素养，指检索、筛选、辨别、使用信息的能力；⑤社会—情感素养，指共享知识，进行数字化情感交流的能力。②

2011年，欧盟启动研究项目"数字素养：针对所有阶段学习者的关键部分的鉴定与欧洲范围内的验证"（Digital Competence：Identification and European-wide Validation of Its Key Components for All Levels of Learners, DIGCOMP），该项目将"数字素养"定义为"在工作、学习、休闲以及社会参与场景下，具备自信、批判性和创新性地使用信息技术的能力"③。2017年，国际图联《数字素养声明》（Statement on Digital Literacy）发布，将数字素养定义为："可以高效、有效且合乎道德地利用数字技术，以满足个人、公民和专业生活中的信息需求。"④

透过上述定义和观点可以发现，数字素养就是指在数字环境下利用数字技术手段和方法，发现和获取信息、理解和评价信息、整合和利用信息、交流和共享信息的综合技能。⑤

2. 数据素养

信息时代背景下，"数据"的外延正在不断拓展，已成为一切数字、文本、图片和视频等的统称。2004年，Schield首次提出"数据素养"（data

---

① LANHAM R A. Digital literacy [J]. Scientific American, 1995, 273 (3): 198 – 200.

② ESHET-ALKALAI Y. Digital literacy: a conceptual framework for survival skills in the digital era [J]. Journal of educational multimedia and hypermedia, 2004, 13 (1): 93 – 106.

③ DIGCOMP F A: A framework for developing and understanding digital competence in Europe [EB/OL]. [2020 – 02 – 06]. http://ipts.jrc.ec.europa.eu/publicat – ions/pub.cfm? id = 6359.

④ IFLA Statement on digital literacy [EB/OL]. [2020 – 02 – 06]. https://www.ifla.org/files/assets/faife/statements/ifla_digital_literacy_statement.pdf.

⑤ 潘燕桃, 肖鹏. 信息素养通识教程 [M] 北京: 高等教育出版社, 2019: 28 – 35.

literacy）的概念①，亦有学者称之为数据信息素养（data information literacy）②、科学数据素养（science data literacy）③、数据管理素养（data management literacy）④等。

目前，国内外专家学者对数据素养的定义尚未形成统一的认识，对数据素养的内涵也有不同的解读。其中比较具有代表性的定义主要包括以下几种。

Calzada Prado 认为，数据素养是信息素养的组成部分，社会成员能够获取、解释、评价、管理、处理和合理利用数据。⑤

孟祥保等将数据素养定义为具有数据意识，具备数据基本知识与技能，能够利用数据资源发现问题、分析问题与解决问题。⑥

张九珍认为数据素养应该至少包含数据意识、数据技能和数据伦理三个方面。"所谓数据意识，就是对大数据的敏感力、观察力、分析判断能力和创新能力；数据技能，就是分析、处理数据的技巧和方法；而数据伦理，就是使用数据要注意数据的隐私及使用范围和边界。"⑦

综合借鉴各家的观点，可以明确数据素养就是在了解数据的意义和价值的前提下，具有利用数据的意识和基本能力，⑧同时在信息时代拥有数据思维，具体包括数据意识、数据能力和数据伦理。

3. 媒介素养

媒介素养（media literacy）又称为媒体素养，这个概念最先由英国学者

---

① SCHIELD M. Information literacy, statistical literacy and data literacy [C]. Iassist Quarterly, 2004: 6-11.

② CARLSON J, FOSMIRE M, MILLER C C. Determining data information literacy needs: a study of students and research faculty [J]. Portal: libraries and the academy, 2011, 11 (3): 257-271.

③ QIN J, D'IGNAZIO J. Lessons learned from a two-year experience in science data literacy education [C]. Germany: International Association of Scientific and Technological University Libraries, 2010: 188-204.

④ HAENDE M A, VASILEVSKY N A, WIRZ J A. Dealing with data: a case study on information and data management literacy [J]. PLoS Biology, 2012, 10 (5): 1-4.

⑤ PRADO J C, MARAAL M A. Incorporating data literacy into information literacy programs: core competencies and contents [J]. Libri, 2013, 63 (2): 123-134.

⑥ 孟祥保，李爱国. 国外高校图书馆科学数据素养教育研究 [J]. 大学图书馆学报，2014（3）：11-16.

⑦ 吴建中，陈昭珍，苏德毅，等. 信息素养助力图书馆与社会发展：海峡两岸及港澳地区图书馆员笔谈 [J]. 图书馆杂志，2019（8）：4-16.

⑧ 潘燕桃，肖鹏. 信息素养通识教程 [M] 北京：高等教育出版社，2019：28-35.

E. R. Leavis 于 1933 年提出。他认为,时下新兴的大众传媒在商业动机的刺激下所普及的流行文化,其核心为一种"低水平的满足",将误导社会成员的精神追求,尤其会对青少年的成长产生各种负面影响。他强调对媒介的社会功能进行干预。①

1992 年,美国媒体素养研究中心对媒介素养下了如下定义:"媒介素养是指在人们面对不同媒体中各种信息时所表现出的信息的选择能力、质疑能力、理解能力、评估能力、创造和生产能力以及思辨的反应能力。"②

2013 年,联合国教科文组织发布《全球媒体与信息素养评估框架》(*Global Media and Information Literacy Assessment Framework*),指出媒介素养与信息素养之间关系紧密,将其界定为"公民具备理解、选择、评价与使用各类媒介的能力"③。

透过上述定义和观点,可以发现媒介素养就是指具备使用大众传播资源的能力,能够充分利用媒介资源自我完善,参与社会进步。媒介素养主要包括媒介资源利用意识、使用媒介资源的方式方法与态度、利用媒介资源的有效程度以及对各类媒介的批判性能力等。

---

① 李鹏,舒三友,陈芊芊,等. 新媒体概论[M]. 西安:陕西师范大学出版总社,2018:200 - 201.

② 彭少健. 2014 中国媒介素养研究报告[M] 北京:中国广播电视出版社,2014:475 - 484.

③ UNESCO. Global media and information literacy assessment framework[EB/OL]. [2020 - 02 - 06]. http://uis.unesco.org/sites/default/files/documents/global - media - and - information - literacy - assessment - framework - country - readiness - and - competencies - 2013 - en. pdf.

> **扩展阅读 9.1**
>
> United Nations Educational, Scientific and Cultural Organization. *Global Media and Information Literacy Assessment Framework*. UNESCO, 2013. http://uis.unesco.org/sites/default/files/documents/global-media-and-information-literacy-assessment-framework-country-readiness-and-competencies-2013-en.pdf.
>
> The Chartered Institute of Library and Information Professionals. *CILIP Definition of Information Literacy*. CILIP, 2018. https://infolit.org.uk/ILdefinitionCILIP2018.pdf.
>
> 张靖，林佳萍，彭秋平等：《批判性信息素养及其教育实践》，《图书馆杂志》2017 年第 12 期，第 54-60 页。

二、相关理论

（一）元素养理论

2015 年，ARCL 发布了《高等教育信息素养框架》，正式引入"元素养"（metaliteracy）的概念以重新审视信息素养。

"元素养"理论于 2011 年由 Mackey、Jacobson 等人提出[1]，可理解为"信息素养中的核心素养框架"，即将具体的多个素养（含批判性信息素养）整合成一个全新的信息素养发展框架，兼具相关素养理论的整体性、综合性和自我参照[2]等特征。元素养理论将传统的信息素养发展范式从信息识别、获取与检索、组织、利用与评估扩展至参与式数字环境中的信息生产与信息共享。[3] 元素养理论主要分为行为（behavioral）、认知（cognitive）、情感

---

[1] MACKEY T P, JACOBSON T E. Reframing information literacy as a metaliteracy [J]. College & research libraries, 2011, 72 (1): 62-78.

[2] 桂罗敏. 从技术到价值：《美国高等教育信息素养框架》的文化阐释 [J]. 图书情报知识, 2016 (2): 14-20.

[3] MACKEY T P, JACOBSON T E. Metaliteracy: Reinventing information literacy to empower learners [M]. Chicago: ALA Neal-Schuman, 2014.

(affective) 与元认知（metacognitive）这四大领域①，分别对应着四大培养目标，主张信息主体作为信息消费者的同时，可作为信息生产者、共享者、分配者等角色，以实现批判性思维、交互协作与知识共享。②

（二）Big 6 与 Super 3 理论模型

Big 6 模型是当前信息素养领域较为主流的培育理论模型。1988 年，由 Eisenberg 和 Berkowitz 在其合著著作《课程倡议：图书馆媒体项目的议程和策略》（Curriculum Initiative: an Agenda and Strategy for Library Media Programs）中首次提出。③ 该理论模型是以解决信息问题为主轴的过程模式，包括六个历程（定义问题、信息搜寻策略、定位与获取、利用信息、整合信息以及评估信息），并对应 12 个能力指标。各阶段间彼此互相关联，具体模型示意图如图 9-1 所示。该模型是一系列以过程为取向的信息素养教育模型，相关环节不是各自独立的单一行为，而是彼此之间紧密联系。

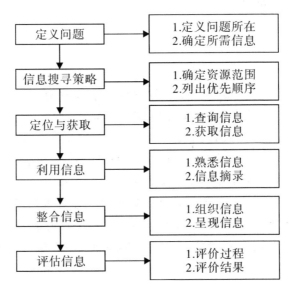

图 9-1 Big 6 模型

① MACKEY T P, JACOBSON T E. Goals and learning objectives [EB/OL]. [2019-11-09]. https://metaliteracy.org/learning-objectives/.

② 张靖，林佳萍，彭秋平，等. 批判性信息素养及其教育实践 [J]. 图书馆杂志，2017（12）：54-60.

③ 孙向东，种乐熹，胡德华. Big 6 模型及其应用研究 [J]. 图书馆学研究，2014（10）：25-32.

Big 6 模型这一理论模型被成功引入实践后，研究者们发现对于未成年人群体（尤其是低幼群体），Big 6 模型的实践运用相对复杂。因此，Eisenberg 对这一模型进行了简化，进而形成了 Super 3 理论模型。①

Super 3 模型主要由计划、执行与评价三大环节组成。在计划环节，主要涉及任务的定义与信息检索策略的确定，培育对象在该环节需要定义问题所在，并明确需要何种信息、何时去完成，清楚知悉如何检索信息；在执行环节，主要涉及信息的定位与获取、信息利用与信息整合，培育对象需要查询所需信息，通过阅读、浏览等方式了解信息内容，并将所有信息整合以完成预先的实践任务；在评价环节，主要涉及信息获取的过程与结果评价，培育对象需要反思信息问题解决过程是否有效率，判断最终结果是否有效。②

（三）社会文化理论

社会文化理论最早由苏联心理学家维果茨基（Vygotsky）提出，强调社会文化因素在人类认知功能的发展中发挥着核心作用。该理论认为，人的心理机能从根本上来说是一个由文化领域的产品、活动和概念充当中介并受到相关中介调节的过程。在该理论框架内，人类被理解为利用原有的文化工具创造新的文化工具，由这些文化工具来调节他们的生理和行为活动。其中，语言的使用、组织和构筑是中介的首要手段。③ 简言之，人类认知活动的最重要形式是通过社会和物质环境内的互动而得到发展的。

相关信息素养理论研究主要以社会文化理论为依托，明确信息素养实践是一种社会文化现象，并据此分析用户在信息生产、信息利用和信息共享等方面如何借助信息技术及工具，侧重于信息素养教育阶段的合作与协商、培育内容的语境化及信息的相互作用。④

---

① 林菁，颜仁德，黄财尉. 探究式资讯素养融入课程成效之四年长期研究 [J]. 教育资料与图书馆学，2014（4）：561-595.

② 林菁. 资讯素养融入小学一年级"校园生物大搜索"主题探究：以 Super 3 为模式为例 [J]. 教育资料与图书馆学，2011（4）：539-570.

③ LLOYD A. Framing information literacy as information practice: site ontology and practice theory [J]. Journal of documentation, 2010, 66（2）：245-258.

④ 杨朝晖，杨文秀. 社会文化实践理论与现象描述分析学：信息素养教育的新视角 [J]. 现代情报，2014（6）：29-31.

（四）建构主义学习理论

建构主义主张世界是客观存在的，但是对事物的理解却是由每个人自己决定。在此论调的基础上，建构主义学习理论认为：学习是引导学生从原有经验出发，建构起新的经验，学习是获取知识的过程。该理论强调知识不是通过教师传授得到的，而是学习者在一定的情境即社会文化背景下，借助其他人的帮助，利用必要的学习资料，通过意义建构的方式获得的。①

相关信息素养理论研究与实践主要参照建构主义学习理论，明确了信息素养教育实践需要创设合理的信息实践情境②，以帮助培育对象在明确信息任务、信息检索与获取、信息利用和信息评价等方面掌握相关知识与技能。

> **扩展阅读 9.2**
>
> Thomas P. Mackey, Trudi E. Jacobson. "Reframing Information Literacy as a Metaliteracy". *College and Research Libraries*, 2011 (1), pp. 62–78.
>
> The Association of College and Research Libraries. *Framework for Information Literacy for Higher Education*. Chicago: ALA, 2015. http://www.ala.org/acrl/standards/ilframework.
>
> M. B. Eisenberg, R. E. Berkowitz. *Information Problem-solving: The Big Six Skills Approach to Library and Information Skills Instruction*. Norwood NJ: Ablex, 1990.
>
> Annemaree Lloyd. "Framing Information Literacy as Information Practice: Site Ontology and Practice Theory". *Journal of Documentation*, 2010 (2), pp. 245–258.

---

① 吕林海. 意义建构与整体学习：基于脑的学习与教学理论的核心理念 [J]. 教育理论与实践，2006（15）：54-57.

② 张玥，吴琼，朱庆华. 基于意义建构理论的社会化搜索用户信息素养培育模式研究 [J]. 情报理论与实践，2018（12）：8-13.

三、相关政策

(一) 国内相关政策

当前,国内信息素养相关政策与标准主要由教育部及下属专业机构发布。表 9-1 汇总了我国信息素养领域相关政策及标准的基本信息。

表 9-1　我国信息素养相关政策与标准基本情况

责任组织	文件名称	时间	适用范围
北京地区高校信息素质教育研究会	《北京地区高校信息素质能力指标体系》	2006 年	高等教育
高等学校图书情报工作指导委员会	《高校大学生信息素质指标体系(讨论稿)》	2008 年	高等教育
教育部	《普通高中信息技术课程标准(2017 年版)》	2017 年	基础教育
教育部	《教育信息化 2.0 行动计划》	2018 年	
中国图书馆学会	《中国公民信息素养教育提升行动倡议》	2019 年	全体公民

(二) 国外相关政策

联合国教科文组织(UNESCO)、国际图联(IFLA)、美国大学与研究图书馆协会(ACRL)、英国国家和大学图书馆学会(SCONUL)和澳大利亚大学图书馆员委员会(CAUL)等专业组织发布了一系列信息素养专业政策与标准。表 9-2 汇总了国外信息素养领域相关政策及标准的基本信息。

表9-2 国外信息素养相关政策与标准基本情况

责任组织	文件名称	时间	适用范围
UNESCO	《全球媒体与信息素养评估框架》(Global Media and Information Literacy Assessment Framework)	2013年	全体公民
IFLA	《信息素养评价指南》(Guidelines for Information Literacy assessment)	2004年	全体公民
IFLA	《终身学习的信息素养指南》(Guidelines on Information Literacy for Lifelong Learning)	2006年	全体公民
IFLA	《数字素养声明》(IFLA Statement on Digital Literacy)	2017年	全体公民
SCONUL	《高等教育信息技能》(Information skills in higher education)	1999年	高等教育
SCONUL	《信息素养七要素标准》(The SCONUL Seven Pillars of Information Literacy)	2011年	高等教育
ACRL	《高等教育信息素养能力标准》(Information Literacy Competency Standards for Higher Education)	2000年	高等教育
ACRL	《高等教育信息素养框架》(Framework for Information Literacy for Higher Education)	2015年	高等教育
CAUL	《信息素养标准(第一版)》(Information Literacy Standards, First edition)	2001年	高等教育
CAUL	《澳大利亚与新西兰信息素养框架：原则、标准与实践(第二版)》(Australian and New Zealand Information Literacy Framework: Principles, Standards and Practice, Second edition)	2004年	全体公民

第二节 公共图书馆信息素养教育的主要内容

本章第一节中介绍了信息素养及相关概念。为提升信息素养教育效果，公共图书馆信息素养教育必须围绕信息素养内涵有针对性地展开。因此，公共图书馆信息素养教育主要包括三大方面内容，即信息意识培育、信息检索技能指导以及信息伦理培育。

一、信息意识培育

信息意识培育的目标是培养公共图书馆的用户，使其在有信息需求时，能够自觉地意识到信息需求，并具备将个人信息需求清晰表达的能力。信息意识的培育有助于用户在复杂的信息中快速定位与捕捉有用的信息，以满足个人信息需求。

公共图书馆培育公众信息意识需要着重关注以下两个基本要点。

第一，公共图书馆应面向终身学习推进信息意识培育。从 2009 年联合国教科文组织《贝伦行动框架》（Belém Framework for Action）到 2019 年《中国公民信息素养教育提升行动倡议》，均强调了终身学习是应对数字鸿沟问题的重要路径。而在鼓励终身学习过程中，信息意识的培育是核心环节。如何清晰地了解自身信息需求，是持续推进社会全体践行终身学习的关键。

第二，公共图书馆信息素养教育需要加强信息意识与信息能力的协同发展。信息意识的强弱在一定程度上决定了信息获取、利用与评价的自觉程度。因此，信息素养的培育需要将信息意识培育与信息检索技能培训结合起来，为不同的用户群体提供针对性的信息能力训练，以此提升用户信息素养。

二、信息检索技能指导

信息检索的一般意义存在广义和狭义之分。广义上，信息检索分为信息存储与信息检索两个阶段，涉及将信息按照一定的方式组织与存储，根据用户的信息需求查询与匹配对应的信息。狭义上，信息检索仅指信息搜寻的过程，借助相关信息技术、工具及方法，从信息集合中将已有信息与需求进行查询与匹配。信息检索内涵示意图见图9-2。

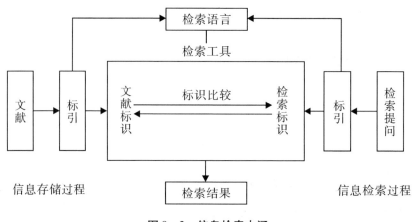

图9-2　信息检索内涵

结合图9-2，公共图书馆培育公众信息检索技能需要着重关注以下两个基本要点。

第一，引导图书馆用户遵循信息检索三大原则。其一为"选择原则"：在查找信息的过程中，需要选择不同的信息资源与信息源。在帮助用户明晰信息需求的基础上，确定可选择的信息工具类型与信息查询途径。其二为"评价原则"：在海量的信息中，如何精确地找到有用的、准确的信息，需要帮助用户掌握评价所得信息的意识及相关技能。其三为"合法原则"：在信息检索技能培育中，需要帮助用户明晰信息检索必须在国家各项法律法规限定范围之内进行，帮助用户规范自我信息行为，合理使用信息资源、信息技术及工具，尊重和保护知识产权，尊重和保护隐私权利。

第二，帮助用户了解信息检索的步骤。一是"指导用户掌握明晰检索问题的方法"：帮助用户明确检索目的与要求，同时明确信息获取的大致范围、信息类型、数量等，助力检索结果更加准确。二是"指导用户选择合适的检索工具与途径"：公共图书馆馆员需要指导用户根据检索目的和要求选择合适的检索工具。三是"引导用户实施检索过程"：向用户介绍不同的检索方法（顺查法、逆查法、抽查法、引文法、分段法等）、检索途径（关键词、篇名、主题词等）、检索技术（布尔逻辑检索、截词检索、限制检索等）以及网络信息检索方法与工具。四是"指导用户合理评价检索结果"：公共图书馆需要指导用户反思整个信息检索过程与信息检索结果的有效性，以促进后续信息检索能力的持续提升。

三、信息伦理与个人信息管理指导

当前的信息环境存在着诸多问题，公共图书馆需要承担引导人们自觉遵守信息伦理的教育职责，以促进良好健康信息环境的构建。信息伦理培育是指培养人们在从事信息活动时的道德判断和自我控制能力。其重点在于培养人们的道德责任感，使其养成文明的信息行为习惯；提高人们的道德认知，培养其信息道德的自律能力，遵循信息环境下的各项准则。①

在信息伦理规则之下，公共图书馆有必要帮助用户了解与掌握一定的个人信息管理知识与工具。

个人信息管理最早由马克·兰斯代尔在1988年提出，包含个人日常信息处理、分类和检索信息的方法和步骤。② 公共图书馆需要指导用户整合零散的个人信息与知识，帮助用户提高个人处理信息问题的效率，培育创新思维和创新能力，以期辅助用户优化个人知识结构。

在此过程中，公共图书馆馆员需要对已有的个人信息管理工具进行筛选，以向用户推介合适的工具。个人信息管理工具即是用于帮助用户管理个人信息（涉及信息获取、组织、检索等）的软件等，例如电子邮件管理工具、个人日程管理工具、个人密码管理工具以及云存储平台与工具等。

与此同时，伴随着信息技术的高速发展，美国大选"邮件门"等事件的频频发生与曝光，显现出个人信息安全和隐私保护遇到极大的挑战。如何加强个人信息安全保护，是公共图书馆在参与全民信息素养教育过程中的重要任务与关键环节。在此过程中，公共图书馆需要帮助用户了解相关法律，树

---

① 潘燕桃，肖鹏. 信息素养通识教程［M］北京：高等教育出版社，2019：23 - 38.
② LANSDLE M W. The psychology of personal information management［J］. Applied economics，1998，19（1）：55 - 66.

立自我保护与维权意识，提升个人信息保护能力。

> **扩展阅读9.3**
>
> 中国图书馆学会，武汉大学信息管理学院等：《中国公民信息素养教育提升行动倡议》，http://www.lsc.org.cn/contents/1342/14004.html.
>
> 潘燕桃，李龙渊：《信息素养通识教育的理论创新及其实践探索》，《图书馆杂志》2017年第12期，第45-53页。
>
> 吴建中，陈昭珍，苏德毅等：《信息素养助力图书馆与社会发展——海峡两岸及港澳地区图书馆员笔谈》，《图书馆杂志》2019年第8期，第4-16页。

第三节 公共图书馆信息素养教育活动的组织

公共图书馆信息素养教育活动的组织需要去思考：哪些群体是公共图书馆信息素养教育的目标对象？如何设计与实施信息素养教育活动？如何找到合适的合作对象，推进合作关系建设？如何扩大信息素养教育活动的影响力？如何推进信息素养教育的可持续发展？

一、信息素养教育对象的识别

公共图书馆信息素养教育的第一步在于对培育对象进行识别，为不同群体提供个性化的、有针对性的信息素养教育活动。

参考国际图联《图书馆基本素养项目建设指南》(Guidelines for Library - Based Literacy Programs)，公共图书馆需要着重关注为以下特殊人群提供信息素养教育，即未成年人群体、失业群体、老年人群体、失孤群体、监狱犯人以及病人等群体。①

公共图书馆馆员在对培育对象分类的基础上，应了解对象的信息需求，从而为信息素养教育设计提供切入点。

二、信息素养教育活动设计

关于信息素养教育活动设计，可参考国际图联《终身学习的信息素养指南》。该指南中明确了公共图书馆需对信息素养教育的活动进行战略性规划与设计，整体设计主要由11个步骤组成，分别为：规划设计、信息素养教育使命、愿景、理由、优势与劣势分析、环境扫描、具体策略、对象与目标、具体行动、资源/要求、经费预算。② 指南中形成了信息素养教育活动设计的通用框架，具体如图9-3所示。

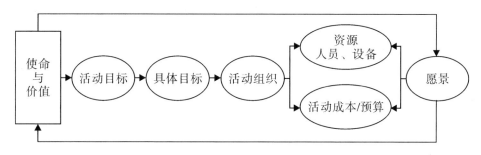

图9-3 信息素养教育活动设计通用框架③

公共图书馆可根据这一通用信息素养教育框架，结合本馆信息资源建设等情况，设计适合本馆的完整的信息素养教育活动规划，促进馆内信息素养教育活动的统筹，自上而下对应具体活动展开设计。

---

① IFLA. Guidelines for library – based literacy programs [EB/OL]. [2019 – 11 – 20]. https：//repository. ifla. org/bitstream/123456789/712/1/guidelines – for – library – based – literacy – programs. pdf.

② IFLA. Guidelines on information literacy for lifelong learning [EB/OL]. [2019 – 11 – 20]. https：//www. ifla. org/files/assets/information – literacy/publications/ifla – guidelines – en. pdf.

③ IFLA. Guidelines on information literacy for lifelong learning [EB/OL]. [2019 – 11 – 20]. https：//www. ifla. org/files/assets/information – literacy/publications/ifla – guidelines – en. pdf.

而后，具体到公共图书馆部门开展的内部活动，馆员可依据图书馆信息素养教育活动整体规划，按照指南文本步骤，将每一步结合实际情况进行细化，与实际服务用户需求相对接，完成具体的信息素养教育活动设计。

三、合作关系建设

当前，在信息社会发展转型与图书馆发展转型的关键时期，IFLA 发布了《全球愿景》(*Global Vision*)，明确了全民信息素养提升的重要性，其下属信息素养专业委员会（Information Literacy Section）就在其《信息素养专业委员会行动规划》(*Information Literacy Section Action Plans*) 中再次强调图书馆之间应加强合作与交流①，促进信息素养提升的落地。

《中华人民共和国公共文化服务保障法》《中华人民共和国公共图书馆法》《中国学生发展核心素养》《中国教育现代化 2035》等法规政策相继发布，鼓励公共图书馆与其他类型图书馆（尤其是中小学校及其图书馆）展开合作。其中，面向未成年人等的信息素养教育专题将是推进馆际合作关系建设的有力抓手。

虽然我国尚未出台关于信息素养教育合作关系建设方面的具体行业标准（指南），但是公共图书馆可参照国际图联发布的一系列未成年人图书馆服务指南（具体可参见第九章相关内容）与《公共图书馆服务指南》，这些指南针对面向不同群体时"如何选择活动合作对象？如何建设以社群为单位的合作关系？具体的任务设计应如何开展"等问题都做了较为详细的说明。

四、信息素养教育活动实施

关于信息素养教育活动设计，可参考国际图联《终身学习的信息素养指南》。信息素养活动的实施主要涉及培育活动资源的选择、活动的宣传与推广以及活动的管理这三方面。

在活动资源的选择方面，公共图书馆专业馆员对照活动对象的信息需求，对信息素养教育活动中所需的资源进行选择，以加强信息素养教育的个

---

① IFLA. Information literacy section action plans [EB/OL]. [2019 – 11 – 22]. https://www.ifla.org/files/assets/information-literacy/strategic-plan/infolit-section_action_plan_2018-2019.pdf.

性化与针对性。

在活动宣传与推广方面，国际图联具体发布了《整合信息素养标识：推广手册》(*Integrating the information literacy logo: a marketing manual*)①，为公共图书馆信息素养教育活动的宣传推广提供了重要的参考。

在活动的管理方面，公共图书馆馆员可参考管理学领域"标杆管理"（Benchmark）理论，对活动数据、活动记录以及各方反馈意见进行收集与记录，而后根据客观数据，对实践中存在的不足进行总结与反思。

五、信息素养教育评价

关于信息素养教育的评价，可参考国际图联《信息素养评价指南》。该文件强调从规定性或诊断性评价（prescriptive or diagnostic）、过程性评价（formative）和总结性评价（summative）三个角度分别对信息素养教育的过程及结果进行评估。②

关涉具体评估着落的范围，主要涉及参与信息素养教育活动的人次、用户满意度、活动在社群中的影响力、信息素养教育中的资源有效性、活动地点的有效性、活动频率与时长以及活动的长期益处等方面。

关涉具体评估的方法，可借助访谈法、问卷调查等社会调查方法收集相关数据，并利用数据分析软件等对所收集的数据进行分析。至此，公共图书馆馆员可将已有数据结果与其他公共图书馆进行对标，寻找与借鉴适合本馆利用的资源与实践方法。

---

① IFLA. Integrating the information literacy logo: a marketing manual [EB/OL]. [2019-11-22]. https://www.ifla.org/publications/integrating-the-information-literacy-logo-a-marketing-manual?og=81.

② IFLA. Guidelines for information literacy assessment [EB/OL]. [2019-11-22]. https://www.ifla.org/files/assets/information-literacy/publications/il-guidelines-2004-en.pdf.

> **扩展阅读 9.4**
>
> Literacy and Reading Section. *Guidelines for Library – Based Literacy Programs*. IFLA, 2003. https：//www.ifla.org/files/assets/literacy – and – reading/publications/guidelines – for – library – based – literacy – programs.pdf.
>
> Literacy and Reading Section. *Literacy and Reading Section Action Plan*. IFLA, https：//www.ifla.org/publications/literacy – and – reading – section – action – plan? og =74.
>
> The International Federation of Library Associations and Institutions. *Guidelines on Information Literacy for Lifelong Learning*. IFLA, 2006. https：//www.ifla.org/files/assets/information-literacy/publications/ifla – guidelines – en.pdf.
>
> Information Literacy Section. *Guidelines for Information Literacy assessment*. IFLA, 2004. https：//www.ifla.org/files/assets/information – literacy/publications/il – guidelines – 2004 – en.pdf.
>
> Information Literacy Section. *Integrating the Information Literacy Logo：A Marketing Manual*. IFLA, 2009. https：//www.ifla.org/publications/integrating – the – information – literacy – logo – a – marketing – manual? og =81.

第四节　公共图书馆信息素养教育的典型案例

一、美国公共图书馆"青少年科技周"

美国图书馆协会为进一步促进全美青少年阅读，于1998年推出"青少年阅读周"活动。该活动由美国图书馆协会下属的青少年图书馆服务协会（Young Adult Library Services Association，YALSA）主办，于每年10月的第三周举办。每年有数千个公共图书馆开展多项旨在鼓励青少年快乐阅读的活动，以期提升青少年的阅读能力。"青少年阅读周"活动的主题由参与者共同投票选出，具体活动则根据主题、图书馆等具体情境决定。

伴随着美国信息技术的高速发展历程，2007年，美国图书馆协会从该活动中衍生出"青少年科技周"（Teen Tech Week），并将10月的第三个周五定为全国性的"青少年科技周日"。该活动目的是促使青少年遵循信息伦理，具备使用数字媒体（特别是图书馆非印刷资源，如电子书、电子阅读器、数据库、有声读物和社交媒体等）的能力。[①]

美国洛杉矶拉朋特图书馆（La Puente Library）在青少年科技周期间组织了在线活动。活动中重点关注青少年信息素养教育，设计"礼品卡"环节，用户需要正确回答有关数据库和其他在线资源的"寻宝游戏"问题。设计"书籍网购"模拟活动，让青少年通过在网上购买图书馆的书籍的方式，帮助该群体了解信息安全和隐私方面的知识。

与此同时，位于纽约州森林山的皇后区图书馆（Queens Library）成功推出了一个"技术伙伴"（Tech Buddies）品牌活动，将有提升信息素养需求的青少年与老年人群体组织起来，创设共同提升信息安全与隐私方面技能的学习环境。该品牌活动侧重引入播客、短视频以及视频游戏等新技术，以增强活动的趣味性。

美国公共图书馆"青少年科技周"已成为全美面向未成年人群体信息素养提升的标志性图书馆活动，该品牌侧重于对未成年人的信息安全与个人信息管理相关知识与技能的指导。整个活动由美国图书馆协会负责统筹与宣传，活动影响范围覆盖全美。

二、丹麦奥尔胡斯公共图书馆"信息赋能"

丹麦奥尔胡斯公共图书馆（Aarhus Public Library）为奥尔胡斯地区的移民者与孤儿群体提供信息素养教育系列活动，旨在帮助相关群体更好地适应与融入现代信息社会。为此，奥尔胡斯公共图书馆推出"拥抱多样性，公民信息赋能"（Embracing Diversity, Empowering Citizens in Denmark）活动，帮助用户掌握使用计算机和互联网的技能，推进丹麦国家"数字公民"计划。

图书馆员为持续推动系列培训活动的开展，积极向周边社区招募志愿者，为周边用户提供信息技术使用指导。图书馆社区成员经过系列培训后可以掌握一定的文字处理技能，利用搜索引擎、图书馆数据库资源进行信息

---

① YALSA. Teen tech week [EB/OL]. [2019-11-22]. https://wikis.ala.org/yalsa/index.php/Teen_Tech_Week#About_Teen_Tech_Week_. 28TTW. 29.

检索。

奥尔胡斯公共图书馆下属的分馆，如盖勒鲁普（Gellerup）图书馆和哈斯勒（Hasle）图书馆在其所在社区的文化和社会建设中扮演了非常重要的角色。分馆馆员主动与当地卫生和社会服务组织建立了伙伴关系，为用户提供信息获取等信息素养教育与推广活动，共同促进社区用户信息素养的提升。

丹麦奥尔胡斯公共图书馆面向社会信息弱势群体提出"信息赋能"计划，由区域中心馆整体统筹信息素养教育规划，下属分馆依照规划具体开展信息素养培训系列活动，积极与社区其他非营利性组织合作，不断创新信息素养教育活动的内容与形式。

三、广州图书馆"爱心电脑俱乐部"

广州图书馆"爱心电脑俱乐部"为我国全民信息素养教育的实践提供了重要经验。该项目于2007年启动，多年来一直受到图书馆用户的热烈欢迎。"告别望屏生畏，学会电脑操作"既是项目建设口号和目标，也是项目开展的逻辑与思路。该项目建设前期主要面向老年人群体，设计了基础班和提高班两个阶段：基础班侧重于消除老人家对电脑学习的畏难情绪，使其理解并接受电脑的操作原理；提高班则强调教会学员融会贯通，运用电脑解决实际生活中的问题，从而实现对自身信息能力的锻炼与提高。

自2014年开始，该项目与广东省湖南务工人员服务协会合作，为外来务工人员及留守儿童提供培训服务。活动采用电子阅览室与微软门店志愿团队、华工志愿服务队合作的形式，为外来务工人员献上关怀。培训内容围绕务工人员的切身利益进行安排，包括如何高效搜集网络上的招聘信息和订购火车票等，借助培训内容，帮助用户掌握基础计算机技能以提高城市生活适应能力和社会竞争力。

主要参考文献

［1］UNESCO. Global media and information literacy assessment framework［S］. Paris：United Nations Educational, Scientific and Cultural Organization, 2013.

［2］潘燕桃，肖鹏. 信息素养通识教程［M］. 北京：高等教育出版社，2019.

[3] 吴建中,陈昭珍,苏德毅,等. 信息素养助力图书馆与社会发展:海峡两岸及港澳地区图书馆员笔谈 [J]. 图书馆杂志,2019 (8): 4-16.

[4] 中国图书馆学会,武汉大学信息管理学院,等. 中国公民信息素养教育提升行动倡议 [R/OL]. (2019-09-09) [2019-11-22]. http://www.lsc.org.cn/contents/1342/14004.html.

习 题

(1) 研读《中国公民信息素养教育提升行动倡议》,并分析公共图书馆在这一领域能有和应有的作为。

(2) 对您所在的图书馆的信息素养教育活动进行案例分析。

思考题

(1) 公共图书馆应如何提升公民信息素养教育的认知度和认可度?

(2) 公共图书馆的信息素养教育活动可以有哪些创新?

第十章 公共图书馆未成年人服务

学习目标

理解面向未成年人提供服务是公共图书馆的重要职责
理解未成年人是公共图书馆的重要服务对象
了解公共图书馆未成年人服务的相关理论及政策
了解公共图书馆未成年人服务的主要形式和典型案例

知识点提示

未成年人服务的理论与政策
未成年人服务的形式
馆校合作

《公共图书馆宣言》指出,"从小培养和加强儿童的阅读习惯""激发儿童与青少年的想象力和创造力"是公共图书馆的两项核心服务内容。① 公共图书馆可以帮助未成年人学会阅读和获取知识的技能,这对于他们的身心成长和信息素养养成至关重要;而且从当前图书馆行业的实践来看,未成年人

---

① IFLA/UNESCO public library manifesto 1994 [EB/OL]. [2019 - 12 - 09]. https://www.ifla.org/publications/ifla - unesco - public - library - manifesto - 1994.

服务的各项指标，如文献外借量、读者活动数量、接待访问量等，在公共图书馆服务效益中占有很大比重；此外，未成年人还可以带动其周边群体一起走进图书馆、了解图书馆、利用图书馆。以上这些因素使得未成年人服务成为提升公共图书馆服务效能的重要引擎。

本章首先阐述公共图书馆未成年人服务的相关理论，而后介绍公共图书馆中常见的未成年人服务形式，最后介绍国内外公共图书馆未成年人服务的典型案例。

第一节　公共图书馆未成年人服务相关理论

一、图书馆学相关理论

图书馆学中与未成年人服务相关的理论主要有未成年人服务与管理理论、绘本阅读理论、讲故事理论和分级阅读理论等，这些理论对于公共图书馆开展未成年人服务工作具有直接指导作用。

（一）公共图书馆未成年人服务与管理理论

本部分内容系依据国际图联制定的《婴幼儿图书馆服务指南》《儿童图书馆服务发展指南》《青少年图书馆服务指南》《0～18岁儿童图书馆服务指南》等文件中对公共图书馆未成年人服务和管理的要求归纳和整理而成的。

1. 公共图书馆未成年人服务的使命和目标

公共图书馆作为一个信息、学习和文化中心，通过提供大量的文献资源和举办各种活动，为各年龄段的未成年人提供体验阅读乐趣、探索知识和丰富想象力的空间，培养未成年人和家长们充分利用图书馆的能力，满足他们教育、信息和个人发展方面的需求，包括娱乐和休闲，也包括支持儿童的健康和福祉。

公共图书馆未成年人服务的目标包括：帮助每个儿童获得信息、视觉素养、数字素养、媒体素养、文化发展、阅读、终身学习等方面的能力；为儿童提供资源和媒体；为儿童、家长及看护人提供各种活动；帮助家庭融入社区；帮助儿童拥有获取自由和安全的能力；鼓励儿童成为自信而有能力的人。①

2. 馆员所需的技能

为公共图书馆配备掌握儿童服务专门技能的员工是非常重要的。《0～18岁儿童图书馆服务指南》指出，儿童图书馆馆员应当具备以下13项技能。②

（1）理解儿童发展和心理，包括其沟通、语言和读写能力以及上述因素对于图书馆服务的影响。

（2）使用现有技术发现当地社群中所有儿童及其家人的需求。

（3）设计、有效提供和评估各类有趣和有吸引力的项目和活动，以满足当地社群中所有儿童的需求。

（4）展示有关当前儿童文化的知识：文献、游戏、音乐和电影，儿童对于数字内容和媒介的使用，以及有助于儿童馆藏多元性、包容性和相关性建设的其他资源。

（5）紧跟前沿的新兴技术、数字世界和社交媒体，以及关注上述对于儿童图书馆服务的影响。

（6）为儿童及其家人营造一个舒适而支持的环境，确保他们能够轻松地获取图书馆资源，参与图书馆项目及活动。

（7）促进社群参与和建立伙伴关系。

（8）与社群内其他为儿童及其家人服务的组织进行交流与合作，以实现共同的目标。

（9）与儿童及其家人有效沟通。

（10）为儿童图书馆服务设定目标、制定规划和确定优先事项。

（11）与同事一起创造性地和高效率地开展工作，以实现儿童图书馆的

---

① The International Federation of Library Associations and Institutions (IFLA). Guidelines for children's library services [EB/OL]. [2019-11-01]. https：//www.ifla.org/files/assets/libraries-for-children-and-ya/publications/guidelines-for-childrens-libraries-services-en.pdf.

② The International Federation of Library Associations and Institutions (IFLA). IFLA guidelines for library services to children aged 0-18/revise dversion (2018) [EB/OL]. [2021-08-30]. https：//www.ifla.org/files/assets/libraries-for-children-and-ya/publications/ifla-guidelines-for-library-services-to-children_aged-0-18.pdf.

上述目标和优先事项。

（12）对儿童图书馆可获得的预算经费进行规划、管理、控制和评估，以促成服务目标的实现。

（13）进行自我评估，在不断变化的基础上保持适应性，并抓住继续教育的发展机会。

3. 伙伴关系与合作

公共图书馆与当地社群建立有效和可持续的伙伴关系有助于保障各年龄段的儿童获得最佳的场馆设施和服务，图书馆应在终身学习和教育领域与当地的其他机构和利益相关者，如学校、儿童医院、文化和艺术团体、地方企业、志愿服务组织及其他非营利机构等开展协作，并发展牢固且持续的合作伙伴关系。与这些机构的合作将扩大图书馆未成年人服务的可达范围，从而与新的受众和更多潜在用户建立联系，进而设计及提供新的和更加完善的服务，以满足未成年人及其家人的需求，实现最好的社群参与和交融，消除未成年人及其家人使用公共图书馆服务时的准入障碍。

学前班、幼儿园和其他教育机构是图书馆馆员的重要合作伙伴。图书馆馆员应为学校提供各种特殊活动，例如：图书馆参访、图书馆导引活动、信息素养教程、阅读推广、借阅服务、文化活动、家庭作业辅导、作家见面会、教育从业者的会面交流，等等。

因此，从事未成年人服务的图书馆馆员应具备与社群中其他未成年人服务组织和机构建立伙伴关系的能力。

4. 馆藏资源建设

儿童图书馆应提供各类形式的文献资源，以满足各年龄段、各社群未成年人的需求。馆藏文献应是新近出版的、具有吸引力的，并以儿童直观易懂的方式组织；儿童及其家人应参与资料选择。

典型的儿童图书馆可提供以下类别的图书馆资料：适合所有年龄阶段的小说与非小说、参考工具书、使用当地主要语言撰写的资源、使用当地少数群体语言撰写的资源、计算机游戏、玩具、乐器、学习资料、有声读物、婴儿百宝箱、创客空间项目所需的设备工具与材料、在线流媒体音乐、电影、电子书、教育和娱乐软件、本地和全球教育资源数据库等等。

5. 儿童图书馆活动

儿童图书馆应当设计有效的图书馆馆内活动和馆外延伸活动，以满足当地未成年人的多样化需求。

公共图书馆中常见的未成年人读者活动包括：图书馆导引活动、信息素养和家庭素养教育活动、阅读推广与读者发展、借阅服务、阅读俱乐部、文化活动、家庭作业俱乐部、作家见面会和讲故事活动、手工活动、编程俱乐部及相关活动、创客空间活动、创造性游戏、音乐和戏剧活动等等。

6. 空间和场所创建

公共图书馆内必须为未成年人服务设置适当的空间，在条件允许的情况下，未成年人服务应该有独立的区域，并明显地与馆内其他服务区域区分开。未成年人服务空间应该是一个温馨的实体空间，所有年龄段的孩子都应该感受到图书馆是一个友好的、有吸引力的、有挑战性的和没有威胁的地方。它应该是一个能够促进各种想法交流的、安全的、支持的和受欢迎的空间。友好的氛围和良好的设计能鼓励孩子们使用所有图书馆资源、自由阅读和在图书馆逗留。

儿童图书馆设施的大小和设计没有统一标准，但是在为儿童规划图书馆空间和设施时应考虑以下因素。

（1）应位于图书馆中心，如有可能应位于一楼。

（2）空间和设施的设计应适合各年龄段和各种有特殊需求的未成年人使用，并符合儿童安全规范。

（3）可灵活安排各种活动。未成年人服务空间应能根据各种活动如音乐、游戏、故事时间、自主学习和数字素养技能工作站等的需要进行使用和重新布置。

（4）图书馆的家具和设备应足够坚固，能承受高强度的使用并易于维修，因为它会遭受相当大的磨损。

（5）摆放书籍的书架应美观。书架应能展示不同的媒介资源，同时为了便于儿童获取资源，应使用高度较低的书架。动态地进行馆藏管理和展示，定期改变空间布局，让所有人在不同地方可以看见和接触不同的东西，以促进书籍的获取。

（6）照明会影响图书馆空间的感觉和外观，应当将自然光和内部照明相结合。大多数读者喜欢在自然光下阅读，学习空间和创造氛围的反射区需要不同的照明等级。各种各样的心情灯在为青少年设计的区域中很受欢迎。

（7）有条件的图书馆应提供儿童护理空间，如母婴室，以及家庭式和全性别厕所。

7. 安全管理理论

在公共图书馆中如何保障未成年人安全是不容忽视的问题，少年儿童活泼好动、自理能力较弱，低幼儿童尤其缺乏自我保护意识，公共图书馆的开放性导致服务过程中面临的安全隐患更多。未成年人服务中的安全隐患包括设施设备隐患、活动隐患、监护隐患、信任危机、公共关系等方面，这些因素使得未成年人发生安全事故的风险较高，而且处理起来更加急迫和复杂。

未成年人服务中的安全管理可以从以下方面着手。首先，图书馆馆员是影响服务安全的最重要因素，在日常工作中要提高馆员的安全意识，这是做好危机预防和管理的最重要前提；馆员要了解服务过程中可能存在的安全隐患并对其进行有效监控，及时发现问题；将安全管理规范化、制度化，制定安全管理方案并在日常工作中落实，以减少安全隐患；对于可能发生的安全事故，要制定相应预案并组织馆员演练。其次，当安全事故发生时，一方面要采取有效措施积极应对，控制事态发展，妥善解决问题；另一方面要加强与公众和媒体的沟通，减少可能的放大或冲击效应，减低对图书馆的负面影响。在危机平息后，要总结经验教训，完善管理中的不足，防止类似情况再次发生。[1]

8. 营销和推广

图书馆应向未成年人及相关社群宣传其服务和资源，儿童图书馆馆员应成为公共图书馆未成年人服务的有力推广者。儿童图书馆馆员可以使用营销技术来发现用户的需求，并通过有效的营销和推广来满足那些需求。

市场营销即预测并满足客户的需求，它还涉及接触客户并建立联系。这需要图书馆工作人员的努力和创造性，以有效地接触那些没有图书馆使用习惯的人群或者没有阅读文化的区域。儿童图书馆馆员应积极开展外联工作而不是坐等未成年人走进图书馆。

常用的营销和推广措施包括：积极使用印刷、电子和通信媒介；利用社交媒介与儿童、青少年和家庭建立联系；展示和展览；有效的馆内外标识和导引；定期出版资源清单和宣传册；开展阅读和读写素养培养活动以及作家见面会；设计符合身体及感官残障儿童需求的活动；书展；图书馆周年庆祝活动及其他集中推广活动；公共演讲活动及社群组织联系；鼓励儿童和青少年参与推广他们感兴趣或认为有价值的图书馆服务和资源。

9. 评估和影响

评估始于策略和计划，是图书馆服务的一个基本而重要的组成部分，也是图书馆规划中的关键环节，它需要与预先确定的目标和结果相关联。如果

---

[1] 范并思，吕梅，胡海荣. 公共图书馆的未成年人服务 [M]. 北京：北京师范大学出版社，2012：123-125.

能收集到合适的证据并进行科学分析，评估可以成为改进活动和服务、沟通决策的工具。对儿童图书馆的服务和活动进行评价，有助于了解这些服务和活动是否满足当地社群儿童的需求。

在制订儿童图书馆活动评估计划时，需要考虑一些实际问题：评估什么？需要什么类型的证据？实施评估的最佳时间？采用何种标准以评判活动绩效？图书馆活动相关指标必须达到怎样的绩效标准方可视为成功？如果要在一段时期内进行比较，重复进行评估的难度如何？基于可获得的证据，可以就活动绩效做出什么结论？评估结果将如何引发变化？

（二）绘本阅读理论

由于低幼儿童的认知能力尚不成熟，很难理解抽象的阅读内容，绘本被认为是最适合儿童阅读的读物。它通过图画和少量的文字来传达信息，用图片表达信息比文字更有优势[1]，非常符合儿童认知发展的规律以及阅读学习的特点，可以充分调动儿童对于外部世界的好奇心，帮助儿童培养正确的阅读习惯。[2] 因此，绘本阅读服务在公共图书馆未成年人服务中具有重要地位。

1. 绘本阅读对儿童语言能力的影响

绘本阅读对儿童语言能力的促进作用受到学界的广泛关注，绘本中文字简短精练、节奏优美、富有韵律。从浅层次上看，绘本阅读能有效扩充儿童词汇量，是儿童阅读和语言能力发展的源泉，也能从更深层次促进儿童想象力、思维和智力的发展。[3]

绘本阅读之所以能促进幼儿读写意识和读写能力的萌发，一是因为绘本通过独特的设计来吸引幼儿的注意力，使其产生阅读的兴趣。尤其是低幼绘本，它不仅在视觉上给予了幼儿良好的阅读感受，还在触觉等方面让幼儿产生探索的欲望。绘本具有不同的材质和造型，触摸书、异型书等都可以激发幼儿的探究和阅读兴趣。二是因为绘本有引人入胜的故事内容和独特的情节设计，可以让幼儿在阅读故事的过程中发展读写能力。绘本都有鲜明的主题和清晰的整体设计，幼儿可以通过已有的经验或知识来理解图片所呈现的故

---

[1] MAJDENIC V, SARATLIJA I. Picture books for children of early school age for the purpose of environmental education [J]. Pannoniana, 2019 (3): 199 – 238.

[2] 申艺苑，袁曦临. 基于多元智能发展的儿童绘本阅读启蒙研究 [J]. 图书馆学研究，2021 (10): 63 – 69.

[3] 周洁，刘娟. 绘本阅读对3～6岁幼儿自我概念的影响：基于文献的分析 [J]. 教育学术月刊，2020 (7): 74 – 81.

事内容。三是因为绘本阅读不仅是幼儿的自主阅读,成人的伴读也是幼儿绘本阅读的重要方式,成人能够更为全面和深刻地阐述故事内容,使幼儿对故事的理解也更为深刻。①

2. 绘本阅读对儿童视觉素养的影响

绘本阅读与视觉素养密切相关。一方面,阅读绘本不同于阅读无插图的文本,少年儿童在不同的发展阶段,对于绘本中的图画元素会产生不同的理解,从而影响其对故事本身的解释。研究表明,图画中描绘的人物的面部表情、身体姿势和动作,以及画面的线条、色彩等元素都会影响儿童对故事人物的判断。② 另一方面,绘本图画优美、图文并茂,其明朗的色彩、简约的线条、合理的构图能够潜移默化地给予儿童美的滋养和熏陶,提升儿童审美水平。在绘本阅读的同时,可以合理利用绘本进行美育教育,引导儿童关注绘本的不同绘画形式、绘本作为读图艺术的魅力,提升儿童的艺术鉴赏能力和对美的感悟力。③

(三) 讲故事理论

公共图书馆为少年儿童讲故事的做法始于20世纪初的美国纽约公共图书馆,在当时,讲故事被认为是将少年儿童与公共图书馆、同龄人、本地文化联系起来的一种有效方式,因为各年龄段的儿童都对听讲故事有浓厚的兴趣。④ 经过一个多世纪的发展,讲故事活动已经成为世界各地公共图书馆未成年人服务工作中一个必不可少的组成部分。

1. 讲故事活动对图书馆的价值

讲故事活动对图书馆的价值主要体现在增加图书馆儿童区域的使用率和图书外借量,以及改善图书馆的公共关系。早在1905年,就有图书馆员注意到讲故事活动会对图书馆儿童区域的使用产生影响,听过故事的儿童会带着他们的朋友一起再次来到图书馆,并且儿童阅览室里的故事书很快都被借

---

① 杨春菊,张喜梅. 体验式幼儿绘本阅读的价值:从读写萌发到视觉素养[J]. 学前教育研究,2019(8):93-96.

② BATIC J. Reading picture books in preschool and lower grades of primary school [J]. GEPS Journal, 2021(1):9-26.

③ 周洁,刘娟. 绘本阅读对3—6岁幼儿自我概念的影响:基于文献的分析[J]. 教育学术月刊,2020(7):74-81.

④ DEL NEGRO J M. The whole stroy, the whole library: storytelling as a driving force [R]. Illinois Library Association Report, 2015:4-7.

走了。在改善公共关系方面，讲故事活动有助于让孩子们远离街头，帮助他们养成使用图书馆的习惯，与图书馆成为朋友；同时也能够起到推销图书馆、帮助图书馆提升知名度的作用，引发家长、学校老师、社会工作者等群体对图书馆少儿服务的兴趣和认可。①

2. 讲故事活动对儿童的价值

美国学者 Brian W. Sturm 和 Sarah Beth Nelson 在其论文 With Our Own Words: Librarians' Perceptions of the Values of Storytelling in Libraries 中将公共图书馆讲故事活动对儿童的影响归纳总结为以下四个方面。②

（1）激发阅读兴趣。讲故事是一种将文学带入生活的方式，它使书籍成为一种有生命的力量，从而使孩子们获得对文学的欣赏和阅读其他故事的动力。给孩子讲故事的主要目的是培养他们对优秀文学作品的鉴赏力，引导他们去阅读那些平时不会主动阅读的书，培养儿童的阅读习惯和对世界文学名著的认识。讲故事和阅读之间的真正联系是：讲故事鼓励倾听，而听故事是为孩子们自己阅读做准备。如果听到的故事让他们产生浓厚的兴趣，他们就会渴望去阅读更多相关的图书。此外，他们还能从听故事的过程中学习到应该按事情发展的顺序进行阅读，这是理解图书内容的先决条件。

（2）品格教育。图书馆通常会使用经典的文学作品来作为讲故事的材料，故事中人物的高尚道德、坚定信念会成为孩子们的行为榜样，通过塑造优秀的精神典范来影响儿童的生活，从而引导他们改变行为。直接的道德指导不属于公共图书馆的职权范围，讲故事则是一种用非常好的教育方式。与直接灌输和说教相比，讲故事的最大好处在于通过暗示使孩子感受到一个人应该做什么、怎么做才是有道德的、高尚的。如果把道德强加给孩子，他们敏感的心灵会受到伤害，潜移默化的方式才能让他们持续受到道德的影响。

（3）提供间接经验。故事为儿童提供了一个虚拟的背景，使得他们在听故事的过程中可以检验和实验不同的身份、信仰和文化。通过想象和可视化的过程，孩子们会认同故事中的人物，间接体验到危险事件或强烈的情感却又不必实际参与其中，据此能够学习可能适用于他们现实生活的应对策略。

---

① CHANCELLOR R, LEE S. Storytelling, oral history, and building the library community [J]. Storytelling self society an interdisciplinary journol of storytelling studies, 2016 (1): 39-54.

② STURM B W, NELSON S B. With our own words: librarians' perceptions of the values of storytelling in Libraries [J]. Storytelling self society an interdisciplinary journal of storytelling studies. 2016 (1): 4-23.

讲故事为儿童提供了解释其直接经验之外的生活力量的机会，从而为他们的生活做好准备。

（4）提升听力、语言和记忆能力。在20世纪70年代，讲故事就被认为是支持幼儿读写能力的关键组成部分，听故事对于儿童发展听力技能、扩大词汇量以及体验语言的美丽和多样性、理解叙事结构等方面有巨大作用。由于讲故事的人和听故事的人之间建立了亲密关系，讲故事有助于改善记忆和记忆所经历的事情。

3. 讲故事活动的原则

讲故事活动的核心内容就是由图书馆馆员向儿童声情并茂地讲述有趣的故事。讲故事活动应遵循以下三个原则。①

（1）应将家长纳入讲故事活动中。在策划讲故事活动时就要计划好向家长宣传讲述的内容，并设计专门的环节让他们也能很好地参与活动，这样可以有效增强活动效果。

（2）讲故事活动的持续时间应该控制在30分钟左右。一般情况下注意力集中的持续时间与儿童的年龄成正比，针对这一规律，在面向不同年龄段的儿童讲故事时，活动时长也应有所区别。讲故事时间过短或过长，都会使得讲故事的效果大打折扣，30分钟是国内外公共图书馆开展讲故事活动的大致平均时长。

（3）对不同年龄段的儿童讲故事可以使用相同的材料。因为儿童处于不同的年龄和发展阶段，对于相同的故事也会有不同程度的认知和理解；而且适当的重复也能使儿童感到熟悉和舒服，并增强记忆。在讲故事活动中最适于重复的就是开头的欢迎曲和结尾的欢送曲，在活动中反复使用可以使儿童找到熟悉的感觉，从而使活动顺利进行。

（四）分级阅读理论

1. 分级阅读理念的形成与发展

分级阅读理论起源于欧美发达国家，其理念产生于对少年儿童生理和心理特征的科学分析。心理学研究指出，少年儿童在不同的成长时期，阅读性质和阅读能力是完全不同的，分级阅读就是从少儿的年龄特征、思维特征、社会化特征出发，选择适合不同年龄阶段少儿的读物并指导他们阅读的一种

---

① 张慧丽. 图书馆讲故事活动的理论探索［C］//中国图书馆学会. 中国图书馆学会年会论文集：2012年卷. 北京：国家图书馆出版社，2012：399-405.

阅读方法与策略。①

早在 20 世纪初期，美国就有关于文本内容分级的研究成果，经过数十年的研究发展，到 20 世纪后期，美英等国开始制定严格的儿童读物分级制。英国的分级阅读随着英国教育改革而逐步发展，学校教育与分级阅读相辅相成，并最终形成与阅读教育相配套的分级体系；美国的分级标准多种多样，既有政府资助研发的分级标准，也有民间组织或个人研发的标准。② 分级阅读较好地解决了不同年龄段的孩子读什么、怎么读的问题。尽管学界对分级体系尚存分歧，但主流观点仍认同分级阅读符合儿童身心发展的客观规律和儿童在阅读过程中的认知规律。③

我国于 21 世纪初期从西方国家引入分级阅读的理念，受到教育界、出版界、图书馆界的重视和关注，多家出版社推出自己的中文少儿图书分级体系，其中知名度较高的是南方报业传媒集团和接力出版社推出的分级体系。2016 年发布的《全民阅读"十三五"时期发展规划》提出要"借鉴国外阅读能力测试、分级阅读等科学方法，探索建立中国儿童阶梯阅读体系，加快提高我国少年儿童的整体阅读水平"④。

2. 国外主流分级体系

（1）蓝思阅读框架（LEXILE framework for reading），是美国 MetaMetrics 教育公司受国家儿童健康与人类发展研究所（National Institute of Child Health and Human Development）资助，经过 15 年研究开发出来的分级阅读标准。

蓝思阅读分级的依据是蓝思指数。该指数由读者水平指数和文章难易指数两部分组成，以数字形式分别展现英语学习者的阅读能力水平和阅读文本难度，这两个指数均通过蓝思测评框架来测定。蓝思测评框架的单位是数字后加"L"，测定的指数范围为 0 L ~ 1700 L；读者水平指数的测评包括词汇、阅读理解、写作等维度，而文章难易指数主要通过测评书中的词汇难度和句法复杂程度来衡量。读者只需同时对照这两个指数就可以选择匹配自己

---

① 李文玲，舒华. 儿童阅读的世界Ⅳ [M]. 北京：北京师范大学出版社，2016：225 – 251.

② 申艺苑，袁曦临. 青少年课外自主阅读分级标准对照测评研究 [J]. 图书馆杂志，2020（11）：13 – 22.

③ 李超平. 公共图书馆宣传推广与阅读促进 [M]. 北京：北京师范大学出版社，2013：181 – 182.

④《全民阅读"十三五"时期发展规划》发布 [EB/OL]. [2021 – 06 – 23]. http：//www.xinhuanet.com/politics/2016 – 12/27/c_129421928.htm.

阅读水平的英文阅读材料。①

（2）牛津阅读树，由牛津大学出版社研发，是目前英国最著名的分级阅读体系。

"牛津阅读树"以牛津分级体系为基础，构建纵横交叉的分级阅读体系网。纵向划分充分考虑儿童身心发展特征，将读物划分为 16 个级别；横向则按照儿童阅读能力发展水平进行划分，分为自然拼读、起步阅读、综合理解、高水平阅读等 7 个方面。"牛津阅读树"之所以能成为英国分级阅读的标志性读物，首先在于其体系庞大与持久更新，已出版读物包括 13 个系列，涵盖叙事体和非叙事体两大类别儿童文学作品；其次是提供全面的阅读指导：自然拼读语音用书帮助儿童练习发音和拼读能力，基本故事书介绍普通词汇和日常用语，教师和家长指导用书分别指导教师和家长为儿童阅读提供帮助，还有练习用书、字词拼写字典、语法用书等配套工具书。②

3. 国内主流分级体系

目前我国仅有南方分级阅读研究中心和接力分级阅读研究中心研发的两套体系拥有较高知名度。

（1）南方分级阅读体系。2008 年 7 月，中共广东省委宣传部、省新闻出版局、省教育厅等单位联合成立"南方分级阅读研究中心"作为研究和推进全民阅读的执行机构，2009 年该中心研发出《儿童青少年分级阅读内容选择标准》和《儿童青少年分级阅读水平评价标准》，这是国内首个儿童阅读分级标准体系。③ 该体系将 1～9 年级少年儿童划分为 1～2、3～4、5～6、7～9 四个学段，其中《儿童青少年分级阅读内容选择标准》根据儿童青少年不同时期的心理发展特征提出各学段儿童青少年的课外阅读内容选择标准④，《儿童青少年分级阅读水平评价标准》主要从阅读量、阅读技能、阅读习惯等方面对儿童青少年的阅读能力进行评价。⑤

（2）接力分级阅读体系。2009 年，接力出版社在北京成立了"中国儿

---

① LEXILE Framework for Reading. What does the Lexile measure mean？［EB/OL］.［2021 – 06 – 20］. http：//www. lexilechina. com/pdfs/What – does – the – Lexile – measure – mean_ CH. pdf.
② 王蕾，毛莉. 英国分级阅读品牌读物"牛津阅读树"文本探究［J］. 出版发行研究，2019（7）：88 – 91.
③ 国内首个儿童青少年分级阅读标准诞生［J］. 人民教育，2009（2）：78.
④ 儿童青少年分级阅读内容选择标准［J］. 人民教育，2009（2）：78 – 79.
⑤ 儿童青少年分级阅读水平评价标准［J］. 人民教育，2009（2）：79.

童分级阅读研究中心",邀请国内儿童教育、儿童心理、儿童出版、儿童文学、儿童图书馆界的专家加盟,并相继推出《中国儿童分级阅读倡议书》《儿童心智发展与分级阅读建议》和《中国儿童分级阅读参考书目》。① 该体系以0～12岁少年儿童为阅读主体,细分为0～3岁、4～6岁、7～8岁、9～10岁、11～12岁这五个年龄段,在综合考虑各类别图书的篇幅、难度、主旨等因素,并参考国内外儿童文学奖项,在征求了包含儿童文学创作界、儿童文学理论界、儿童阅读推广界、教育界、儿童图书馆界、儿童读物出版界、儿童图书销售界等在内的接力儿童分级阅读研究中心专家委员会专家学者意见后,提出与不同年龄段儿童特点相适应的阅读建议及推荐书目。②

二、其他学科相关理论

由于未成年人尚处于心智成长阶段,了解心理学和教育学方面的相关理论对于开展服务也非常有必要。

(一) 心理学相关理论

1. 儿童阅读能力发展理论

有关儿童阅读心理的研究表明,有三个元语言因素对儿童的阅读能力发展产生重要影响:语音意识、语素意识、正字法意识。③

语音意识指的是辨识、分析和操作语言结构的能力。它要求儿童在听到一个词的时候,注意到它的语音结构,而不仅仅是词的意义。语音意识包含音节、声母和韵母以及音素三个层次。一般而言,儿童先发展对音节的意识,再发展对声音和韵母的意识。儿童在上学前就有了对音节、声母、韵母的意识,这些意识可以在听父母讲故事和唱儿歌时获得,很多儿歌是押韵的,可以帮助儿童发展声母和韵母意识。孩子的语音意识与他们的阅读能力呈正相关关系。④

语素是语言中表达意义的最小单位,语素意识是理解语素表达的意思以

---

① "接力儿童分级阅读研究中心"成立"中国儿童分级阅读研讨会"成功举办 [J]. 编辑学刊, 2009 (6): 5.
② "中国儿童分级阅读研讨会"在北京举行 [EB/OL]. [2021 - 06 - 21]. http://www.jielibj.com/article_196_times.html.
③ 李文玲, 舒华. 儿童阅读的世界Ⅲ [M]. 北京: 北京师范大学出版社, 2016: 29.
④ 李文玲, 舒华. 儿童阅读的世界Ⅰ [M]. 北京: 北京师范大学出版社, 2016: 101.

及运用语素构词的能力。语素意识从学前到大学都在增长,但发展较慢;相比之下,语音意识从学前到小学三年级就得到充分发展。语素意识在中文阅读发展中扮演重要角色:首先,汉字不属于拼音文字系统,大部分汉字有对应语素;其次,汉语中大多数词汇是由两个或三个语素组成复音词或复合词;再次,中文有很多同音异义字;最后,中文复合词结构透明,我们多半能从字面上轻易推测出词的意思。语素意识对中文阅读的影响随年龄增长而变得更显著,儿童会接触更多初学汉字时较少看到的复合词。①

正字法意识指的是对文字系统的规则性存储、认知和展示的能力。在汉语中,正字法意识主要包含两个方面,一是部首位置,二是对部首和部件字形的认识。正字法意识和小学一年级至三年级儿童的字词阅读能力有很强的相关性,以汉语为母语的儿童可以利用部首和声音中的信息来推测汉字的意义和读音。在汉语阅读中,正字法意识是一种至关重要的能力。②

2. 认知发展阶段理论

皮亚杰是瑞士著名心理学家和教育家,他提出了认知发展阶段理论③,即儿童从出生到成人的认知发展可以划分为按顺序相继出现的、有着性质差异的四个阶段:感知运动阶段(0~2岁)、前运算阶段(2~7岁)、具体运算阶段(7~11岁)、形式运算阶段(11岁至成人)。儿童在不同发展阶段会呈现出特定的心理和生理特征与规律。每个年龄段的孩子在生理和心理上都具有一定特点,尽管不同的外部环境会导致儿童个体在心理发展过程和速度上的差异,但儿童心理特征在某个阶段能表现出一定的普遍性和稳定性,儿童在每一阶段的变化过程和速度大体上都是相同的,因此,要抓住每个阶段孩子的特点,为他们提供满足生理和心理发展需求的服务。

认知发展阶段理论在图书馆未成年人服务中有着广泛的应用,它为图书馆在馆藏资源选择、分类、摆放,空间设计布局,服务设计与开展等方面提供了参考和指导依据。如图书馆未成年人服务一般会按年龄段分为低幼儿童服务、儿童服务和青少年服务;馆藏图书也根据年龄段分为低幼儿童读物、儿童读物、青少年读物等不同级别。著名的图书分级阅读理论就是依据发展阶段理论制定的,按照少年儿童不同年龄段的智力和心理发育程度为儿童提

---

① 李文玲,舒华. 儿童阅读的世界Ⅰ[M]. 北京:北京师范大学出版社,2016:107.
② 李文玲,舒华. 儿童阅读的世界Ⅰ[M]. 北京:北京师范大学出版社,2016:113-114.
③ 皮亚杰. 皮亚杰教育论著选[M]. 2版. 卢濬,选译. 北京:人民教育出版社,2015:7-8.

供科学的阅读计划。未成年人服务空间在设计上也会考虑不同年龄段孩子的特点,比如低幼儿童服务空间多采用鲜艳的颜色、搭配儿童喜爱的卡通形象;青少年活动空间则更多地设计一些保护青少年隐私的个体空间,从而满足这个年龄段孩子的心理需求。

(二)教育学相关理论

1. 多元智能理论

多元智能理论由哈佛大学教授霍华德·加德纳提出,他将人类的智能分为语言、逻辑数学、空间、身体运动、音乐、人际、自我内省、自然主义、存在主义九个方面;每一种智能都是相对独立的,但不同的人会有不同的智能组合。① 例如建筑师和飞行员的空间感(空间智能)比较强、高水平运动员的体力(身体运动智能)比较强等。每个人不是生来就具有各种能力的,而是在后天的生活中学习获得,每个人会同时具有几种能力,只不过在某种能力方面会比较强。加德纳认为不能仅仅培养传统上认为更加重要的语音和逻辑数学智能,其他智能也要培养。②

根据多元智能理论,图书馆馆员在服务中应善于观察发现每个孩子擅长的领域,给予他们鼓励,推荐他们参加合适的活动,让他们发现自己的长处,增强信心。如对于语言能力较强的孩子,就鼓励他参加读书与诵读活动;乐感较强孩子,就推荐他参加音乐类活动;善于与人沟通的孩子,就推荐他做馆内的小小志愿者。总之,馆员在设计与开展活动时,要多元化地发展孩子们的各项智能。

2. 最近发展区理论

最近发展区理论是苏联心理学家维果茨基论述教学与发展关系的重要理论。维果茨基提出了两种发展水平,第一种是现有发展水平,第二种是在接受指导后达到的水平。所谓"最近发展区"指的就是第一种和第二种水平之间的差距,是儿童现有发展水平与在得到一定支持或指导的条件下可能达到的潜在发展水平之间的范围。③ 在儿童能够独立完成任务之前,父母、老师或其他人要为儿童提供暂时的支持。在教学过程中要在考虑孩子现有发展水

---

① 加德纳. 多元智能新视野[M]. 沈致隆,译. 杭州:浙江人民出版社,2017:1.
② 雷雳. 发展心理学[M]. 北京:中国人民大学出版社,2017:163.
③ 维果茨基. 教育心理学[M]//维果茨基. 维果茨基全集:第6卷. 龚浩然,等,译. 合肥:安徽教育出版社,2016:400-402.

平的基础上，给儿童提出更高的发展要求，并帮助他们达到目标。[①]

根据最近发展区理论，图书馆馆员在为未成年人提供服务前，首先需要了解服务对象已经达到的水平，比如识字能力、理解能力和阅读的经历，为他们提供适合的服务内容；其次要设计和推荐略有难度、能够在馆员和家人的帮助下完成的服务内容，以激发孩子的潜能。尤其是在指导孩子们阅读时，更是需要清楚了解他们的阅读能力，才能有的放矢地提供符合孩子阅读和认知水平的指导，制定合适的阅读目标，使孩子们能够在馆员和家长的辅导下有效提升阅读能力。

三、国内外相关政策

鉴于未成年人服务在公共图书馆服务中的重要地位，我国政府和国际图联均制定出台了一系列政策、指南作为图书馆开展未成年人服务的重要依据。

（一）《关于进一步加强少年儿童图书馆建设工作的意见》

2010年，原文化部印发《关于进一步加强少年儿童图书馆建设工作的意见》。该文件明确了少年儿童图书馆的重要地位——是我国图书馆事业的重要组成部分、重要的未成年人社会教育机构，并提出七点具体意见。[②]

（1）各级文化行政部门要将加强少儿图书馆建设作为重大文化建设任务，给予政策、经费、人才的重点支持，推动少儿图书馆事业快速发展。

（2）各级政府要将少儿图书馆建设纳入当地经济社会发展总体规划，加大经费投入，吸纳社会力量参与，构建覆盖城乡的少儿图书馆服务体系。

（3）图书馆要加强文献信息资源建设，采集符合少年儿童特点的文献资源；文化行政部门要依据评估标准保障购书经费；鼓励少儿图书馆开展资源共建共享。

（4）充分发挥图书馆教育职能，有针对性地大力开展阅读指导；图书馆要对未成年人免费开放，保障特殊未成年人群体的文化权益。

（5）建设标准规范的公共电子阅览室，为未成年人提供免费、安全、绿

[①] 张丽. 图书馆未成年人服务的理论依据及其对实践的指导[J]. 图书情报研究，2015（3）：46-50.

[②] 关于进一步加强少年儿童图书馆建设工作的意见[EB/OL]. [2019-11-01]. http://zwgk.mct.gov.cn/auto255/201012/t20101214_466011.html?keywords=.

色的公益性网络服务。

（6）加强人才队伍建设，全面提高馆员专业素养、知识水平、服务意识；充分利用志愿者等社会人才资源为少儿图书馆服务。

（7）扩大宣传，加强舆论导向，为少儿图书馆事业发展营造良好的社会氛围。

该文件是我国首个专门针对少儿图书馆的指导性文件，不仅对少儿图书馆的服务做出明确规定，有利于其服务质量提升；而且将少儿图书馆建设纳入地方政府的职责范围，有力地保障了少儿图书馆的建设和可持续发展。

（二）《关于加强新时期中小学图书馆建设与应用工作的意见》

2015年，教育部、原文化部、原国家新闻出版广电总局联合下发《关于加强新时期中小学图书馆建设与应用工作的意见》（以下简称《意见》）。《意见》把中小学图书馆纳入公共文化服务体系中，将提升建设与应用水平作为总要求，提出到2020年实现绝大部分中小学有图书馆的目标，通过落实经费保障、强化队伍建设、督导评估、加强组织领导等保障措施，完成推进基础设施建设、确保馆藏资源质量、规范馆藏采购机制、提高信息化水平、发挥育人作用等工作任务。《意见》对公共图书馆与学校图书馆的合作提出明确要求：一是"中小学图书馆与本地公共图书馆特别是少年儿童图书馆、高等学校图书馆要积极开展合作，推进资源共享，探索实现通借通还"；二是"逐步建立起县级、地市级、省级中小学数字图书馆网络体系，为中小学图书馆、公共图书馆馆际数字资源共享搭建教育资源公共服务平台"。[①]《意见》的发布对于规范学校图书馆的建设与发展具有重要指导作用，同时也提出了公共图书馆与学校图书馆合作开展未成年人服务的具体路径。

（三）《公共图书馆少年儿童服务规范》

全国图书馆标准化技术委员会制定的《公共图书馆少年儿童服务规范》（以下简称《规范》）是一部推荐性国家标准，由湖南省少年儿童图书馆、国家图书馆、天津市少年儿童图书馆起草，2018年9月发布，2019年4月1

---

① 关于加强新时期中小学图书馆建设与应用工作的意见．[EB/OL]．[2019-11-01]．http://www.moe.gov.cn/srcsite/A06/jcys_jyzb/201505/t_20150520_189496.html.

日起正式实施。①《规范》对公共图书馆为0～18岁少年儿童提供服务的资源、政策、内容和要求、宣传、合作共享、绩效评价等方面内容做出了具体规定，其中对馆舍面积、计算机数量、网络等多项内容给出了量化标准；其适用范围为县（区）级以上公共图书馆（包括少年儿童图书馆），县（区）级以下各类公共图书馆可参照执行。该《规范》为公共图书馆开展未成年人服务所必需的各项条件提供了参考依据，对于规范服务行为、提升服务质量具有重要指导作用。

（四）国际图联未成年人服务系列指南

国际图联未成年人服务系列指南包括：《婴幼儿图书馆服务指南》(*Guidelines for Library Services to Babies and Toddlers*，2007)、《儿童图书馆服务指南》(*Guidelines for Children's Library Services*，2003)、《青少年图书馆服务指南》(*Guidelines for Library Services For Young Adults*，2006)、《0～18岁儿童图书馆服务指南》(*Guidelines for Library Services to Children aged 0-18*，2018)、《学校图书馆指南（第二版）》(*School Library Guidelines*，2nd edition，2015)、《Web 2.0与青少年图书馆服务：图书馆馆员指南》(*Web 2.0 and Library Services for Young Adults: an introduction for librarians*，2008)。该系列指南的目标读者是图书馆馆员、图书馆管理决策者以及图书馆情报学专业的学生和教师，对图书馆为各年龄段未成年人提供服务做出了较为明确的指导。

1. 《婴幼儿图书馆服务指南》

2007年，国际图联发布《婴幼儿图书馆服务指南》，该指南由图书馆服务大众专业部于2006—2007年完成，并得到儿童与青少年图书馆专业委员会的协助；2011年，国际图联发布了由湖北武汉图书馆的李静霞、邓攀翻译的该指南中文版。

该指南旨在为图书馆面向1～3岁婴幼儿及其家庭、从事早期启蒙教育的机构开展服务提供指导，帮助公共图书馆提供高质量的婴幼儿服务。

该指南对图书馆婴幼儿服务的任务、服务主体、目标、读物选择、环境、协作网络、宣传、人力资源、管理与评价、经费来源等内容做了具体指

---

① 国家市场监督管理总局，中国国家标准化委员会. 公共图书馆少年儿童服务规范：GB/T 36720—2018 [S/OL]. [2019-11-01]. http://c.gb688.cn/bzgk/gb/showGb?type=online&hcno=74558E2CF579538DE274FE931E5DC93.

导,并提供各国图书馆婴幼儿服务的实践范例。①

2.《儿童图书馆服务指南》

2003年,国际图联发布《儿童图书馆服务指南》。该指南由儿童与青少年图书馆专业委员会编写。

该指南指出,儿童图书馆以13岁以下的未成年人及其家庭、从事儿童工作的成人为服务对象,进而阐述儿童图书馆的服务目标、经费、资料选择、空间构建、服务方式、社会合作、人力资源、管理与评估等方面的内容。②

3.《青少年图书馆服务指南》

1996年,国际图联发布《青少年图书馆服务指南》。该指南由儿童与青少年图书馆专业委员会编写,目前使用的是2006年修订的第二版。

该指南以12~18周岁的未成年人为服务对象,阐述了青少年图书馆服务的使命与目标,并对文献资源、服务方式、人力资源、社会合作、营销推广等内容做出指导,其中着重强调要满足青少年的文化和发展需求、邀请青少年参与服务的策划过程,最后还提供了各国图书馆青少年服务的范例。③

4.《0~18岁儿童图书馆服务指南》

2018年,国际图联发布《0~18岁儿童图书馆服务指南》。该指南是儿童与青少年图书馆专业委员会对2003年发布的《儿童图书馆服务指南》的修订,同时整合了《婴幼儿图书馆服务指南》和《青少年图书馆服务指南》的相关内容。④

该指南阐述了儿童图书馆的使命与目的、人力资源能力与知识、馆藏建

---

① The International Federation of Library Associations and Institutions (IFLA). Guidelines for library services to babies and toddlers. [EB/OL]. [2019-11-01]. https://www.ifla.org/files/assets/hq/publications/professional-report/100.pdf.

② The International Federation of Library Associations and Institutions (IFLA). Guidelines for children's library services [EB/OL]. [2019-11-01]. https://www.ifla.org/files/assets/libraries-for-children-and-ya/publications/guidelines-for-childrens-libraries-services-en.pdf.

③ The International Federation of Library Associations and Institutions (IFLA). Guidelines for library services for young adults (revised) [EB/OL]. [2019-11-3]. https://www.ifla.org/publications/guidelines-for-library-services-for-young-adults--revised-?og=8708.

④ 方诗雅,范并思. 图书馆未成年人服务理念的新发展:《国际图联0~18岁儿童图书馆服务指南》的启示 [J]. 图书馆论坛,2019 (9):93-99.

设、服务活动、空间设计、营销推广、评估等方面内容,其中着重对从事未成年人服务的图书馆馆员应该具备的专业能力、价值观及馆员教育发展做了阐述。①

5.《学校图书馆指南(第二版)》

2015年,国际图联发布《学校图书馆指南(第二版)》。该指南是学校图书馆部对2002发布的《学校图书馆指南》的修订。

该指南阐述了学校图书馆的使命与目的、法律和经济框架、人力资源、实体和数字资源、活动、评估和公共关系等方面内容。②

6.《Web 2.0与青少年图书馆服务:图书馆馆员指南》

2008年,国际图联儿童与青少年专业委员会的Ivan Chew编写了《Web 2.0与青少年图书馆服务:图书馆馆员指南》。该文件旨在指导图书馆Web 2.0时代的图书馆馆员利用公共社交媒体工具为各种类型图书馆中的青少年服务,因为青少年善于使用网络社交媒体,通过社交媒体,图书馆可以提供更适合青少年的服务。

该文件介绍了常见的网络社交媒体及其使用方法,如博客、在线聊天工具、FaceBook、MySpace、Slideshare、推特、维基百科等,以帮助图书馆馆员更好地使用社交媒体;文件在最后也指出,社交媒体终究只是一种新的服务工具,为青少年服务归根到底需要同理心、对话和建立人际关系,需要时间,更需要诚意。③

---

① The International Federation of Library Associations and Institutions (IFLA). IFLA guidelines for library services to children aged 0 – 18/revised version (2018) [EB/OL]. [2019 – 10 – 8]. https://www.ifla.org/files/assets/libraries – for – children – and – ya/publications/ifla – guidelines – for – library – services – to – children_ aged – 0 – 18. pdf.

② The International Federation of Library Associations and Institutions (IFLA). IFLA school library guidelines [EB/OL]. [2019 – 12 – 12]. https://www.ifla.org/files/assets/school – libraries – resource – centers/publications/ifla – school – library – guidelines. pdf.

③ The International Federation of Library Associations and Institutions (IFLA). Web 2.0 and library services for young adults: an introduction for librarians [EB/OL]. [2019 – 12 – 12]. https://www.ifla.org/publications/web – 20 – and – library – services – for – young – adults – an – introduction – for – librarians.

扩展阅读 10.1

《关于进一步加强少年儿童图书馆建设工作的意见》，http://zwgk.mct.gov.cn/auto255/201012/t20101214_466011.html?keywords=.

《关于加强新时期中小学图书馆建设与应用工作的意见》，http://www.moe.gov.cn/srcsite/A06/jcys_jyzb/201505/t20150520_189496.html.

国家市场监督管理总局，全国图书馆标准化技术委员会：《公共图书馆少年儿童服务规范》（GB/T 36720—2018），http://c.gb688.cn/bzgk/gb/showGb?type=online&hcno=74558E2CF579538DE274FE931E5DC93.

IFLA Library for Children and Young Adults Section. *Guidelines for Library Services to Babies and Toddlers*. IFLA, 2007. https://www.ifla.org/files/assets/hq/publications/professional-report/100.pdf.

IFLA Library for Children and Young Adults Section. *Guidelines for Children's Libraries Service*. IFLA, 2003. https://www.ifla.org/files/assets/libraries-for-children-and-ya/publications/guidelines-for-childrens-libraries-services-en.pdf.

IFLA Library for Children and Young Adults Section. *Guidelines for Library Services For Young Adults*. IFLA, 1996. https://www.ifla.org/publications/guidelines-for-library-services-for-young-adults-revised-?og=8708.

IFLA Library for Children and Young Adults Section. *Guidelines for Library Services to Children aged 0-18*. IFLA, 2018. https://www.ifla.org/files/assets/libraries-for-children-and-ya/publications/ifla-guidelines-for-library-services-to-children_aged-0-18.pdf.

IFLA School Libraries Section Standing Committee. *School Library Guidelines (2nd ed.)*. IFLA, 2015. https://www.ifla.org/files/assets/school-libraries-resource-centers/publications/ifla-school-library-guidelines.pdf.

> **扩展阅读 10.1**
>
> IFLA Libraries for Children and Young Adults Section. *Web 2.0 and Library Services for Young Adults: an Introduction for Librarians*. IFLA, 2008. https://cdn.ifla.org/wp-content/uploads/files/assets/libraries-for-children-and-ya/publications/web-2.0-and-library-services-for-young-adults.pdf.

第二节 公共图书馆未成年人服务的主要形式

国际图联《0～18岁儿童图书馆服务指南》和《学校图书馆指南（第二版）》列举了十余种图书馆未成年人服务的形式。本节在以上两个指南的基础上，结合国内公共图书馆未成年人服务工作的实际情况，介绍公共图书馆未成年人服务的主要形式。

一、国内公共图书馆的未成年人服务形式

以广州少年儿童图书馆和深圳少年儿童图书馆为例，介绍国内公共图书馆常见的未成年人服务形式。

（一）广州少年儿童图书馆服务概况[①]

广州少年儿童图书馆于2015年3月1日开馆服务，馆舍建筑面积1.8万平方米，馆内划分了外借区、报刊阅览区、网络学习区、视障阅览区、国学馆、亲子阅览区、国际资源教育馆等多个功能区，以广州地区0～18岁少年儿童、家长及少儿工作者为主要服务对象。

广州少年儿童图书馆为用户提供的服务主要有以下五类。

（1）文献借阅服务：为用户提供480万册（件）的纸质文献借阅，以

---

① 广州少年儿童图书馆［EB/OL］.［2019-10-08］. http://www.gzst.org.cn/gzst/portal/index.html.

及"书香门递享阅读"线上快递借书服务。

(2) 图书馆使用培训："图书馆探秘"定制服务。

(3) 阅读推广服务：专题图书推荐、"七色花"亲子绘本故事会、"好书分享"、"童书评论"、"读者点书簿"、阅读起步婴幼儿早期阅读活动。

(4) 数字资源服务：为用户免费提供 30 个数据库的资源，其中包括 VOD 视频点播库、广州记忆"青少年版"特色数据库、信息刊物库、健康运动数据库、青少年健康数据库、"为你读绘本"等自建数据库资源。

(5) 文化活动：参与组织"广州读书月""羊城之夏""书香羊城"系列活动，"一个故事一国文化"各国领事讲故事、"我们的节日"、"小手画出大世界"少儿绘画大赛、"羊城少年学堂"公益讲座、"听故事，学历史""小篮子手工坊"、创客教育，等等。

(二) 深圳少年儿童图书馆服务概况①

深圳少年儿童图书馆于 2009 年 4 月 23 日开馆，建筑面积 1.56 万平方米，馆内划分了外借区、报刊阅览区、网络学习区、视障阅览区、国学馆、亲子阅览区、国际资源教育馆等多个功能区，以深圳地区少年儿童、家长及教育工作者为主要服务对象，秉承着"快乐阅读、自然生活、健康成长"的服务理念，为用户提供方便快捷的服务。

深圳少年儿童图书馆为用户提供的服务主要有以下四类。

(1) 文献借阅服务：为用户提供纸质文献 140 多万册，期刊报纸 1000 多种。

(2) 数字图书馆服务：推出一站式数字资源阅读平台"e读站"，为用户提供电子书、电子期刊、视频、动漫等数字资源三百多万册（篇）。

(3) 阅读推广服务：常规阅读推广服务包括新书推荐、好书共赏等项目，专项阅读推广服务项目包括"图书馆之夜"、"喜阅 365"亲子共读、"簕杜鹃"青少年经典阅读计划、"红牡丹"中华文化传承计划、"亲蓓蕾"早期阅读培养计划、"康乃馨"无差别阅读计划等。

(4) 文化活动：举办"文学大赛""少图影视剧场""少图讲座""深圳童谣节""少图国学""书写鹏城·手绘深圳""少图实践公益活动"等文化活动。

---

① 深圳少年儿童图书馆［EB/OL］.［2019 - 10 - 08］. http：//www.szclib.org.cn/.

二、图书馆导引活动

(一) 图书馆使用培训

图书馆使用培训是为了帮助读者更好地了解图书馆、更有效地利用图书馆资源而开展的培训服务。对刚接触图书馆的少年儿童系统地开展认识图书馆、使用图书馆的培训尤其重要,这个过程可以使他们建立起对图书馆较为完整的感性认知,形成使用图书馆的意识。面向少年儿童的图书馆使用培训包括介绍图书馆基本情况、文献构成和布局、活动项目、借还文献的流程等方面的内容,一般采用的形式是实地参观讲解,如广州图书馆儿童与青少年部的"遇见图书馆"导览活动。

(二) 参考咨询

参考咨询是公共图书馆未成年人服务的另一种传统形式,包括日常服务中读者到馆咨询和网上咨询,为读者利用图书馆资源和服务提供信息和指引。少儿参考咨询经常与其他服务方式如阅读指导、作业辅导等紧密联系,馆员为孩子们提供阅读指导和作业帮助通常是针对孩子提出的问题进行的,从某种意义上讲这也可看作一种参考咨询。[①] 少儿参考咨询工作对馆员的要求比较高,馆员除了具备广博的知识,还需要较强的理解能力和沟通能力,能够捕捉孩子表达的意思并用他们能理解的语言为他们答疑解惑。

三、阅读服务

(一) 文献借阅

文献借阅是公共图书馆未成年人服务最基础也是最主要的形式,大部分未成年人服务项目的开展离不开文献资源,任何公共图书馆只要配备有一定数量的少儿文献,就可以开展未成年人服务。国际图联《0~18 岁儿童图书馆服务指南》指出"儿童图书馆应提供各类形式的与发展相适应的资料以满

---

① 潘兵,张丽,李燕博. 公共图书馆的未成年人服务研究 [M]. 北京:国家图书馆出版社,2011:47.

足所有年龄群体的需求"①。一般情况下,图书馆应提供适合所有年龄段未成年人阅读的小说与非小说、参考工具书、学习资料、玩具等文献资源。

(二) 图书推荐

图书推荐是公共图书馆未成年人服务的传统方式,图书馆馆员利用自身的专业知识为小读者们推荐适合他们阅读水平和阅读兴趣的图书,通过这种方式将图书馆资源与小读者们连接起来。与面向成年人的图书推荐不同,未成年人图书推荐的着眼点在于为不同年龄段的儿童寻找到适合他们阅读水平的图书,而不单单是关注图书本身内容的优劣。馆员既可以通过开列推荐书单的方式,也可以通过直接设置推荐书专架的方式来推荐图书。但无论采取哪种推荐方式,馆员都要清楚自己所扮演的只是一个建议者的角色,只是给孩子们提供阅读建议,最终还是要由孩子们自己做决定,图书馆要维护未成年人阅读自由的权利。②

(三) 阅读俱乐部

阅读俱乐部又称书话会、阅读沙龙等,是图书馆组织读者一起探讨阅读感受、分享阅读体验的一种阅读指导方式。阅读俱乐部主要面向两类群体:一是青少年,由于他们已经具备了一定的独立阅读能力,希望可以和同龄人分享自己的阅读感受,同时他们对阅读的理解还不够成熟,需要一定的帮助和引导,图书馆作为组织者正好可以发挥作用;二是低幼儿童及其家长,父母与孩子一起分享阅读体验,通过指导家长来帮助孩子更好地阅读。③

(四) 讲故事

故事是少年儿童最早接触的文学形式之一,听故事是孩子们生活中不可缺少的一部分,因而讲故事也是公共图书馆开展最普遍的一种未成年人

---

① The International Federation of Library Associations and Institutions(IFLA). IFLA guidelines for library services to children aged 0 – 18/revised version(2018)[EB/OL].[2019 – 10 – 8]. https://www.ifla.org/files/assets/libraries – for – children – and – ya/publications/ifla – guidelines – for – library – services – to – children_ aged – 0 – 18. pdf.

② 朱骅杰. 美国公共图书馆少儿推荐书目分析及启示[J]. 图书馆工作与研究,2017(12):124 – 128.

③ 韩永进. 中国图书馆事业发展报告:少年儿童图书馆卷[M]. 北京:国家图书馆出版社,2017:67 – 68.

服务活动，尤其在面向低幼儿童的服务中占有重要地位，是引导孩子们阅读的有效方式。讲故事是在特定的时间和环境里由馆员（或图书馆志愿者）面对面地向孩子口头讲述童话、寓言、民间故事等小朋友喜欢的文学作品。公共图书馆开展讲故事活动始于19世纪末的美国，在安妮·摩尔和弗兰斯·奥尔科特的大力倡导和推动下，图书馆界逐渐将讲故事作为一项重要的活动来开展。[①] 这里同样要注意需要针对不同年龄段的未成年人开展有区别的讲故事活动。讲故事有三个必备的要素——故事本身、故事讲述者、故事的听众。一个成功的讲故事活动离不开这三个要素的密切配合。首先，故事讲述者要根据听众的特点选择一个合适的故事；其次，讲述者要事先熟悉故事的情节，在讲述的过程切忌照着书本读故事，而要用自己的话将故事表述出来；在故事讲述完后，还应该利用讲述过程中调动起来的气氛与听众进行互动交流。[②]

四、娱乐活动

（一）手工活动

手工活动是讲故事之外的另一种公共图书馆普遍开展的未成年人服务项目，主要的服务对象是学龄儿童。手工活动较好地迎合了他们好动、好奇心强、想象力丰富的特点，有助于培养他们的智力、审美和动手能力。少儿手工主要包括纸工、泥工、布艺等基本类型。

（二）游戏

玩游戏是儿童的天性，儿童在游戏中学习，在游戏中成长。美国图书馆界最早提出并开展未成年人游戏服务，服务对象是6～18岁具有独立认知的用户，以游戏的方式来帮助用户进行学习和交流。游戏服务能帮助少年儿童提高学习的兴趣和效率，增强对图书馆的喜爱程度。国外图书馆的游戏服务类型有信息素养类游戏、亲子活动类游戏、娱乐休闲类游戏三种，线上线下相结合，有专门的游戏活动空间。国内图书馆的游戏服务主要是面向低幼儿

---

① 聂卫红．讲故事活动在图书馆的历史、现状与发展［J］．图书馆建设，2010（9）：65-67.

② 潘兵，张丽，李燕博．公共图书馆的未成年人服务研究［M］．北京：国家图书馆出版社，2011：56-57.

童的亲子互动游戏。①

（三）玩具图书馆活动

玩具图书馆服务起源于20世纪30年代的美国，它以娱乐、玩具、游戏为中心，为少年儿童及其家庭成员提供玩具借阅和游戏服务，以培养儿童的肢体动作、认知、语言、情绪、交际等方面的能力。② 2003年，我国大陆地区第一家玩具图书馆在北京少年儿童图书馆开馆，经过十多年的发展，目前玩具服务已成为许多公共图书馆面向低幼儿童开展的重要服务项目。③ 如广州图书馆儿童与青少年部的"小河马玩具馆"，其每天开展多场次活动，深受儿童和家长欢迎。

五、信息素养教育

（一）信息素养教育

信息素养教育是指为启发人的信息意识、增加人的信息知识、提高人的信息能力、提升人的信息伦理水平所进行的一系列教育和培训活动。④ 信息素养作为现代公民基本素养的重要组成部分，应当从未成年人抓起。公共图书馆作为重要的社会教育机构，负有培育未成年人信息素养的重要责任。国际图联《学校图书馆指南》指出，未成年人信息素养教育应包括信息技能、信息能力、信息通晓、媒体素养、跨媒体信息素养等方面。⑤

（二）创客空间活动

自2015年国务院提出"大众创业、万众创新"政策后，创客运动便迅速在全国各地开展起来，其中青少年创客教育、创客活动更是备受关注。

---

① 倪晓玥. 公共图书馆少儿游戏服务研究 [D]. 福州：福建师范大学. 2018.

② 刘怡. 我国玩具图书馆发展探讨 [J]. 图书馆论坛, 2018, 231 (7)：100-104.

③ 石晶. 我国省级公共图书馆玩具图书馆服务 [J]. 图书馆论坛, 2018, (3)：2-5.

④ 潘燕桃, 肖鹏. 信息素养通识教程 [M]. 北京：高等教育出版社. 2019：19.

⑤ The International Federation of Library Associations and Institutions (IFLA). IFLA school library guidelines [EB/OL]. [2019-12-12]. https：//www.ifla.org/files/assets/school-libraries-resource-centers/publications/ifla-school-library-guidelines.pdf.

《公共图书馆宣言》将"提供创造力发展的机会""激发儿童和青年的想象力和创造力"列为公共图书馆的使命之一,因而越来越多的公共图书馆参与其中,设立创客空间、开展创客活动。如广州图书馆儿童与青少年部的"阅创空间"和"阅创空间·小小创客"系列活动,通过3D打印、创意编程、手工绘本工坊、机器人搭建等活动培养未成年人的动手能力、思维能力,提升科学素养。公共图书馆开展创客空间活动除了基本的场地、设施设备等硬件,最为重要的是由专业指导老师对读者进行培训,让孩子们掌握相应的科学知识和应用技术,所以创客空间活动在很大程度上是一种培训服务。为此,公共图书馆需要与专业科研组织、社会教育机构、学校等创客教育力量合作,获取专业机构的技术支持和指导。同时,馆员也应具备一定的科学素养,能够根据图书馆的条件与专业人士合作设计课程或服务项目。

第三节 公共图书馆与学校的合作

在公共图书馆所有的合作对象中,学校与其关系最为密切,因为两者具有共同的服务对象和相同的服务目标,两者建立长效合作机制是公共图书馆事业和教育事业发展的必然趋势。① 国际图联在《公共图书馆服务指南》中指出:"与当地学校和教育机构的关系是公共图书馆最重要的关系之一。"② 在《青少年图书馆服务指南》中进一步指出:"学校是公共图书馆在服务青少年方面最重要的合作伙伴之一,公共图书馆与学校的合作能够更好地满足青少年的兴趣和需求。"③ 根据国际图联未成年人服务系列指南的论述,在未成年人服务这个领域,公共图书馆需要与之开展合作的教育机构包括中小学校、

---

① 潘兵,张丽,李燕博. 公共图书馆的未成年人服务研究[M]. 北京:国家图书馆出版社,2011:133.
② The public library service: the IFLA/UNESCO guidelines for development[EB/OL]. [2021-08-31]. https://www.ifla.org/files/assets/hq/publications/archive/the-public-library-service/publ97.pdf.
③ The International Federation of Library Associations and Institutions (IFLA). Guidelines for library services for young adults (revised)[EB/OL]. [2021-08-30]. https://www.ifla.org/publications/guidelines-for-library-services-for-young-adults-revised-?og=8708.

学前班、幼儿园及其他教育机构。因此,公共图书馆"馆校合作"中的"校"应涵盖上述四类教育机构。

一、公共图书馆与学校合作的意义

公共图书馆与中小学校开展合作,有助于为未成年人提供良好的信息和知识环境,使公共图书馆和中小学图书馆在未成年人的成长过程中发挥核心作用,帮助吸引更多读者走进图书馆、使用图书馆,不断培养和促进他们的学习和创新能力。合作也使得公共图书馆和中小学图书馆能够共享各种资源,公共图书馆利用学校对学生的巨大号召力、动员力的独特优势,可以使图书馆意识通过学校准确地传达给学生,提高宣传效率①;对于在经费预算、馆藏资源、人力资源等方面受到极大限制的中小学校来说,开展与公共图书馆的合作,可以在不增加额外成本的情况下为教学活动和学生的探究性学习提供支持,培养学生的阅读意识和终身学习意识,因此,这是一项双赢的合作。②

二、馆校合作的内容

公共图书馆与学校的合作由来已久,早在19世纪末20世纪初,美国的公共图书馆便开始通过为学校提供图书支持,或者直接在学校里建设分馆等形式与区域内的中小学校开展合作。③ 根据国际图联《公共图书馆服务指南》《0~18岁儿童图书馆服务指南》《学校图书馆指南》这三份指南中的阐述,公共图书馆与学校合作的服务内容应包括:图书馆参访及图书馆使用培训,文献资源共建共享,儿童信息素养培育,阅读推广,文化活动(如儿童作家见面会),学习支持(如家庭作业辅导/家庭作业俱乐部),互联网基础设施共享,馆员培训合作。

---

① 范并思,吕梅,胡海荣. 公共图书馆未成年人服务[M]. 北京:北京师范大学出版社,2012:184.
② LEUNG L-M, CHIU D, LO P. School librarians' view of cooperation with public libraries: a win-win situation in Hong Kong [J/OL]. [2021-09-03]. http://www.ala.org/aasl/slr/volume23/leung-chiu-lo.
③ WOOLLS B. Public library-school library cooperation: a view from the past with a prediction for the future [J]. Journal of youth services in libraries, 2001 (3): 8-10.

> **扩展阅读 10.2**
>
> 美国儿童图书馆服务协会（Association for Library Service to Children）学校-公共图书馆合作项目（School/public library cooperative programs），https：//www.ala.org/alsc/aboutalsc/external-relationships/schoolplcoop.
>
> 美国儿童图书馆服务协会《公共图书馆与学校图书馆合作工具包》（Public Library & School Library Collaboration Toolkit），https：//www.ala.org/alsc/sites/ala.org.alsc/files/content/professional-tools/plslc-toolkit-w.PDF.

三、广州市馆校合作现状

《广州市公共图书馆条例》第四十九条规定："少年儿童图书馆应当推进与中小学校图书馆的合作，通过流动站、流动车等方式向中小学生提供服务。"① 近年来，广州市内的公共图书馆积极推进"馆校合作"，通过构建公共图书馆与中小学校资源整合、优势互补、增效提绩的新合作模式，一方面提高公共图书馆文献资源利用率，另一方面盘活中小学图书馆资源，鼓励对外开放，从而更好地为市民、师生提供普遍均等的公共图书馆服务。截至 2021 年 6 月，全市公共图书馆与中小学校合作共建分馆、服务点 106 个，取得良好的社会效果。

（一）通过共建分馆、服务点等形式推进"馆校合作"

花都区通过"公共图书馆+校园+社区"分馆、"校园服务点"、移动的"校园书房"三种模式推进"馆校合作"。其中，"公共图书馆+校园+社区"模式既满足学校学生的阅读需求，又同时解决了社区居民"借阅图书难"的问题。"校园服务点"模式将校园图书馆改造为花都区图书馆的服务点，由区图书馆统一配送纸质图书、数字图书资源和通借通还系统，实现中小学校与全市公共图书馆的互联互通。移动的"校园书房"模式采取校园流动图书车的方式，在花都区内 10 所小学设置流动图书车服务点，利用流动

---

① 广州市公共图书馆条例［EB/OL］．［2021-08-30］．http：//www.gzlib.org.cn/policiesRegulations/78168.jhtml.

书车按计划定期到农村边远学校送书。

从化区图书馆深化"馆校合作",推动图书资源下沉乡村学校。各学校每年设置5万元专项购书经费,图书采购后由区图书馆统一加工,纳入全市公共图书馆通借通还系统;同时常态化开展流动图书车进校园活动。此外,从化区"馆校合作"项目已形成规范文本,统一了全区中小学图书馆数据共建共享、条形码管理、RFID标签管理与图书辅助加工等细则,统一采用公共图书馆书目数据标准及业务管理系统,助推跨馆跨校通借通还。

黄埔区为全区104个校园图书馆送去图书资源,打破区内中小学图书馆的"资源孤岛"状况,使在校师生足不出校就能享受公共文化服务便利。通过统一使用广州市公共图书馆系统作为业务系统,实现不同类型图书馆的统筹管理、资源调配、数据收集分析。黄埔区图书馆按照公共图书馆相关业务标准为学校提供图书统一编目标准和加工,实现全区学校与全市公共图书馆图书通借通还。

越秀区通过"公共图书馆+街道+学校"的模式建设矿泉街分馆,学校负责提供场地、家具、基础设备、宽带、图书管理员、学校图书馆资源等,街道负责提供专业的工作人员、计算机设备等。越秀区图书馆负责配备业务馆长,提供图书、部分专业设备、功能规划、业务辅导、业务培训、制定规章制度等支持。该分馆采取错时开放策略,使校内师生和周边居民均可以使用该分馆的服务,实现公共文化服务进校园,使学校资源与市民共享。

(二)开展多元化阅读推广活动

广州图书馆长期与周边学校和直属分馆所在街镇辖区内中小学合作,共同组织"阅读攀登计划"、"签·约世界"国际青少年书签交流、"漫绘阅读"、"阅创空间"等品牌活动,重点赋能中小学生信息素养、人文素养、艺术素养、科技素养。此外,面向市内地处偏远、图书资源匮乏的中小学设计"图书馆来了"等项目,提供集体办证、阅读推广等服务,引导学生积极利用广州市内公共图书馆资源。黄埔区计划建立"图书馆+校园"阅读联盟,开展阅读活动配送"零距离""高标准"服务,以送阅读资源服务到学校图书馆的形式,吸引更多学生喜爱阅读,打造书香校园、书香黄埔。

(三) 与市、区等教育主管单位合作共享资源

广州图书馆部分数字资源完成与市教育系统智慧阅读平台的对接；市教育局提供承载平台，广州图书馆提供读者证注册、读者证绑定、借阅明细查询、预约明细查询、数字资源阅读、图书检索、图书信息交互七大项服务接口，促进资源共享，有利于提高公共图书馆数字资源利用率。

第四节 公共图书馆未成年人服务的典型案例

一、英国"阅读起跑线计划"

（一）案例概述

由英国全国性慈善图书信托基金会（BookTrust）发起的"阅读起跑线计划"（Bookstart）是世界上首个专门为学龄前儿童（0～5岁）提供阅读指导服务的国家性计划。[①] 该项目始于1992年的一项研究，当时BookTrust在伯明翰大学、当地图书馆和卫生服务机构的支持下，开展了一项为300名婴儿赠送阅读包的试点项目，研究发现，参与了Bookstart项目的孩子入学时在学前评估方面有明显的优势和更高的造诣。

Bookstart项目免费赠送给4周岁以下的孩子3个阅读包。第一个是孩子在0～1岁时获得的Newborn packs，装有一张庆祝孩子诞生的贺卡、一本黑白照片的小册子，以及一些关于加入当地图书馆的附加信息。该阅读包由许多专业人员分发，包括卫生访问者、助产士和登记员。第二个是Bookstart baby pack——由健康专家在孩子1～2岁时赠送的紫色袋子，装有两本板书、一张韵表和一本名叫《如何在孩子很小的时候就与他们分享书籍》的小册子。第三个是孩子在3～4岁时从托儿所、儿童中心或其他早教机构收到的

---

① BookTrust. Bookstart [EB/OL]. [2019-11-01]. https://www.booktrust.org.uk/what-we-do/programmes-and-campaigns/bookstart/..

Bookstart treasure pack,装有一本图画书、一本友好的小册子——里面有关于一起阅读的小贴士和想法。

此外,Bookstart 还有许多其他特殊资源,如 0～5 岁失聪儿童使用的 Bookshine、0～5 岁失明或弱视儿童使用的 Booktouch、3～5 岁残疾儿童使用的 Bookstart Star,等等。

(二)案例分析

阅读习惯的培养应该从娃娃抓起,Bookstart 项目的重大意义在于将阅读推广的触角延伸至低幼儿童和新生婴儿——在此之前,人们不认为低年龄段儿童可以有阅读行为。该项目体现了当前公共图书馆未成年人服务的两个要点:一是面向低幼儿童开展阅读推广,二是面向不同年龄段儿童开展分级阅读。开展低幼儿童服务在更多情况下需要图书馆主动出击,如 Bookstart 项目是由图书馆主动送出阅读包,因为家长可能没有培养孩子阅读习惯的意识。分级阅读则要求图书馆了解不同年龄段儿童的生理、心理特点,提供适合他们阅读的图书。

二、美国芝加哥公共图书馆"图书馆的老师"家庭作业辅导

(一)案例概述

"图书馆的老师"(Teachers in the Library)是芝加哥公共图书馆为学龄儿童提供的免费家庭作业辅导项目。① 2013 年,为了能在不增加纳税人负担的前提下将图书馆的作业辅导服务推广到所有社区图书馆,芝加哥图书馆提出这样的设想:请在校大学生为学龄儿童提供作业辅导,大学生也能以此获得实际教学经验,为申请教师资格做准备,这是一个对图书馆、学龄儿童、大学生都有益处的计划。因此,图书馆与当地大学的教师认证项目,以及其他有社会服务要求的高等教育项目展开合作。伊利诺伊大学芝加哥分校是第一所签署这项创新计划的大学,于是就有了双方合作推出的"图书馆的老师"项目。

目前,孩子们可以在芝加哥的所有社区图书馆享受到这项服务,芝加哥

---

① Chicago Public Library. Free homework help at CPL locations citywide [EB/OL]. [2019-11-9]. https://www.chipublib.org/news/free-homework-help/.

图书馆的官网上会发布各分馆提供作业辅导服务的时间段、辅导的科目、辅导对象等信息，孩子们可根据信息选择去适合自己的分馆参加学习。作业辅导时间通常是从下午开始持续到傍晚，有些分馆周末也会有老师在。一般情况下，作业辅导的对象覆盖从幼儿园到高中所有年级的学生，辅导的科目也没有限制；有些分馆会专门为当地的拉丁裔儿童或者不是以英语为母语的儿童提供作业辅导；有时候还会专门为准备参加ACT/SAT/GED考试的学生提供帮助。除了在馆内的现场辅导，学生还可以通过图书馆的Brainfuse网站在线上向老师咨询作业，而且这个Brainfuse网站不单单是向学龄儿童服务，所有需要参加考试的成年人也可以在此获取帮助。

（二）案例分析

"图书馆的老师"是公共图书馆家庭作业辅导的典型案例，它有三个显著的特点：一是图书馆通过与社会力量的合作——在本案例中是与当地大学合作，解决了作业辅导的师资问题；二是服务范围覆盖了全市所有社区图书馆，使得所有的学龄儿童都有机会方便地享受这一服务；三是线上线下服务相结合。目前国内尝试开展作业辅导服务的主要是大型公共图书馆，但社区图书馆其实更适合开展这项服务，只要能通过与社会力量合作解决师资问题，一定会广受用户欢迎。

三、上海市嘉定区图书馆"小创客学堂"

（一）案例概述

"小创客学堂"是上海市嘉定区图书馆青少年创新空间的品牌活动项目[①]，其通过与多家社会机构和组织建立稳定合作关系，邀请专业讲师、配备专门活动器材，为热爱科学、喜欢动手的少年儿童提供学习科普知识、培养动手能力、锻炼创新思维的平台。

"小创客学堂"提供的培训课程主要有：乐高构建活动、科学素养启蒙课程、电子构建课程。乐高构建活动是针对低年龄段小读者设置的积木课程，讲师以优秀的绘本故事入手引出活动主题，引导小朋友去想象、动手完

---

① 嘉定图书馆. 小创客学堂 [EB/OL]. [2019-11-5]. http：//www.jdlib.cn/node/343.jspx.

成一件独一无二的乐高积木作品,并向大家展示介绍。科学素养启蒙课程是依托《十万个为什么》系列期刊,针对5～7岁儿童打造的一套具备科学性与认知性的整体课程体系。电子构建课程面向10岁以上的青少年,邀请专业老师带领青少年在观察中思考,在思考中实践,在实践中萌发对科技的兴趣。

"小创客学堂"有两个明显的特色。一是分级培养。不同年龄段的儿童对科学有着不同的敏感度,"小创客学堂"将少年儿童划分为不同的年龄段,打造各具特色的课程,进行科学素养的精准化分级培养。二是整合资源,优势互补。青少年的科普教育必须具有科学的严谨性和儿童教育的趣味性,但图书馆缺乏专业科普教育的资源和经验,而专业的社会力量则缺少开展培训的场地、受众和宣传渠道。图书馆与专业科普机构优势互补,从而打造出这个深受少年儿童喜爱的创客空间活动品牌。

(二) 案例分析

青少年创客空间活动是近年来图书馆未成年人服务的一个新热点,它通过一系列培训课程来提升未成年人的科学素养。以科学素养、信息素养为代表的未成年人素养教育越来越受到公共图书馆的重视。在"小创客学堂"这个项目中,我们还可以看到社会力量所扮演的重要角色。图书馆有场地有设备但缺乏专业的科普教育资源,便引入社会力量合作开展活动,从而实现优势互补、互利共赢。未成年人群体有其特殊性,未成年人服务有其专业性,图书馆加强与其他机构的合作才是明智之举。

四、广州少年儿童图书馆"一个故事一国文化——各国领事讲故事"

(一) 案例概述

广州少年儿童图书馆于2016年启动了"一个故事一国文化——各国领事讲故事"活动①,邀请巴西、俄罗斯、澳大利亚、印度、意大利、新西兰等国驻广州总领事馆领事到馆,与羊城少儿读者分享具有各国特色的童书故事及文化,给小读者们带来跨国阅读体验,同时帮助小读者了解各国文化风

---

① 广州图书馆. 广州市"图书馆之城"建设年度报告2017[M]. 广州:广州出版社,2018:118-120.

情,拓展阅读视野,有效地促进了少儿群体的多元文化交流。

该活动项目的特色在于:

(1) 利用"名人效应"推广阅读。各国领事虽不是家喻户晓的人物,但其代表某一国家的特殊身份非常吸引读者,名人政要讲故事在国外十分常见,而在中国却是新鲜事物。此举可充分利用政府志愿者队伍的专业特长和资源能力,提升公共图书馆阅读活动层次。

(2) 广州少年儿童图书馆是广州市外办机关党员开展志愿服务的基地,"一个故事一国文化"系列活动得到市外办的大力支持,每次活动前市外办与各国驻穗总领事馆都进行了良好的沟通,活动中也得到市外办的指导和翻译协助,为成功举办活动奠定了坚实的基础。

(3) 重视氛围营造和专题书目摆设。每期活动均精心设计营造了包括大背景在内的整体环境氛围,如巴西风情、俄罗斯秋色、澳大利亚袋鼠等场景,极具异国特色,给领事和读者们留下深刻的印象。同时配套专题活动书目,通过活动带动主题借阅,让读者感悟阅读的魅力,以达到促进青少年阅读的宗旨。

(二) 案例分析

2016 年"一个故事一国文化——各国领事讲故事"项目被中国图书馆学会评为"阅读推广优秀项目"。该活动可以给我们三个方面的启发:首先,图书馆馆员讲故事是读者习以为常的,而请社会名流来讲故事尤其还是给小朋友讲故事是不常见的,因而更容易产生轰动效应,在吸引更多读者的同时也会给读者留下深刻印象。其次,开展讲故事活动不单单是把故事讲出来就可以,还应该将活动与推广阅读结合起来;可以说,讲故事只是手段,通过讲故事推广阅读才是真正的目的。最后,充分发掘利用本地区特有的资源,也可以将最普通的讲故事活动办得富有特色。

五、广州图书馆"悦读童行"儿童与青少年阅读攀登计划

(一) 案例概述

"悦读童行"儿童与青少年阅读攀登计划(以下简称阅读攀登计划)[①]

---

① 广州图书馆. 广州市"图书馆之城"建设年度报告 2018 [M]. 广州:广州出版社, 2019: 141 - 144.

于2017年4月23日在广州图书馆启动，它是一项整合文献资源、服务资源、活动资源、社会资源开发与利用的大型阅读推广计划。阅读攀登计划以"阅读护照"为主线，设计分龄阅读推荐书目，并根据书目设置多个阅读任务让小读者完成，包括"阅读星"挑战赛、"阅读攀登"拉力赛、21天"阅读攀登"接力赛、"活动达人"挑战赛等项目，每一个挑战赛由若干赛段组成，每完成一个赛段，可以获得相应的印章。参赛者邀请小伙伴参加活动或在社交平台上分享活动心得可以获得相应的印章。每种印章对应不同积分，积分可以积累，不同积分可以兑换不同礼品。小读者加入阅读攀登计划即可获得"书童"头衔；随着积分的不断积累，头衔将依次晋升为"秀才""举人""进士""探花""榜眼"，最终成为"状元"。阅读攀登计划作为一项阅读推广系统工程，一年为一个阶段，每年为获得"小状元"和年度"阅读星"称号的读者举行表彰仪式，并在广州图书馆举行优秀阅读成果展，以激励小读者们在阅读之路上不断前行。2018年，阅读攀登计划推出团体定制版服务，以幼儿园、学校、社会教育机构为对象开展服务，各学校及机构以团体形式申请参加阅读攀登计划。广州图书馆根据各团体的资源要求，提供特色的空间资源、文献资源和阅读活动资源，与学校、社会形成合力，扩大阅读的影响力，实现阅读推广。

（二）案例分析

"悦读童行"是一个大型少年儿童阅读比赛的案例。开展少儿阅读比赛，首先比赛过程的设计要让孩子们觉得新鲜有趣，才能持续调动他们参与的热情；其次是阅读难度要在孩子们可接受的范围内，才不至于让他们望而却步。在"悦读童行"这个案例中我们可以看到，比赛被设计成多个分项目，完成一定的阅读量就可以获得相应的反馈——印章、积分、礼物、头衔，这些都会对小朋友们产生吸引力，激发他们持续阅读；为不同年龄段的儿童设计不同阅读难度的推荐书目，分级阅读理念在这里同样有体现。

六、广州沙湾图书馆"遇见·沙湾图书馆"馆校合作阅读推广项目[①]

（一）案例概述

为培养沙湾镇小学生的阅读兴趣，鼓励学生积极阅读，养成良好的阅读习惯，2016年起，沙湾图书馆联合全镇小学开展"遇见·沙湾图书馆"馆校合作阅读推广活动。"遇见·沙湾图书馆"系列阅读推广活动包含多个服务项目。

（1）"遇见·新识"——"送证进校园"。2016年12月12—23日，沙湾图书馆联系镇内9所小学开展"送证进校园"活动，组织工作人员到各所小学提供现场集体办理和更新读者证服务，学生只需携带身份证即可现场免费办理图书馆读者证。这项服务大大提高了办证效率和办证数量，更是一次在学生和家长中间对沙湾图书馆的深度推介。2016—2020年，通过开展"送证进校园"活动，沙湾图书馆共计为学生办理读者证1.45万个。这种被称为"校园拉网式"的办证方式后来为广州市诸多街镇图书馆所借鉴，成效显著。

（2）"遇见·新书"——馆藏资源定制。在图书馆内新设"中小学生年级阅读专架"，采购各学校开列的图书上架；将镇上各中小学结合本土文化开设的"一校一品牌"校本课程配套图书纳入馆藏；增设"广府文化"图书专架，搜集上架了包括广州、佛山、中山在内的"广府文化丛书"，及近年出版的"沙湾古镇文化丛书"。此外，还通过调查问卷、微信公众号、读者微信群、读者意见箱等多种途径广泛收集读者需求，及时采购读者所需图书。

（3）"遇见·新星"——评选"阅读之星"与"阅读之王"。2017年起，沙湾图书馆在全镇各小学开展"阅读之星"和"阅读之王"评选活动，以阅读量和阅读成效两方面作为评选依据。阅读量即学生从沙湾图书馆借阅的图书数量，阅读成效即学生撰写的读后感数量。"阅读之星"每季度评选一次，"阅读之王"每年评选一次。这样的阅读竞赛活动激发了学生持久的阅读动力，截至2020年年底，已评选出"阅读之星"900多人次、"阅读之

[①] 广州图书馆.广州市"图书馆之城"建设年度报告2019[M].广州：广州出版社，2020：165-169.

王"40人次。

（二）案例分析

阅读推广是馆校合作的重要内容。在"遇见·沙湾图书馆"这个项目中，沙湾图书馆主动与学校联系开展合作，通过开展办理读者证、举办阅读推广活动等形式，将公共图书馆服务送入校园，送到少年儿童身边，深受学校、学生、家长的认可和支持。同时，这些服务措施也具有很强的可操作性和可复制性，所有的基层图书馆均可以采用这些方式来与区域内的中小学校开展合作。

主要参考文献

［1］BATIC J. Reading picture books in preschool and lower grades of primary school［J］. GEPS Journal，2021（1）：9－26.

［2］LEXILE Framework for Reading. What does the Lexile measure mean?［EB/OL］. http：//www. lexilechina. com/pdfs/What－does－the－Lexile－measure－mean_ CH. pdf.

［3］STURM B，NELSON S B. With our own words：librarians' perceptions of the values of storytelling in libraries［J］. Storytelling self society an interdisciplinary journal of storytelling studies，2016（1）：4－23.

［4］WOOLLS B. Public library-school library cooperation：a view from the past with a prediction for the future［J］. Journal of youth services in libraries，2001（3）：8－10.

［5］范并思，吕梅，胡海荣. 公共图书馆未成年人服务［M］. 北京：北京师范大学出版社，2012.

［6］韩永进. 中国图书馆事业发展报告：少年儿童图书馆卷［M］. 北京：国家图书馆出版社，2017.

［7］加德纳. 多元智能新视野［M］. 沈致隆，译. 浙江：浙江人民出版社，2017.

［8］李文玲，舒华. 儿童阅读的世界Ⅰ［M］. 北京：北京师范大学出版社，2016.

［9］李文玲，舒华. 儿童阅读的世界Ⅱ［M］. 北京：北京师范大学出版社，2016.

[10] 李文玲，舒华. 儿童阅读的世界Ⅲ［M］. 北京：北京师范大学出版社，2016.

[11] 潘兵，张丽，李燕博. 公共图书馆的未成年人服务研究［M］. 北京：国家图书馆出版社，2011.

[12] 皮亚杰. 皮亚杰教育论著选［M］. 卢濬，选译. 北京：人民教育出版社，2015.

[13] 张慧丽. 图书馆讲故事活动的理论探索［C］//中国图书馆学会2012年会论文集. 北京：国家图书馆出版社，2012.

[14] 张丽. 图书馆未成年人服务的理论依据及其对实践的指导［J］. 图书情报研究，2015（3）：46-50.

习 题

（1）为什么未成年人群体是公共图书馆服务的重点群体之一？

（2）您所在的图书馆为未成年人提供哪些服务？有何具体案例？

思考题

（1）在为未成年人提供图书馆服务方面，公共图书馆和学校图书馆分别有哪些优势和劣势？能否实现互补？

（2）公共图书馆在未成年人服务方面的专业性如何体现？

第十一章　公共图书馆重点群体服务

学习目标

了解公共图书馆各类重点服务群体的概念

理解公共图书馆服务重点群体的意义

了解公共图书馆老年人服务和残障人士服务的基本内涵及典型案例

知道公共图书馆各类重点群体的服务政策

知识点提示

重点群体

公共图书馆老年人服务

公共图书馆残障人士服务

公共图书馆农民工服务

公共图书馆服刑人员服务

《公共图书馆服务规范》在对少年儿童、残障人士、老年人、农民工、农村和偏远地区公众等有特殊要求的服务群体和潜在的读者群体进行细分的同时，也将"多样性的、灵活的、有针对性的服务"作为提升图书馆服务品质的重要环节。《关于加快构建现代公共文化服务体系的意见》（2015）明确提出保障特殊群体基本文化权益,将老年人、未成年人、残障人士、农民工、农村留守妇女儿童、生活困难群众作为公共文化服务的重点对象。《全民阅读促进条例(征求意见稿)》将未成年人及其监护人、农民工、残障人士等纳入保障阅读的重点群体,还指出监狱等应当为服刑人员提供必要的阅读条件,开展阅读活动。《"十四五"文化和旅游发展规划》要求面向不同群体开展差异化的公共文化服务,充分保障未成年人、老年人、残疾人和流动人口等特殊群体的文化权益。国际图联致力于帮助图书馆开展和改善针对特殊群体的服务,并制定了相关的服务指南,这些指南所涉及的群体主要包括身体、认知或感官有残疾的人,住在养老院的老人,无家可归或流离失所的人,难民和移民,等等。

本章根据国内相关政策及国际图联相关服务指南,将重点群体细分为未成年人、老年人、残障人士、农民工、服刑人员。第一节和第二节将从服务对象特点、国内外相关政策、服务案例三方面对老年人群体、残障群体服务进行重点介绍,第三节简要介绍公共图书馆其他群体服务。关于公共图书馆未成年人服务的介绍详见第十章。

第一节 公共图书馆老年人群体服务

依据联合国标准,一个国家60岁以上老年人口占总人口的10%,或65岁老年人口数量占总人口的7%,这个国家即被视为进入老龄化社会的国家。第七次全国人口普查的数据显示,我国60岁以上老年人口为2.64亿,占总人口的18.7%,其中65岁以上老年人口1.91亿,占总人口的13.50%。[①]随着我国人口结构走向老龄化,老年人在图书馆用户中所占的比例也在逐步上升。

---

① 第七次全国人口普查公报(第五号).[EB/OL].[2021-06-20].http://www.stats.gov.cn/tjsj/zxfb/202105/t20210510_1817181.html.

一、服务对象特点

对老年人的界定，大多以年龄作为标准，但世界各地具体的年龄起点各有不同，如美国、加拿大、澳大利亚分别采用了55岁、60岁、65岁作为起点。在我国，依据《中华人民共和国老年人权益保障法》，60周岁及以上者为老年人。老年人群体是从人口学角度反映某一特定年龄阶段与其他年龄阶段（幼年、青年、壮年）相区别的一个社会群体。① 这一群体因生理机能、社会生活角色等因素的变化，具有与普通成年人群体不同的心理与行为特点。

（一）生理特点

随着年龄增加，进入老年期的老年人身体机能出现衰退，他们的生活和活动方式相应发生改变。2015年第四次中国城乡老年人生活状况调查的数据显示，近八成的老年人患有慢性疾病，而且随着年龄增长，这一比例也随之增加。全国老年人发病率最高的前三种慢性病是骨关节病（43.67%）、高血压（36.87%）、心脑血管疾病（26%），慢性疾病是对老年人健康的最大威胁。另外，近六成老年人常有疼痛感，两成以上老年人睡眠状况不佳，近七成老年人听力状况较差，近六成老年人视力状况一般或者较差。② 视觉的变化给老年人的阅读带来一定的负面影响，但老年人的阅读理解水平会在一定程度上弥补视力衰退对文本阅读的影响。病变性的视力退化则对老年人的阅读影响比较大，往往迫使老年人放弃阅读，相关的视力阅读辅助设备和内在知觉训练成为进行阅读康复的主要方式。③

（二）心理特点

随着生理机能的变化，老年读者的心理也会产生变化，并且由于社会生活角色的转换，他们往往会产生孤独与失落感。第四次中国城乡老年人生活

---

① 肖雪. 老年人的阅读图景与公共图书馆服务创新［M］. 北京：国家图书馆出版社，2016：5.

② 党俊武. 中国城乡老年人生活状况调查报告2018［M］. 北京：社会科学文献出版社，2018：30.

③ MITZNER T L, ROGERS W A. Reading in the dark：effects of age and contrast on reading speed and comprehension［J］. Human factors，2006，48（2）：229–240.

状况调查的数据显示，36.6%的老年人感到孤独，农村的老年人感到孤独的比例高于城市老年人，女性老年人感到孤独的比例高于男性老年人，农村女性老年人感到孤独的比例最高。因此，老年人有着被充分理解、尊重及社会交往的心理需求，需要建立有意义的社会关系。对于目前的老年人来说，可通过参与志愿服务、教育活动、文化娱乐活动等方式扩展社会关系，并在其中获得精神上的满足。① 公共图书馆应协助老年人融入社会、贡献社会，在提升老年人生活质量上发挥更加积极的作用。

（三）阅读特点

根据第十八次全国国民阅读调查，有7.3%的老年人群体接触过数字化阅读方式，越来越多的中老年人群体加入数字化阅读大军中。② 第47次《中国互联网络发展状况统计报告》显示，截至2020年12月，60岁及以上老年人群体在网民整体中的占比达11.2%，互联网进一步向老年人群体渗透。未来，国家将通过进一步提升互联网基础设施水平，提升老年人数字技术的使用技能，开发更多智能化、人性化的适老产品和服务，提升网络服务的便利化水平，助力老年人群体共享数字时代的巨大红利。③

二、国内外相关政策

2012年修订的《中华人民共和国老年人权益保障法》对丰富老年人精神文化生活、提高老年人精神生活质量做出了明确的规定。2015年，中共中央办公厅、国务院办公厅印发的《关于加快构建现代公共文化服务体系的意见》明确提出要将老年人等特殊群体作为公共文化服务的重点对象，保障其基本文化权益。2017年，党的十九大报告对加强社会保障体系建设和积极应对老龄社会做了重要部署，强调要"构建养老、孝老、敬老政策体系和社会环境，推进医养结合，加快老龄事业和产业发展"。2020年出台的《"十四五"规划和2035年远景目标纲要》明确提出，实施积极应对人口老龄化国

---

① 党俊武，李晶. 2019中国老年人生活质量发展报告［M］. 北京：社会科学文献出版社，2019.
② 第十八次全国国民阅读调查成果发布［EB/OL］.［2021-6-20］. http：//www.nppa.gov.cn/nppa/contents/280/75981.shtml.
③ 中国互联网络信息中心. 第47次中国互联网络发展状况统计报告［R/OL］.［2021-07-20］. http：//cnnic.cn/hlwfzyj/hlwxzbg/hlwtjbg/202102/P020210203334633480104.pdf.

家战略。2021年出台的《"十四五"公共文化服务体系建设规划》提出积极适应老龄化发展趋势，让更多老年人享有更优质的晚年文化生活，面向老年人群体开展数字技能和文化艺术培训，切实解决老年人群体运用智能技术困难等问题。我国政府和国际图联陆续出台了一系列政策法规，为公共图书馆开展老年人服务提供了重要依据。

（一）《国家积极应对人口老龄化中长期规划》

为积极应对人口老龄化，按照党的十九大决策部署，2019年11月21日，中共中央、国务院印发了《国家积极应对人口老龄化中长期规划》（以下简称《规划》）。《规划》近期至2022年，中期至2035年，远期展望至2050年，是到21世纪中叶我国积极应对人口老龄化的战略性、综合性、指导性文件。《规划》明确了积极应对人口老龄化的战略目标，即积极应对人口老龄化的制度基础持续巩固，财富储备日益充沛，人力资本不断提升，科技支撑更加有力，产品和服务丰富优质，社会环境宜居友好，经济社会发展始终与人口老龄化进程相适应，顺利建成社会主义现代化强国，实现中华民族伟大复兴的中国梦。到2022年，我国积极应对人口老龄化的制度框架初步建立；到2035年，积极应对人口老龄化的制度安排更加科学有效；到21世纪中叶，与社会主义现代化强国相适应的应对人口老龄化制度安排成熟完备。《规划》从五个方面部署了应对人口老龄化的具体工作任务。其中，提出构建老有所学的终身学习体系，促进养老服务业与教育培训、健康、体育、文化、旅游、家政等幸福产业融合发展，不断提供满足老年人需求的健康养老、养生旅游、文娱活动等服务。

（二）《关于切实解决老年人运用智能技术困难的实施方案》

2020年11月，国务院办公厅印发《关于切实解决老年人运用智能技术困难的实施方案》，就老年人在运用智能技术时所遇到的痛点、难点问题，提出了具体解决方案。该方案为进一步方便老年人享受智能化服务提供了方向。其中，在便利老年人文体活动方面提出要提高文体场所服务适老化程度。需要提前预约的公园、体育健身场馆、旅游景区、文化馆、图书馆、博物馆、美术馆等场所，应保留人工窗口和电话专线，为老年人保留一定数量的线下免预约进入或购票名额。同时，在老年人进入文体场馆和旅游景区、获取电子讲解、参与全民健身赛事活动、使用智能健身器械等方面，提供必要的信息引导、人工帮扶等服务。此外，要丰富老年人参加文体活动的智能化渠道，引导公共文化体育机构、文体和旅游类企业提供更多适老化智能产品和服务，同时开展丰富的传统文体活动。针对如广场舞、群众歌咏等的普遍文化需求开发设计适老智能应用，为老年人社交娱乐提供便利，探索通过虚拟现实、增强现实等技术帮助老年人便捷享受在线游览、观赛观展、体感健身等智能化服务。

（三）《全民科学素质行动规划纲要（2021—2035年）》

2021年7月国务院印发的《全民科学素质行动规划纲要（2021—2035年）》提出，"十四五"时期，实施对象包括老年人在内的科学素质提升行动；以提升信息素养和健康素养为重点，提高老年人适应社会发展的能力，增强老年人获得感、幸福感、安全感，实现老有所乐、老有所学、老有所为。

（1）实施智慧助老行动。聚焦老年人运用智能技术、融入智慧社会的需求和困难，依托老年大学（学校、学习点）、老年科技大学、社区科普大学、养老服务机构等，普及智能技术知识和技能，提升老年人信息获取、识别和使用能力，有效预防和应对网络谣言、电信诈骗。

（2）加强老年人健康科普服务。依托健康教育系统，推动老年人健康科普进社区、进乡村、进机构、进家庭，开展健康大讲堂、老年健康宣传周等活动，利用广播、电视、报刊、网络等各类媒体，普及合理膳食、食品安全、心理健康、体育锻炼、合理用药、应急处置等知识，提高老年人健康素养。充分利用社区老年人日间照料中心、科普园地、党建园地等阵地为老年人提供健康科普服务。

（3）实施银龄科普行动。积极开发老龄人力资源，大力发展老年协会、老科协等组织，充分发挥老专家在咨询、智库等方面的作用。发展壮大老年志愿者队伍，组建老专家科普报告团，让他们在社区、农村、青少年科普中发挥积极作用。

（四）国外图书馆协会老年人服务系列指南

国外图书馆老年人服务已形成了相应的法律法规保障体系。如表11-1所示。国际图联于2000年修订出版了第61号专业报告《对医院病人、老年人和长期居住在护理机构中的残疾人的图书馆服务指南》（Guidelines for libraries serving hospital patients and the elderly and disabled in long-term care facilities），提出图书馆应积极响应世界卫生组织提出的"积极老龄化"

这一目标。该指南要求图书馆为老年人提供服务，不仅在促进终身继续教育方面，而且还应提供老年人所需的社会、文化、卫生和其他信息。该指南还列举了图书馆针对不同老年人群体可以提供的阅读材料。国际图联还为失智群体专门制定服务指南——《失智群体图书馆服务指南》（Guidelines for Library Services to Persons with Dementia），提出公共图书馆作为服务所有群众的公共文化机构，应正视失智症相关议题。在世界范围内，60 岁以上人群中失智症的发病率已经达到 3.2%，失智症的发病率随老年人年龄的增长而增加，预测至 2025 年，我国将有 1009 万失智老年人。①

表 11-1　各国图书馆协会相关老年服务指南

制定机构	国别	文本名称	最新修订时间
IFLA	国际	《对医院病人、老年人和长期居住在护理机构中的残疾人的图书馆服务指南：11.1 老年人》（Guidelines for libraries serving hospital patients and the elderly and disabled in long-term care facilities: 11.1 The Elderly）	2000 年
IFLA	国际	《失智群体图书馆服务指南》（Guidelines for Library Services to Persons with Dementia）	2007 年
ALA	美国	《图书馆老年人服务指南》（Guidelines for Library and Information Services to Older Adults）	2008 年
CLA	加拿大	《加拿大对老年人的图书馆和信息服务指南》（Canadian Guidelines on Library and Information Services for Older Adults）	2012 年
ALIA	澳大利亚	《澳大利亚公共图书馆标准和指南：G19 老年服务》（Standards and Guidelines for Australian Public Libraries: G19 Services for older people）	2012 年

美国政府和图书馆行业协会出台了一系列老年人服务的法规和指南。宏观层面上有《老年人法》《图书馆服务和技术法案》，为图书馆开展老年人

---

① 鄢盛明. 失智老人家庭照顾者的负担和社会支持研究 [M] //中国老龄协会. 老年政策理论研究. 北京：华龄出版社，2019：50.

服务提供了经费保障；中观层面上有美国图书馆协会（ALA）于1975年发布的《图书馆老年人服务指南》（*Guidelines for Library and Information Services to Older Adults*），该指南对公共图书馆如何开展老年人服务提供了详细的指导；微观层面有各个图书馆发布的手册指南，如密苏里州图书馆的《老年人服务资源指南》等。①

此外，加拿大图书馆协会（CLA）于2002年发布《加拿大对老年人的图书馆和信息服务指南》（*Canadian Guidelines on Library and Information Services for Older Adults*）；澳大利亚图书馆协会（ALIA）于2009年发布《澳大利亚公共图书馆标准和指南：G19老年服务》（*Standards and Guidelines for Australian Public Libraries：G19 Services for older people*），并于2011、2012年进行了修订。这些指南文件对图书馆制定老年服务规划，开展老年服务进行了详细的指导，指导内容包括服务资源、服务方式等方面。

1. 服务资源

服务资源是公共图书馆开展老年人服务的基础，各指南均指出图书馆应结合老年人生理机能的特点，提供具有针对性的服务资源，满足不同类型老年人的需求。服务资源包括馆藏资源与设施设备。

在馆藏资源方面，要求提供轻便易拿的书籍，如提供平装本而非精装本，间距适当、标引清晰、语言简洁、文字少。文献载体上要求提供可选择的多样形式，如大字书、有声书、视听资料、带字幕录像带，也可根据图书馆特色资源制作大字版，制作有声书版本，精选有声书网站，提供相关资源链接。文献类型上提供报纸尤其是日报、连环画、图画书、词典等。内容上要求根据老年人的需求，提供老年人感兴趣的内容，主要涵盖医疗保健、旅游、棋牌游戏、字谜、社会文化、烹饪园艺、市政信息、地方史、家谱家族史、社区语言、法律、老年学等，以及支持终身学习、与老年照料者有关的信息。②

在设施方面，各指南指出图书馆应根据如"残疾人法案"和"设施无障碍标准"等相关法规标准，提供安全舒适、光照良好的阅读环境，也可以单独设立"老年人空间"或者建立老年人信息中心。图书馆场馆内的所有标识、宣传手册应清晰显眼并提供大字体和盲文，美国图书馆协会的指南要求

---

① 肖雪，苗美娟. 美国公共图书馆老年服务：历史与启示［J］. 中国图书馆学报，2019（1）：95-109.

② 肖雪. 国外图书馆协会老年服务指南的质性研究及对我国的启示［J］. 中国图书馆学报，2014（5）：82-97.

宣传手册的字体字号至少要用 14 号。在设备方面，图书馆应提供自动阅读机、语音识别器、文字电话（TYY/TDD）、轮椅等，配备安装大字软件的电脑，书架之间的间距应能容纳轮椅进出，提供基本的阅读辅助设备，如手持和安装的放大镜、书立和电子翻页机。

2. 服务方式

各指南陈述的老年人服务方式涉及广泛，主要包括文献信息查询、借阅；阅览室、自习室等公共空间设施场地开放；服务活动的开展，包括讲座、培训、展览、阅读推广等。除此之外，公共图书馆对老年人群体还可提供延伸服务、群体项目、志愿服务等。延伸服务是指图书馆发起的用来增加那些因移动障碍而无法方便使用图书馆的老年人，包括馆外电脑培训，针对居家老人的上门服务，在老年人中心、老年人住所和疗养院建立分馆或存贮图书的服务。群体项目指一系列发生在图书馆内或馆外的老年人服务，如老年人俱乐部、代际项目、教育培训项目等。① 其中代际项目指的是促进不同世代之间合作、互动或交流的项目、政策和实践，分享不同世代间的才能和资源，在有利于个人和社区的关系中相互支持。② 代际项目包括由年轻人教老年人发短信和上网，老年人与年轻人一起开展口述历史项目等。

三、服务案例

（一）澳门中央图书馆长者服务

1. 案例概述

澳门中央图书馆提供了较为完善的无障碍设备和设施，为长者提供更方便友善的阅读环境。在设备方面，澳门中央图书馆设置了座台式感应线圈系统，为长者利用图书馆的资源和服务提供便利。座台式感应线圈系统使用操作简易，有需要的长者只要使用设备的话筒，即可收听到经图书馆工作人员透过设备放大了音量的对话。如若长者已佩戴具有 T 台功能的助听器，可直接把话筒贴近助听器自动连接设备，工作人员的对话声音将直

---

① 苗美娟. 国外图书馆老年人服务研究主题及脉络分析 [J]. 图书情报工作，2018（20）：142-151.

② Generations United Programs [EB/OL]. [2021-08-27]. https：//www.nlb.gov.sg/WhatsOn/Programmes/ProgrammesforSeniors.aspx.

接由助听器发出，使收听效果更为清晰。① 澳门中央图书馆还增设了视障阅读机、字体放大机、放大镜等无障碍设备。有视力障碍的长者通过视障阅读机扫描读物，即可将文字转变为语音收听，用"听"的方式进行阅读。在设施方面，澳门中央图书馆提供了无障碍洗手间、无障碍通道、升降机等无障碍设施，并都做了清晰的标注。在信息无障碍方面，澳门公共图书馆网页配置了长者版，该版本将图书馆所配有的无障碍设施详细罗列，并配有图片和操作指南。长者版的网页支持键盘快捷操作功能，方便不熟悉使用鼠标的长者；配有 ADA 模式选项，方便使用读字软件的长者浏览网页；网页右上角提供了放大镜功能，还配有工具"AAA/ AA"，可调节字体大小，有视力障碍的长者可借助这些功能直接阅读网站。此外，澳门中央图书馆安排了设备供应商对图书馆工作人员进行使用培训讲解，培训内容包括设备组装演示、调校音量及收发声方式、各项配件的使用优势等。

2. 案例分析

澳门中央图书馆在开展无障碍服务方面积极响应澳门特别行政区政府发布的"2016—2025年长者服务十年行动计划"以及"2016—2025年康复服务十年规划"。这两个政策文本对长者服务提出了详细的行动措施，为图书馆开展长者服务提供了有力的保障。澳门中央图书馆的无障碍建设充分考虑了不同类型的长者的需求，配置齐全的无障碍设备设施，积极采取新型技术建设无障碍网页。在服务人员方面，澳门中央图书馆重视工作人员服务技能的培训，开展无障碍设备使用培训，提高工作人员的服务技能。

（二）新加坡国家图书馆管理局"老年人服务小组"

1. 案例概述

新加坡国家图书馆管理局（National Library Board）于2007年制定重点计划并成立专门小组"老年人服务小组"，开展一系列的老年人服务。服务项目包括为老年人提供定制刊物《乐在生活》（*Time of Your Life*），每季度一期，文章大部分由图书馆工作人员撰写，话题涵盖健康养生、新加坡历史等；建设老年阅览室，为老年人群体提供计算机基础知识、技能培训、使用

---

① 文化局公共图书馆增设座台式感应线圈系统 便利听障人士使用图书馆服务[EB/OL].［2021-09-25］. https：//www.gov.mo/zh-hans/news/337212/.

社交网络以及存取数字资源等的学习空间，老年阅览室配备有针对性的馆藏资源，包括学习资源包、社区信息以及阅读辅助工具；① 进行馆藏开发，推荐适合老年人阅读兴趣和需求的文献资源，以"常青"为主题进行归类，不定期进行更新，推荐的资源类型包括电子资源、大字书，涵盖4种官方语言，满足不同文化背景的老年人需要；② 开展"乐读智新"项目（Seniors Tech and Read，STAR），图书馆志愿者为老年人提供时长为45分钟的一对一指导服务，包括指导老年人如何利用电子资源、向老年人分享如何使用智能手机、帮助老年人调节手机设置等；鼓励老年人成为银发数字创作者（Silver Digital Creators），设置电影制作、数字音乐、编码、写作等课程，老年人可以选择感兴趣的课程进行学习。③

2. 案例分析

新加坡国家图书馆管理局通过成立"老年人服务小组"，制定老年人服务计划，制定阅读资源、推荐书目、建设老年人阅览空间，开展培训课程等服务项目，支持老年人群体到公共图书馆参与活动，依靠社会力量保持积极的生活方式，重拾信心与社会尊重，克服生活的单调与精神的空虚。

（三）洛杉矶公共图书馆"祖父母与图书"项目

1. 案例概述

洛杉矶公共图书馆在1988年发起"祖父母与图书"（Grandparents and Books，GAB）项目，获得《图书馆服务与建设法》（Library Service and Construction Act，LSCA）资助。起初该项目只在三个文化多元化的社区发起，招募并培训50岁以上成人志愿者，在课后时间与儿童在图书馆内进行一对一的阅读分享，以此提升两代人的阅读兴趣和阅读技能，促进代际间的相互理解、彼此欣赏。该项目的经费主要来自洛杉矶公共图书馆的常规预算，再加上一些私人基金会的支持。

图书馆负责招募并培训志愿者，对志愿者进行背景调查，以确保儿童的

---

① 束亦冉. 公共图书馆应对老龄化社会之服务创新：解读新加坡国家图书馆老年读者服务[J]. 新世纪图书馆，2019（3）：80-85.

② For seniors[EB/OL].[2021-07-30]. https：//www.nlb.gov.sg/SearchDiscover/ExploreourPublications/RecommendedReads/ForSeniors.aspx.

③ Programmes for seniors[EB/OL].[2021-07-30]. https：//www.nlb.gov.sg/WhatsOn/Programmes/ProgrammesforSeniors.aspx.

安全。图书馆在志愿者招募工作中会与许多机构合作，如社区的老年人中心。志愿者来到图书馆会系上绿色围裙、佩戴徽章，向儿童分享阅读，有时候是志愿者向儿童朗读，也有儿童主动提出为志愿者朗读。志愿者偶尔会用木偶或绒布板吸引儿童的参与，并结合自身的经历扩展故事内容，让故事变得生动。每年 GAB 项目会举办一次午宴，表彰志愿者并提供额外的培训，以此来激励志愿者参与。志愿者很高兴可以和来自城市各个地方的老年人聚在一起，并获得正式的认可。① 该项目随后扩展至洛杉矶全市 73 家分馆和中央图书馆。2014 年，该项目将志愿者年龄提升到 18 岁以上，并将该项目的名称改为"故事讲述和阅读"（Story Telling and Reading，STAR）。虽然 STAR 志愿者不再仅限于老年人，但老年人的参与人数仍多于年轻人。②

2. 案例分析

GAB 项目积极响应了世界卫生组织提出的"积极老龄化"这一目标，将老年人作为社会重要的资源，让老年人继续参与到社会经济文化发展中，持续实现自身的社会价值，同时将不同群体的需求及可利用资源相互匹配，超越了传统老年人服务项目。通过跨年龄群体服务——用户既是服务提供者也是内容创造者的方式，更好地解决社区中面临的需求和问题，发挥图书馆作为资源提供者和关系构建者的双重角色。③ 经过修订的《图书馆服务与建设法》也为 GAB 项目的开展提供了资金保障。通过参与该项目，孩子们有动力去阅读和学习，他们对书籍、阅读和待在图书馆有了更积极的态度，对老年人也有了新的认识。老年人也认为自己是图书馆和他们服务的人之间的重要联系，感受到自己被需要，得到了正式的认可。

---

① WALTER V A. Felling needed, felling loved, build community: one generational reading program [M] //STRICEVIC I K. Intergenerational solidarity in libraries/La solidarité intergénérationnelle dans les bibliothèques. Boston: De Gruyter Saur, 2012: 215-223.

② Los Angeles Public Library. STAR [EB/OL]. [2021-06-24]. https://www.lapl.org/kids/birth-5/star.

③ 苗美娟. 美国公共图书馆代际项目的发展现状及特点分析 [J]. 图书与情报, 2020 (2): 103-111.

> **扩展阅读 11.1**
>
> American Library Association. *Guidelines for Library Services with 60 + Audience Best Practices* (2017). 2017. http://www.ala.org/rusa/sites/ala.org.rusa/files/content/resources/guidelines/60plusGuidelines2017.pdf.
>
> American Library Association. *Keys to Engaging Older Adults*. 2019. https://www.ala.org/aboutala/sites/ala.org.aboutala/files/content/Keys%20to%20Engaging%20Older%20Adults-8-19-2019.pdf.
>
> National Library Board. *Programmes for Seniors*. 2021. https://www.nlb.gov.sg/WhatsOn/Programmes/ProgrammesforSeniors.aspx.
>
> 肖雪，苗美娟：《美国公共图书馆老年服务：历史与启示》，《中国图书馆学报》2019年第1期，第95−109页。

第二节 公共图书馆残障群体服务

根据世界卫生组织的定义，残疾是指由于身体残缺而出现的能力损失或限制，导致长期不能像普通人一样生活或活动的情况。残障，是指由于残缺或残疾而导致的不利处境，该处境进一步限制个人履行相关的社会角色或要求。① 残疾侧重强调疾病或缺陷，残障更多地强调外界障碍和不利影响。相比之下，残障的概念更符合把残疾人作为权利主体的理念，但目前社会对"残疾人"概念广泛接受，现行法律也采用了"残疾人"这一概念。②

一、服务对象特点

2011年6月，世界卫生组织与世界银行联合发布的《世界残疾报告》指

---

① 解燕芳. 论残障人就业权的法律保障 [D]. 北京：中国社会科学院研究生院，2012.

② 王子舟，夏凡. 图书馆如何对残疾人实施知识援助 [J]. 图书情报知识，2007 (2)：5−18.

出,全球超过 10 亿人,或 15% 的世界人口(2010 年全球人口估计)带有某种形式的残疾而生存。据 2006 年第二次全国残疾人抽样调查结果,我国残疾人总人数已超过 8500 万人,涉及 2.6 亿家庭人口,占总人口比例的 6.34%。① 残障群体显现出受教育程度低、经济状况不良、阅读习惯多样化等特点。

(一) 受教育程度低

截至 2019 年年底,全国残疾人人口基础数据库录入持证残疾人 3681.7 万人,仅占全国残疾人总数的约 40%。在 3681.7 万持证残疾人中,具有初中以下学历(含文盲)的残疾人占 88.2%,大专以上文化程度的残疾人仅占持证残疾人总数的 1.8%,残障群体的受教育程度大大低于正常人群。② 残障群体在接受学校教育方面存在许多困难,大多数残障群体缺少长期受教育的机会,而公共图书馆作为社会教育的有力补充,可以针对残障群体教育的特殊性,积极与残联、盲校等机构合作开展有针对性的文化助残活动,为残障群体提供更多受教育机会。

(二) 经济状况不良

一方面,残障群体由于生理原因不能正常接受教育,往往受教育程度低、劳动能力受限或技能缺乏,导致这一群体在就业和创业方面存在许多障碍;另一方面,残障群体需要长期服药、进行康复训练或被人照料等,经济比较困难。公共图书馆可以通过开展符合残障群体需求的助残文化活动,提供与就业相关的信息服务,使残障群体获得职业技能培训的机会,进而获得更好的经济收入。

(三) 阅读习惯多样化

不同类型的残障群体表现出不同的阅读习惯特点。例如,视障群体在阅读习惯方面更倾向数字阅读,偏向选择网络听书机、手机阅读。③ 阅读障碍群体表现出的阅读特点包括:阅读速度慢;必须阅读某些文字或段落两三次;容易在页面上迷失,然后不得不搜索他们正在阅读的句子;在文字阅读

---

① 第二次全国残疾人抽样调查主要数据公报 [EB/OL]. [2019-11-10]. http://www.stats.gov.cn/tjsj/ndsj/shehui/2006/html/fu3.htm.
② 中国残疾人联合会. 中国残疾人事业统计年鉴 2020 [M]. 北京:中国统计出版社,2020.
③ 吴晞. 图书馆阅读推广基础理论 [M]. 北京:朝华出版社,2015.

层面上花费较多精力。在阅读内容的选择上，残障群体更看重阅读内容的实用性，主要关注就业及职业技术技能、社会福利、医疗康复、残疾人政策等主题，对各类新媒体阅读方式持肯定和开放的态度。手机在残障群体中的普及度最高，使用也最为普遍。①

二、国内外相关政策

党的十八大召开以来，国家加大了残疾人法律法规的建设力度，图书馆残障群体服务逐渐完善。

（一）《中华人民共和国残疾人保障法》

1990年12月28日颁布的《中华人民共和国残疾人保障法》规定："组织和扶持盲文读物、盲人有声读物及其他残疾人读物的编写和出版，根据盲人的实际需要，在公共图书馆设立盲文读物、盲人有声读物图书室。"残障群体的权益逐渐受到重视。公共图书馆开始大规模地建设无障碍设施、盲文阅览室，并开展盲文读物借阅、组织视障文化活动等服务，其他残障群体服务也在有条不紊地开展。2018年10月，第十三届全国人民代表大会常务委员会第六次会议修正了《中华人民共和国残疾人保障法》，规定残疾人在经济、政治、文化、社会和家庭生活等方面享有同其他公民平等的权利。公共图书馆作为公共文化服务体系的重要组成部分，应采取措施确保残障群体以无障碍方式获得文化产品和服务，体现公共图书馆的平等性、权益性、普惠性和服务性等特征。

（二）《"十四五"残疾人保障和发展规划》

2021年7月21日，国务院印发《"十四五"残疾人保障和发展规划》（以下简称《规划》）。《规划》提出提升残疾人公共文化服务等多项重点任务，鼓励残疾人参加"书香中国·阅读有我"等公共文化活动，持续开展"残疾人文化周""共享芬芳·共铸美好"等残疾人群众性文化艺术活动，推动基层创建一批残健融合文化服务示范中心（站、点），不断满足残疾人文化需求，增强残疾人精神力量。

---

① 李春明. 图书馆残疾人服务模式与规范［M］. 北京：国家图书馆出版社，2019：66.

《规划》明确指出，残疾人文化、体育服务重点项目包含"五个一"（读一本书、看一场电影、游一次园、参观一次展览、参加一次文化活动）文化进家庭、进社区项目。依托新时代文明实践中心和基层文化设施，增添必要的文化设备，推动基层创建一批残健融合文化服务示范中心（站、点）。为盲人提供盲文读物、有声读物、大字读物、数字阅读、无障碍影视剧等产品和服务；继续开展盲人数字阅读推广工程；推动公共图书馆盲人阅览室（区）建设，加强中国盲文图书馆和分支馆建设，增加公共图书馆盲文图书和视听文献资源。鼓励电影院线、有线电视提供无障碍影视服务；鼓励影视作品、网络视频加配字幕；鼓励有条件的省市级电视台开播国家通用手语或实时字幕栏目。开展网络视听媒体文化服务项目：加强残疾人融媒体平台建设，依托网络视听媒体开设残疾人文化宣传专题节目。

《规划》提出面向残疾群体打造无障碍服务体系，支持盲人图书馆等特殊文化服务。在公共文化服务供给项目中列出残疾群体服务项目。加大对残疾群体公共文化权益保障力度，进一步丰富特殊群体精神文化生活，推进基本公共文化服务均等化。结合"全国助残日""国际残疾人日"等重要节点，联合中国残联广泛开展助残文化活动。加强制度设计，开展面向残疾群体的志愿服务课题研究，切实保障特殊群体文化权益，多途径丰富面向残疾群体的公共文化产品供给和服务。

（三）国内外相关服务规范和指南

随着我国残疾人服务保障事业发展取得较好的成果，国内公共图书馆的残障人士服务标准也在陆续建立。目前国家已出台的残疾人服务相关规范有：2018年发布的《图书馆视障人士服务规范》（GB/T 36719—2018）、2019年制定的《公共图书馆聋人服务指南（征求意见稿）》、2020年发布的《公共图书馆读写障碍人士服务规范》（GB/T 39658—2020）。这些服务标准根据不同残障人士特点，对公共图书馆的服务资源、服务形式做出了详细的规定。

国际图联发布了一系列关于残障群体的服务指南，主要包括《残疾群体利用图书馆——检查清单》（*Access to Libraries for Persons with Disabilities-Checklist*）、《聋哑人图书馆服务指南（第2版）》（*Guidelines for Library Services to Deaf People, 2nd Edition*）、《阅读障碍群体图书馆服务指南（修订与扩展）》（*Guidelines for Library Services to Persons with Dyslexia – Revised and Extended*）等，对公共图书馆残障群体服务具有一定的指导意义。国内外这些指南从服务资源、服务方式等方面为公共图书馆残障群体服务工作提供了指导和参考。

1. 服务资源

《中华人民共和国图书馆法》第三十四条提到："公共图书馆应当考虑残疾人等群体的特点，积极创造条件，提供适合其需要的文献信息、无障碍设施设备和服务等。"公共图书馆应根据残障群体的需求和特点，提供特殊服务资源，包括特殊馆藏、无障碍设施和阅览设备，通过采取多种措施，减少残障群体利用图书馆资源和服务的困难。

（1）特殊馆藏，是图书馆针对不同类型残障用户的特点所建设的能够满足其信息需求的不同载体形态的馆藏①，包括盲文出版物、视听材料、有声读物、描述性视频、有声化 OPAC（Online Public Access Catalog，联机公共目录检索系统）、带隐藏式字幕的音像资料等。数量充足、种类齐全的特殊馆藏是公共图书馆服务满足残障群体信息文化需求的有效保障。② 2018年9月，国家市场监督管理总局、中国国家标准化管理委员会发布的《图书馆视障人士服务规范》规定了图书馆文献资源重点采集的类型，并规定了盲文读物、大字读物、有声读物和无障碍影视作品的入藏总量指标。③ 国际图联第89号专业报告《残疾群体利用图书馆——检查清单》指出特殊馆藏媒体资料包括有声图书、有声报纸和有声期刊，大字书、简易读本、点字读本，带有字幕和/或手语的视频/光盘读本，电子读本，触觉图画读本。④

特殊馆藏资源建设方式有自建方式、购买方式、共建方式，大部分公共图书馆通过自行购买的方式，也有部分公共图书馆通过制作、出版或者接受捐赠等方式逐渐丰富特殊馆藏资源，还有是通过与盲文图书馆建立合作的方式实现特殊文献资源的流通借阅。例如，安徽省图书馆与中国盲文图书馆签订互惠流通借阅的协议，安徽省图书馆定期、批量、统一向中国盲文图书馆借阅盲文文献，从而节省了文献采购经费，加快了盲文文献资源的流通率和更新度。⑤

---

① 张靖，李晗，林宋珠，等. 加拿大多伦多公共图书馆残障用户服务研究 [J]. 中国图书馆学报，2013（6）：86 – 100.

② 张靖，苏靖雯，吴燕芳，等. 广东省公共图书馆残障用户服务调查 [J]. 图书馆建设，2013（12）：36 – 40.

③ 文化和旅游部. 图书馆视障人士服务规范：GB/T 36719—2018 [S/OL]. [2019 – 11 – 01]. http://c.gb688.cn/bzgk/gb/showGb?type=online&hcno=CF340B9ACE6E77B01A6A99FF9E9DAD49.

④ Access to libraries for persons with disabilities – checklist [EB/OL]. [2019 – 11 – 05]. https://www.ifla.org/files/assets/hq/publications/professional – report/89.pdf.

⑤ 王燕荣，李春明. 安徽省图书馆残障服务调研分析 [J]. 国家图书馆学刊，2016（4）：22 – 28.

目前，我国公共图书馆提供的特殊馆藏资源类型主要是针对视障群体，面向其他类型残障群体的特殊馆藏资源还比较少。相关研究表明，任何印刷格式的文献资源都可以转换为适合残障读者需求的盲文、音频、电子文本和大字文本格式等可替换格式的文献材料。国外图书馆已经开始针对不同类型的残障群体提供适合的文献资源，例如瑞典无障碍媒体机构（Swedish Agency for Accessible Media，MTM）同当地图书馆协同合作为听障群体制作手语文献（sign language literature），将符号、面部表情和手势等组织起来，就像身体语言一样，目的是给接受者讲故事。MTM 将文献转换成手语，以 DVD 格式上传至在线书目数据库（Legimus）向残障群体提供服务，残障群体可以在网站上搜索手语书籍并下载。① 我国公共图书馆在特殊馆藏资源的建设过程中可以借鉴国内外的成功经验，建立联盟，通过协作共建的方式丰富特殊馆藏资源，统一资源建设标准，实现资源的交换与流通。

（2）无障碍设施和阅览设备。无障碍设施的建设为残障群体独立、安全地出行提供了必要的基础，也为其平等、积极地使用公共图书馆服务提供了良好的保障。2019 年 3 月住房和城乡建设部发布的《民用建筑设计统一标准》（GB 50352—2019）将无障碍设施定义为"保障人员通行安全和使用便利，与民用建筑工程配套建设的服务设施"，包括但不限于缘石坡道、盲道、无障碍出入口、轮椅坡道、无障碍楼梯、无障碍电梯、无障碍卫生间、无障碍机动车停车位、无障碍标识系统等。2012 年 3 月，住房和城乡建设部和国家质量监督检验检疫局联合发布了《无障碍设计规范》（GB 50763—2012）。该版规范对包括公共图书馆在内的文化建筑的无障碍设施设计进行了详细规定：图书馆出入口应设置无障碍通道，馆内应设置低位检索台、盲道和盲人专用阅览室区；② 在无障碍入口、服务台、楼梯间和电梯间入口、盲人图书室前设盲道和提示盲道；提供残障人士专用卫生间，配备安全扶手和紧急呼叫器；提供语音导览机、助听器等信息服务。③ 此外，位于二楼以上的图书馆要装配电梯；提供拐杖、轮椅、残疾人翻页设备、残疾人专用书车等辅助设备；保证图书馆阅览室和开架书库的书架间距宽度，以保证轮椅可以自由

---

① Literature in sign language [EB/OL]．[2019 - 11 - 10]．https：//www.mtm.se/english/products - and - services/literature - in - sign - language/．

② 陆红如，陈雅．公共图书馆信息无障碍服务标准评价指标体系的构建研究：面向生理性信息弱势群体 [J]．图书情报研究，2018（3）：8 - 14．

③ 住房和城乡建设部．无障碍设计规范：GB 50763—2012 [S/OL]．[2019 - 11 - 01]．http：//download.mohurd.gov.cn/bzgg/gjbz/GB50763 - 2012%20无障碍设计规范.pdf．

活动,并在图书馆阅览室内专设轮椅阅览席等。①

阅览设备是信息技术飞速发展带来的新兴阅读产品,是辅助残障人士学习、阅读和获取信息的有效工具。② 根据《图书馆视障人士服务规范》规定,视障阅览室和盲文图书馆应配备与视障人士服务相配套的阅览设备,如安装有读屏软件的计算机、盲文设备、听书设备和助视设备等,其中盲文设备包括盲文计算机、盲文显示器和盲文刻印机等。针对聋哑群体,美国公共图书馆提供了专门的设备和技术,例如,在主要服务点提供文本电话或聋哑人电话设备(telephonic device for the deaf,TDD),员工用电话安装音量控制设备如扩音器等;对网络上声音文档配置相应的字幕或标题以及其他视觉反馈效果,提供收发电子邮件服务等;提供其他辅助听力系统和设备,如 FM 系统、红外系统、视听资料字幕解码器、计算机辅助的实时字幕和笔记记录等。从方方面面人性化的设置细节让残障群体感受到无障碍化的服务。

> **扩展阅读 11.2**
>
> 住房和城乡建设部:《无障碍设计规范》(GB 50763—2012),http://download.mohurd.gov.cn/bzgg/gjbz/GB50763-2012%20无障碍设计规范.pdf.
>
> 文化和旅游部:《图书馆视障人士服务规范》(GB/T 36719—2018),http://c.gb688.cn/bzgk/gb/showGb?type=online&hcno=CF340B9ACE6E77B01A6A99FF9E9DAD49.

2. 服务方式

随着我国无障碍建设的推进,公共图书馆为残障群体提供的基本服务逐渐从单一的文献服务过渡至多样化的服务方式。其中为残障群体设立专门的阅览空间是公共图书馆为残障群体服务的主要举措。《2020 年残疾人事业发展统计公报》的数据显示,截至 2020 年年底,全国省、市、县三级公共图

---

① 吴晞主编. 图书馆阅读推广基础理论[M]. 北京:朝华出版社,2015:114.
② 杨阳,沃淑萍. GB/T 36719—2018《图书馆视障人士服务规范》[J]. 标准生活,2019(3):46-49.

书馆共设立盲文及盲文有声读物阅览室1258个。① 例如，广州图书馆划定视障读者服务专区，总面积为300多平方米，内设藏书区、电子阅览区及配有辅助阅读设备的图书阅览区，共提供视障读者专用座位26个，藏书7000多册，配备专用的语音导航系统、12台安装有语音转换软件的电脑、10多种多媒体数据库以及多种辅助阅读的设备，为视障读者提供文献资源借阅服务，信息资源查询、代检与续借服务，馆内借用辅助阅读设备服务，有声书制作服务等，搭建视障读者休闲、学习的第三空间。

近年来，公共图书馆针对残障群体的文化需求开展了丰富的阅读推广活动，从传统的被动服务转变为主动服务，从随机、不定时地开展活动转变为定期持续开展活动，打造了一系列的文化助残品牌活动。如佛山图书馆开展"阅读·温暖——佛山视障读者关爱行动"项目，通过与各级社会力量合作构建文化助残服务网络，为无法到馆的残障读者提供快递、送书上门服务，为盲人提供面对面朗读、盲用电脑免费培训、定向出行培训活动等。内蒙古包头市图书馆举办"心手相牵·悦读世界"等活动，组织视障读者参观感受包头老城区变迁、参观黄河谣博物馆等，提高视障读者的出行能力，拓宽视障读者的活动范围。总结起来，这些活动形式主要有：与残联或其他残障协会合作开展活动；与特殊教育学校签订协议，定期开展送书上门服务；到残疾人服务机构开展阅读推广活动；招募、组织志愿者开展文化助残活动，提高残障读者参与社会生活、全面融入社会的能力。

三、服务案例

（一）美国国会图书馆残疾人服务中心

1. 案例概述

美国国会图书馆于1897年设立了盲人阅览室，是世界上最早面向盲人服务的国家图书馆，开创了图书馆为盲人服务的先河。② 1931年，美国国会通过《普拉特-斯穆特法案》（*The Pratt-Smoot Act*）授权国会图书馆与其他图书馆开展合作，国会图书馆残疾人服务中心（National Library Service for

---

① 2020年残疾人事业发展统计公报［EB/OL］.［2021-07-07］. https：//www.cdpf.org.cn/zwgk/zccx/tjgb/d4baf2be2102461e96259fdf13852841.htm.

② 刘玮. 美国国会图书馆NLS为残疾人服务新进展研究［J］. 图书馆工作与研究，2015（3）：13-16.

the Blind and Physically Handicapped，NLS）正式启动。① 经过多年发展，该中心通过全美 55 个区域图书馆、26 个分区图书馆和 16 个咨询和扩大中心，服务于美国所有 50 个州、哥伦比亚特区、波多黎各、美属维尔京群岛和关岛，发展成为全国性的残疾人服务网络。② 用户只要在 NLS 平台上注册，便可得到一个免费有声播放器及配套的数字有声读物。用户可以在文献资源检索系统上检索到各州甚至各县提供残障服务的图书馆以及图书馆收藏的各种资源，通过快递或网络下载就可以免费获取盲文资源和音频材料。NLS 有种类齐全、适合残障群体的资源类型，包括视障群体和听障群体；拥有世界上同类收藏最丰富的音乐资源，大约有 25000 本，音乐欣赏材料涉及广泛的主题，各种乐器都可以在音频盒上选择；盲文和音频的语言种类包括法语、德语、俄语和其他语言。其服务方式也呈现出多样化的功能，如开展免费的直邮服务，承担所有服务资源的直邮费用，充分满足用户的需求；定期出版《盲文读物书评》和《有声读物专题》，开展新书推荐和图书导读活动③；运用新技术，开发基于苹果 iOS 操作系统和安卓操作系统的移动应用程序，集搜索、下载和阅读盲文及有声读物于一体，开启移动阅读服务。④

2. 案例分析

美国 NLS 通过建设资源共享协作网络，提供了丰富多样的服务资源，提供数字化、现代化阅读设备，运用新技术保障了无障碍的信息环境，以用户需求为中心，服务方式呈现多样化。美国 NLS 的发展得益于完善的法律法规保障——以《国会图书馆法》为核心，《图书馆服务与技术法案》和各州图书馆法相互配套、衔接，形成协调性和权威性的法律体系。如《残疾人法》（2008 年修订）的立法目的是使美国数百万残疾人融入社会，实现人生价值，为社会创造财富；《康复法》508 号（2008 年修订）强制性统一电子和信息技术的标准，加速信息无障碍环境的建设和完善；《版权法》710 条款

---

① History ［EB/OL］.［2019 – 11 – 10］. https：//www. loc. gov/nls/about/organization/history/.

② Overview ［EB/OL］.［2019 – 11 – 10］. https：//www. loc. gov/nls/about/overview/.

③ Find books and magazines in braille or audio ［EB/OL］.［2019 – 11 – 10］. http：//www. loc. gov/nls/.

④ Library of congress braille and talking – book program release book download app rough Apple ［EB/OL］.［2019 – 11 – 10］. http：//www. loc. gov/nls/newsreleasesearchive/2013 – 09 – 24. html.

针对 NLS 服务赋予最大限度的合理使用权限;《邮政法》规定为图书馆和盲人提供免费邮递服务。法律的综合保障使 NLS 及其合作图书馆网络高效、和谐地运行。①

(二) 湖北省光明直播室

1. 案例概述

湖北省图书馆有约 800 万馆藏图书,其中盲文读物有 2000 余册,是全省馆藏盲文图书最为丰富的机构;湖北资讯广播"爱心有约"是全省唯一专为盲人设立的电台栏目,开播至今已 30 年,有着丰富的盲人服务经验;湖北省残联是中国残联的地方组织,代表着残疾人的利益,为残疾人提供帮助和服务。在三者的共同努力下,"光明直播室"诞生了。光明直播室将电台直播室搬进图书馆,将专业图书馆和直播间合二为一。为最大限度地满足残疾人多样化的文化需求,直播室大胆采用无间隔融合设计,所有活动环节均在直播室进行,利用直播室设施进行录播或直播,把信息传播给广大受众,形成节目和活动的一站式融合。光明直播室从三方面开展残疾人服务:①通过电台和图书馆资源为视障人群提供文化服务。视障读者来到直播室后,不仅可以阅览盲文书籍,聆听电台有声读物,还可以走上直播台,将精彩的盲文书籍和自身感悟录制成音频文件与广大听众分享。②为各类残疾人提供文化服务并搭建互联网平台。③在有条件的地方建设更多的光明直播室,形成一个覆盖全省的为残疾人提供文化服务的新型平台。

2. 案例分析

该项目的特色在于:①联合社会力量的参与。该项目中湖北省图书馆、湖北资讯广播与湖北省残联三方合作,三方资源互相补充,强强联合,从而更好地服务于残疾人。②服务资源丰富。光明直播室将纸质出版物和有声读物进行结合,将图书馆的馆藏资源变成声音文件,实现对图书馆纸质资源的补充与延展。③直播室以盲人为主角,服务盲人,也向全社会讲述盲人的励志故事,散发强大的正能量。直播的内容丰富多彩,既有知识性的、疏导性的,还有表演性的,感动人心,社会效益显著。②

---

① 刘玮. 美国国会图书馆 NLS 为残疾人服务新进展研究 [J]. 图书馆工作与研究,2015 (3):13 - 16.

② 蔡迎春,金欢. 图书馆阅读推广案例赏析 [M]. 北京:国家图书馆出版社,2019:229.

> **扩展阅读 11.3**
>
> 张靖，李晗，林宋珠等：《加拿大多伦多公共图书馆残障用户服务研究》，《中国图书馆学报》2013年第6期，第86-100页。
>
> International Federation of Library Associations and Institutions. *Access to Libraries for Persons with Disabilities – checklist*. IFLA, 2005. https：//repository. ifla. org/bitstream/123456789/238/1/89. pdf.
>
> International Federation of Library Associations and Institutions. *Dyslexia? Welcome to Our Library*. IFLA, 2015. https：//repository. ifla. org/bitstream/123456789/679/1/dyslexia – guidelines – checklist. pdf.
>
> International Federation of Library Associations and Institutions. *Key Performance Indicator Handbook for Libraries Serving Print Disabled People*. IFLA, 2012. https：//ifla. org/files/assets/libraries – for – print – disabilities/publications/performance_ indicators_ lpd_ final_ 2012 – 10 – 31. pdf.

第三节 公共图书馆其他群体服务

一、农民工

农民工是指在本地从事非农业或者外出从业六个月以上的农村户籍人口。2020年全国农民工总数为28560万人，比2019年减少517万人，下降1.8%，其中，外出农民工16959万人，本地农民工11601万人。① 2014年9月国务院发布的《国务院关于进一步做好为农民工服务工作的意见》第二十项规定："把农民工纳入城市公共文化服务体系，继续推动图书馆、文化馆、博物馆等公共文化服务设施向农民工同等免费开放。推进'两看一上'（看

---

① 国家统计局. 2020年农民工监测调查报告［R/OL］.［2021-7-30］. http：//www. stats. gov. cn/tjsj/zxfb/202104/t20210430_1816933. html.

报纸、看电视、有条件的能上网）活动，引导农民工积极参与全民阅读活动。"2015年1月中共中央办公厅、国务院办公厅印发的《关于加快构建现代公共文化服务体系的意见》将农民工列为公共文化服务的重点对象之一。

农民工的文化生活引起社会广泛关注，许多公共图书馆在农民工分布较为集中的地方设立分馆，采用总分馆、馆企合作、专门图书馆等模式开展服务。如深圳市宝安区图书馆在辖区内的工业园区建立第一家专门为农民工服务的图书馆——福永大洋分馆；佛山市禅城区联合图书馆为农民工提供自我展示与提升的文化平台，开设专题培训与自助培训，成为农民工的文化交流中心和自助培训基地；① 浙江省东阳市图书馆从2000年开始，通过与社会力量合作的方式开展了一系列针对农民工的服务，包括免费办理借阅证、与农民工子弟结读书对子、主动送书上门、关注"横漂一族"等服务。②

在国家政策引导和支持以及乡村振兴战略、经济发展新常态等因素的助推下，2020年我国农民工数量有所下降，农民工返乡现象逐步增加。目前我国乡村图书馆为返乡农民工提供的服务模式大致分为两种。一种是移动图书馆服务模式。如移动图书馆平台为返乡农民工提供远程数字化服务，融合了移动图书馆的移动性、互动性、便捷性和跨越时空性的特点，为返乡农民工提供服务的手段有SMS服务、WAP服务、App客户端应用服务、微信公众号服务等。另一种是阵地服务模式。现阶段我国乡村阅读空间设施主要包括农家书屋、文化大礼堂和民办图书馆等，以农家书屋为主。③ 主要向居民提供免费在场阅读、借阅、讲座等服务，为其提供固定的学习交流场所。④

二、服刑人员

服刑人员是社会的弱势群体，他们的许多权利往往被忽视。我国公共图书馆面向服刑人员提供服务始于20世纪80年代，从流动送书到联合建立监狱图书馆，至今已有近40年的历史。监狱图书馆为服刑人员提供知识信息，

---

① 谭静. 关注弱势群体：联合图书馆的外来工服务[J]. 图书馆建设，2008（8）：8-9，13.

② 叶明亮. 图书馆：外来务工人员的新家园：东阳市图书馆的服务实践与设想[J]. 图书与情报，2012（2）：117-119.

③ 徐益波. 社区与乡村阅读推广[M]. 北京：朝华出版社，2020：61.

④ 王丽. 基层图书馆为"返乡农民工"开展创业信息服务的思考[J]. 山东图书馆学刊，2021（2）：77-84.

并通过开展阅读活动使他们学习各方面知识，改变愚昧无知的状态，同时帮助他们学习职业技术，为回归社会就业创造条件。

服务形式以建立监狱分馆、图书室、图书流通站和赠送书刊为主，服务内容主要包括提供书刊借阅、电子资源阅览、公益讲座、读书辅导。如2003年，广州图书馆在广东省女子监狱内开办联合图书馆；① 2004年起，广东省立中山图书馆与广东省监狱管理局共建25个"求知图新"读书基地，为警察、服刑人员长期提供图书资源；2004年至今，广东省立中山图书馆与广东省未成年犯管教所建立了社会帮教关系，通过无上限书刊借阅、培训和展览、结对帮教、专题讲座、书信往来、节日慰问等多种方式，为广东省未成年犯管教所服刑人员送去知识、关爱，取得了良好的帮扶效果。②

公共图书馆面向服刑人员开展服务需要相应的法律、行业规范和图书馆内部规章的指导。1994年12月在第八届全国人民代表大会常务委员会第十一次会议上通过的《中华人民共和国监狱法》（2012年修正）第六十六条规定："罪犯的文化和职业技术教育，应当列入所在地区教育规划。监狱应当设立教室、图书阅览室等必要的教育设施。"③ 2004年9月司法部发布的新修订的《现代化文明监狱标准》对监狱图书馆（室）的藏书量做了规定："图书室藏书量平均每名罪犯不少于10本。"关于我国监狱图书馆的经费来源、藏书建设、人员配备等，目前还没有专门的服务政策予以规定。1992年，国际图联出版了《监狱犯人图书馆服务指南》（Guidelines for Library Services to Prisoners），后来经过多次修订，其内容主要包括：管理和经费保障，平等、便利的服务原则，物理环境，馆藏建设，服务活动，人员要求，宣传和交流。该指南为国际图书馆界开展此类服务提供了基本的指导和规范。④

---

① 广州图书馆. 广东省女子监狱干警和服刑人员的新年礼物：广州图书馆、广东省女子监狱联合图书馆开馆迎读者［DB/OL］.［2019－11－22］. http://www.chinalibs.net/ArticleInfo.aspx? id=28169.

② 吴卫娟. 面向未成年犯的图书馆服务探索［J］. 图书馆研究，2018，48（4）：85－89.

③ 中华人民共和国监狱法（2012修正）［EB/OL］.［2019－11－10］. http://www.npc.gov.cn/wxzl/gongbao/2013－02/25/content_1790839.htm.

④ 王素芳. IFLA弱势人群服务图书馆专业组制定的服务政策及对我国的启示：下［J］. 图书馆，2007（1）：29－32.

> **扩展阅读11.4**
>
> Nancy Bolt, Aly Velji. *Serving People with Special Needs During COVID-19: Stories from Around the World.* International Leads, 2021. https://www.ala.org/rt/sites/ala.org.rt/files/content/intlleads/leadsarchive/202106-rv-resz.pdf.

主要参考文献

[1] 蔡迎春,金欢.图书馆阅读推广案例赏析[M].北京:国家图书馆出版社,2019.

[2] 党俊武.中国城乡老年人生活状况调查报告2018[M].北京:社会科学文献出版社,2018.

[3] 国家统计局.2020年农民工监测调查报告[R/OL].[2021-7-30]. http://www.stats.gov.cn/tjsj/zxfb/202104/t20210430_1816933.html.

[4] 李春明.图书馆残疾人服务模式与规范[M].北京:国家图书馆出版社,2019.

[5] 刘玮.美国国会图书馆NLS为残疾人服务新进展研究[J].图书馆工作与研究,2015(3):13-16.

[6] 陆红如,陈雅.公共图书馆信息无障碍服务标准评价指标体系的构建研究:面向生理性信息弱势群体[J].图书情报研究,2018(3):8-14.

[7] 苗美娟.国外图书馆老年人服务研究主题及脉络分析[J].图书情报工作,2018,62(20):142-151.

[8] 苗美娟.美国公共图书馆代际项目的发展现状及特点分析[J].图书与情报,2020(2):103-111.

[9] 束亦冉.公共图书馆应对老龄化社会之服务创新:解读新加坡国家图书馆老年读者服务[J].新世纪图书馆,2019(3):80-85.

[10] 王丽.基层图书馆为"返乡农民工"开展创业信息服务的思考[J].山东图书馆学刊,2021(2):77-84.

[11] 王素芳.IFLA弱势人群服务图书馆专业组制定的服务政策及对我国的启示:下[J].图书馆,2007(1):29-32. [12] 王子舟,夏凡.图书馆如何对残疾人实施知识援助[J].图书情报知识,2007(2):5-18.

[13] 文化和旅游部.图书馆视障人士服务规范:GB/T 36719-2018

[S/OL]. [2019-11-10]. http://c.gb688.cn/bzgk/gb/showGb?type=online&hcno=CF340B9ACE6E77B01A6A99FF9E9DAD49.

[14] 吴卫娟. 面向未成年犯的图书馆服务探索 [J]. 图书馆研究, 2018 (4): 85-89.

[15] 肖雪, 苗美娟. 美国公共图书馆老年服务: 历史与启示 [J]. 中国图书馆学报, 2019, 45 (1): 95-109.

[16] 肖雪. 老年人的阅读图景与公共图书馆服务创新 [M]. 北京: 国家图书馆出版社, 2016.

[17] 徐益波. 社区与乡村阅读推广 [M]. 北京: 朝华出版社, 2020.

[18] 张靖, 李晗, 林宋珠, 等. 加拿大多伦多公共图书馆残障用户服务研究 [J]. 中国图书馆学报, 2013 (6): 86-100.

[19] 张靖, 苏靖雯, 吴燕芳, 等. 广东省公共图书馆残障用户服务调查 [J]. 图书馆建设, 2013 (12): 36-40.

[20] 中国残疾人联合会. 中国残疾人事业统计年鉴2020 [M]. 北京: 中国统计出版社, 2020.

[21] 中华人民共和国国务院新闻办公室. 平等、参与、共享: 新中国残疾人权益保障70年 [M]. 北京: 人民出版社, 2019.

习 题

您所在的图书馆有哪些重点服务群体？又有哪些重点群体服务项目？

思考题

（1）公共图书馆为什么要将某些群体确定为重点服务群体？这其中体现了怎样的现代公共图书馆理念？

（2）公共图书馆的老年人群体服务对于人口老龄化这一社会问题有着怎样的社会意义？

第十二章 数字图书馆服务

学习目标

了解数字图书馆的发展简史
知道数字图书馆的体系架构、支持技术和相关标准
了解数字图书馆的服务应用
知道数字图书馆的重要案例

知识点提示

国家信息基础设施
中国数字图书馆工程
Kahn/Wilensky 体系框架
W3C 关联开放数据
数字阅读
个性定制
数字参考
数字出版
谷歌图书计划
法国国家图书馆 Gallica 计划
上海图书馆数字图书馆计划

数字图书馆的发展在国际上已有近30年的历史。在这一过程中，大量的信息资源从纸质介质转移到数字化的存储介质中，使得信息传播实现高度网络化、信息载体实现高度数字化，而数字图书馆则是承载大量数据、信息和知识的载体。在网络信息资源爆炸、新兴技术手段层出不穷的今天，人们的生活和学习都离不开网络和数字信息资源，数字图书馆服务已然成为公共图书馆服务中不可分割的组成部分。本章将从国内外数字图书馆的历史与发展、数字图书馆的体系与架构、数字图书馆的支撑技术、数字图书馆的相关标准、数字图书馆的服务应用以及国内外重要数字图书馆案例等方面展开对数字图书馆的介绍。

第一节　数字图书馆的历史与发展

一、国外数字图书馆的兴起

数字图书馆在国外的兴起与信息技术的先行发展和社会在信息方面的转型密不可分。随着各国对本国信息基础设施的构建和对社会信息环境的大力营造，信息资源的存在形式由纸质逐渐转为数字化，数字图书馆便在这样的背景下应运而生。

1992年，一篇名为《面向数字图书馆的版权管理系统》（Toward a Copyright Management System for Digital Libraries）的文献提出了"数字图书馆"这一概念①；同年，美国国家科学基金会（National Science Foundation）主持的电子图书馆研讨班和数字图书馆研讨班在国际学术界引发了关于数字图书馆的讨论，会上有专家在介绍美国国家先导研究项目的同时提到了建设数字图书馆的计划，还有专家做了关于"数字图书馆：它是什么，为什么是这样

---

① GARRETT J R，ALEN J S. Toward a copyright management system for digital libraries [EB/OL]. （1992-03）. [2019-11-03]. http：//agris. fao. org/openagris/search. do? recordid = us201300018875.

的"的主题发言。① 1993 年，美国政府实施"国家信息基础设施"（The National Information Infrastructure）计划，该计划旨在通过各种网络仪器和设备建成联通全美的"高速信息公路"。与此同时，互联网、SGML、多媒体、万维网也开始普及，为数字图书馆的发展创造了条件。1995 年，美国网络与信息技术研究和发展计划（Networking and Information Technology Research and Development）发表的蓝皮书《国家信息基础设施技术》（*Technology for the National Information Infrastructure*）在官方战略层面指出了数字图书馆的重大意义，认为构建数字图书馆能够打造高效的国家级信息存储系统，使信息快速流动和方便使用。② 1996 年，美国全球信息基础设施委员会（Global Information Infrastructure Committee）将数字图书馆列入其研究项目之一，随后的几年，该委员会也不断在年度蓝皮书中提及数字图书馆，关注信息数字化和数字内容的保存，反复强调了其重要性。③④

与此同时，不少关于数字图书馆的项目在国家层面开始实施。如 1994 年起由美国国家科学基金会实施的"美国数字图书馆先导计划"（Digital Libraries Initiative）⑤、1997 年法国国家图书馆的 Gallica 计划⑥、1998 年美国国家科学基金会资助的"国家科学数字图书馆"（National Science Digital Library）项目⑦等。进入 21 世纪后，在互联网日益发展和普及的背景下，关于数字图书馆的研究和建设如火如荼地开展起来，数字图书馆在国际上从理

---

① 刘炜，周德明，王世伟，等. 数字图书馆引论 [M]. 上海：上海科学技术文献出版社，2001：20-21.

② Networking and Information Technology Research and Development. Technology for the National Information Infrastructure [EB/OL]. [2019-11-03]. https：//www.itrd.gov/pubs/bluebooks/1995/index.html.

③ Networking and Information Technology Research and Development. Technology for the 21st century [EB/OL]. [2019-11-03]. https：//www.itrd.gov/pubs/bluebooks/1998/pdf/bluebook98.pdf.

④ Networking and Information Technology Research and Development. Bluebook [EB/OL]. [2019-11-03]. https：//www.itrd.gov/pubs/bluebooks/2002/bb2002-final.pdf.

⑤ GRIFFIN S M. NSF/DARPA/NASA Digital Libraries Initiative [EB/OL]. (1998-08-01) [2019-11-20]. http：//www.dlib.org/dlib/july98/07griffin.html.

⑥ Gallica. A propos [EB/OL]. [2019-11-13]. https：//gallica.bnf.fr/edit/und/a-propos.

⑦ National Science Digital Library. National Science Digital Library serving science, technology, engineering, and mathematics education [EB/OL]. [2019-11-04]. https：//nsdl.oercommons.org/.

想逐渐转变为现实。

> **扩展阅读 12.1**
> William Y. Arms. *Digital Libraries*. Cambridge：MIT Press. 2000.

二、我国数字图书馆的发展

我国关于数字图书馆的研究与实践起步稍晚于上述发达国家，但凭借信息技术时代性的革新，其发展十分迅速。20世纪90年代起，我国图书馆学的相关刊物上开始涌现关于电子图书馆①和数字图书馆②的论文。除学术论文的发表外，有关数字图书馆的专业著作也随之面世，如1997年出版的汪冰《电子图书馆的理论与实践研究》③、2000年出版的吴志荣《数字图书馆：从理念走向现实》④等。从2000年起，关于数字图书馆的学术会议层出不穷，国家图书馆、上海图书馆等率先举办了关于数字图书馆的国际会议。一系列论文的发表、专著的出版以及研讨会的举办营造了国内数字图书馆的学术研究氛围，加速了我国数字图书馆工程的实施，为我国数字图书馆的信息资源建设、技术开发、运营管理奠定了学术基础。

在我国的数字图书馆项目实施方面，1997年由原文化部报原国家计委立项，"中国试验型数字图书馆"项目开始实施⑤；该项目由国家图书馆、上海图书馆、深圳图书馆、广东省立中山图书馆、辽宁图书馆、南京图书馆、桂林图书馆七家图书馆共同参与，建成了一套数字图书馆系统，首次在国内实现了数字图书馆的共建共享，旨在改变传统的办馆模式，大规模地掀起了各省市图书馆对于数字图书馆在业务方面的建设。还有其他项目如跨地区、跨行业、跨部门的"中国数字图书馆工程"，其分为技术支撑环境建设、数字

---

① 赖茂生. 电子图书馆的构想与实现［J］. 情报科学技术，1991（3）：14-18.
② 许中才. 关于"数字图书馆"的对话［J］. 图书与情报工作，1994（4）：63-65.
③ 汪冰. 电子图书馆的理论与实践研究［M］. 北京：北京图书馆出版社，1997.
④ 吴志荣. 数字图书馆：从理念走向现实［M］. 上海：学林出版社，2000.
⑤ 深圳图书馆. 中国试验型数字式图书馆项目［EB/OL］. （2002-12-25）［2019-11-04］. http：//www.chinalibs.net/ArticleInfo.aspx？id=2332.

资源建设、服务体系建设、标准规范建设等数个子项目。① 由国家科技图书文献中心主导建设的"国家科技数字图书馆"项目开发了国家科技文献资源网络服务系统,主打采集、收藏、开发科技文献数字资源,促进科技文献的深度加工和优质服务。② 同时也包括由清华同方光盘股份有限公司、中国学术期刊(光盘版)电子杂志社等联合承办的以全社会知识信息资源共享为目标的"中国知识基础设施工程"③ 以及万方数据资源系统、超星数字图书馆等产业化的数字图书馆工程。

纵观数字图书馆的发展历程,可以发现,"数字图书馆"的内涵是比较模糊的,既可以是一个完整独立的数字图书馆应用系统,也可以是图书馆在服务内容中的一个馆藏数字化项目,还可以是一种特定资源的数据库。因此,在狭义上,数字图书馆是实体图书馆的数字化,指的是图书馆以数字形式存储和处理馆藏信息;在广义上,数字图书馆是一种能够将数据、信息和知识在虚拟空间中进行存储、传播和利用的数字化环境,它包括了信息运行的全过程,且其涵盖的内容形式不限于馆藏信息资源。

> **扩展阅读 12.2**
>
> 过仕明,杨晓秋:《数字图书馆概论》,黑龙江科学技术出版社 2006 年版。
>
> 刘炜:《数字图书馆引论》,上海科学技术文献出版社 2001 年版。
>
> 魏大威:《数字图书馆理论与实务》,国家图书馆出版社 2012 年版。
>
> 吴志荣:《数字图书馆:从理念走向现实》,学林出版社 2000 年版。
>
> 夏立新,黄晓斌,金燕:《数字图书馆导论》,科学出版社 2009 年版。

---

① 徐文伯.建设中国数字图书馆工程 开创中华文献光辉的未来 [J].中国图书馆学报,1999(5):3-8.

② 国家科技图书文献中心.国家科技数字图书馆 [EB/OL].[2019-11-04].https://www.nstl.gov.cn/.

③ 赵蓉英,邱均平.CNKI 发展研究 [J].情报科学,2005(4):626-634.

第二节 数字图书馆的体系、技术与标准

一、数字图书馆的体系架构

数字图书馆的体系架构指的是其内含的组成部分及信息仓储资源的组织方式,是数字图书馆建设的基础和难点之一。[①]在构造数字图书馆时,从广义上说,有两个较为常见的体系架构框架,分别是 Kahn/Wilensky 体系框架和 William Y. Arms 体系架构框架。其中,前者是由 Robert Kahn 和 Robert Wilensky 最早在 1995 年提出的数字图书馆基础体系框架,该体系框架以分布式数字对象为基础,包含了用户界面、元数据检索系统、数字对象存储库、唯一标识符系统、存储库存取协议等几个部分;[②] William Y. Arms 的体系架构框架则认为数字图书馆由用户界面、搜索系统、操作系统和存储器 4 个部分组成。[③]

从狭义上说,在总体的体系架构框架之下,数字图书馆还有其内在的基础信息体系结构,数字图书馆的基础信息体系结构能够使其中的信息资源有效分布与组织,将异地的信息资源融合统一,形成一个具有优化性结构的有机实体。[④] 一般来说,数字图书馆的信息体系结构包括[⑤]:①资源系统,即以元数据、数字资料和句柄组成的数字对象系统;②仓储服务系统,也叫数据仓库或资源库,包括接口层、对象管理层、永久存储层等;③命名系统,又称名录服务系统,是对标识符的分配和管理系统;④索引服务系统,包括

---

① 夏立新,黄晓斌,金燕. 数字图书馆导论 [M]. 北京:科学出版社,2009:28.
② KAHN R, WILENSKY R. A framework for disrributed digital object services [EB/OL]. [2019-11-05]. http://www.cnri.reston.va.us/k-w.html.
③ ARMS W Y, BLANCHI C, OVERLY E A. An architecture for information in digital libraries [EB/OL]. [2019-11-05]. http://www.dlib.org/dlib/february97/cnri/02arms1.html.
④ 李培. 数字图书馆原理及应用 [M]. 北京:高等教育出版社,2004.
⑤ 夏立新,黄晓斌,金燕. 数字图书馆导论 [M]. 北京:科学出版社,2009:35-37.

索引服务器和索引管理器；⑤用户接口网关，提供用户检索页面和查询接口。

为方便读者理解，下面将数字图书馆的体系架构和基础信息体系结构合并归纳为五个部分，分别是存储资源库、索引与搜索系统、用户界面、命名服务、馆藏服务。其中，存储资源库由关系型数据库来管理，它的功能包括存储与管理各种数字对象；命名系统是针对长期标识符的分配、管理和解析的综合系统，负责数字资源命名的管理；索引与搜索系统包括了索引的存储以及能够为用户开放查询的索引服务器，还提供被索引信息的元数据和查询机制；用户界面则是用户与数字图书馆的连接口，数字图书馆通过用户界面向用户提供直接服务，如网络浏览器、手机客户端等；馆藏服务则是通过用户界面和索引服务共同向用户提供的直观的信息推送服务。图12-1表示数字图书馆的体系架构组成部分。

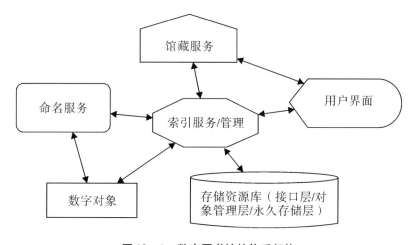

图 12-1 数字图书馆的体系架构

伴随着 W3C 关联开放数据时代的到来，数字图书馆的体系架构发生了一些变化，比起传统的数字图书馆体系架构更注重用户信息服务。① 在此背景下，数字图书馆的体系架构开始与关联数据技术联系起来。数字图书馆存储资源库关注资源的语义化，使资源带有描述信息，能够被语义标记，从而在馆藏服务中能够根据语义细分数字图书馆资源内容的主题，在用户界面中能够向用户推荐个性化的数字图书馆的资源，实现数字图书馆信息资源从计

---

① 赵岩. 基于关联数据的数字图书馆服务研究 [D]. 哈尔滨：黑龙江大学，2015.

量的聚合到语义的聚合，优化数字图书馆的个性化用户信息服务。

二、数字图书馆的支撑技术

数字图书馆基础功能得以实现所需要依托支撑的技术，主要指的是网络信息技术和计算机技术。互联网、万维网和语义网的出现为数字图书馆提供了网络支撑；数字处理技术使信息的集成化程度大大提升，促进了信息资源共享，推动了信息检索的高效实现；HTML、XML、OWL等标记语言的发展为数字信息资源的描述与组织提供了支持。有了这样的背景，数字图书馆的技术代代革新。

数字图书馆传统的支撑技术主要包括网络技术、Web技术、数据库与数据挖掘技术、信息安全技术。

（1）网络技术。网络技术可为数字图书馆提供网络基础设施，该技术首先需要拥有完整的网络应用模式，如C/S应用模式，可使中心计算适应于不同类型的网络系统；其次需要考虑组建网络操作系统，也称服务器操作系统，如Windows、Unix和Linux等系统，网络系统应能支撑数字图书馆的计算环境；还需考虑网络传输模式，如异步传输模式，通过这一模式可将数字图书馆的信息资源与各种局域网和广域网的信息资源相连。① 通过上述网络技术，将实现网络组建方案和网络管理系统的构建。

（2）Web技术。在Web体系结构中，由客户机/服务器结构、统一资源定位器、HTTP协议与Web数据库组成Web信息传递系统。Web的开发技术又包括客户端技术、服务器端技术两大类型，前者通过客户端脚本技术、组件技术DHTML技术和Java Applet技术实现，后者通过公共网关接口、服务器端脚本技术、Servlet技术实现。②

（3）数据库与数据挖掘技术。此处的数据库与数据挖掘技术包括数据仓库、数据库挖掘、文本挖掘等，通过这一技术达到数据收集、存储、组织和数据分析与决策支持的目的。

（4）信息安全技术。数字图书馆基于网络而运行，因此，需要注意其中是否存在信息安全隐患。信息安全技术主要包括密钥技术、防火墙技术、数

---

① 夏立新，黄晓斌，金燕．数字图书馆导论［M］．北京：科学出版社，2009：37－39．

② 过仕明，杨晓秋．数字图书馆概论［M］．哈尔滨：黑龙江科学技术出版社，2006．

字签名、数字证书等。

近年来，数字图书馆的新兴技术层出不穷，主要包括人工智能技术、虚拟现实技术、区块链技术等。

（1）人工智能技术。在智能环境驱动下，人工智能技术已经普遍在数字图书馆中应用，包括大数据、云计算、深度学习技术等，这些技术可用于数字图书馆的文本分类、个性化服务、信息检索等领域。[1]

（2）虚拟现实技术。主要包括VR、AR和混合现实技术在数字图书馆中的运用，通过构建数字虚拟空间、三维信息资源建设、可视化信息检索、虚拟参考咨询和远程遥控等提升数字图书馆的交互性与用户感知性。[2]

（3）区块链技术。区块链技术是一个分布式数据库，其运作机制具有随机性、去中心化、多重加密、链式结构、不可篡改、可追溯等特征，能够保障数字图书馆信息存储的安全性与稳定性。[3] 利用这些优势，区块链技术能够增强数字图书馆资源的互操作性，例如可配合数字标签将图书记录置于区块链上，使图书数据得到追溯。

新技术的快速运用能够推动数字图书馆向新型的智慧图书馆转变，使传统的数字图书馆转型升级。

> **扩展阅读 12.3**
>
> 董慧：《本体与数字图书馆》，武汉大学出版社2008年版。
> 黄如花：《数字图书馆原理与技术》，武汉大学出版社2005年版。
> 李培：《数字图书馆原理及应用》，高等教育出版社2004年版。

三、数字图书馆的相关标准

随着数字图书馆建设的完善与服务的普及，不同数字图书馆之间的资源共建和共享需求增加，因而数字图书馆的相关标准也不断出台。

---

[1] 苏新宁. 大数据时代数字图书馆面临的机遇和挑战［J］. 中国图书馆学报，2015（6）：4–12.

[2] 陆颖隽. 虚拟现实技术在数字图书馆的应用研究［D］. 武汉：武汉大学，2013.

[3] 周耀. 区块链技术在智慧图书馆中的应用研究［J］. 现代情报，2019（4）：94–102.

国际上数字图书馆的相关标准主要由数字图书馆联盟（Digital Library Federation，DLF）、美国国会图书馆（The Library of Congress，LOC）、博物馆与图书馆服务协会（Institute of Museum and Library Services，IMLS）、联机计算机图书馆中心（Online Computer Library Center，OCLC）、美国档案工作者协会（Society of American Archivists，SAA）等发布。主要涉及元数据标准、数字馆藏指导标准与数据资源管理标准等。表12-1展示了部分与数字图书馆相关的国际标准。

表12-1 数字图书馆的国际标准示例

标准名称	简介	发布机构
MARC 21①	适用于21世纪的机读编目格式标准，以机器可读形式表示和传达书目及其相关信息	LOC
Metadata Encoding and Transmission Standard（METS）②	将数字图书馆中数字对象的描述性元数据与管理性元数据进行编码的标准	DLF
Encoded Archival Description（EAD）③	一种用于档案查找工具编码的XML标准	SAA & LOC
ALTO：Technical metadata for Optical Character Recognition④	提供了一种XML模式，用于描述纸质文本资源内容的技术元数据	LOC

---

① The Library of Congress. MARC standards［EB/OL］.（2020-03-13）［2021-06-23］. https：//www.loc.gov/marc/.

② Digital Library Federation. METS：Metadata Encoding and Transmission Standard［EB/OL］.（2020-10-08）［2021-06-23］. http：//www.loc.gov/standards/mets/.

③ Society of American Archivists & The Library of Congress. EAD：Encoded Archival Description［EB/OL］.（2020-09-15）［2021-06-23］. https：//www.loc.gov/ead/.

④ The Library of Congress. ALTO：Technical metadata for Optical Character Recognition［EB/OL］.（2016-05-26）［2021-06-23］. https：//www.loc.gov/standards/alto/.

（续上表）

标准名称	简介	发布机构
NISO Metadata for Images in XML（NISO MIX）①	提供了一组管理数字图像集合所需的技术数据元素开发的 XML 模式	LOC
Framework of Guidance for Building Good Digital Collections（Framework）②	该标准是对于数字图书馆运行、管理与互操作的指南，目的是建设良好的数字馆藏	IMLS
Bibliographic Formats and Standards③	该标准提供了将信息输入 WorldCat 的定义、指南和示例	OCLC

在国内，数字图书馆相关的标准与规范主要由全国图书馆标准化技术委员会立项与制定/修订，分为国家标准和行业标准。这些标准涉及馆藏资源的数字化、数字设备、数据加工和元数据等不同方面，表 12-2 展示了其中部分标准。

表 12-2　数字图书馆的国内标准（部分）

标准名称	简介	类型
GB/T 31219—2014 图书馆馆藏资源数字化加工规范	规定了图书馆中文本、音频、视频、图像资源的加工流程与规范	国家标准
GB/T 35660—2017 信息与文献　图书馆射频识别（RFID）	分为"数据元素及实施通用指南""基于 ISO/IEC 15962 规则的 RFID 数据元素编码"两个部分，规定了各类图书馆馆藏射频识别（RFID）标签使用模型	国家标准

---

① The Library of Congress. NISO Technical Metadata for Digital Still Images Standard [EB/OL]．（2020-09-08）[2021-06-23]．http://www.loc.gov/standards/mix．

② Institute of Museums and Library Services. Framework of Guidance for Building Good Digital Collections [EB/OL]．（2020-02-01）[2021-06-23]．https://old.diglib.org/standards/imlsframe.htm．

③ OCLC. Bibliographic Formats and Standards [EB/OL]．（2021-02-04）[2021-06-23]．https://www.oclc.org/bibformats/en/about.html．

(续上表)

标准名称	简介	类型
WH/T 48—2012 数字对象唯一标识符规范	规定了图书馆数字对象唯一标识符系统的体系框架及各类规则	文化行业标准
WH/T 45—2012 文本数据加工规范	对馆藏常用文本的加工做出规范	文化行业标准
WH/T 46—2012 图像数据加工规范	用于指导图像数据的加工、处理和保存工作	文化行业标准
WH/T 49—2012 音频数据加工规范	规范了音频数据加工工作流程	文化行业标准
WH/T 65—2014 电子图书元数据规范	规定了电子图书的内容和外观特征	文化行业标准
WH/T 64—2014 电子连续性资源元数据规范	对电子连续性资源元数据进行统一揭示	文化行业标准
WH/T 72—2015 图书馆数字资源长期保存信息包封装规范	对图书馆信息资源包的封装做出规范	文化行业标准

第三节 数字图书馆的服务应用

一、数字图书馆对传统图书馆服务的影响与挑战

从影响的角度说，数字图书馆的出现并非为了取代传统图书馆，而是对传统图书馆功能的进一步完善和丰富，主要体现在以下两个方面：第一，数字图书馆服务是信息技术在传统图书馆中的运用，是对传统图书馆服务的升级。运用数字化手段，可以使图书馆处理信息的效率变高；同时，读者与读者间、读

者与图书馆间能够进行信息交流与共享,使各种信息随处可得;新型的信息对象与信息媒介得到支持;通过数字化手段处理大量数据,使传统图书馆可以进一步提供数据服务。第二,数字图书馆作为一种抽象的虚拟信息服务①,可以不依托传统的图书馆而存在,只存储和管理电子资源,通过自动化系统独立为用户提供海量数据的服务,还可深化发展为数字信息产业。在这种发展模式下,数字图书馆的存在方式可不拘泥于为用户提供图书电子资源,只需拥有信息资源数据库如电子期刊的门户网站、声音库、影片库、图库等等。

同时,数字图书馆的出现也给传统图书馆带来了一些挑战,在某些功能上能够取代传统的图书馆。首先,读者无须受到实体图书馆的时空限制。计算机和信息技术已经深刻地改变了人们的生活方式,数字图书馆的出现能够把传统图书馆的信息资源直接带到人们的面前,读者无须造访图书馆,可通过计算机设备或手提设备即时进行信息检索和信息获取。其次,信息资源的丰富程度和更新速度均优于传统图书馆。基于海量的网络资源,计算机系统能够比手工方法更好地发现、存储、检索和浏览信息,在读者利用计算机的同时还能意外发现其他有价值的信息②,且可获得的资源不限量;数字图书馆能够实时将最新的资源与资源的变动展示给使用者。这些都是数字图书馆给传统图书馆带来的挑战。

二、数字阅读服务

与传统纸质图书不同的是,阅读数字图书馆的资源不需要通过实体物理设备进行开架浏览,可通过数字化电子设备和多媒体技术向读者提供图书馆服务中最基础的数字阅读服务。用户所需的各种文献载体在数字图书馆中已历经数字化转换而存在,包括但不限于印刷型文本、地图、微缩资料、视听资料等。③ 从过程上看,用户在享受数字阅读服务时,首先可浏览数字图书馆门户。数字图书馆门户通常包括对信息的分类和数字资源导航,可以引导用户明确信息搜寻的方向,基于数字图书馆门户了解细分的馆藏信息。其次,用户可通过检索服务发现关联的信息资源。用户成功访问信息资源后,

---

① BUCKLAND M. Redesigning library services:a manifesto [M]. Chicago:ALA. 1992,1-3.
② ARMS W Y. Digital libraries [M]. Cambridge MS:MIT Press,2000:2-4.
③ 王荣国,李东来. 数字图书馆的概念、形态及研究范围 [J]. 图书馆学刊,2001 (5):4-7.

不仅可通过远程终端设备浏览扫描形式或可操作形式的信息资源，还可进一步获取信息资源。对于电子期刊、电子书籍等全文数据库来说，可通过资源调度子系统中提供的链接获取全文，直接获取方式包括全文下载以及信息点播服务，间接获取方式包括图书馆文献传递、即时付费以及代查服务等。①用户在获取数字资源后，除了可以直接阅读外还可进行保存与分享，或者对所获对象根据需求进行特定信息的选取、裁切、缩放和查询、打印等。目前已经进入全面数字阅读时代，用户不仅可以看书，还可听书或者根据音视频进行互动，使阅读更具互动性和趣味性。

三、个性定制服务

与传统图书馆相比，以用户为中心这一特点在数字图书馆中体现得更明显。因依托于便利的信息系统，数字图书馆可根据用户需求和使用偏好为用户提供个性化定制服务，创造个性化的定制环境。此处的个性化服务有两个方面的含义：其一是数字图书馆根据用户自身提出的明确需求提供信息服务，用户一方占据主动性；其二是数字图书馆主动发现用户的信息使用习惯和信息需求，并据此提供相应的服务，数字图书馆一方占据主动性。在应用模式方面，以用户为主动方的个性定制服务，包括用户在数字图书馆界面设定信息来源、信息表现形式、信息发送的时间，选取特定的系统服务功能和感兴趣的页面等；以数字图书馆为主动方的个性定制服务，包括信息推送服务和推荐服务等，数字图书馆系统从海量信息中不断分拣出用户所需要的信息，并根据用户的专业背景、习惯和潜在需求，通过邮件或应用程序推荐相应的信息到用户终端。另外，服务的个性化不仅针对服务内容的个性化，同时也指向服务对象、服务方式、服务目标、服务支撑技术等方面的个性化。②

在大数据技术发展的背景下，数字图书馆可通过构建用户行为模型并基于海量行为日志数据，借助人工智能大数据平台及计算框架为用户提供高精度的个性化服务；③同时，利用多方面融合媒体，与用户在社交平台和知识

---

① 魏大威．数字图书馆理论与实务［M］．北京：国家图书馆出版社，2012：260-267．

② 展晓玲，高兴国．数字图书馆的服务转型［M］．兰州：甘肃民族出版社．2008：206-207．

③ 何胜，冯新翎，武群辉，等．基于用户行为建模和大数据挖掘的图书馆个性化服务研究［J］．图书情报工作，2017（1）：40-46．

论坛中进行互动。在网络信息资源泛滥的今天，高精准度的用户个性定制服务能够平衡用户的信息需求与海量信息之间存在的矛盾，能够节省用户寻找信息的成本，提升用户寻找信息的效率和准确度，剔除冗余信息，改善用户体验。

四、数字参考服务

数字参考服务也称虚拟参考咨询、网络参考咨询服务，是一种基于互联网的帮助服务机制。通过数字参考服务，可将用户与专家、学科知识联系起来，实现在线咨询与问答。① 数字图书馆提供的数字参考服务主要包括以下四种模式。②

（1）基于静态网页的数字参考咨询服务。此种参考咨询服务需要基于数字图书馆事先设计和准备的信息内容分类，如图书馆介绍、书目查询、新书通报、图书馆资源介绍、常见问题解答等，供用户在网页中自主选择。在此种方式中，用户与数字图书馆不直接发生交互，数字图书馆可根据其工作进度更新咨询资源，用户可随时自主访问该咨询库。

（2）基于电子邮件交互的数字参考咨询服务。此种数字参考咨询服务主要根据数字图书馆背后负责参考咨询服务的馆员与用户往来的电子邮件实现参考咨询。用户可在数字图书馆界面找到参考咨询的电子邮件链接，通过发送邮件的方式向图书馆馆员提问，图书馆员通过电子邮件返回答案。

（3）基于实时交互技术的数字参考服务。此项参考服务需要以即时通信软件为支撑，咨询的双方可以通过即时通信软件实时传输文字、图片或各种格式的文件。图书馆馆员可实时利用文字、语音或视频等方式向用户讲解。

（4）基于网络合作模式的数字参考服务。由多个图书情报机构或社会机构联合起来共同搭建数字参考咨询服务平台，基于各机构广泛的信息资源形成分布式的信息参考咨询系统，如全国图书馆参考咨询联盟、网上联合知识导航站等。③此方法可利用复合虚拟图书馆的馆藏资源和广泛的人力资源形成丰富的关联数据，向用户提供多类型、多层次、响应迅速的参考咨询服务。

---

① 过仕明. 数字参考咨询服务模式与质量评价研究 [D]. 长春：吉林大学，2006.
② 李培. 数字图书馆原理及应用 [M]. 北京：高等教育出版社，2004：270-272.
③ 杭哲，李芙蓉. 关联数据驱动下的数字图书馆参考咨询服务模式研究 [J]. 高校图书馆工作，2019（5）：50-53.

五、数字出版服务

长期以来,图书馆一直致力于文献的收藏、组织、管理与推广服务,这些服务与知识产权高度相关,使得图书馆开始拥有涉猎出版行业的基本经验。① 图书馆出版指的是图书馆围绕其馆藏资源进行学术性、创造性或者教育性著作的创作、传播和存储等一系列活动。② 与图书馆作为协助者提供出版服务不同,图书馆出版意味着图书馆自身在出版产业中的角色由参与者转变为主导者,这需要依托其良好的知识组织和分析能力基础以及业务基础,成为出版物的生产者、创造者。

数字出版指的是利用信息技术对信息资源进行编辑加工并通过网络进行传播的一种出版方式,其特点包括内容生产数字化、管理流程数字化、产品形式数字化和传播渠道数字化等。③ 当前,数字信息资源成为图书馆馆藏的重要形态,信息技术尤其是各类出版软件和平台的发展成为图书馆数字出版的有力支撑条件,数字出版开始占据图书馆出版市场的主流地位,这一点在学术图书馆中体现得尤为明显。以数字资源的知识开发与整合为线索,图书馆数字出版能够将馆内的数字人文项目、数字知识数据库、OA期刊、数字资源长期保存项目及线上网络资源库良好地关联在一起,集编辑、加工、出版、管理、发布、传播于一体,形成完整的链条。④ 由此可见,图书馆自身具备的资源整合条件、知识库建设和学术界对OA期刊出版的支持为图书馆参与数字出版提供了良好的条件,同时这一趋势也促使图书馆在知识信息的广泛交流中发生角色的转变。

---

① 曾建勋. 开拓图书馆的出版服务 [J]. 数字图书馆论坛,2018 (2):1.
② Library Publishing Coalition. What is publishing? [EB/OL]. [2019-11-10]. http://librarypublishing.org/about-us.
③ 关于加快我国数字出版产业发展的若干意见 [EB/OL]. (2010-08-16) [2019-11-05]. http://www.gapp.gov.cn/news/798/76914.shtml.
④ 刘兹恒,涂志芳. 学术图书馆参与数字出版的动因与条件分析 [J]. 图书情报工作,2016 (3):32-37,113.

> **扩展阅读 12.4**
>
> 肖希明：《数字信息资源建设与服务研究》，武汉大学出版社 2008 年版。
>
> 展晓玲、高兴国：《数字图书馆的服务转型》，甘肃民族出版社 2008 年版。

第四节 国内外重要数字图书馆案例

一、谷歌图书计划

（一）项目简介

谷歌图书计划（Google book）是 2004 年由谷歌公司与美国兰登书屋出版集团合作推出的电子图书全文仓储计划。它将书籍封面页、目录页、版权页以及内容页进行扫描并使用光学字符将其转换为文本，置于其数字化数据库里，供用户免费检索和浏览。其目标是在世界范围内建立一个能够兼容所有语言，包含所有图书的"虚拟目录"。谷歌图书计划分为"图书馆计划"和"出版商计划"两个部分，目前谷歌已经与超过 28 家图书馆、100 多个国家和地区的超过 1 万个出版商和作者建立了合作关系，将合作伙伴所拥有的文献进行数字化。[①] 同时谷歌也表示，他们将会确保作者和出版商的版权，向用户提供购买或租赁图书的链接。[②]

[①] 陈铭. 谷歌图书与 Hathitrust 的比较与启示 [J]. 图书馆杂志，2016（12）：80-88.

[②] Google. Google books history [EB/OL]. [2019-11-11]. http://www.google.cn/googlebooks/about/history.html.

（二）项目总体架构及数字化成果

项目主要由谷歌公司、图书馆和出版商三方支持，通过谷歌图书的网站（http：//books.google.com/）实现电子图书上传与下载功能，并供用户进行个性化操作。当前，谷歌已经扫描了超过 4000 万册图书，包括 400 多种语言。在提供阅读资源时，分为全文获取、有限获取、片段观点获取和无预览四种形式。其中，约有 100 万册被确定为属于公共领域的公版书，可以供用户免费浏览全文，其余书籍仅能够向用户提供重要字段的文本，另外约有 500 万册书是市场绝版的图书馆藏书。如用户在谷歌图书网站上检索到需要但无法下载的图书，可以通过网页上推荐的零售商或图书馆提供的链接找到纸质版本。与谷歌图书项目合作的图书馆可以从中接收各自的藏书的扫描数字副本，以便保存，并在版权法允许的前提下，提供给他们的读者。①

（三）项目支撑技术

谷歌图书这一项目的支撑技术主要为创新的图书扫描技术——三维红外立体扫描技术，在扫描时不需要直接接触书籍而利用红外线扫描书籍页面的字符及形状，将其传输给光学字符识别软件并导出文本，在扫描书籍内容时不会对其造成损害。此外，谷歌公司担保不会扫描任何其自身或图书馆合作伙伴认为过于脆弱、不适合被扫描的书。当完成了一本书的扫描工作后，书籍就会立即返还给图书馆收藏。② 在存储方面，项目采用开放档案信息系统（Open Archival Information System）的开放结构，保证基本的信息管理功能；在数据标注方面，使用通用的元数据实施战略规范（Metadata Encoding and Transmission Standard），使其元数据能够与其他机构共享。

（四）项目特点

1. 互利共赢的合作模式

谷歌图书项目与各地图书馆和出版社广泛合作。于谷歌而言，各图书馆在参与数字图书馆建设中都拥有相应的技术力量和实施经验，能够为谷歌带来项目技术支持与专业支持；于图书馆而言，谷歌图书馆计划丰富了其数字

---

① Google. The library project – books help ［EB/OL］. ［2019 – 11 – 11］. https：//support.google.com/books/partner/faq/3396243/.

② Google. The library project – books help – how library book scanning works ［EB/OL］. ［2019 – 11 – 11］. https：//support.google.com/books/partner/faq/3396243/.

馆藏；于出版商而言更是带来了实际利益。这一稳定的合作模式能够给三方带来互利共赢的效果。

2. 优化的信息资源

通过广泛的合作模式以及互联网本身带来的便利，谷歌图书计划轻松地拥有了联合线上与线下的海量信息资源。这一资源表现形式不仅是把实体馆藏的书籍带到了线上，还能够根据关联数据丰富和梳理信息资源的其他内容，使优质资源得到整合。

3. 便捷的数据库功能

谷歌依托其原本强大的技术载体实现了谷歌图书计划中便捷的数据库功能，如完善的检索功能、适用于国际通用标准格式的全文浏览功能以及网际共享功能等。另外，对于用户个人来说，谷歌图书提供了名为"个人图书馆"的个性化数据库服务功能，读者通过这一功能可精确管理、追踪个人阅读的书籍，此功能还能够通过 RSS 定制或推送实现个性化推荐服务。

二、法国国家图书馆 Gallica 计划

（一）项目简介

Gallica 是法国国家图书馆在 1997 年推出的数字图书馆计划，同时也是欧洲数字图书馆项目 Europeana 的组成部分，现已发展成世界上最大的免费数字图书馆之一，其建设愿景是成为一个遗产图书馆与百科全书式的图书馆（如图 12-2 所示）。目前，Gallica 计划已根据法国国家图书馆的馆藏收集了超过 300 万种珍贵文献资料，包括图书、词典、期刊等，涉及历史学、文学、自然科学等多个学科，形式包括手稿、地图、图纸、印刷品、照片、海报、音频等。[①] 其提供的数字资源的语言以法语为主，也包括部分外国翻译作品。

---

① Gallica. A propos [EB/OL]. [2019-11-13]. https：//gallica. bnf. fr/edit/und/a - propos.

图 12-2　Gallica 数字图书馆网站首页截图①

（二）数字化成果

自 1997 年起，Gallica 开始推动馆藏数字化的实施进程：2000 年，其对于数字化馆藏提供了结构化访问的方法，用户可按照地图、时间和主题筛选访问数字化成果；2004 年，提供了大约 10 万份印刷文档和 8 万张图像以及共计 30 小时的录音；2006 年起，启动了数字新闻、书籍和杂志、图像和文本等几个不同的细分印刷数字化市场；2010 年，启动关于珍贵文件和专门文件的数字化市场；2015 年，推出全面数字化系统。②

根据 Gallica 官方网站的统计结果，目前全面的数字化成果包括 645711 本书籍、3319955 条新闻信息、1391919 张图片、131812 份手稿、51111 条录音、50130 张乐谱和 1581 条影片。③ 这些数字化成果形式多样，主要为与法国和欧洲的历史、地理、政治、风俗相关的内容。

（三）项目总体架构与支撑技术

Gallica 以法国国家图书馆藏本为主，同时吸收一部分合作图书馆的资

---

① https：//gallica. bnf. fr/accueil/fr/content/accueil - fr？ mode = desktop.
② Gallica. A propos［EB/OL］.［2019 - 11 - 13］. https：//gallica. bnf. fr/edit/und/a - propos.
③ Gallica. Gallica en chiffres［EB/OL］.［2019 - 11 - 13］. https：//gallica. bnf. fr/GallicaEnChiffres.

料。其馆藏类别包括新闻杂志、书籍、手稿、实物、图像、地图、影片、音乐等，在内容分类上，又包括当今热点新闻、历史人物、教育、语言（字典与语法）、社会、音乐（音乐家与乐器）、宗教、哲学、文学、平面艺术、国际地理与法国地理、自然科学、动物学、政治学、药学、植物学、绘图与装饰、天文学、体育与游戏、贸易、通讯与运输、表演艺术、政治经济学、城市景观及城市规划、习俗与礼节、人类学、工程科学、心理学等。在条目检索与内容存储方面，Gallica 提供精准检索与分类检索功能，提供每一个条目的名称、作者、出版日期、类型、语言、权限、来源等信息，并赋予特定的标识符，在每件馆藏的详细页提供经过光学扫描的缩略图式的全文浏览。

在技术支持上，Gallica 自建数据库供读者浏览与下载；联动谷歌图书增加数字索引；利用 OCR 光学识别将书籍原貌展现于网页数据库中，采用由法国国家信息与自动化研究所研发的基于 SGML/XML 格式的 Thot 编辑器，保证了数字资源的高度可读性与分辨率；[1] 增加社交媒体渠道吸引读者与读者之间互动；利用 Z39.50 协议将跨库数字信息相关联。

（四）项目特点

1. 百科全书式的丰富馆藏

Gallica 是国际上著名的百科全书式的数字图书馆，它涵盖的信息内容范围极广，涉及历史、社会、哲学、自然、工程、法学、政治、经济等诸多学科，并根据法国与欧洲的历史开设特定的主题馆藏。这些馆藏内容都精炼自法国的优秀书籍与原始档案资料，具有全面性和真实客观性，能够对读者起到文化普及与科学知识科普的作用。

2. 信息内容表现力强，可获取性高

通过光学扫描、录音、拍摄图像及视频，Gallica 能够将多语种、多国家、多地区的书籍、音乐、报纸、手稿、地图等各种资料的原貌真实地、生动地重现在读者的眼前，并且读者能够将所见所得一键分享到社交媒体。其信息内容表现形式丰富、互动性强、吸引力大。读者甚至不需要进行注册，便能够即时、无门槛、无条件地浏览和下载相关全文内容，信息可获取性高。

---

[1] 陈信，柯平. 法国国家数字图书馆 Gallica 发展现状及其启示 [J]. 图书馆建设，2014（7）：57–60.

三、上海图书馆数字图书馆项目

（一）项目简介

上海图书馆是我国最早开设推出数字图书馆服务的公共图书馆。自1997年起，上海图书馆就开始设立数字图书馆专项，启动馆藏数字化工程。2000年，该数字图书馆初步建成[①]，如今已经取得显著的建设成效。上海图书馆的数字图书馆项目共包括九大资源库，分别是上海图典、上海文典、古籍善本、点曲台、科技会议录、中国报刊、西文期刊目次、民国图书、科技百花园。自2014年起，上海数字图书馆尝试用新的方法与技术重组文献资源，提供数字人文项目，将服务内容由文献服务转向知识服务。

（二）数字化成果[②]

上海图书馆数字图书馆项目主要成果为扫描的影像数据。其数字化成果"上海图典"以图文并茂的方式展现上海发展历程，图片量超过8000张；"上海文典"主要收录上海地方文献逾300本；"点曲台"收录传统艺术的片段，还包括剧种、演员等信息，所收录的片段资料总时长超过5000分钟；"古籍善本"板块是最早开始数字化的成果，数字古籍的数量超过3000种、130万页；"科技会议录"栏目收录了从1958年起的27万余篇科技会议论文；"中文报刊"每年约收录文章16万篇；"西文期刊目次"共收录西文期刊超过15000余种；"民国图书"包括9万余种33万多册著作；"科技百花园"包括总时长超过600分钟的科普短片。

（三）项目总体架构与支撑技术

该数字图书馆项目在体系方面，利用IBM数字图书馆开发平台将七类不同的信息资源进行系统性整合，采用面向对象、具有分布式查询能力的多媒体数据资源组织方式；在内容管理方面，采用以都柏林核心元数据集为基础的资源描述元数据方案，并以XML和RDF方式进行封装；在系统功能方面，使用Servlet和Java技术实现资源库的参量检索和全文检索，并提供NT平

---

① 刘炜. 数字图书馆引论[M]. 上海：上海科学技术文献出版社，2001：95.
② 刘炜. 数字图书馆引论[M]. 上海：上海科学技术文献出版社，2001：95.

台、AIX 平台的跨平台互备份功能；在用户模块与用户资料管理方面，采用通用模板动态生成页面进行维护和控制。①

(四) 项目特点

1. **注重珍贵文献的数字化**

作为国内建立较早的数字图书馆，该数字图书馆的信息资源大部分来源于馆藏。其将大量珍贵的古籍和特藏进行保护性的数字化，在一开始便将数字化的文献类别集中在馆藏特色文献和地方文献上，其中不少文献是关于上海历史的，可见该数字化项目具有很强的文化保护意识。

2. **采用技术的集成建构体系**

从上海数字图书馆项目在体系架构和技术上的成效可以看出，该项目没有片面追求技术的先进性，而是尽可能将多种专门的技术集成在一起，并遵循统一的技术规范，使技术服务于而非主导数字图书馆的建设。

主要参考文献

[1] ARMS W Y, BLANCHI C, OVERLY E A. An architecture for information in digital libraries [EB/OL]. [2019-11-05]. http://www.dlib.org/dlib/february97/cnri/02arms1.html.

[2] ARMS W Y. Digital Libraries [M]. Cambridge：MIT Press, 2000.

[3] BUCKLAND M. Redesigning Library Services：A Manifesto [M]. Chicago：ALA, 1992.

[4] Digital Library Federation. METS：metadata encoding and transmission standard [EB/OL]. (2020-10-08) [2021-06-23]. http://www.loc.gov/standards/mets/.

[5] GARRETT J R, ALEN J S. Toward a Copyright Management System for Digital Libraries [EB/OL]. (1992-03). [2019-11-03]. http://agris.fao.org/openagris/search.do?recordid=us201300018875.

[6] Institute of Museums and Library Services. Framework of guidance for building good digital collections [EB/OL]. (2020-02-01) [2021-06-

---

① 刘炜. 数字图书馆：上海图书馆的实践 [EB/OL]. [2019-11-18]. http://www.doc88.com/p-9189796966570.html.

23]. https：//old. diglib. org/standards/imlsframe. htm.

［7］ KAHN R，WILENSKY R. A framework for distributed digital object services ［EB/OL］. ［2019 - 11 - 05］. http：//www. cnri. reston. va. us/k - w. html.

［8］ Networking and Information Technology Research and Development. Technology for the National Information Infrastructure ［EB/OL］. ［2019 - 11 - 03］. https：//www. itrd. gov/pubs/bluebooks/1995/index. html.

［9］ OCLC. Bibliographic formats and standards ［EB/OL］. （2021 - 02 - 04）［2021 - 06 - 23］. https：//www. oclc. org/bibformats/en/about. html.

［10］ Society of American Archivists & The Library of Congress. EAD：encoded archival description ［EB/OL］. （2020 - 09 - 15）［2021 - 06 - 23］. https：//www. loc. gov/ead/.

［11］ The Library of Congress. ALTO：Technical metadata for optical character recognition ［EB/OL］. （2016 - 05 - 26）［2021 - 06 - 23］. https：//www. loc. gov/standards/alto/.

［12］ The Library of Congress. MARC standards ［EB/OL］. （2020 - 03 - 13）［2021 - 06 - 23］. https：//www. loc. gov/marc/.

［13］ The Library of Congress. NISO technical metadata for digital still images standard ［EB/OL］. （2020 - 09 - 08）［2021 - 06 - 23］. http：//www. loc. gov/standards/mix.

［14］ 陈铭. 谷歌图书与 Hathitrust 的比较与启示 ［J］. 图书馆杂志, 2016（12）：80 - 88.

［15］ 陈信, 柯平. 法国国家数字图书馆 Gallica 发展现状及其启示 ［J］. 图书馆建设, 2014（7）：57 - 60.

［16］ 过仕明, 杨晓秋. 数字图书馆概论 ［M］. 哈尔滨：黑龙江科学技术出版社, 2006.

［17］ 过仕明. 数字参考咨询服务模式与质量评价研究 ［D］. 吉林大学, 2006.

［18］ 杭哲, 李芙蓉. 关联数据驱动下的数字图书馆参考咨询服务模式研究 ［J］. 高校图书馆工作, 2019（5）：50 - 53.

［19］ 何胜, 冯新翎, 武群辉, 等. 基于用户行为建模和大数据挖掘的图书馆个性化服务研究 ［J］. 图书情报工作, 2017（1）：40 - 46.

［20］ 赖茂生. 电子图书馆的构想与实现 ［J］. 情报科学技术, 1991

(3):14-18.

[21] 李培.数字图书馆原理及应用[M].北京:高等教育出版社,2004.

[22] 刘炜.数字图书馆引论[M].上海:上海科学技术文献出版社,2001.

[23] 刘兹恒,涂志芳.学术图书馆参与数字出版的动因与条件分析[J].图书情报工作,2016(3):32-37,113.

[24] 陆颖隽.虚拟现实技术在数字图书馆的应用研究[D].武汉:武汉大学,2013.

[25] 苏新宁.大数据时代数字图书馆面临的机遇和挑战[J].中国图书馆学报,2015(6):4-12.

[26] 汪冰.电子图书馆的理论与实践研究[M].北京:北京图书馆出版社,1997.

[27] 王荣国,李东来.数字图书馆的概念、形态及研究范围[J].图书馆学刊,2001(5):4-7.

[28] 魏大威.数字图书馆理论与实务[M].北京:国家图书馆出版社,2012:260-267.

[29] 吴志荣.数字图书馆:从理念走向现实[M].上海:学林出版社,2000.

[30] 夏立新,黄晓斌,金燕.数字图书馆导论[M].北京:科学出版社,2009.

[31] 夏立新,黄晓斌,金燕.数字图书馆导论[M].北京:科学出版社,2009.

[32] 许中才.关于"数字图书馆"的对话[J].图书与情报工作,1994(4):63-65.

[33] 曾建勋.开拓图书馆的出版服务[J].数字图书馆论坛,2018(2):1.

[34] 展晓玲,高兴国.数字图书馆的服务转型[M].兰州:甘肃民族出版社.2008.

[35] 赵岩.基于关联数据的数字图书馆服务研究[D].哈尔滨:黑龙江大学,2015.

[36] 周耀.区块链技术在智慧图书馆中的应用研究[J].现代情报,2019(4):94-102.

 习　题

（1）国内外数字图书馆在发展过程中有何特点？其侧重点有何区别与联系？

（2）数字图书馆具有哪些通用的功能模块以及相应的技术？

（3）数字图书馆各项服务应用与传统图书馆服务相比具有哪些特点？

（4）除本章提到的数字图书馆案例外，请查找国内外还有哪些具有代表性的数字图书馆案例。

思考题

数字图书馆和智慧图书馆是否或者有何关联？

第十三章 公共图书馆读者活动的策划与组织

学习目标

了解公共图书馆读者活动的基本类型
了解策划和组织读者活动的基本流程
了解公共图书馆品牌读者活动案例

知识点提示

读者活动
活动品牌

"公共图书馆的主要目的是通过各种媒介提供资源和服务,以满足个人和群体对教育、信息和个人发展(包括娱乐和休闲)的需求"[1],国际图联《公共图书馆服务指南》将为读者提供服务作为公共图书馆的宗旨和使命。从前,图书馆举办读者活动只是一种辅助性的服务形式,而今,"服务活动化"已是国内外公共图书馆读者服务最重要的趋势之一。所谓"服务活动

---

[1] The International Federation of Library Associations and Institutions (IFLA). IFLA public library service guidelines [EB/OL]. [2019-12-09]. https://www.degruyter.com/document/doi/10.1515/9783110232271/html.

化"是指公共图书馆将举办读者活动作为提供图书馆服务的方式,树立活动化服务的理念,在服务过程中大量开展各类读者活动。① 区别于其他社会组织举办的活动,公共图书馆读者活动的立足点是馆藏文献资源,主旨是宣传推广图书馆资源和服务,最终的目的是吸引更多读者走进图书馆、利用图书馆。② 2018年起正式实施的《中华人民共和国公共图书馆法》规定:"公共图书馆应当通过开展阅读指导、读书交流、演讲诵读、图书互换共享等活动,推广全民阅读。"③ 可见,公共图书馆举办读者活动不仅仅是简单的读者服务,同时也是推广全民阅读的重要抓手。

本章首先介绍公共图书馆读者活动的策划与组织,包括常见的读者活动类型、活动策划、活动宣传、活动实施、活动评估等内容,以及读者活动策划案例;而后介绍读者活动品牌的创建,包括创建活动品牌的作用、品牌定位、品牌设计、品牌传播等内容,以及国内外公共图书馆读者活动品牌创建的相关案例。

第一节 读者活动的策划与组织

一、常见的读者活动类型

根据文化和旅游部的统计数据,2019年全国公共图书馆共计举办读者活动195732场,参加人次11786万,较2018年分别增长9.3%和10.7%。④ 读者活动在公共图书馆服务中的地位日益重要。按内容来划分,可将图书馆读者活动归纳为阅读推广类活动、教育培训类活动、文化类活动、休闲娱乐

---

① 范并思. 服务活动化:图书馆服务新趋势 [J]. 图书馆学刊,2017 (12):1-4.

② 洪文梅. 推广活动的边界:基于图书馆职业理念的思考 [J]. 图书馆学刊,2017 (12):5-8.

③ 中华人民共和国公共图书馆法 [EB/OL]. [2021-06-20]. http://www.gov.cn/xinwen/2017-11/05/content_5237326.htm.

④ 2019年文化和旅游发展统计公报 [EB/OL]. [2021-06-20]. http://zwgk.mct.gov.cn/zfxxgkml/tjxx/202012/t20201204_906491.html.

类活动四大类型。

（一）阅读推广类活动

《公共图书馆宣言》指出，"公共图书馆是开展教育、传播文化和提供信息的有力工具"[①]。阅读是获取信息和知识的重要途径，故而阅读推广类读者活动是公共图书馆中最重要、开展数量最多的一种读者活动类型，常见的有读书会、故事会、亲子阅读、讲座等形式。

（二）教育培训类活动

以培养、提高读者的各项技能和知识为目的而组织开展的各类读者活动，都可以划入教育培训类活动的范畴。常见的教育培训类活动有图书馆使用培训、数字资源使用培训、面向老年人群体举办智能手机使用方法培训、青少年信息素养教育、创客空间培训、英语角等。

（三）文化类活动

围绕宣传推广文化知识、提升读者文化品位、宣扬价值观念，属于精神文明建设范畴的读者活动，可以纳入文化类活动的范畴，如摄影展览、书画展览、插花活动、茶艺活动、文化讲座等。

（四）休闲娱乐类活动

通过活动形式让参与者调节和放松身心，达到身心愉悦、身心健康的活动，可划入休闲娱乐活动的范畴，如电影展播、音乐欣赏、瑜伽活动、少儿手工活动等。

二、读者活动策划

为了使读者活动取得理想效果，必须对活动进行周密策划。一般而言，图书馆读者活动的策划可分为以下七个环节。[②]

---

① The International Federation of Library Associations and Institutions（IFLA）. IFLA/UNESCO public library manifesto 1994 [EB/OL]. [2019-12-09]. https://www.ifla.org/publications/ifla-unesco-public-library-manifesto 1994.

② 叶龙. 活动策划与执行大全 [M]. 北京：清华大学出版社，2018：16-25.

（一）确定活动目标

开展读者活动要有一定的目标，不能为了举办活动而举办活动。读者活动的一系列步骤都是围绕实现活动目标而设计开展的，活动目标也是后续活动评估的依据之一。所以，在策划的初始阶段就必须要明确：通过举办这项读者活动想要实现什么目标？可以通过哪些指标来衡量目标的实现程度？如何测量这些指标？在不明确目标的情况下就贸然开展读者活动，很可能会导致活动结果事倍功半。

一般而言，图书馆举办宣传推广类读者活动的目标在于吸引更多读者走进图书馆、认识图书馆、使用图书馆，衡量活动效果的指标就是接待访问量、新增注册读者量、媒体报道数量等；举办阅读推广类活动的目的在于吸引更多的读者阅读图书，衡量活动效果的指标就是参加活动的读者数量、图书馆借阅量等；举办数字资源使用方法培训的目标在于推广使用数字资源，衡量活动效果的指标就是新增数字资源浏览、下载量等等。

（二）明确活动对象

明确活动对象，也就是清楚地知道要为哪个读者群体开展活动，这是活动策划的第一步。图书馆的各项读者活动几乎都是有其特定受众群体的，尤其是阅读推广类活动。区分读者群体、为特定的群体提供特定的读者活动，是图书馆服务专业性的体现。读者群体有多种区分方式，例如，根据年龄可区分出未成年人、成年人、老年人，未成年人又可以区分出低幼儿童、学龄前儿童、学龄儿童、青少年等不同的群体；根据兴趣可区分出文学爱好者、音乐爱好者、军事爱好者、书画爱好者；等等。在基层社区图书馆中，因为没有划分不同业务部门的条件，馆员是面向所有类型的读者开展服务的，所以在这种情况下更应该清楚地界定活动的目标群体。

（三）确定活动主题和形式

在确定活动对象之后，就应该去深入了解该读者群体的特点和需求，进而确定与活动对象相契合的活动主题和活动形式。如针对老年人读者不懂得如何使用智能手机的困难而举办智能手机使用培训，最好采用一对一指导的方式；针对视障读者举办听书、电影讲述活动，需要馆员准备讲稿、采用口述的方式；针对低幼儿童开展生活习惯养成培训活动，可采用讲故事、做游戏的形式进行；针对各种兴趣爱好者举办主题活动，可更多采用互动参与的形式；等等。

（四）组织团队

图书馆中的读者活动一般需要由多名馆员配合完成，活动项目主导人根据工作需要召集具有相应才能、爱好的馆员组成项目团队来合作完任务。

（五）构思活动整体方案

先制定一个简单的活动总体方案，也就是勾勒出活动的整体框架，这一环节的目的在于讨论方案的可行性。一般而言，在活动整体框架中至少需要列出七个基本要素：活动目的、活动对象、活动主题、活动时间、活动地点、活动流程、活动经费。框架内容无须详细，但必须全面涵盖活动的各项要素。要在此框架下综合预算、场地、人员、法律法规等因素分析考量设计的内容是否真实可行。[1]

（六）制定活动详细安排

在确认整体方案的可行性之后，就需要对活动各个环节的内容进行细化，制定详细的工作安排表。一般而言，活动工作安排表要包含前期准备工作和活动当天安排两个部分。前期准备工作包括宣传推广、选择场地、会场设计、购置物料、会场布置等内容；在活动当天安排中要确定整个活动的流程，流程中的各个环节要尽可能详细精确。而后将安排表中各项细化工作严谨地分配到合适的部门、合适的人员，并且确定合理、具体的完成时间。[2]

（七）制定应急方案

制订应急方案是为了应对活动实施过程中可能遇到的意外情况。要尽量设想出活动过程中可能出现的意外状况，如在室外举办的活动遭遇恶劣天气、活动过程中可能出现的安全隐患、活动场面过于冷清或过于热烈等。事先考虑好各种意外情况并做好预案，才不至于在发生意外时手忙脚乱。

三、活动宣传

传统的图书馆服务是被动等待读者，活动化服务则是图书馆主动为读者

---

[1] 苏海. 活动策划实战宝典 [M]. 北京：清华大学出版社，2019：18.
[2] 苏海. 活动策划实战宝典 [M]. 北京：清华大学出版社，2019：21.

提供服务。为了吸引更多的读者前来图书馆接受服务，针对活动展开宣传必不可少。因此，吸引读者参与便是活动宣传的首要目的，通过宣传途径告知读者活动的详细信息，如活动主题、举办时间、地点、活动形式等。此外，开展活动宣传还可以吸引媒体的注意，进而通过媒体的采访报道扩大活动的知名度和影响力，同时展现图书馆服务形象，将图书馆开放包容的姿态、文化品位向全社会传播。宣传效果会对活动的质量产生较大影响。活动现场门可罗雀一般就是宣传不到位的结果，参与活动的读者数量有限，活动自然无法达到预期的效果。

对活动的宣传可分为活动前宣传和活动后宣传两个阶段。①

（一）活动实施前宣传

1. 宣传品制作

宣传品是活动宣传的重要载体，常见的宣传品有条幅、海报、宣传单等，某些大型活动可能还会设计制作文创产品、拍摄宣传片，以扩大宣传的力度。

2. 馆内宣传

馆内宣传指面向到馆用户进行的宣传，是目前图书馆最主要的宣传途径。开展馆内宣传的优势在于简单易操作、成本低，劣势在于无法覆盖从未使用过图书馆服务的潜在用户。馆内宣传有两种形式：一是在图书馆内显眼位置悬挂条幅、摆放海报，向读者派发宣传单；二是通过图书馆网站、微博、微信公众号宣传活动信息。

3. 馆外宣传

由于很多市民从未使用图书馆服务或不经常使用图书馆服务，为了使活动取得更好的效果，馆员应当走出图书馆去开展宣传。此时需要考虑通过什么样的宣传渠道、如何宣传才能获得最好的宣传效果，比如面向老年人的活动可以去老年人聚集的公园、老年活动中心宣传；面向外来务工人员的活动需要去到外来务工人员聚居的社区宣传；等等。街镇、社区图书馆还可以与当地的政府机构、家庭综合服务中心、小区物业等合作开展宣传，尽可能利用更多的渠道将活动信息传递给更多的读者。

4. 媒体宣传

指利用报纸、广播、电视等大众媒体进行宣传。大众媒体覆盖面广、受

---

① 邱冠华，金德政．图书馆阅读推广基础工作［M］．北京：朝华出版社，2015：23．

众数量大，影响力远非图书馆可比。大型图书馆活动只有借助大众媒体的力量才能收到最理想的宣传效果。

（二）活动实施后宣传

在活动结束后，通过对活动过程的回顾、对活动效果的宣传而达到持续扩大活动影响力的效果，尤其是对于那些持续举办的系列化活动，每一期活动结束后的宣传其实都是为下一期活动造势。很多图书馆会在官网发布活动报道，或定期将活动报道集结印刷成册向读者派发，都能起到很好的宣传效果。

四、活动实施

活动实施部分是整个活动策划组织过程的重中之重，实施过程中要注意以下五个事项。①

（一）确认活动流程表

在活动正式开始前，团队成员要再次确认并熟悉活动流程表，确保参与现场工作的所有人员都了解活动的具体流程、熟悉自己的工作职责、了解其他成员的工作任务。

（二）维持现场秩序

良好的现场秩序是活动顺利进行的保障，尤其是在开展少儿活动、参与人数众多的大型活动时，更要注意维护好现场秩序。首先，活动现场要有清晰的标识指引；其次，要配置一定数量的引导人员，从读者排队进场开始就要进行相应的引导，在活动进行过程中引导读者有序参与活动，在活动结束后指引读者有序退场。

（三）确保工作人员沟通顺畅

整场活动的各个环节紧密相连，必须依靠全体工作人员的密切配合才可以顺利完成，因而工作人员之间的沟通在活动过程中十分重要。尤其是在举办大型活动的过程中，环节和工作人员数量众多，在"人多手杂"的情况下

---

① 叶龙. 活动策划与执行大全［M］. 北京：清华大学出版社，2018：37-43.

出现纰漏的可能性就会增加，如果工作人员之间不能有效沟通解决，那小纰漏就可能酿成大事故。活动组织方可从以下两个方面着手保障沟通顺畅：一是确保参与活动的工作人员之间有通畅的沟通渠道；二是指派管理活动工作信息的人员或团队，专门负责信息传送，确保信息传递的一致性。

（四）控制活动节奏

在活动进行过程中对活动节奏的把握十分关键，活动节奏会直接影响活动的效果。节奏推进太快会使受众跟不上，节奏太慢则会使受众失去耐心，这两种情况都会打乱活动计划；只有合适的节奏才能使整个计划有序开展、取得理想的活动效果。控制活动节奏可从三个方面入手：氛围节奏、时间节奏、流程节奏。氛围节奏就是营造与活动节点相契合的现场氛围，例如在需要读者认真聆听时要营造安静的氛围、在需要读者互动时则营造活泼热烈的气氛；时间节奏就是要控制好每个活动环节的时间；流程节奏则是根据预定的活动流程去推进整场活动。

任何一种活动形式都必然会经历起始、渐强、高潮、渐弱、落幕这五个阶段，其中起始、高潮、落幕三个环节最容易给受众留下深刻印象，因此，要控制好节奏，在关键节点将表现活动目的的关键内容呈现出来，以取得最好的效果。

（五）清场收尾

活动结束后的清场收尾工作包括两个方面：一是有序撤退所有活动参与者，二是清理、回收活动现场的物料。

五、活动评估

在活动结束后应该进行评估以总结经验教训。活动评估是激励手段、改进手段，更是提高资源利用效率的手段。[①] 但是如何开展评估，在活动策划阶段就要结合活动目标进行考虑，设计合适的评估方式和获取评估数据的方法。常见做法往往只是在活动结束后向参与活动的读者发放调查问卷，以了

---

① 赵俊玲，郭腊梅，杨绍志. 阅读推广：理念·方法·案例［M］. 北京：国家图书馆出版社，2013：10.

解他们对活动的满意程度①,但这样的评估方式并不完善。

对活动的评估可分为效果评估和过程评估两个方面。②

(一) 效果评估

效果评估是指依据活动前期设定的目标,对衡量目标实现程度的指标进行测量,以评价活动所取得的效果。

(二) 过程评估

过程评估的目的在于总结和发现活动实施过程中出现的问题,分析有哪些因素影响了最终效果、什么因素导致活动没有取得预期的效果。一般而言,需要对活动的策划、宣传、实施三个环节进行核查,尤其是当活动没有取得预期效果时,更要重视以下三大环节的检查。

1. 活动策划是否合理
(1) 对活动目标用户的界定是否明确;
(2) 活动的形式是否符合目标用户的特点;
(3) 活动时间和地点的选择是否合理;
(4) 人员安排是否合理;
(5) 经费安排是否合理。

2. 宣传是否到位
(1) 馆内宣传是否到位;
(2) 媒体宣传是否到位;
(3) 活动信息表述是否清晰准确。

3. 活动实施是否顺利
(1) 活动的各个环节是否按计划开展;
(2) 出现了哪些意外情况,是如何处置的;
(3) 对意外情况的处置是否得当,有没有更好的处置措施。

---

① 苏海. 活动策划实战宝典 [M]. 北京:清华大学出版社,2019:23.
② 邱冠华,金德政. 图书馆阅读推广基础工作 [M]. 北京:朝华出版社,2015:41.

六、活动策划与组织案例

（一）广州图书馆儿童与青少年部绘本阅读活动设计

绘本阅读活动是公共图书馆，特别是社区分馆最常见的读者活动形式之一，深受低龄小读者喜爱。本案例是广州图书馆儿童与青少年部郭起云老师设计的《三只山羊嘎啦嘎啦》绘本阅读活动方案，其详细介绍了开展绘本阅读活动的整个流程。

《三只山羊嘎啦嘎啦》绘本阅读活动设计

一、活动目标

（1）培养阅读兴趣，渗透阅读策略（观察细节、表情，抓故事要点，演绎绘本）。

（2）通过玩具来演绎绘本故事，发展语言智能。

（3）培养手部精细动作。

二、活动重点

（1）分享绘本，体会阅读的乐趣。

（2）将积木构建与绘本演绎结合。

三、活动难点

用积木搭建动物并演绎绘本。

四、活动对象

4~6岁小朋友

五、活动准备

绘本PPT，奇迹创意教具、书签礼品、找朋友歌曲、动物名卡片。

六、活动过程

1. 音乐、游戏导入

（1）活动开始，音乐暖场，请小朋友"听音传物"；音乐停下，就请小朋友作自我介绍，小朋友互相认识，消除孩子胆怯心理。

（2）游戏"我做你猜"。请家长上来根据抽到的纸条做相应的动物动作，让小朋友来猜猜是什么动物，在亲子互动的愉快氛围中进入状态。

2. 绘本故事讲述

（1）老师：今天我们要分享的绘本故事，主角就是山羊。（出示封面）

小朋友们数一数，一共有几只？它们有什么不同的地方？……你们观察得真仔细，接下来我们一起来听故事。听完故事，老师还会有几个问题，请小朋友们认真听哦！（渗透阅读策略：读图，抓主要内容）

问题：三只山羊叫什么名字？它们要去哪里？它们遇到了谁？故事的结果怎么样？

（2）老师讲述绘本。读出书名、作者名、译者名。在讲述的过程中引出讨论：

山怪说"我正想把你一口吃掉"时，如果你是小山羊，你会怎么说？怎么做？

当小山羊回答后，如果你是山怪，你会怎么做？你会吃掉它吗？

你猜大山羊嘎啦嘎啦会怎么做？

回到问题，请小朋友回答问题。

发出表演邀请：这个故事很简单，如果让你来演这个故事你能演吗？

3. 积木搭建文中的动物、场景

表演之前："我们还要用积木来做道具哦！我们要用积木把绘本里的动物和场景搭建出来，然后我们再来演一演这个故事！故事里要搭建的有三只山羊，一个山怪，一座桥。"（说说山羊、山怪的特征）

认识要搭建的积木类型，然后学会积木的搭建方法，把动物、场景搭建出来。

山羊的搭建、山怪的搭建、桥的搭建。先做好身体部分，细节部分自己创设。

请小朋友自己选择想要搭建的动物、场景：A 小山羊、桥；B 大山羊；C 山怪。

每人一份积木，亲子共同搭建。建好后请小朋友和家长一起来熟悉一下绘本台词。

4. 延伸活动：用搭建好的积木演绎绘本

先说说你搭建的作品，再请小朋友和家长来合作演绎绘本。

（二）西雅图公共图书馆组织读书会指南

西雅图公共图书馆有着非常成熟的读书会运营机制，图书馆鼓励市民在遍布全市的社区图书馆中自行组织读书会，并提供图书资源支持和指导。本案例就是西雅图公共图书馆为市民提供的组织读书会小贴士①，翻译自西雅图公共图书馆官网中的 Tips for running a book group 栏目。

组织读书会的小贴士

我们在图书馆里组织读书会，加入一个每月都会举办的读书讨论小组，或者使用这些小技巧来开始你自己的读书会。

一、如何开始

在第一个集会之前或第一次集会时，讨论以下事项：

(1) 读书会举办的时间？在哪里举办？多久举办一次？

(2) 每次读书会持续多长时间？

(3) 读书会是否提供食物和饮品？

(4) 读书会主持人的角色和作用（如果你们有一个主持人的话）？

(5) 读书会由谁来提出讨论的问题？

(6) 读书会阅读和讨论什么类型的图书？

二、如何选择用于讨论的好书

(1) 选择那些有复杂角色的图书，特别是那些具有需要在艰难的环境下作出抉择的角色的图书。

(2) 那些叙述特别清楚明了的图书一般难以引发讨论，许多悬疑、爱情、科幻题材的图书属于这一类。

(3) 有许多指南可以帮助读书会选择适合讨论的图书，可以考虑以下类型的图书：结局不明的图书、可以大家一起阅读的图书、可以引出多个话题的图书。

不是每个成员都会喜欢读书会选择的每一本书，这没关系，每个人有不同的喜好。

三、如何阅读图书以供讨论

(1) 为了讨论而阅读跟为了乐趣而阅读是不同的：问自己问题，仔细阅读，想象一下自己在故事中的情景，思考这本书的风格和结构。

(2) 一边阅读一边做笔记和标记页面，这虽然会减缓阅读速度，但为后面寻找关键段落节省了时间。

---

① The Seattle Public Library. Tips for running a book group [EB/OL]. [2021-08-01]. https://www.spl.org/programs-and-services/authors-and-books/book-groups/book-group-how-tos.

（3）给自己和图书提出尖锐的问题。

（4）分析图书主题，思考作者在书中试图表达什么。

（5）了解图书人物角色，思考他们所犯的错误及动机，以及他们是什么样的人。

（6）注意书中的篇章结构：每一章都以引用开头吗？有多少人物参与了故事？是用倒叙手法写的吗？你觉得这样的安排合理吗？

（7）对比其他图书和作者。主题通常贯穿于作者的作品中，对比不同作者的作品会帮助你找到对这本书的感觉。

四、如何引导对图书的讨论

（1）准备10～15个不能用"是"或"不是"回答的开放式问题。

（2）要求每个小组成员提出一个讨论问题，因为每个读者会关注书的不同方面，每个人都会获得新的见解。

（3）让讨论自然进行。

（4）尽量不让小组成员只是简单地说"我就是不喜欢"，还要描述为什么不喜欢。那些会引发强烈情感的书——无论是肯定的还是否定的——都会引发最热烈的讨论。

（5）在讨论个人见解和对书的反应之间获得平衡，那些把时间主要花费在回忆和分享个人感受的读书会将会失去读书会的本质。

五、如何提出合适讨论的问题

1. 审视这本书

（1）书的标题和内容有什么关联？

（2）书中的角色是否可信？你认同哪个角色？

（3）是什么导致主角令人同情或不同情？

（4）为什么某个角色会有那样的行为方式？他们是由于别有用心、政治意识形态、宗教信仰，还是心理障碍？

（5）作者对某些单词和短语的使用是否和我们平时不同？作者是否创造了新词汇？如果是，为什么？

（6）书中主要情节和次要情节是否可信和有趣？作者有没有留下悬而未决的问题？

（7）书的结构是怎样的？是倒叙吗？阐述了什么观点？作者为什么采用这种方式写作？

（8）这本书的行文方式对它所包含的思想有何帮助或影响？

（9）你在书中发现了什么象征性的东西？它实际上代表什么？书中角色

是如何看待这些意象的?

(10) 这本书的背景对主题有何重要意义?

2. 得出结论

(1) 这本书最大的优点或最明显的不足是什么?

(2) 作者在书中试图表达什么?他成功了吗?

3. 跳出书本思考

(1) 作者的世界观是什么?

(2) 这本书是如何适应或对抗一种文学体裁的?这本书是地方(南方、西部)小说的典型吗?

(3) 这本书是否涉及广泛的社会问题?例如,作者对于无政府主义和资本主义持什么立场?一种特定的文化或亚文化是如何被描述的?

(4) 这本书结束后故事的走向如何?书中角色的未来生活是怎样的?如果我们生活在这个故事里会是怎样的?

(5) 与你读过的其他书相比,这本书怎么样?它可以被改编成一部好电影吗?它被改编成电影了吗?在电影版中哪些情节被突显或淡化了?

六、如何更多地了解作者

(1) 在讨论中,主持人可能想带来更多关于作者和图书的背景信息,有一些在线资源可以利用,如网上图书列表、文献资源中心。

(2) 查看图书和阅读资源以获得更多建议。

(3) 在图书馆查找以下资源:"当代传记""当代作家""关于作者的一些事情""文学传记词典""书评文摘""书评索引"。

第二节　活动品牌创建

品牌是一个市场营销领域的概念。美国营销大师菲利普·科特勒与加里·阿姆斯特朗在其著作《市场营销:原理与实践》中指出,品牌在本质上代表着卖者对交付给买者的产品特征、利益和服务的一惯性承诺。①《国

---

① 科特勒,阿姆斯特朗. 市场营销:原理与实践 [M]. 16版. 楼尊,译. 北京:中国人民大学出版社,2015:89.

际品牌标准化手册》这样定义品牌："品牌是一个复合概念，它由品牌的外部标记（包括名称、术语、图案等）、品牌识别、品牌联想、品牌形象等内容构成。"① 我们可以从内涵和外延两个方面来认识一个品牌，品牌的内涵包含品牌属性、品牌利益、品牌价值、品牌文化、品牌个性、使用者六个方面；品牌外延包括构成品牌的一切内容，如品牌名称、标识、标志物等等。②

图书馆领域引入品牌这个概念的历史仅有十余年。公共图书馆服务品牌象征着图书馆的文化品质，体现图书馆的价值理念，是图书馆服务由数量型增长向质量型提升转变的重要抓手。服务品牌和服务质量是有机统一体，品牌是质量的象征，服务质量的提升很大程度上体现在服务品牌的知名度和美誉度上。相比于商业品牌，公共图书馆服务品牌更注重读者认同而相对淡化品牌差异性。随着公共图书馆事业不断深入发展，公共图书馆服务品牌建设对于提升服务效能的作用越来越突出。③

当前，许多图书馆员会将活动系列化，为活动起个名字，此举虽具有活动品牌的雏形，但这并非自觉的活动品牌创建行为。要让创建活动品牌成为馆员的自觉行为、让品牌成为图书馆读者活动质量提升的助推器，需要系统的品牌理论作为支撑。

一、创建活动品牌的作用

图书馆创建读者活动品牌具有以下三个方面的作用。

（一）彰显活动的独特性，提升活动的识别度

一方面，图书馆中的每一项活动都各有其特别之处，如特定的读者受众群体、特定的内容、特定的开展形式等，如果能够用一个独特活动品牌将这些特殊性概括起来，就可以让读者对活动一目了然、印象深刻。另一方面，在服务活动化这个大趋势下，图书馆行业内部的各类图书馆、各级图书馆大规模举办活动，因此，馆与馆之间，甚至同一个图书馆内活动同质化的现象日益凸显。在这种情况下，"品牌"最基本、最原始的识别功能就得以发挥，读者借助活动品牌名称和标识就可以快速识别出自己所需的服务和活动。

---

① 国际品牌标准工程组织. 国际品牌标准化手册 [M]. 北京：人民出版社，2005：2.
② 卢晶. 品牌管理 [M]. 北京：清华大学出版社，2019：5-10.
③ 王世伟，论公共图书馆服务品牌 [J]. 中国图书馆学报，2018（6）：6-26.

（二）有利于活动的持续发展

在塑造活动品牌的过程中，活动组织者需要去思考并明确活动的对象、活动的目的、活动的意义、活动如何更好地开展等方面的问题。在不断探索的基础上，他们对这项服务、这个活动项目的认知和理解就会愈发清晰、深刻，从而推动整个项目持续发展。

（三）塑造图书馆形象

归根到底，图书馆和图书馆的资源是所有读者活动背后的支撑，举办读者活动的出发点都是宣传图书馆、推广图书馆的资源。因此，读者活动品牌与图书馆的形象便不可分割，例如，"文津讲坛"会让读者想到国家图书馆、"羊城学堂"会让读者想到广州图书馆、"邻里图书馆"会让读者想到佛山图书馆、"阅读马拉松"会让读者想到上海图书馆，等等，不一而足。所以创建活动品牌从根本上讲就是在塑造图书馆的形象，推广活动品牌也是在推广图书馆的形象。

二、活动品牌定位

（一）品牌定位的含义

对品牌进行准确定位，是创建品牌的第一步。品牌定位就是为品牌确定一个合适的市场位置，使商品在消费者的心目中占据一个有利的位置，并与其建立一种内在的联系：当消费者产生某一需要时就会首先想到这一品牌。定位的本质是心理占位，其结果是产生一个品类或特性的代表。①

那么，对于图书馆读者活动品牌而言，品牌定位就是让本品牌在读者的心目中占据最重要的位置，使之成为某类活动的代表性品牌；当读者需要使用某项服务时，首先就会想到这个活动品牌。例如，广州图书馆"友创意"品牌定位于打造创意设计信息共享平台和交流空间，当读者想要获取创意设计的信息时首先会想到"友创意"系列活动；"广州新年诗会"定位为新年的文化盛宴，当读者在元旦这个特别的时间节点想参加文化活动时，首先会想到"广州新年诗会"。这就是品牌准确定位的效果。

---

① 卢晶. 品牌管理［M］. 北京：清华大学出版社，2019：41.

（二）活动品牌定位的策略

品牌定位的策略是指挖掘品牌定位点时所采取的视角。[1] 法国著名品牌学者卡菲勒指出，品牌定位必须从四个方面考虑：品牌的服务内容，即产品或服务；品牌的服务对象，即目标消费者；品牌的消费情境；品牌的竞争者。[2] 由于不同的公共图书馆服务之间并不存在竞争关系，因此活动品牌的定位策略主要考虑服务内容和服务对象这两个维度。

1. 从活动的维度定位

（1）根据活动的属性进行定位。活动属性是指活动本身所具有的特征，这些特征是其他同类活动所不具备的，活动属性定位就是将鲜明的活动特色与品牌相联系。例如上海图书馆"阅读马拉松"比赛，长时间持续阅读的活动特色一目了然；广州图书馆"一起创"创客大赛，凸显出创客、创新、创造的活动特色。

（2）根据活动的功能，也就是从活动所能满足的读者需求的角度来定位。例如图书馆举办的健康科普系列讲座，可以帮助读者提升健康管理意识，增加预防疾病、治疗疾病的知识；广州图书馆"知粤讲堂"系列活动，旨在帮助广州新市民了解广府文化、学习粤语，使他们更快更好地融入广州这座城市。

2. 从目标受众的维度定位

从目标受众的维度定位，主要是根据目标读者的类型进行定位，突出该项活动是为某个特定的读者群体服务，将品牌与读者联结起来，从而获得读者的认同。例如广州图书馆的"咿呀大本营"，"咿呀"让人联想到婴幼儿咿呀学语的情景，这就是一个面向低幼儿童的活动品牌；"盲读快乐营"则是一个专门为视障读者打造的阅读活动品牌。

三、活动品牌设计

品牌设计就是设计品牌的外延，主要是设计名称和标识这两部分内容。品牌外延指品牌中能被消费者感官认知的部分，包括品牌名称、标识、口号、包装等；品牌外延既是品牌内涵的载体，也是读者直接识别品牌的途

---

[1] 卢晶. 品牌管理［M］. 北京：清华大学出版社，2019：53.
[2] 卡菲勒. 战略性品牌管理［M］. 王建平，曾华，译. 北京：商务印书馆，2000：64.

径，因而品牌设计格外重要，合理的品牌设计对品牌信息的传播和强化具有十分重要的作用。①

（一）品牌设计原则

一个好的活动品牌，应该既能充分体现活动的内涵，又能给读者留下深刻印象，也就是具备含义性和可记忆性。

1. 有含义性

品牌外延所具有的内在含义可以促进品牌联想的形成，从而强化该品牌在读者脑海中的记忆。一个好的品牌外延必须具有丰富的含义，品牌含义越丰富，品牌的信息量就越大，就越可能全面地满足读者的需求，唤起他们参与活动的欲望。品牌外延的含义包括描述性、说服性、联想性、趣味性等方面。② 描述性含义是指当读者看到该品牌的时候，就很容易联想到该品牌活动的类型、目标受众、内容、形式等信息；说服性含义指读者联想到参加活动可带来的种种益处；联想性含义和趣味性含义可以加深品牌在读者心中的印象，形成读者对品牌特定的感知和特殊的感情。

2. 可记忆性

设计品牌的出发点就是使活动品牌在读者脑海中形成深刻的印象，不能达到这一功效的品牌设计就不能称为成功的设计。让读者容易记忆的品牌设计应具有两个特点：一是具有独特性，与众不同的东西总会让人印象深刻；二是与活动内容相关，使读者通过品牌便对活动内容一目了然。

（二）品牌名称设计

设计品牌名称是品牌设计的第一步，一个好的活动品牌名称不仅可以帮助读者进行品牌认知，并且容易在读者的心目中建立起相应的品牌联想和对品牌的认同感。

1. 品牌名称设计的原则

一般而言，品牌名称的最基本要求是易读易记，只有易读易记的品牌名称才能高效发挥其识别功能和传播功能。品牌名称的设计需要遵循简洁明快、读音朗朗上口、正面联想三个原则。③ 其中前两个原则很好理解，正面

---

① 卢晶. 品牌管理［M］. 北京：清华大学出版社，2019：78.
② 卢晶. 品牌管理［M］. 北京：清华大学出版社，2019：79.
③ 卢晶. 品牌管理［M］. 北京：清华大学出版社，2019：82.

联想是指名称要有一定的寓意,能使读者获得愉快的联想。这三个原则正是符合上文所讲到的品牌设计要具备可记忆性和有含义性两个要素。

2. 品牌命名的来源

(1) 按活动特征命名。如广州图书馆"阅读攀登"比赛、广州图书馆"遇见·图书馆"、广州少年儿童图书馆"一个故事一国文化"讲故事活动等活动品牌都是直接与活动的内容、形式相关。

(2) 按品牌名称的出处命名,如以人名、地名命名。如广州图书馆"刘斯翰先生诗词系列讲座"品牌、上海图书馆"上图讲座"品牌、杭州图书馆"印象西湖"活动品牌。

(三) 品牌标识设计

品牌标识是用于识别品牌的视觉符号,是品牌视觉识别的核心,它构成了品牌视觉形象的基本特征。品牌标识有文字标识、图案标识、图文标识三种形式,遵循简洁鲜明、新颖独特、精致优美、合理合法等设计原则。[①]

四、活动品牌传播

品牌定位、品牌设计只是构建活动品牌的基础性工作,想要实现活动品牌在读者的心目中占据有独特的位置,还需要经过品牌传播这一步骤。品牌传播的作用不仅在于向读者传递品牌的有关信息,更重要的是通过不同层次、不同形式的品牌传播,加深品牌与读者深层次的沟通,从而在读者心目中树立鲜明的品牌个性,引起读者在情感上的共鸣。图书馆读者活动品牌的传播一般通过自媒体和大众媒体两种途径。活动是活动品牌的载体,一般情况下是通过对活动进行宣传从而达到传播活动品牌的目的;即使专门推广活动品牌,也离不开介绍具体的活动。所以,活动品牌的传播途径与上文所讲述的活动宣传途径是类似的。

---

① 卢晶. 品牌管理 [M]. 北京:清华大学出版社,2019:91-93.

五、图书馆活动品牌建设案例

(一) 广州图书馆"羊城学堂"讲座品牌

1. 案例概述

"羊城学堂"是广州市"书香羊城"系列活动之一,由中共广州市委宣传部主办、广州图书馆承办,始创于 2006 年。经过十多年的发展,"羊城学堂"已成为广州市知名的文化讲座品牌。①

(1) 品牌定位:"羊城学堂"定位为面向公众的文化讲座,以倡导市民阅读为主旨,传播"阅读改变人生"的理念,致力于打造市民学习与交流的平台,开放、公益、普及是其主要特点。每周六上午十点在广州图书馆报告厅准时开讲,固定时间、固定地点。

(2) 品牌塑造:专门邀请资深设计师打造视觉识别系统,设计了"羊城学堂"标识。该标识以一枚具有文化和艺术双重含义的中国传统印章为主体表现形式,印章吸收广州城徽标志"五羊"并加以简化和艺术变形,赋予了"羊城学堂"丰富的文化内涵和强烈的地域特色(如图 13-1 所示)。此外还设计了印有"羊城学堂"标识的专用信封,加速了品牌形象的传播,更有利于品牌形象深入人心。

图 13-1 "羊城学堂"品牌标识

(3) 品牌传播:与媒体合作,邀请新闻媒体预告"羊城学堂"、报道"羊城学堂";利用广州图书馆网站、自媒体进行宣传;在图书馆内显眼位置摆放"羊城学堂"海报;与讲座嘉宾签订授权协议,允许讲座以光盘、网络等形式进行非商业用途的传播;由广州市社会科学界联合会定期将"羊城学

---

① 潘拥军. 论图书馆讲座品牌的管理:以"羊城学堂"为例 [J]. 图书馆论坛, 2009 (3): 161-163.

堂"嘉宾讲稿结集出版。

2. 案例分析

"羊城学堂"是一个十分成功的图书馆活动品牌。首先,它很好地遵循了品牌管理的各项原则,品牌定位准确、品牌设计内容完整、品牌传播手段多样。尤为难能可贵的是,"羊城学堂"设计了专门的品牌标识,而目前国内图书馆的读者活动品牌几乎都是只有品牌名称、没有品牌标识。其次,"羊城学堂"已有十多年的历史,经历了广州图书馆从旧馆到新馆的迁移,时至今日其活动依然举办得有声有色,积累了大量忠实"粉丝",活动成效显著。

(二)杭州少年儿童图书馆"小可妈妈伴小时"活动品牌

1. 案例概述

"小可妈妈伴小时"亲子学堂是杭州少年儿童图书馆创建的专门针对0~6岁学龄前儿童的公益性社会文化教育活动品牌。"小可妈妈伴小时"活动最开始是由馆员在日常服务过程中组织策划,多年来,随着活动的开展与深入,"小可妈妈伴小时"渐渐得到家长和小朋友们的赞许和认同,进而慢慢扩大影响力,馆员也逐渐树立起品牌管理意识。①

(1)品牌定位:该服务品牌定位于"亲子"这一充满爱和欢乐的主题,以"教育即生活,生活即教育"理念为指导,通过交互的、生活化的、感性的服务,为孩子们创建一个阶段性、个性化的活动空间;为家长提供讲授、分享育儿经验的交流平台,最终将其打造成孩子成长过程中不可或缺的一个社会空间。

(2)品牌塑造:该活动项目取名"小可妈妈伴小时",其中"伴"字,取"陪伴"之意,是最主要的落脚点。亲子课堂将陪伴婴幼儿成长、丰富童年生活、提供基本生活方式的体验;"伴小时",是指由于婴幼儿年龄较小,容易受到外界影响,注意力集中时间较短,为确保活动效果,每场活动的时间控制在半小时以内,取"伴"的谐音;"小可妈妈"取自馆员孩子的小名"小可",称呼"小可妈妈"既贴近孩子的口语,喊着又亲切,这样可以拉近馆员与小读者之间的距离。

(3)品牌传播:通过在"世界读书日"、六一儿童节、寒暑假等重大节庆日、假期举办大中型主题活动,吸引媒体宣传报道,从而扩大品牌的公众

---

① 褚树青,粟慧. 杭州图书馆服务品牌建设实践[M]. 北京:国家图书馆出版社,2014:141-150.

认知度、建立起良好的公众形象；举办"亲子交流会"为家长搭建育儿交流平台，扩大"小可妈妈伴小时"品牌在家长圈中的影响力；与社区合作，让"小可妈妈伴小时"活动走出图书馆，走进社区、走近读者。

2. 案例分析

"小可妈妈伴小时"这个活动品牌与很多图书馆活动品牌一样，是馆员在活动持续开展的过程中慢慢萌生品牌意识而逐渐塑造出来的活动品牌，而非像"羊城学堂"那样从一开始就有意识地塑造品牌。图书馆中更多是类似"小可妈妈伴小时"这种常规小型活动，馆员应当树立起品牌意识，在现有活动的基础上根据品牌管理理论为活动创建品牌，这是"服务活动化"对馆员提出的新要求。

（三）美国"读遍美国"

1. 案例概述

"读遍美国"（Read Across America），是由美国教育协会（National Education Association，NEA）在1998年正式启动的青少年阅读推广项目①。该项目全年持续开展，其中最重要的活动是为纪念美国著名儿童文学家苏斯博士（Dr. Seuss）②，每年在其生日3月2日举办的"美国读书日"活动，发展至今已经成为美国经典的阅读推广活动之一。"读遍美国"项目集聚了极大的社会力量来共同促进美国青少年阅读能力的提升，他们倡导的活动几乎覆盖了学校、图书馆、社区、教堂、书店、公园甚至医院等社会各个角落。注重品牌建设是"读遍美国"项目成功的重要因素之一。

（1）品牌定位："读遍美国"定位于青少年阅读推广，其目标是让阅读成为孩子们获得成功的重要因素之一，并且使他们最终成为一名优秀的阅读者而受用终生。

（2）品牌塑造：提到"读遍美国"，人们马上会想起3月2日，统一logo（如图13-2所示），孩子们戴着红白相间的高帽子聚集在一起宣誓终生

---

① Read Across America. What is Read Across America？［EB/OL］．［2019-12-10］．https：//www.readacrossamerica.org/.

② 苏斯博士是美国深受广大儿童喜爱的著名儿童文学作家和插图画家之一，其一生共创作了48种精彩绘本，代表作有《戴帽子的猫》《绿鸡蛋和火腿》《圣诞怪杰》《霍顿与无名氏》等，其中很多故事已被搬上了银幕。

热爱阅读、听故事,这些词汇和情景就形成了"读遍美国"的品牌形象。[1] 作曲家格伦(Glenn Weiss)为该项目创作了主题曲[2]、美国教育协会会员黛布拉(Debra Angstead)创作了主题诗歌。[3] 此外,每年活动期间,项目组织方还专门设计了统一的宣传海报,为参与活动的人员和为活动提供帮助的人员颁发印有美国教育协会主席签名的证书和感谢信。

图 13-2 "读遍美国"统一 logo

(3)品牌传播:在品牌传播方面,"读遍美国"项目方与众多机构开展合作,如美国图书馆协会、全国童书与识字联盟(The National Children's Book And Literacy Alliance)、全国家庭学习中心(National Center for Families Learning)等,扩大活动受众和覆盖面。在"美国读书日"当天邀请美国第一夫人、教育部部长、国家图书馆馆长等社会名流到场向孩子们分享自己的阅读经历、朗读儿童故事,充分发挥名人效应,提升活动关注度和影响力。在活动期间,主办方还将阅读巡访车开进全国各地的校园,为孩子们举办阅读交流会,赠送捐款、书籍和其他礼品,让"读遍美国"品牌深入孩子们心中。[4]

---

[1] 赵俊玲. 读遍美国(Read Across America)阅读推广项目考察分析 [J]. 图书馆杂志, 2012 (12):110-113.

[2] Read Across America. Read across America song [EB/OL]. [2019-12-10]. https://www.readacrossamerica.org/event-ideas/read-across-america-song/.

[3] Read Across America. Reader's oath [EB/OL]. [2019-12-10]. https://www.readacrossamerica.org/event-ideas/readers-oath/.

[4] 赵俊玲,郭腊梅,杨绍志. 阅读推广:理念·方法·案例 [M]. 北京:国家图书馆出版社, 2013:114-115.

2. 案例分析

"读遍美国"是一个优秀的大型阅读推广活动品牌，在品牌塑造、宣传推广等方面有诸多值得学习之处。当前国内公共图书馆也流行举办大型阅读推广活动，如每年4月23日"世界读书日"期间各地举办声势浩大的宣传活动，许多城市每年还有"读书月""读书节"活动。但这些活动的主办方往往缺乏将活动系列化、品牌化的意识，每年的活动都是另起炉灶、与往年活动毫无关联，无法在读者的脑海中形成深刻印象，难以发挥长期激励读者参与阅读的作用。

主要参考文献

[1] Read Across America. What is Read Across America? [EB/OL]. [2019-12-10]. https://www.readacrossamerica.org/.

[2] 褚树青,粟慧. 杭州图书馆服务品牌建设实践 [M]. 北京：国家图书馆出版社,2014.

[3] 范并思. 服务活动化：图书馆服务新趋势 [J]. 图书馆学刊,2017(12)：1-4.

[4] 科特勒,阿姆斯特朗. 市场营销：原理与实践 [M]. 16版. 楼尊,译. 北京：中国人民大学出版社,2015.

[5] 卢晶. 品牌管理 [M]. 北京：清华大学出版社,2019.

[6] 邱冠华,金德政. 图书馆阅读推广基础工作 [M]. 北京：朝华出版社,2015.

[7] 苏海. 活动策划实战宝典 [M]. 北京：清华大学出版社,2019.

[8] 王世伟. 论公共图书馆服务品牌 [J]. 中国图书馆学报,2018(6)：6-26.

[9] 叶龙. 活动策划与执行大全 [M]. 北京：清华大学出版社,2018.

[10] 赵俊玲,郭腊梅,杨绍志. 阅读推广：理念·方法·案例 [M]. 北京：国家图书馆出版社,2013.

习 题

（1）研习公共图书馆读者活动的代表性案例。

（2）拓展了解国内外公共图书馆各类型读者活动的品牌。

 **思考题**

(1) 策划并组织一次公共图书馆读者活动。

(2) 总结"服务活动化"的内涵及其对公共图书馆服务产生的影响。

(3) 社会力量如何参与公共图书馆读者活动策划与组织?有何案例?

第十四章　国际图联与馆员职业发展

学习目标

了解国际图联这一最重要的国际专业图书馆组织
能够在职业发展过程中从国际图联获得专业资源

知识点提示

国际图联全球愿景与战略规划
世界图书馆与信息大会
国际图联专业资源

国际图联于1927年成立，由各国图书馆、信息机构、图书馆协会共同组成，是最具权威和影响力的专业性非政府国际组织之一。国际图联为全球图书馆馆员搭建了一个活跃的专业交流平台，提供了丰富的专业资源。本章将对国际图联提供的专业资源进行梳理。

第一节 国际图联概述

一、发展沿革

1927年9月30日,国际图书馆和目录委员会(International Library and Bibliographical Committee)成立;1929年,更名为国际图书馆协会联合会,1971年,在荷兰注册,并将总部定于荷兰海牙。① 目前,国际图联在全世界150个国家或地区拥有超过1500个机构会员。作为一个独立的、非政府的、非营利的国际组织,国际图联致力于推动全球图书馆和信息服务行业提供更高标准的服务,促进图书馆和信息服务价值的广泛传播,代表全世界各地会员的利益。②

近百年来,随着世界图书馆事业的发展,国际图联主要历经初创、初步发展和快速发展时期。

(一)初创时期

19世纪初,图书馆学被正式确立为独立学科,图书馆事业随之发展。世界各地类似图书馆协会的组织相继成立,美国图书馆协会于1876年成立,英国等一些国家也紧随其后。1877年,美国、英国、比利时、丹麦等国家的代表在伦敦召开了"首届图书馆馆员国际会议"。1897年,第二届国际图书馆会议召开。1900年在巴黎召开的国际会议明确表达了每五年召开国际会议的意愿。1904年和1910年分别在圣路易斯和布鲁塞尔召开国际会议,此时,成立图书馆界国际组织的想法仍处于酝酿状态,并未有成型的计划。直至1926年,法国图书馆协会主席加布里埃尔·昂立奥(Gabriel Henriot)在布拉格召开的国际图书馆馆员和图书爱好者大会上提议建立国际图书馆常设委员会,旨在协助国际知识合作委员会的相关部门开展图书馆与书目活动,同

---

① IFLA's History [EB/OL]. [2020-10-07]. https://www.ifla.org/history.
② More about IFLA [EB/OL]. [2019-12-10]. https://www.ifla.org/about/more.

时负责在各国主持召开年度大会，并向其他国家通报图书馆界感兴趣的活动。因上述提议促使委员会成立，此次大会也被认为是国际图联成立的筹备会议。① 1927年9月30日，来自英国、美国、法国、加拿大、比利时、捷克、丹麦和中国等15个国家的图书馆协会代表联合倡议并签署协定，成立国际图书馆和目录委员会，瑞典皇家图书馆馆长艾萨克·科林（Isak Collijn）成为首任主席。1928年，国际图书馆和目录委员会在意大利罗马召开首次会议，会议决定在瑞士日内瓦设立国际联盟图书馆，内设立秘书处并任命T.塞文司马（T. Sevensma）担任秘书长，建立分类体系、著录规则、国际书目规则、国际奖学金、图书馆馆员互聘和图书馆学教育制度6个专业组。② 1929年6月14—30日，在意大利罗马、佛罗伦萨和威尼斯召开的大会上，国际图书馆和目录委员会更名为国际图书馆协会联合会，正式通过首部国际图联章程，明确其宗旨在于加强国际图书馆之间的合作，任务是定期组织国际会议。③ 早期的国际图联由几个图书馆协会组成，定期举办国际会议，以加强图书馆管理和书目领域的合作。早期的国际互借与交换、书目标准化和图书馆教育培训等方面的合作源于与会者的个人友谊。国际图联的成立开启了图书馆界国际交流协作的新阶段。④

20世纪30年代，随着国际图联在文化领域中作用的增强和会员数量的增加，其影响力逐渐扩大。在建立和完善组织机构制度的基础上，开展了一系列的国际活动。其中包括：第一，召开国际图联理事会和大会，其中理事会于1929年和1935年召开，大会自1928年至1939年每年召开一届；第二，制定国际图书馆贷款制度，降低期刊价格；第三，发展与其他国际组织的联系，尤其是国际目录学会和国际文献学会的合作关系；第四，出版年刊（Actes），定期出版各种资料，1932年出版会员通讯录。⑤

---

① DE VRIES H. The history of the International Federation of Library Associations: from its creation to the Second World War, 1927-1940 [EB/OL]. [2021-09-25] https://www.ifla.org/files/assets/hq/history/history-of-ifla-1927-1940_de-vries_1976.pdf.

② 丘东江，等. 国际图联IFLA与中国图书馆事业：上 [M]. 北京：华艺出版社，2002：7.

③ 柯平. 国际图联的六十六年 [J]. 图书馆学研究，1994（1）：18-23，103.

④ 丘东江，等. 国际图联IFLA与中国图书馆事业：上 [M]. 北京：华艺出版社，2002：8.

⑤ 柯平. 国际图联的六十六年 [J]. 图书馆学研究，1994（1）：18-23，103.

(二) 初步发展时期

二战的爆发中断了国际图联的计划,国际图联的活动于战后恢复并进入初步发展时期。1947 年 5 月,国际图联在挪威奥斯陆召开战后首次会议,并与联合国教科文组织达成正式合作协议,标志着国际图联进入了新的发展时期。① 1948 年,国际图联与联合国教科文组织在美国马萨诸塞州共同举办"公共图书馆工作国际暑期学校",制定了首个公共图书馆标准。② 20 世纪 50 年代初期,科技飞速发展使得国际图书馆合作面临新的挑战。自 1951 年起,改革国际图联组织的提议不断被提及,旨在将国际图联建设成为真正的世界范围内的合作组织,而直到 1961 年其组织结构仍停留在战前的状态。20 世纪 60 年代后,国际图联开始接收社会主义国家的图书馆组织,增强了国际图联的国际性。③ 1963 年,国际图联在保加利亚索菲亚召开第 29 届理事会上成立"国际组织图书馆协会",旨在促进国际性的图书馆合作。1964 年,国际图联修订通过了新章程,使国际图联结构得以承担全球性任务,促进其进一步发展。④ 1966 年,海牙会议首次使用德语同声翻译,德语成为继英语、法语、俄语后的第四种国际会议语言,使得国际间信息和经验的交流覆盖面更广、更为便利有效。

(三) 快速发展时期

20 世纪 70 年代开始,世界图书馆事业取得巨大进展,国际图联迈入了快速发展时期。通过制定全球性、地区性或国家之间协作的政策、标准与计划,国际图联进一步推动图书馆界的协作与交流。1971 年,国际图联正式将总部设立在荷兰海牙。1975 年,国际图联在挪威以"国际图书馆协作的未来"为主题举行第 41 届大会,重点讨论章程的修改。1976 年,新章程在瑞

---

① WIEDER J. An outline of IFLA's history [EB/OL]. [2019 - 09 - 28]. http://www.degruyter.com/download pdf/books/9783111356655/9783111356655. 11/9783111356655. 11. pdf.

② 丘东江, 等. 国际图联 IFLA 与中国图书馆事业: 上 [M]. 北京: 华艺出版社, 2002: 13.

③ 丘东江, 等. 国际图联 IFLA 与中国图书馆事业: 上 [M]. 北京: 华艺出版社, 2002: 17.

④ 丘东江, 等. 国际图联 IFLA 与中国图书馆事业: 上 [M]. 北京: 华艺出版社, 2002: 18 - 19.

士洛桑的会议上通过。① 国际图联制定的五项核心计划于20世纪80年代实施,其中世界出版物的收集和利用(Universal Availability of Pubilcations,UAP)和世界书目控制与国际机读目录(Universal Bibliographic Control and International MARC,UBCIM)计划的执行促进了世界文献资源共享。1980年8月18—23日,国际图联第46届大会在菲律宾马尼拉召开,这是该会议首次在亚洲举办,标志着其发展重心将面向更多的发展中国家。② 1996年,第62届国际图联大会在北京召开,与会者围绕"变革的挑战:图书馆与经济发展"讨论图书馆事业面临的变革与挑战,尝试探讨图书馆如何更好地为经济服务的问题。这是国际图联首次在其创始成员国之一——中国举行的会议。迈入21世纪后,国际图联秉持代表图书馆和信息服务及其用户利益、代表图书馆与信息业界国际声音的宗旨,开始密切关注社会发展问题,积极参与国际组织和全球社会的发展事务。国际图联开始自我改革,强调重视推广、参与和合作。"推广"即面向全社会,特别是利益相关者宣传和推广图书馆的社会价值;"参与"即倡导和鼓励各级各类图书馆参与各类各级社会组织和社会活动;"合作"即倡导和鼓励各级各类图书馆与各种利益相关者开展合作。三者互为交融,使图书馆走出图书馆之社会,成为社会之图书馆。在这样的时代背景下,国际图联积极参与《联合国2030可持续发展议程》的制定,大力宣传并积极促进该议程的实施。③ 在联合国教科文组织中,国际图联通过服务于从文献遗产(世界记忆计划)到开放科学、媒体和信息素养教育体现图书馆界为社会做出的贡献。在世界知识产权组织(World Intellectual Property Organization,WIPO)中,国际图联率先提出跨境法律行动,以确保世界各地的图书馆在数字化、全球化过程中履行其使命中所涉及的法律;推动其采取行动,促进国家版权改革和跨境合作。④ 国际图联还与其他国际组织和机构合作,如人权事务高级专员办公室(Office of the High Commissioner for Human Rights)、互联网治理论坛(Internet Governance

---

① 丘东江,等. 国际图联IFLA与中国图书馆事业:上[M]. 北京:华艺出版社,2002:26.

② 丘东江,等. 国际图联IFLA与中国图书馆事业:上[M]. 北京:华艺出版社,2002:27.

③ 程焕文. 图书馆之社会与社会之图书馆:国际图联与《联合国2030议程》[J]. 中国图书馆学报,2021(2):21-28.

④ Copyright and access to knowledge [EB/OL]. [2021-09-25]. https://www.ifla.org/units/copyright-a2k/.

Forum）和信息社会世界峰会（World Summit on the Information Society）。①

二、核心价值

根据2021年8月26日生效的国际图联章程和议事规则②，其核心价值包括：

（一）认可自由获取信息、思想、想象力作品的原则，以及《世界人权宣言》（Universal Declaration of Human Rights）中第19条的表达自由原则。

（二）坚信人们、社会团体和组织机构为实现社会、教育、文化、民主和经济的繁荣，需要广泛和平等地获取信息、思想和影像作品。

（三）确信图书馆和信息的高质量服务有助于人们平等地获取信息。

（四）致力于促进多样性和包容性，特别是年龄、公民身份、残障、族裔（ethnicity）、性别认同（gender identity）、地理位置、语言、政治哲学（political philosophy）、种族（race）、宗教信仰、性别、性取向或社会经济地位方面，并积极推行相关政策和做法。

三、愿景和使命

国际图联的愿景是：打造一个强大而团结的全球图书馆领域，为实现文化素养型、信息互通型和积极参与型社会提供支持，给予世界各地专业人士展开全球对话的机会。该愿景定义了图书馆界未来努力创造的世界，为国际图联和整个图书馆领域的活动提供参考点、发展方向和灵感。

国际图联的使命是：激发、参与、支持和连接全球图书馆领域。该使命阐释了国际图联如何实现愿景，反映了国际图联为支持其成员所做的一切：提供工具和材料、研讨会以及宣传，确保国际图联长期可持续发展。③

---

① Engaging international organisations［EB/OL］.［2021-09-25］. https：//www.ifla.org/engaging-international-organisations/.

② IFLA statutes and rules of procedure［EB/OL］.［2021-09-25］. https：//www.ifla.org/statutes/.

③ Our vision and mission［EB/OL］.［2021-09-25］. https：//www.ifla.org/vision-mission/.

第二节　国际图联组织架构

一、总部和秘书处

国际图联总部（IFLA Headquarters）设在荷兰海牙，其工作人员支持其在全球图书馆领域内的工作，确保积极的宣传和交流。包含秘书长（Secretary General）、秘书处（Secretariat）、会员团队（Membership Team）、政策与咨询团队（Policy and Advocacy Team）、交流团队（Communications Team）、战略项目（Strategic Projects）、人力资源（Human Resources）以及网络和IT团队（Web and IT Team）。[1]

秘书长在全体大会（General Assembly）和管理委员会（Governing Board）制定的政策范围内，负责国际图联的战略运营方向，并履行财务管理职责。秘书处包含财务总监（Finance Director）、行政官和提名协调员（Administrative Officer and Nominations Coordinator）、项目协调助理（Project Coordination Assistant）、行政助理（Administrative Assistant）。财务总监负责国际图联的财务运营、账目以及与业务相关的财务、法律和税务；行政官和提名协调员负责办公室后勤、国际图联委员会的任期以及提名和选举流程；项目协调助理负责为组织的活动提供后勤支持；行政助理负责处理馆际互借凭证和翻译出版物的请求。

会员团队包含副秘书长兼会员服务处负责人（Deputy Secretary General and Director, Member Services）、会议官（Conference Officer）、成员参与官（Member Engagement Officer）、专业支持官（Professional Support Officer）、会籍管理官（Membership Officer）、行政助理兼数据处理与分析（Administrative Assistant, Data Processing and Analysis）。副秘书长兼会员服务处负责人负责会员服务、国际图联出版物、战略和运营的所有方面；会议官负责国际图联

---

[1] Headquarters staff［EB/OL］.［2021-09-25］. https://www.ifla.org/headquarters-staff/.

信息大会等；成员参与官负责国际图联世界地图，包括数据、国家概况以及可持续发展目标故事的影响评估和故事讲述等；专业支持官是专业委员会工作的联系人，同时对标准、指南和工具提供支持；会籍管理官解决加入国际图联、续费，会员权益和会籍的相关问题；行政助理兼数据处理与分析负责处理与分析数据、加入国际图联、会员续费和付费等问题。

政策与咨询团队包含政策与咨询主管（Manager, Policy and Advocacy）、政策与研究官（Policy and Research Officer）、战略发展官（Strategic Development Officer）。政策与咨询主管负责国际图联的宣传、政策工作及与外界的接触；政策与研究官负责国际图联在数字事务、互联网访问、媒体素养和政策领域方面的参与；战略发展官负责国际图联战略参与、"点子商店"（the Ideas Store）和国际图联地区分部的联系。

交流团队包含若干名交流官（Communications Officer），主要负责国际图联活动的视觉设计、品牌推广、网站和社交媒体、网站的翻译和其他网络材料的提供与支持、数字内容的创作、国际图联总部的通讯撰写等。

战略项目包含战略项目主管（Strategic Projects Manager）负责战略和研究项目管理。人力资源包含人力资源官（Human Resources Officer）负责处理国际图联的人力资源需求。网络和IT团队包含网络和IT官（Web and IT Officer）负责国际图联的IT需求和网页相关问题，网络与IT技术员（Web & IT Technician）负责响应和支持国际图联的IT需求。

二、地区办事处

国际图联在非洲、亚洲和大洋洲以及拉丁美洲和加勒比地区设有地区办事处（Regional Offices）。地区办事处与国际图联总部合作，支持国际图联外联工作，并支持会员参与国际图联的工作，在信息传播与共享以及协助活动的组织方面发挥重要作用。国际图联总部围绕战略、外联、宣传和专业活动，与地区办事处进行持续的沟通和联络，以支持地区活动的开展。每个地区办事处都与相应地区的分委会密切合作并开展活动，其职责也包含为所在地区的图书馆协会提供支持，并与国际图联总部联系，以协助战略实施。①

---

① Regional offices［EB/OL］.［2021-09-25］. https://www.ifla.org/regional-offices/.

三、管理结构

管理结构（governance structures）旨在让国际图联能代表图书馆领域的利益，以包容、有效和透明的方式运作。① 其包含全体大会（General Assembly），管理委员会（Governing Board）和理事会、分会和单位（Councils, Divisions & Units）三个层面。（如图14-1所示）

全体大会是国际图联的最高管理层，主要确定国际图联的目标和价值、修改章程、制定会员资格条件、接收和审批年度财务报告和账目，其每年召开一次会议，通常与世界图书馆和信息大会同时举行。会员通过参与每年的全体大会，有机会对主席、司库（Treasurer）和秘书长针对国际图联战略报告的活动发表意见、提出观点。② 管理委员会负责国际图联的管理工作，包括管理、财务和专业事务，以监督战略发展方向，确保国际图联可持续发展。专业理事会（Professional Council）负责专业活动，确保政策和项目以及各单位的工作协调。地区理事会（Regional Council）在地区层面加强宣传和支持国际图联的各项工作，确保工作的可见性、一致性和有效性。专业理事会和地区理事会可以就与其职权范围和活动的相关问题向理事会报告并提出建议。③

> **扩展阅读 14.1**
>
> 国际图联2021年全体大会于2021年8月25日在荷兰海牙举行，相关会议内容参见：https：//www.ifla.org/general-assembly-2021/。
>
> 国际图联2020年全体大会于2020年11月5日在荷兰海牙举行，相关会议内容参见：https：//www.ifla.org/general-assembly-2020/。
>
> 2020年之前的全体大会的相关内容参见：https：//www.ifla.org/previous-general-assemblies/。

---

① How we are governed [EB/OL]. [2021-09-25]. https：//www.ifla.org/governance/.
② General assembly [EB/OL]. [2021-09-25]. https：//www.ifla.org/units/general-assembly/.
③ Overview of governance structure [EB/OL]. [2021-09-25]. https：//www.ifla.org/governance-structure/.

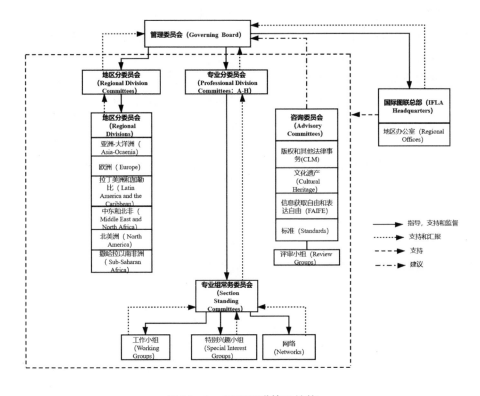

图 14-1 国际图联管理结构

（一）管理委员会

管理委员会秉持国际图联的核心价值观，负责国际图联的管理，在法律和其他正式事务中代表国际图联，其职责为制定战略和计划，并监督其进展；审批年度预算；任命秘书长；设立理事会（Councils）及专业和地区单位、团体、委员会、办公室等机构；制定和审批议事规则。

在监督国际图联及其总部（Headquarters）时，理事会以有原则的目标设定、有效决策和适当的绩效监督为指导，支持秘书长管理资源、实施战略，并准备供全体大会审议的重大问题。管理委员会由 11 位成员组成，分为三个层面：第一层面由主席、当选（候任）主席和司库共 3 人组成。成为国际图联主席，须先经会员选举产生成为当选（候任）主席，为期两年，期满成为主席，任期也是两年。第二层面由经选举产生的 5 名委员组成。第三层面由 3 名当然委员——专业理事会主席、地区理事会主席和图书馆协会管理专业组（Management of Library Associations Section）主席组成。秘书长担任管理委员会秘书（如图 14-2 所示）。管理委员会下设机构为专业理事会（Professional Council）、地区理事会（Regional Council）和 4 个咨询委员会（Advisory Committees），每年至少召开三次会议。①

管理委员会是国际图联的管理决策机构，中国有 5 人曾当选其委员，分别是中国国家图书馆原副馆长孙蓓欣（1995—1997 年和 1997—1999 年）、上海图书馆原馆长吴建中（2001—2003 年和 2003—2005 年）、中国科学院文献情报中心原主任张晓林（2005—2007 年和 2007—2009 年）、北京大学图书馆原馆长朱强（2009—2011 年）和中山大学程焕文教授（2017—2019 年和 2019—2021 年）。

主席 President	当选（候任）主席 President-elect	司库 Treasurer		
委员 Member-at-large	委员 Member-at-large	委员 Member-at-large	委员 Member-at-large	委员 Member-at-large
专业理事会主席 Professional Council Chair	地区理事会主席 Regional Council Chair	图书馆协会管理专业组主席 Management of Library Associations Section Chair		

图 14-2　管理委员会结构

（二）专业结构

专业理事会监督和支持国际图联的专业工作，根据国际图联的宗旨、核心价值观和战略制定、实施图书馆领域的专业活动。专业理事会支持专业单位（Professional Units）及其工作人员的各项事务，负责并确保专业活动的开展、政策和方案的制定以及其他各单位的工作协调，包括出版物和指南以及工具包的开发、支持政策和举措的发展；和地区理事会在共同感兴趣的领域进行交流并确定合作机会，同时还制定和组织国际图联大会项目的专业内容，包括卫星会议；向管理委员会提供建议和意见，并提出感兴趣或关注的议题。专业理事会由 1 名主席和 8 个专业分委员会（Professional Division

---

① Governing board［EB/OL］.［2021-09-25］. https：//www.ifla.org/units/governing-board/.

Committees）主席组成（如图14-3所示）。① 专业理事会每年至少召开三次会议，其中一次是与理事会一起召开的。专业理事会主席与地区理事会保持联系，以促进两者之间的协调。②

专业理事会 Professional Council
专业理事会主席 Professional Council Chair 专业分委员会主席（8人）Professional Division Committee Chairs

| 分委员会A
Division A
Committee | 分委员会B
Division B
Committee | 分委员会C
Division C
Committee | 分委员会D
Division D
Committee | 分委员会E
Division E
Committee | 分委员会F
Division F
Committee | 分委员会G
Division G
Committee | 分委员会H
Division H
Committee |

图 14-3 专业结构

专业分委员会由其主席、专业组工作人员（Officers of the Sections）和特别兴趣小组召集人（Special Interest Group Convenors）共同组成，同时促进专业单位（Professional Units）、国际图联工作人员和专业委员会之间有效和及时的沟通，协助专业单位协调专业活动并更好地了解国际图联的工作方式。各专业组委员会由专业组常务委员会（Professional Section Standing Committees）和特别兴趣小组召集人组成，每年最少开会三次。③ 专业分会（Professional Division）下包含专业组（Section）和特别兴趣小组（Special Interest Groups，SIGs）两个类型，特别兴趣小组发展到一定规模可申请成为专业组。

专业分委员会主席（Professional Division Committee Chairs）对拨款申请提出建议、对政策和流程的投入提出意见，以使各单位有效和顺利地运作，促进各专业分委会和地区分委会的内部和跨部门合作。专业分委员会主席作为顾问或督导，为所属分委员会的各单位提供支持，每年与各单位的人员，即秘书、专业组的信息协调人员（Information Coordinators of Sections）和特

---

① Professional Council [EB/OL]. [2021-09-25]. https://www.ifla.org/units/professional-council/.

② Professional structures: Professional Council [EB/OL]. [2021-09-25]. https://www.ifla.org/governance-professional/.

③ Professional structures: Professional Division Committees [EB/OL]. [2021-09-25]. https://www.ifla.org/governance-professional/.

殊信息小组的召集人召开3～4次正式会议。

各专业分委员会向专业委员会主席提供各单位的活动情况和意见。专业分委员会A至H各由6～8个专业组和特别兴趣小组组成。每个专业组由主席、秘书和信息协调员共3名成员组成，可增加额外的成员，也可与由10～20名成员组成的专业组常务委员会合作，以保持多样性和获得指导。① 每个专业分委员会由1名主席和1名副主席领导，负责协调各专业分委员会中各单位的活动。特殊兴趣小组是为了解决新出现的问题或体现新的趋势以及少数成员持续感兴趣的话题而成立的，其话题可能涵盖多个专业组。各特别兴趣小组由1名召集人和最多9名成员组成的小委员会领导。② 各专业分委员会下设的专业组和特别兴趣小组如下。

专业分委员会A包含：国家图书馆专业组（National Libraries Section）、公共图书馆专业组（Public Libraries Section）、大都会图书馆专业组（Metropolitan Libraries Section）、图书馆建筑和多元文化人口专业组（Library Buildings and Multicultural Populations Section）、地方历史与家谱专业组（Local History and Genealogy Section）以及国家机构和国际关系特别利益小组（National Organisations and International Relations Special Interest Group）。③

专业分委员会B包含：政府图书馆专业组（Government Libraries Section），议会图书馆和研究服务（Library and Research Services for Parliaments），法律图书馆（Law Libraries），政府信息和官方出版物专业组（Government Information and Official Publications Section），网络信息获取—非洲特别兴趣小组（Access to Information Network – Africa Special Interest Group），以及妇女、信息和图书馆特别兴趣小组（Women, Information and Libraries Special Interest Group）。④

专业分委员会C包含：持续专业发展及在职学习专业组（Continuing Professional Development and Workplace Learning Section）、教育与培训专业组（Education and Training Section）、图书馆理论和研究专业组（Library Theory

---

① Sections［EB/OL］.［2021-09-25］. https：//www.ifla.org/sections/.
② Special Interest Groups［EB/OL］.［2021-09-25］. https：//www.ifla.org/special-interest-groups/.
③ Professional Division A［EB/OL］.［2021-09-25］. https：//www.ifla.org/units/professional-division-a/.
④ Professional Division B［EB/OL］.［2021-09-25］. https：//www.ifla.org/units/professional-division-b/.

and Research Section)、图书馆协会管理专业组（Management of Library Associations Section）、发展中国家中的图书信息学教育特别兴趣小组（LIS Education in Developing Countries Special Interest Group）和新专业人士特别兴趣小组（New Professionals Special Interest Group）。①

专业分委员会 D 包含：学术与研究图书馆专业组（Academic and Research Libraries Section）、科技图书馆专业组（Science and Technology Libraries Section）、图书馆为读写障碍服务专业组（Libraries Serving Persons with Print Disabilities Section）、视听与多媒体专业组（Audiovisual and Multimedia Section）、图书馆为有特殊需求的人士提供服务专业组（Library Services to People with Special Needs Section）、管理与营销专业组（Management and Marketing Section）、图书馆出版特别兴趣小组（Library Publishing Special Interest Group）。②

专业分委员会 E 包含：学校图书馆专业组（School Libraries Section）、土著人事务专业组（Indigenous Matters Section）、信息素养专业组（Information Literacy Section）、儿童与青少年图书馆专业组（Libraries for Children and Young Adults Section）、素养与阅读专业组（Literacy and Reading Section）、参考咨询和信息服务专业组（Reference and Information Services Section）和图书馆历史特别兴趣小组（Library History Special Interest Group）。③

专业分委员会 F 包含：艺术图书馆专业组（Art Libraries Section）、文献传递和资源共享专业组（Document Delivery and Resource Sharing Section）、采访和馆藏发展专业组（Acquisition and Collection Development Section）、保护与修复专业组（Preservation and Conservation Section）、善本和特藏专业组（Rare Books and Special Collections Section）、LGBTQ 人群特别兴趣小组（LGBTQ Users Special Interest Group）以及"信仰：图书馆与对话"特别兴趣小组（Religions：Libraries and Dialogue Special Interest Group）。④

---

① Professional Division C ［EB/OL］. ［2021 – 09 – 25］. https：//www.ifla.org/units/professional – division – c/.
② Professional Division D ［EB/OL］. ［2021 – 09 – 25］. https：//www.ifla.org/units/professional – division – d/.
③ Professional Division E ［EB/OL］. ［2021 – 09 – 25］. https：//www.ifla.org/units/professional – division – e/.
④ Professional Division F ［EB/OL］. ［2021 – 09 – 25］. https：//www.ifla.org/units/professional – division – f/.

专业分委员会 G 包含：健康和生物科学图书馆专业组（Health and Biosciences Libraries Section）、社会科学图书馆专业组（Social Science Libraries Section）、期刊与其他连续出版物专业组（Serials and Other Continuing Resources Section）、环境、可持续发展与图书馆专业组（Environment, Sustainability and Libraries Section）、新媒体专业组（News Media Section）、数字人文—数字奖学金特别兴趣小组（Digital Humanities – Digital Scholarship Special Interest Group），以及全球和健康灾难的见证特别兴趣小组（Evidence for Global and Disaster Health Special Interest Group）。①

专业分委员会 H 包含：书目专业组（Bibliography Section）、编目专业组（Cataloguing Section）、信息技术专业组（Information Technology Section）、知识管理专业组（Knowledge Management Section）、主题分析与存取专业组（Subject Analysis and Access Section）、统计与评估专业组（Statistics and Evaluation Section）和大数据特别兴趣小组（Big Data Special Interest Group）。②

（三）地区结构

地区理事会（Regional Council）与专业理事会属同一层级，由管理委员会直接管理。目前设有亚洲和大洋洲、欧洲、拉丁美洲和加勒比、中东和北非、北美洲、撒哈拉以南非洲 6 个地区分委员会，每个地区分委员会最多由 20 名成员组成。③ 地区理事会协调各地区单位的工作，向管理委员会汇报国家和地区层面的事务并提供建议，实施国际图联的战略，并与国际图联总部（Headquarters）和地区办事处（Regional Offices）合作，制定更广泛的地区计划，注重图书馆的宣传，创造地区参与机会；监督各地区分委员会的工作，为地区工作提供支持和指导；协助地区规划的制定和实施，审查实施进展。地区理事会由 1 名主席和 6 个地区分委员会主席组成。地区理事会每年至少召开三次会议，其中一次和管理委员会一起召开。地区理事会主席与专

---

① Professional Division G ［EB/OL］.［2021 - 09 - 25］. https：//www.ifla.org/units/professional - division - g/.

② Professional Division H ［EB/OL］.［2021 - 09 - 25］. https：//www.ifla.org/units/professional - division - h/.

③ Regional structures：Regional Division Committees ［EB/OL］.［2021 - 09 - 25］. https：//www.ifla.org/governance - regional/.

业理事会（Professional Council）联络，以促进两者间的协调（如图14-4所示）。①

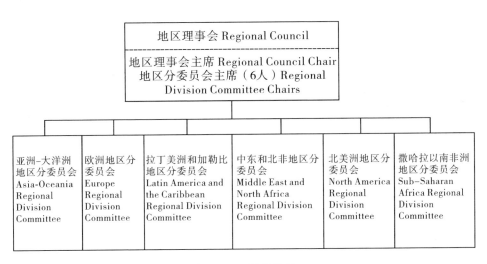

图14-4 地区结构

地区分委员会（Regional Division Committees）体现了国际图联全球愿景中的根据地区特点调整国际图联的行动，并根据国际图联战略制定适合地区图书馆需求的行动计划，在相关委员会和团体合作中发挥关键作用，并注重宣传和外联。

（四）咨询委员会

咨询委员会（Advisory Committees）旨在向管理委员会提供建议，协调国际图联在关键主题领域的相关活动，支持国际图联的政策制定和宣传，并在其负责的议题上促进全球和地区组织的关系发展。

目前，国际图联有4个咨询委员会，即版权和其他法律事务咨询委员会（Advisory Committee on Copyright and other Legal Matters）、文化遗产咨询委员会（Advisory Committee on Cultural Heritage）、信息获取自由和表达自由咨询委员会（Freedom of Access to Information and Freedom of Expression）以及标准咨询委员会（Advisory Committee on Standards）。上述委员会涵盖一系列政策

---

① Regional structures：Regional Council［EB/OL］.［2021-09-25］. https：//www.ifla.org/governance-regional/.

领域和主题，并为国际图联在重大政策或其他跨领域问题上的顶层治理工作提供支持，确保国际图联的所有部门都能从其专业知识中获益。管理委员会也可根据需要设定新的咨询委员会以应对新出现的问题，咨询委员会可酌情将问题或报告提交给专业理事会或地区理事会。每个咨询委员会有 10 名成员，包括 1 名主席。①

在 2021 年的国际图联换届选举中，中山大学程焕文教授当选文化遗产咨询委员会（Advisory Committee on Cultural Heritage）委员，王蕾研究馆员当选版权及其他法律事务委员会（Advisory Committee on Copyright and other Legal Matters）委员，张靖教授当选信息获取与表达自由咨询委员会（Advisory Committee on Freedom of Access to Information and Freedom of Expression）委员，肖鹏副教授当选标准咨询委员会（Advisory Committee on Standards）委员。4 位中国图书馆界人士的成功当选，使得国际图联全新架构的核心部分均有来自中国的代表，确保在重要国际专业组织中能够坚持中国立场、发出中国声音。②

> **扩展阅读 14.2**
>
> 国际图联章程和议事规则是国际图联的结构和决策方式的文件。国际图联的章程包括国际图联的名称、宗旨、成员和决策机构的规定。该章程于 2021 年 2 月 12 日在国际图联特别大会上投票后修订，并于 2021 年 8 月 26 日生效。议事规则由国际图联管理委员会确定，内容包含成员资格、会议流程和国际图联专业和地区结构的详细内容。相关内容参见：https://www.ifla.org/statutes/。

---

① Advisory Committees［EB/OL］.［2021-09-25］. https://www.ifla.org/governance-advisory/.
② 中山大学图书馆学团队六人当选国际图联咨询委员会及专业组学术职务［J］. 图书馆论坛，2021（9）：6.

四、会员

会员主要包含三个大类：协会会员、机构会员和个人会员（如表 14-1 所示）。国际图联欢迎图书馆信息学院的学生加入，同时也为向图书馆界提供产品和服务的企业提供作为企业支持者加入的机会。①

表 14-1　会员和隶属关系②

协会会员	机构会员	个人会员
国家协会会员	机构会员	个人关联方会员
国际协会会员	机构子单位会员	学生关联方会员
其他协会会员	单人图书馆中心会员	应届毕业生会员
协会附属机构会员	学校图书馆会员	无薪会员

（一）协会会员

协会会员（Associations Members）包含国家协会会员（National Association Members）、国际协会会员（International Association Members）、其他协会会员（Other Association Members）和协会附属机构会员（Association Affiliates Members）四种类型。

国家协会的成员仅限于以国家为重点的协会，同时包含全国性的专业协会。

会费分为 12 个等级，并对应相应的投票数；国际协会会员主要是在跨国或国际层面上运作的协会，会费分为 3 个等级；其他协会会员是指不符合国家协会或国际协会类别的协会，会费分为 3 个等级；协会附属机构会员是国际图联为使新兴团体更容易成为其会员而设立的。③

---

①　Categories of membership and affiliation［EB/OL］.［2020-11-19］. http：//www.ifla.org/membership/categories.

②　Categories of membership and affiliation［EB/OL］.［2021-09-25］. https：//www.ifla.org/membership-categories/.

③　Associations［EB/OL］.［2021-09-25］. https：//www.ifla.org/membership-associations/.

> **扩展阅读 14.3**
>
> 协会会员的年费、投票权和免费分委员会会员资格请参见：https：//www.ifla.org/membership-associations/。
>
> 登录以下页面可以申请成为协会会员：https：//www.ifla.org/join/。

（二）机构会员

机构会员（Institutions Members）包含机构会员（Institutions Members）、机构子单位会员（Institutional Sub-units Members）、单人图书馆中心会员（One-person Library Centres Members）和学校图书馆会员（School Libraries Members）四种类型。

机构会员包含图书馆和信息中心、图书馆学院、书目和研究机构以及其他愿意为国际图联做出贡献的机构或团体。机构子单位会员主要是位于学院/大学或更大的机构中的部门，学院/大学或更大的机构（通常通过其主图书馆）须是国际图联的正式机构会员，其下属的其他（校园）图书馆享受子单位会员资格；单人图书馆会员指拥有一名全职等效（Full-Time Equivalent，FTE）工作人员的图书馆或信息中心会员；学校图书馆会员适用于中小学或同等水平的图书馆。①

> **扩展阅读 14.4**
>
> 机构会员的年费、投票权和免费分委员会会员资格请参见：https：//www.ifla.org/membership-institutions/。
>
> 登录以下页面可以申请成为协会会员：https：//www.ifla.org/join/。

（三）个人会员

个人会员（Individuals Members）包含个人关联方会员（Personal Affiliates Members）、学生关联方会员（Student Affiliates Members）、应届毕业生会员（New Graduates Members）、无薪会员（Non-salaried Members）四种类型。

---

① Institutions［EB/OL］.［2021-09-25］. https：//www.ifla.org/membership-institutions/.

个人关联方会员指支持国际图联宗旨和对其专业活动感兴趣的个人及其关联方；学生关联方会员指图书馆学或信息专业的学生；应届毕业生会员指取得图书馆和信息专业毕业资格不满两年的人员；无薪会员指当前无薪水并在未来三个月内不发生变动的个人。个人关联方会员的年费高于学生关联方、应届毕业生和无薪会员，所有个人会员享受会员福利，如免费注册至其感兴趣的委员会或地区分委员会，在国际图联的选举中获得多个职位的提名权等。①

> **扩展阅读 14.5**
>
> 个人会员的年费、投票权和免费分委员会会员资格请参见：https：//www.ifla.org/membership – individuals/。
>
> 登录以下页面可以申请成为协会会员：https：//www.ifla.org/join/。

第三节 国际图联全球愿景与战略规划

一、全球愿景

国际图联全球愿景（IFLA Global Vision）是打造强大和团结的全球图书馆领域，为实现文化素养型、信息互通型、积极参与型社会提供支持，给予世界各地专业人士展开全球对话的机会。国际图联通过收集和分析 7 大洲 190 个国家的 3 万多名图书馆界专业人士的观点和经验，形成《全球愿景报告》（*Global Vision Report*）（以下简称《愿景报告》）。②《愿景报告》作为国际图联落实《2030 年可持续发展议程》的重要部署，不仅是国际图联有史以来参与最广泛、运作效率最高的大规模研究项目，而且是其继《IFLA 趋

---

① Individuals [EB/OL]. [2021 – 09 – 25]. https：//www.ifla.org/membership – individuals/.

② Our vision, Our future [EB/OL]. [2021 – 09 – 25]. https：//www.ifla.org/globalvision/report.

势报告》发布后最有影响力的一份全球展望报告。①

2018年8月在吉隆坡召开的国际图联世界图书馆与信息大会上,国际图联秘书长杰拉德·莱特内发布国际全球愿景"点子商店"(IFLA Global Vision Ideas Store)平台,致力于让世界各地的图书馆馆员和图书馆界友人为未来图书馆事业的发展贡献自己的想法。该平台已成为国际图联为行动创建的最大创意库,国际图联将根据其收集的"点子"制定战略和行动计划,让全球愿景逐渐变为事实。

《愿景报告》中提出了十大要点:致力于平等和自由获取信息与知识;致力于支持培养信息素养、促进学习和阅读;专注服务社区;推进数字创新;必须优先向各地区领导者、有影响力的人和广大社区进行宣传,共同倡导图书馆事业发展;资金问题是最大挑战之一;有必要与其他机构建立伙伴关系;减少官僚主义作风、固化的制度和抵制变革的行为;图书馆是世界记忆的守护者;图书馆界年轻的专业人士积极参与并乐于领导。

《愿景报告》也指明了未来发展的十大机遇:必须成为智识自由的捍卫者;必须更新在数字时代的传统角色;需要更好地了解社群需求、设计服务以实现影响;必须紧跟技术变革;需要更多、更好的各级倡导者;需要确保利益相关方了解图书馆的价值和影响以赢得决策者的认可和支持;需要发展合作,结束孤立工作的趋势,打造更加团结的图书馆领域;需要挑战当前的结构方式和行为模式;需要最大限度地利用世界文献遗产;必须给予年轻的专业人员有效的学习、发展和领导机会。②

二、战略规划

《国际图联战略规划(2019—2024)》(以下简称《战略规划》)于2019年4月12日在国际图联管理委员会会议上通过,是2017年3月启动的国际图联全球愿景的实际成果。《愿景报告》为《战略规划》指明了发展方向。《战略规划》不仅是国际图联下设机构的工作参考,同时也为各成员组织及整个图书馆业界提供指引。《战略规划》重点关注实际工作中的四大重点,即:加强图书馆界的国际声音、激发和提高专业实践能力、连接和赋能领

---

① 徐路,姜晔,徐雅宁. 我们的愿景,我们的未来:国际图联《全球愿景报告》核心内容解读与分析[J]. 图书馆杂志,2018(9):13-19.

② Global vision report [EB/OL]. [2021-09-21]. https://www.ifla.org/files/assets/GVMultimedia/publications/gv-report-summary_2.pdf.

域、最大限度地优化组织。每项战略均包含四点主要举措以强化力量和实现愿景，为具体行动构建框架。①

> **扩展阅读 14.6**
>
> 程焕文教授对联合国于 2015 年 9 月 25 日正式通过的由 193 个会员国共同达成的成果性文件——《2030 年可持续发展议程》（*UN 2030 Agenda*）的解读，参见：http://www.lsc.org.cn/contents/1367/9894.html。

第四节 国际图联荣誉体系

一、专业荣誉

国际图联专业奖项（IFLA Professional Awards）由国际图联委员会（IFLA Committees）颁发，旨在表彰个人或组织对国际图联专业活动的贡献，或对特定专业领域内更广泛的国际图书馆和信息服务部门的贡献。

当前国际图联专业奖项包括：国际图联活力单位与影响力奖（The IFLA Dynamic Unit and Impact Award）、国际图联最佳海报奖（Best IFLA Poster）、国际图联/Systematic 年度公共图书馆奖（IFLA/Systematic Public Library of the Year）、国际图联绿色图书馆奖（The IFLA Green Library Award）、国际图联国际图书馆营销奖（IFLA International Library Marketing Award）和国际图联大都会图书馆短片奖（The IFLA Metropolitan Libraries Short Film Award）。②

---

① IFLA strategy 2019-2024［EB/OL］.［2021-09-21］. https://www.ifla.org/units/strategy/.

② Professional Awards［EB/OL］.［2021-09-25］. https://www.ifla.org/professional-awards/.

（一）国际图联活力单位与影响力奖

国际图联委员会于 2018 年设立该奖项，取代了 2017 年取消的原国际图联专业单元传播奖（IFLA Professional Unit Communication Award），旨在表彰专业单位（Professional Units）将"活力单位"（Dynamic Unit）的期望付诸实现。活力单位对国际图联的全球工作具有最大的影响——吸引成员、培养强大的领导力和认同感、提供可衡量且有影响的高质量服务以及国际图联的内外部交流。

国际图联的所有专业单位，包括专业分会（Divisions）、专业组、特殊兴趣小组和评审小组（Review Groups）均有资格提名或被提名该奖项，奖项的获得者将在每年的世界图书馆与信息大会上宣布。①

（二）国际图联最佳海报奖

国际图联最佳海报奖由代表专业委员会的评审团从世界图书馆与信息大会期间展示的海报中选出。海报一般展示有趣的项目或工作内容。② 2009 年，广东省立中山图书馆的《新旧照片：让广州的文化遗产活起来》获得该奖项。③

（三）国际图联/Systematic 年度公共图书馆奖

国际图联/Systematic 年度公共图书馆奖 2014 年起评选。其评选范围是全球范围内上一自然年内新建立的图书馆或未曾作为图书馆的建筑单位。评估标准涵盖与周围和当地的文化的融合、建筑质量、空间的灵活性、可持续性、学习空间和数字化等方面。④ 宁波图书馆入围 2021 年年度公共图书馆奖，为中国公共图书馆首次入围该奖项。

---

① IFLA Dynamic Unit and Impact Award ［EB/OL］. ［2021 - 09 - 25］. https：//www. ifla. org/g/professional - council/ifla - dynamic - unit - and - impact - award/.

② Best IFLA Poster ［EB/OL］. ［2021 - 09 - 25］. https：//www. ifla. org/best - ifla - poster/.

③ 2009：Ni Junming and Huang Qunqing, China：New vs. Old Photos：Keep Cultural Heritage in Guangzhou Alive ［EB/OL］. ［2021 - 09 - 25］. https：//www. ifla. org/wp - content/uploads/2019/05/assets/hq/professional - committee/images/best - poster - 2009. jpg.

④ IFLA/Systematic Public Library of the Year ［EB/OL］. ［2021 - 09 - 25］. https：//www. ifla. org/g/public - libraries/ifla - systematic - public - library - of - the - year/.

(四) 国际图联绿色图书馆奖

国际图联绿色图书馆奖旨在表彰图书馆为环境的可持续性做出的贡献，同时还关注相关的服务、活动、文献和项目，展示图书馆作为环境可持续领导者的社会角色和责任。设立该奖项的目标还表现在支持全球的绿色图书馆活动，包括与环境相适应的可持续建筑、信息资源和计划，以及节约资源和能源，促进本地和全球的绿色图书馆计划发展，鼓励绿色图书馆积极向世界展示其行动。①

2018年，佛山市图书馆获得该奖项冠军。② 广东省立中山图书馆和香港中文大学图书馆（2017年）③、杭州图书馆（2020年）④、深圳坪山图书馆（2021年）获得该奖项亚军。

(五) 国际图联国际图书馆营销奖

国际图联国际图书馆营销奖旨在表彰图书馆领域富有创意、以结果为导向的创新营销项目或活动，每年评选出三名最终获奖者。2021年，获奖者被邀请在世界图书馆与信息大会上宣讲其最佳营销实践活动，国际图联向入围的前10名申报项目颁发证书。⑤ 自2002年该奖项设立以来，中国图书馆界在该奖项中获得第一名的分别是：清华大学图书馆的"爱上图书馆视频及排架游戏"项目（2012年）、北京科技大学图书馆"READay"（2017年）、佛

---

① IFLA Green Library Award [EB/OL]. [2021-09-25]. https://www.ifla.org/g/environment-sustainability-and-libraries/ifla-green-library-award/.

② IFLA Green Library Award 2018 Winners Announced [EB/OL]. [2021-09-25] https://www.ifla.org/news/ifla-green-library-award-2018-winners-announced/.

③ IFLA Green Library Award 2017 Winners Announced [EB/OL]. [2021-09-25]. https://www.ifla.org/news/ifla-green-library-award-2017-winners-announced/.

④ IFLA Green Library Award 2020 Winners Announced [EB/OL]. [2021-09-25]. https://www.ifla.org/news/ifla-green-library-award-2020-winners-announced/.

⑤ IFLA PressReader International Marketing Award [EB/OL]. [2021-09-25]. https://www.ifla.org/g/management-and-marketing/ifla-pressreader-international-marketing-award-winners-2019/.

山市图书馆"邻里图书馆项目"（2020年）；① 获得第二名的分别是：厦门大学图书馆"圕·时光"（Tuan Time）项目（2016年）、上海图书馆的"开放数据2016应用开发竞赛"（2017年）和济南市图书馆的"泉城书房——'快递小哥'阅读驿站"项目（2021年）；获得第三名的有：武汉大学图书馆的"微天堂真人图书馆"（2017年）。

（六）国际图联大都会图书馆短片奖

国际图联大都会图书馆短片奖颁发给关于大城市和大都市公共图书馆的最佳短片，个人和机构均有资格申请。该奖是"图书馆和图书馆馆员短片竞赛"的一部分，竞赛由意大利图书馆协会组织，分为小说、纪录片和广告3个部分。②

二、个人荣誉

国际图联的个人奖项颁发给为行业提供重要服务和做出杰出贡献的个人。国际图联管理委员会颁发以下三类个人奖项：荣誉会员（Honorary Fellow）、国际图联奖章（IFLA Medal）、国际图联名录奖（IFLA Scroll of Appreciation）。

荣誉会员是国际图联的最高奖项，授予长期为国际图联和全球图书馆事业做出杰出贡献的个人，但并非每年都会颁发。荣誉会员表彰为国际图联或全球图书馆领域做出卓越个人贡献和专业贡献，具备领导力和影响力，体现国际图联的价值观（如多样性、包容性和平等）的个人。③ 国际图联奖章颁发给为国际图联或全球图书馆事业做出重大贡献并培养国际图联价值观的人。④ 国际图联名录奖颁发给作为志愿者在委员会或团体中为国际图联提供

---

① IFLA PressReader International Marketing Award Winners 2020 ［EB/OL］. ［2021－09－25］. https：//www.ifla.org/news/ifla－pressreader－international－marketing－award－winners－2020/.

② IFLA Metropolitan Libraries Short Film Award ［EB/OL］. ［2021－09－25］. https：//www.ifla.org/g/metropolitan－libraries/ifla－metropolitan－libraries－short－film－award/.

③ Honorary Fellow ［EB/OL］. ［2021－09－25］. https：//www.ifla.org/honorary－fellow/.

④ IFLA Medal ［EB/OL］. ［2021－09－25］. https：//www.ifla.org/ifla－medal/.

杰出服务的个人。[1]

> **扩展阅读 14.7**
>
> 国际图联可通过提名的方式评选上述奖项，详细内容和要求可参见：https://www.ifla.org/nominations-for-honours-and-awards/。
>
> 国际图联也可以设立新的奖项，可由国际图联单独授予也可以由国际图联和其他组织联合授予，其中包含管理委员会的荣誉奖项和国际图联委员会颁发的专业奖项，详细内容可参见：https://www.ifla.org/new-honours-and-awards/。

第五节　世界图书馆与信息大会

一、会议概述

国际图联世界图书馆与信息大会（IFLA World Library and Information Congress）是图书馆和信息服务行业知名的国际性行业交流活动。会议为所有代表提供交流和职业发展机会。会议主办方不仅为其专业人员提供难得的参与机会，更体现其国家和地区图书馆和信息科学的地位和影响力。[2]

2015—2020 年大会的主题和盛况如下。2015 年 8 月 15—21 日，第 81 届大会在南非开普敦举行，主题为"有活力的图书馆：存取、发展与改革"（Dynamic Libraries：Access，Development and Transformation），约有 3200 人参加了会议，参会代表来自 132 个国家，展览空间为 797 平方米。[3]

---

[1]　IFLA Scroll of Appreciation [EB/OL]. [2021-09-25]. https://www.ifla.org/ifla-scroll-of-appreciation/.

[2]　IFLA World Library and Information Congress [EB/OL]. (2021-06-03). [2021-09-25]. https://www.ifla.org/annual-conference.

[3]　IFLA World Library and Information Congress 2015 [EB/OL]. [2021-09-25]. https://www.ifla.org/past-wlic/2015/ifla81.html.

2016年8月13—19日，第82届大会在美国俄亥俄州哥伦布召开，主题为"连接，合作，共同体"（Connections, Collaboration, Community）。①

2017年8月19—25日，第83届大会在波兰弗罗茨瓦夫召开，会议主题为"图书馆、联合与社会"（Libraries, Solidarity, Society）。②

2018年8月24—30日，第84届大会在马来西亚吉隆坡召开，主题为"图书馆转型，社会转型"（Transform Libraries, Transform Societies），旨在表彰图书馆在国家发展中尤其是在社会转型中的重要作用：将所有类型的图书馆关注的重心放在特定的社区上，具有帮助社会改变的独特优势。③

2019年8月24—30日，第85届大会在希腊雅典召开，会议主题为"图书馆：通过对话实现变革"（Libraries: Dialogue for change），旨在促进国际范围内图书和信息领域的讨论，重新审视、思考和诠释图书馆作为变革促进者的作用。④

原定于2020年8月15—21日在爱尔兰都柏林召开的第86届世界图书馆与信息大会因新冠肺炎疫情而取消，其原定会议主题为"唤起，参与，赋能，连接"（Inspire, Engage, Enable, Connect）。⑤

> **扩展阅读14.8**
>
> 1994年至2013年的会议记录可在过往大会的网站上找到，自2013年以来的会议记录可登录"国际图联图书馆"机构资料库（https://www.ifla.org/conference-proceedings/）获得。

---

① IFLA World Library and Information Congress 2016［EB/OL］.［2021-09-25］. http://2016.ifla.org/index.html.

② IFLA World Library and Information Congress 2017［EB/OL］.［2021-09-25］. http://2017.ifla.org/.

③ IFLA World Library and Information Congress 2018［EB/OL］.［2021-09-25］. https://2018.ifla.org/greetings-from-nc-malaysia/.

④ IFLA World Library and Information Congress 2019［EB/OL］.［2021-09-25］. https://2019.ifla.org/.

⑤ IFLA WLIC 2020［EB/OL］.［2021-09-25］. https://2020.ifla.org/.

二、参与方式

2020年之前的参与方式主要有海报参与、会议论文参与和卫星会议参与。海报内容须根据国际图联战略规划,并且切合每届大会的主题。海报内容须阐释正在进行或即将完成的项目,并辅以清晰的解释(如照片、数据样本、图表等)。海报形式既可采用印刷好的海报,也可通过在演示面板上张贴照片、图形和文字来描述,可使用所有国际图联的官方语言(包括阿拉伯语、中文、英语、法语、德语、俄语和西班牙语)。申请方式是在线填写申请表格,对个人信息和海报基本内容进行描述,并于规定时间内提交,被接受的海报将在会前收到相关信息并发布。海报在国际图联信息大会期间演示,参赛者可现场解释海报内容并分发传单或其他宣传材料。提交多份海报的组织须标明提交海报的优先级,并确保现场有足够的工作人员进行演示。国际图联相关专业部门负责征集大会论文,在当届大会征集论文页面上更新信息,部分论文在会上进行宣读。国际图联的专业部门在大会之前或之后召开卫星会议,时长为1~2天。

2021年8月17—19日,第86届世界图书馆与信息大会在爱尔兰都柏林以线上会议形式召开,会议主题为"让我们携手共创未来:探索、讨论、现在、激发、解决"(Let's Work Together for the Future: Discover, Discuss, Present, Provoke, Solve)。[①] 下设"图书馆创新""图书馆包容""图书馆可持续发展""图书馆启发思考""图书馆赋能"5个分主题,安排各类线上会议及活动150余场。这也是国际图联首次以线上会议形式举行的大会。会议涵盖欧洲、中东和北非、撒哈拉以南非洲、亚洲和大洋洲、北美洲、拉丁美洲和加勒比地区三个时区,提供每天最多9小时的参与和讨论机会,在大会结束的一年内可访问其官网点播会议实况。

大会期间,中国代表通过多种形式向世界讲述"中国故事",展示中国图书馆事业发展成就,进一步促进了中国图书馆界与国际图书馆界的相互了解,提升了中国图书馆的国际地位和影响力。中国国家图书馆党委书记、副馆长魏大威,副馆长、中国图书馆学会副理事长陈樱,副馆长霍瑞娟等相关人员参加了本次大会。在国际图联亚洲和大洋洲地区专业组主办的会议上,

---

① Conference programme [EB/OL]. [2021-09-25]. https://2020.ifla.org/conference-programme/.

陈樱以"中国图书馆界与联合国可持续发展目标"为题做主题演讲,从文化和信息脱贫、文化遗产保护、数字包容、全民阅读和终身学习等方面介绍了中国图书馆界为推动实现可持续发展目标所开展的工作。

由国际图联图书馆协会管理专业组主办、中国图书馆学会参与组织的"宣传——网络的力量"会议中文分会场在大会期间举行,陈樱、霍瑞娟、广州图书馆馆长方家忠、中国地质图书馆首席科学家薛山顺等近百位图书馆界专家、代表出席会议。霍瑞娟等与会代表围绕会议主题相继发言,就中国的图书馆如何做好宣传等问题进行了交流和探讨。会议由中国图书馆学会副理事长、中山大学信息管理学院程焕文教授主持。①

> **扩展阅读 14.9**
>
> 国际图联历年世界图书馆与信息大会信息可参见:https://www.ifla.org/past-ifla-congresses/。

第六节 专业资源与馆员职业发展

一、《图书馆馆员及其他信息工作者的伦理准则》

国际图联制定了《图书馆馆员及其他信息工作者的伦理准则》(*Professional Codes of Ethics for Librarians*)(以下简称《准则》),明确了图书馆馆员和信息工作者的职业道德准则。2010—2012 年,国际图联信息获取自由和表达自由咨询委员会起草了关于图书馆馆员和其他信息工作者的国际道德守则草案,并根据收集到的数百条建议进行修改,《准则》的完整版和简要版于 2012 年 8 月获得理事会批准。《准则》提出了一系列关于职业伦理的建议,旨在鼓励图书馆馆员与信息工作者在制定政策和处理问题时考虑并尊重相应

---

① 2021 年国际图联世界图书馆和信息大会中的中国声音[EB/OL].(2021-08-25).[2021-09-25]. http://www.lsc.org.cn/contents/1342/15348.html.

的原则，改进对职业的自我认知与提高行业对用户和公众的透明度。《准则》是图书馆馆员和信息工作者日常工作的指南，也体现了其对维护和促进图书馆权利与智识自由的承诺。

> **扩展阅读 14.10**
>
> 国际图联图书馆馆员和其他信息工作者道德准则和国家图书馆馆员道德规范（按国家/地区），https://www.ifla.org/g/faife/professional-codes-of-ethics-for-librarians/#iflacodeofethics。
>
> 程焕文，张靖：《图书馆权力与道德》（上、下），广西师范大学出版社2007年版。

二、专业资源与实践

（一）世界图书馆地图

世界图书馆地图（Library Map of the World）始创于2017年，旨在收集图书馆基本统计数据并对其做可视化处理，并且突出图书馆为联合国可持续发展目标所做出的贡献。国际图联与来自世界各地数百个参与创建地图网站的组织合作，以建立涵盖所有图书馆类型的国家级图书馆统计数据来源，囊括一系列有影响力的图书馆故事，包含关于每个国家的图书馆环境、组织和机构、政策和立法、教育和活动的信息。[①]

（一）"点子商店"

"点子商店"（Global Vision and Ideas Store）旨在收集和共享世界范围内图书馆员的工作创意，汇聚集体智慧应对事业发展和挑战，是收集、整理、交流和碰撞行业发展思想、方法的重要平台。"点子商店"起源于国际图联2017年启动的全球愿景讨论会，来自世界各地的3万多名图书馆馆员和合作伙伴参与探讨。在2019年国际图联世界图书馆信息大会（在希腊雅典召开）期间，"点子商店"正式发布，相关人士可使用国际图联的任一官方语言提

[①] Library Map of the World [EB/OL]. [2021-09-25]. https://www.ifla.org/library-map-of-the-world/.

交关于图书馆发展愿景的想法。①

> **扩展阅读 14.11**
>
> 《点子商店，给予或获得灵感》，https：//ideas.ifla.org/。
>
> 阅读以 23 种语言提供的全球愿景报告摘要，https：//repository.ifla.org/handle/123456789/296。

（三）《国际图联趋势报告》

《国际图联趋势报告》（Trend Report）于 2013 年 8 月首次发布，国际图联还先后发布《国际图联趋势报告——2016 年新进展》《国际图联趋势报告——2017 年新进展》《国际图联趋势报告——2018 年新进展》《国际图联趋势报告——2019 年新进展》《国际图联趋势报告——2021 年新进展》。作为国际图联重要的系列出版物，《国际图联趋势报告》致力于探讨图书馆界的重要议题和发展，提出见解，引导图书馆和信息工作者思考未来的机遇和挑战，以应对它们或充分利用它们谋求进一步发展。②

> **扩展阅读 14.12**
>
> 《国际图联趋势报告》，https：//trends.ifla.org/。

（四）《发展和信息获取（DA2I）报告》

《联合国 2030 可持续发展议程》中包含信息获取的内容，鉴于信息获取对实现可持续发展目标具有重要作用，国际图联与华盛顿大学技术和社会变革小组（Technology and Social Change Group at the University of Washington）合作制定《发展和信息获取（DA2I）报告》[Development and Access to Information（DA2I）Report]，以体现各国在信息获取中履行的承诺和实现的进展，展示图书馆助力实现可持续发展目标，促进信息获取所做的贡献。该报告每两年发布一次，包含使用公认的指标以体现信息获取的程度（连通性、技

---

① Global Vision and Ideas Store [EB/OL]. [2021-09-25]. https：//www.ifla.org/global-vision-and-ideas-store/.

② Trend report [EB/OL]. [2021-09-25]. https：//www.ifla.org/trend-report/.

能、平等和权力）和进展，以及图书馆为实现可持续发展目标所发挥的具体作用（案例、专家观点等）。①

（五）专业标准

专业标准是国际图联审核、发布和定期更新的文件。每个专业标准反映了当前业内对特定服务和活动的规范、原则、指南、最佳实践或模型。国际图联专业标准由专业人员协商和审定，涵盖国际图书馆界的多种主题，其包含概念模型（conceptual models）、资源描述规范（rules for resource description）、数字格式编码（digital format codes）、指南（由说明、建议和首选实践模型组成的文档）（guidelines）、最佳实践（在实践和研究基础上形成的过程和技术文档）（best practice）。②

《国际图联专业标准程序手册》（*The IFLA Standards Procedures Manual*）为专业人员制定标准和规范提供指导，旨在确定如何提出专业标准和规范的需要。其在内容和适应性上达成最大限度的共识，确保高技术和编撰的质量，促进一致性，获得了国际图联和更广泛的图书馆和信息社区的认可。③

（六）国际图联出版物

（1）《国际图联杂志》（*IFLA Journal*）。是国际性的可公开获取的期刊，为同行评审期刊，发表内容包括研究、案例和论文，该期刊每年在国际图联网站上发布后开放获取。④

（2）"国际图联出版物系列"（*IFLA Publications Series*）（ISSN：0344-6891）。该系列丛书涉及世界各地的图书馆、信息中心和信息专业人员制定目标、发挥集体影响力、维护权益和解决全球化问题的内容。每年推出2～3册，有纸质版和电子版。⑤

---

① Development and access to information (DA2I) report [EB/OL]. [2021-09-25]. https://www.ifla.org/da2i/.
② What is an IFLA standard? [EB/OL]. [2021-09-25]. https://www.ifla.org/what-is-an-ifla-standard/.
③ Creating new standards [EB/OL]. [2021-09-25]. https://www.ifla.org/creating-new-standards/.
④ IFLA journal [EB/OL]. [2021-09-25]. https://www.ifla.org/ifla-journal/.
⑤ IFLA publications series [EB/OL]. [2021-09-25]. https://www.ifla.org/ifla-publications-series/.

(3)"国际图联书目控制系列"(IFLA Series on Bibliographic Control)(ISSN：1868-8438)。该系列丛书之前被称为 UBCIM 系列(世界书目控制和国际机读目录出版物，Universal Bibliographic Control and International MARC)，有纸质版和电子版。①

(4)《国际图联专业报告》(IFLA Professional Reports)。该专业报告系列旨在提升图书馆和信息服务水平、促进专业知识的进步，其内容包含国际图联的标准和指南、专业领域实践或新趋势的报告和文章，以及项目报告。《国际图联专业报告》系列为开放获取出版物。②

> **扩展阅读 14.13**
>
> 《国际图联现行的标准》，https：//www.ifla.org/current-ifla-standards/。
>
> 《创建新标准》，https：//www.ifla.org/creating-new-standards/。
>
> 志愿者或专业人士也可以翻译国际图联标准，详情可参见：https：//www.ifla.org/translating-standards/。

三、专业活动与交流

(一) 专业发展与能力建设

国际图联大力开发工具和资料，以提升图书馆领域成员的知识、技能与信心。作为国际图联战略的核心部分，国际图联致力于促进个人和国家层面获得技能和发展的机会。专业单位由经验丰富的志愿者组成，其使命是与更广泛的领域分享其专业知识。其中的专家志愿者在专业发展中提出观点，使图书馆馆员具有国际视野。通过网络研讨会、指导和其他工具，国际图联专业单位致力于加强专业实践、鼓励和支持专业发展。专业发展的活动包括网络研讨会和在线会议，有助于会员了解某个主题的更多信息，并参与讨论或

---

① IFLA series on bibliographic control [EB/OL]. [2021-09-25]. https://www.ifla.org/ifla-series-on-bibliographic-control/.

② IFLA professional reports [EB/OL]. [2021-09-25]. https://www.ifla.org/ifla-professional-reports/.

问答环节。一些专业单位每年会在国际图联世界图书馆与信息大会召开之前组织会议，有助于对全球感兴趣的话题进行更深入的调查。国际图联的专业资源（出版物、指南和报告）为专业化发展提供路径并指导实践。①

在能力建设中，国际图联致力于创建和帮助支持图书馆和图书馆协会，帮助其与社区互动，通过创建工具、资源和计划提供支持。其中主要包含"建立更强大的图书馆的战略""为宣传讲故事"和"参与指南"三个主要部分。"建立更强大的图书馆战略"不仅是为国际图联提供指南，也为会员和更广泛的图书馆领域提供支持。国际图联通过一系列的地区研讨会，与国家图书馆领域的代表一起探索该战略，以确定协调领域工作并共同培养战略思维能力。"为宣传讲故事"的核心是通过讲述有说服力的故事，并提供有力证据，展示图书馆、图书馆专业人员及其工作的重要性和影响力。结合世界图书馆地图，国际图联开发讲故事的培训模块，可联系世界图书馆地图团队共同完成。"参与指南"提供了图书馆参与相关领域的可能性以及实现的方法——目前可以参与互联网治理论坛、世界知识产权组织、全球媒体和信息素养周（Global Alliance for Partnerships on Media and Information Literacy Week）、蓝盾（Blue Shield）、可持续发展目标行动周（SDG Action Week）和《保护和促进文化表现形式多样性公约》（Convention on the Protection and Promotion of the Diversity of Cultural Expressions）。②

（二）交流机会

通过国际图联扩大专业网络的机会广泛而多样，主要包括以下方式：第一，加入一个或多个国际图联邮件列表（IFLA Mailing Lists）。③ 大多数国际图联单位均有自己的邮件列表，并且对所有人开放，可通过列表了解该单位的更多信息。第二，作为国际图联的会员可加入一个或多个分委员会。第三，就职业中感兴趣的话题参与国际图联的在线会议或网络研讨会。第四，参加国际图联世界与图书馆信息大会及相关会议、核心会议和文化活动。国际图联卫星会议通常定于大会前一周在同一地区举行，会议规模较小，与会

---

① Professional development [EB/OL]. [2021-09-25]. https://www.ifla.org/professional-development/.
② Opportunities to engage [EB/OL]. [2021-09-25]. https://www.ifla.org/advocacy-opportunities/.
③ Mailing lists service [EB/OL]. [2021-09-25]. https://mail.iflalists.org/wws/lists.

者可就共同感兴趣的话题进行面对面讨论。①

参与国际图联世界图书馆和信息大会也是与同行交流的良机，不仅可以扩大行业视野，同时还有可能与世界范围内的顶级演讲者和具有经验的图书馆和信息专业人士建立联系。②

（三）订阅专业单位的活动

通过委员会查找器（committee finder）③查找专业委员会的内容，确定感兴趣的领域和项目；了解出版物列表，包括在线活动的录音等；加入邮件列表（IFLA-L mailing list）并参与对话，关注和接收国际图联的消息；参与会议或听讲。

（四）参与宣传

图书馆需要政策、资金和其他方面的支持，其中宣传是必不可少的。国际图联定期倡导志愿者加入一系列工作，包括针对全球问题的宣传和活动、回应咨询，以及参与声明、宣言、准则和标准的制定等。同时，还可通过宣传联系各国政府、联合国代表或其他关键决策者，帮助他们了解图书馆的重要性。志愿翻译国际图联的文件是目前正在进行的工作，同时也是向全球传播有价值信息和资源的好方式。

主要参考文献

[1] About IFLA [EB/OL]. [2021-09-25]. https：//www.ifla.org/about/.

[2] International Federation of Library Associations and Institutions [EB/OL]. [2021-09-25]. https：//www.ifla.org/.

[3] What we do [EB/OL]. [2021-09-25]. https：//www.ifla.org/what-we-do/.

[4] 柯平. 国际图联的六十六年 [J]. 图书馆学研究，1994（1）：

---

① Connect at IFLA Congress [EB/OL]. [2021-09-25]. https：//www.ifla.org/connect-at-ifla-congress/.

② Connect at IFLA Congress [EB/OL]. https：//www.ifla.org/connect-at-ifla-congress/.

③ Committee finder [EB/OL]. [2021-09-25]. https：//www.ifla.org/units/.

18-23,103.

[5] 丘东江,等. 国际图联 IFLA 与中国图书馆事业:上 [M]. 北京:华艺出版社,2002.

习 题

(1) 登录国际图联网站,了解网站上的专业资源。
(2) 研习近年来获得国际图联荣誉的国内案例。

思考题

(1) 国际图联这一专业组织对于全球以及各国图书馆事业的发展有何意义?
(2) 国际图联这一专业组织对于图书馆馆员的职业发展有何意义?
(3) 您所在的图书馆如何参与国际图联的事务和活动?

第十五章 中国图书馆学会与馆员职业发展

学习目标

了解中国图书馆学会的基本情况、整体架构和学术资源
了解地方图书馆学会的基本情况

知识点提示

中国图书馆年会
青年学术论坛
百县馆长论坛
未成年人服务论坛

中国图书馆学会是由全国图书馆及相关行业科技工作者自愿结成的全国性、学术性、非营利性社会组织,以学术性为其主要特征。本章简要介绍中国图书馆学会的基本情况和整体架构;从学术交流活动和继续教育的角度切入,详细介绍了与馆员职业发展相关的业务培训;以广东图书馆学会和广州图书馆学会为例介绍地方图书馆学会的概况。

第一节 基本情况

中国图书馆学会（以下简称中图学会）是由图书馆及相关行业科技工作者自愿结成的全国性、学术性、非营利性社会组织，是党和政府联系图书馆工作者的桥梁和纽带，是推动我国图书馆学术繁荣和事业发展的重要社会力量。中图学会的前身是中华图书馆协会，成立于1925年，于1927年成为国际图联的发起单位之一。1979年7月9—16日，中图学会成立大会暨第一次会员代表大会在山西太原召开。1981年5月，中图学会在国际图联的合法席位得到恢复。[①] 中图学会以学术性为其主要特征，是中国科学技术协会的成员单位。虽然中图学会在性质上属于社会组织，但它挂靠在国家图书馆，其办事机构在行政上隶属于国家图书馆。

至2021年，中图学会已成立42周年。经过42年的持续加速发展，中图学会已成为我国图书馆界具有较强影响力的学术共同体和发展我国图书馆事业的重要社会力量，在学术建设、科普阅读、决策咨询、行业协调和对外交流等方面发挥积极作用，推动图书馆学术繁荣和事业发展，促进全民阅读，有序承接了文化和旅游部第六次全国县级以上公共图书馆评估定级职能。

1979年，中图学会发布了《中国图书馆学会章程》（以下简称《章程》），后来进行多次修订，2020年11月进行了新一次的修订。《章程》对中图学会的总体情况、业务范围、会员、组织机构和负责人的产生、罢免、资产管理和使用原则等方面进行了详细规定。2021年9月，中图学会发布了《中国图书馆学会"十四五"发展规划纲要（2021—2025年）》。在制度建设方面，中图学会还制定了《中国图书馆学会财务管理办法》《中国图书馆学会分支机构管理办法》《中国图书馆学会专项资金管理办法》《中国图书馆学会党委工作规则》等重要文件，建立了高效有序的组织和议事制度。

根据第十届第一次会员代表大会审议通过的《中国图书馆学会章程》，中图学会的会员分为个人会员和单位会员。《章程》第八条规定："凡拥护

---

① 中国图书馆学会简介 [EB/OL]. [2019-11-10]. http://www.lsc.org.cn/cns/channels/1297.html.

并同意遵守本会章程,并符合会员条件者,均可申请入会,经本会批准后成为会员。入会自愿,退会自由。"《中国图书馆学会会员会费标准及管理办法》对个人会员和单位会员的会费进行了详细规定,其中规定"单位会员缴纳单位会费后,本单位所有符合个人会员条件的工作人员均可自愿申请成为中国图书馆学会个人会员,并免交个人会员会费"。会员入会程序为:提交入会申请书;由理事会或常务理事会讨论通过;在理事会或常务理事会闭会期间,由理事会授权的办事机构讨论通过,报下次理事会或常务理事会确认;由理事会或其授权本会秘书处颁发会员证。

第二节 整体架构

一、组织架构

中图学会的组织架构如图 15-1 所示,由全国会员代表大会、理事会、常务理事会、秘书处、分支机构等构成。根据《章程》的规定,中图学会的最高权力机构是全国会员代表大会,会员代表大会每四年召开一次,必要时可以提前或推迟。全国会员代表大会的职权包括:制定和修改本会章程;选举和罢免理事;审议理事会的工作报告和财务报告;制定工作方针和任务;制定和修改会费标准;决定终止事宜;决定其他重大事宜。理事会选举理事长、副理事长、秘书长及常务理事若干人组成常务理事会。理事会是全国会员代表大会的执行机构,在闭会期间领导中图学会开展日常工作。2020年11月25日,中图学会第十次会员代表大会在国家图书馆召开,选举产生了175人组成的第十届理事会,55人组成的常务理事会,5人组成的第一届监事会;同时,选举产生了第十届理事会党委。① 中图学会日常办事机构为秘书处,理事会从宏观上确定方针政策,在理事会的领导下,常务理事会和理事长做出各项决策,由秘书处以及各委员会负责具体落实。

---

① 中国图书馆学会 2020 年年报 [EB/OL]. [2021-6-9]. http://www.lsc.org.cn/contents/1298/15174.html.

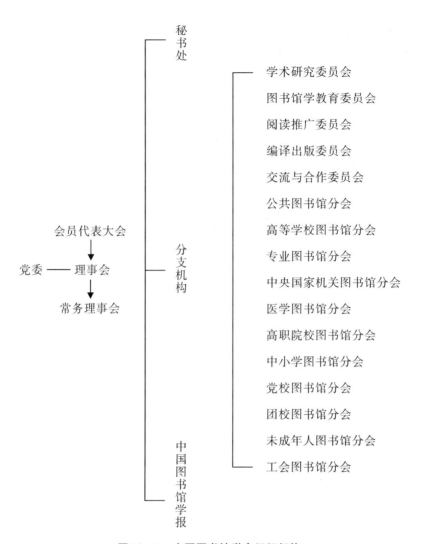

图 15 - 1　中国图书馆学会组织架构

二、分支机构

分支机构是中图学会根据开展活动的需要，依据图书馆事业在不同领域内形成的工作系统而设立的专门从事本学会业务活动的机构，是全国学会的组织基础。① 分支机构的设立、变更和注销应当按照《中国科学技术协会所属全国性学会分支机构、代表机构管理办法》的规定，提交相关文件，经中国科协审查批准后方可开展后续工作。

中图学会第十届理事会设立了 16 个专门工作委员会和分支机构，其中，设立 5 个专门工作委员会：学术研究委员会、图书馆学教育委员会、阅读推广委员会、编译出版委员会、交流与合作委员会；设立 11 个分会：公共图书馆分会、高等学校图书馆分会、专业图书馆分会、中央国家机关图书馆分会、医学图书馆分会、高职院校图书馆分会、中小学图书馆分会、党校图书馆分会、团校图书馆分会、未成年人图书馆分会和工会图书馆分会。各分支机构接受学会业务指导，在各自系统内开展研究和实践工作，丰富和拓展了中国图书馆学科内容和事业内涵。

第三节　学术交流

中图学会已形成以中国图书馆年会为核心，以青年学术论坛、百县馆长论坛和未成年人服务论坛等品牌学术活动为重点，集合我国图书馆界重要学术活动于一体的综合学术交流体系。

一、中国图书馆年会

中国图书馆年会是我国图书馆界层次最高的年度盛会，也是我国图书馆界重要的综合性学术活动，对我国图书馆学理论研究和图书馆事业发展产生重要的推动作用。年会的召开为会员和图书馆工作者提供了一个交流心得、弘扬先进、改革创新的平台，有利于促进图书馆工作者对图书馆学理论与实践的研讨，共同应对新技术、新观念和经济形势带来的新挑战。②

截至 2020 年，中图学会已成功举办 21 届年会。如表 15-1 所示，每一

---

① 中国图书馆学会分支机构管理办法［EB/OL］．［2021-6-9］．http：//www.lsc.org.cn/contents/1260/2019.html.

② 霍瑞娟．国家文化治理环境下中国图书馆学会发展研究［M］．北京：社会科学文献出版社，2018．

届年会确定不同的主题,配套开展年会征文活动、学术交流活动、"图书馆人之夜"活动及举办图书馆专业展览会。随着时代的发展,年会的举办模式也在不断变化。从 2011 年开始,中国图书馆年会由行业学会主办过渡到政府主办、中图学会承办的模式。2012 年,中国图书馆年会正式名称确定为"中国图书馆年会——中国图书馆学会年会·中国图书馆展览会"。2016 年,中国图书馆年会改为由原文化部(2018 年起改为文化和旅游部)指导,中图学会与城市共同主办,并设立下届年会主办城市申办机制,让年会逐渐成为展现我国不同地域文化特色的重要平台。①

表 15-1 1999—2020 年历届年会主题②

届次	时间	地点	年会主题
1	1999 年 7 月	辽宁大连	世纪之交:图书馆事业回顾与展望
2	2000 年 7 月	内蒙古海拉尔	21 世纪图书馆:发展与变革
3	2001 年 9 月	四川成都	21 世纪图书馆可持续发展战略
4	2002 年 7 月	陕西西安	知识经济时代图书馆的发展趋势
5	2003 年 7 月	广西桂林	新世纪的图书馆员
6	2004 年 7 月	江苏苏州	回顾与展望——中国图书馆事业百年
7	2005 年 7 月	广西桂林	以人为本 服务创新
8	2006 年 7 月	云南昆明	图书馆发展与和谐社会构建
9	2007 年 8 月	甘肃兰州	图书馆:新环境、新变化、新发展
10	2008 年 10 月	重庆	图书馆服务:全民共享
11	2009 年 10 月	广西南宁	中国图书馆事业:科学·法治·合作
12	2010 年 7 月	吉林长春	提升能力与效益 促进学习与创造
13	2011 年 10 月	贵州贵阳	公益·创新·发展:"十二五"时期的图书馆事业
14	2012 年 11 月	广东东莞	文化强国:图书馆的责任与使命
15	2013 年 11 月	上海	书香中国——阅读引领未来
16	2014 年 10 月	北京	馆员的力量:改革 发展 进步
17	2015 年 11 月	广东广州	图书馆:社会进步的力量

① 杨前进. 1999—2016 年中国图书馆年会评析 [J]. 情报探索, 2017 (12): 129-134.
② 资料来源:中国图书馆学会网站。

(续上表)

届次	时间	地点	年会主题
18	2016年10月	安徽铜陵	创新中国：技术、社会与图书馆
19	2018年5月	河北廊坊	图书馆与社会：共享 效能 法治
20	2019年8月	内蒙古鄂尔多斯	新时代图书馆的转型发展：均衡 融合 智慧
21	2020年12月	北京	聚焦科技创新新战略，拓展知识服务新技能

在每次年会召开前，中图学会围绕年会主题和若干分会主题面向全国图书馆界征集学术论文和业务案例，成立专家委员会对稿件进行审议，提名作品的作者将有机会获邀参加中国图书馆年会。在年会活动组织方面，年会学术活动以"主会场、分会场"为基本框架，设置主题论坛，策划组织卫星会议，为业界同行特别是中西部欠发达地区的同行提供了便利的工作交流和学术研讨机会。

二、青年学术论坛

青年学术论坛是中图学会根据新的形势和发展需要所创设的，是我国图书馆业界最重要的单项综合性学术活动之一。该论坛旨在聚集青年图书馆人的聪明智慧，以活跃的形式、丰富的内容、创新的思维推动图书馆工作和图书馆学研究。如表15-2所示，青年学术论坛从2002年11月创办以来已举办八届。每届论坛由中图学会各分支机构和地方学会推荐40岁以下的青年人才参加。青年学术论坛根据青年人的特点，通过形式和内容的变化，为青年学人提供一个自由交流、互相沟通的平台。

表15-2 青年学术论坛历届主题①

届次	时间	地点	主题
1	2002年11月	河南郑州	向知识化、网络化、社会化、国际化迈进的中国图书馆
2	2004年11月	浙江绍兴	新青年、新理念、新秩序——知识传播与图书馆变革

---

① 资料来源：中国图书馆学会网站。

（续上表）

届次	时间	地点	主题
3	2006年10月	福建武夷山	在创新中成长
4	2008年7月	上海	图书馆公共形象：研究、策划与设计
5	2011年5月	江苏苏州	全媒体时代的图书馆建设与服务创新
6	2014年11月	福建厦门	未来的图书馆和未来的图书馆员
7	2017年10月	湖北武汉	转型与创新：新时代图书馆员的使命与责任
8	2021年5月	广东广州	探索与引领：中国图书馆事业的"青年故事"与"青年责任"

2021年5月，中图学会在广州举办了第八届青年学术论坛。此次论坛以"探索与引领：中国图书馆事业的'青年故事'与'青年责任'"为主题，为青年人才发表见解、展示风貌、成长成才搭建了平台，传播中国图书馆事业的"青年故事"。该论坛组织了前期人才推选，从各系统和各地区图书馆及相关机构中推选青年学术人才和管理人才，经过专家委员会研议后确定名单，邀请青年人才在论坛上分享优秀学术观点和优秀案例。

三、百县馆长论坛

百县馆长论坛是专门面向县级公共图书馆馆长的全国性论坛，每两年召开一次，每届论坛都确定不同的主题，每个主题都紧扣同期我国基层图书馆事业发展的脉搏，并经过充分讨论后形成一个"共识"。"共识"既是会议研讨成果的总结，也是与会者代表行业的集体诉求。① 2005年，首届百县馆长论坛在河南省林州市召开，来自全国20余个省、直辖市、自治区的100余位县级公共图书馆馆长参加了会议，形成并发布了《林州共识》。《林州共识》不仅仅是一次会议的共识，更是向全社会发出的一种声音，它集合了参会的百余位县级公共图书馆馆长对发展县级公共图书馆的殷切呼吁。《林州共识》是我国第一份正式的关于县级公共图书馆发展问题的行业文件，其发布具有重要的意义。

---

① 学习贯彻《中华人民共和国公共图书馆法》培训班暨中国图书馆学会第六届百县馆长论坛在浙江德清召开．[EB/OL]．[2021-7-25]．http://www.lsc.org.cn/contents/1176/12614.html．

截至 2021 年 7 月，百县馆长论坛已经召开了六届，先后形成了《林州共识》《常熟共识》《江阴共识》《神木共识》《晋江共识》《德清共识》，如表 15-3 所示。百县馆长论坛已经成为中图学会的品牌性学术活动，对推动我国县级图书馆的发展发挥了重要的作用。

表 15-3 历届"百县馆长论坛"一览表①

届次	时间	地点	主题	共识
1	2005 年 10 月 30 日—11 月 2 日	河南林州	县级图书馆的生存与发展	林州共识
2	2007 年 10 月 30 日—11 月 1 日	江苏常熟	社区乡镇图书馆建设与发展	常熟共识
3	2010 年 5 月 12—15 日	江苏江阴	构建体系，提升服务，持续发展	江阴共识
4	2012 年 7 月 12—13 日	陕西神木	免费开放环境下县级图书馆的建设与服务创新	神木共识
5	2015 年 5 月 20—22 日	福建晋江	县级图书馆在构建现代公共文化服务体系中的地位和作用	晋江共识
6	2018 年 9 月 18—19 日	浙江德清	学习贯彻《中华人民共和国公共图书馆法》	德清共识

四、全国图书馆未成年人服务论坛

中图学会创设了全国图书馆未成年人服务论坛，每三年举办一次。该论坛旨在为全国公共图书馆、少年儿童图书馆、中小学图书馆及各类阅读推广机构的未成年人服务工作者搭建一个互相交流、充分研讨、共同提高的平台，促进图书馆未成年人服务理论研究与工作实践深度融合，从而提升全国图书馆未成年人服务水平。② 2013 年 8 月 14—15 日，作为"全国图书馆未成年人服务提升计划"重要组成部分，中图学会第一届全国图书馆未成年人服务论坛以"阅读与圆梦"为主题在昆明隆重召开。该论坛提高了图书馆未

---

① 资料来源：中国图书馆学会网站。
② 中国图书馆学会品牌专业论坛，欢迎您的到来！5 月 21 日，安徽滁州，不见不散！[EB/OL].[2019-11-15]. http://www.lsc.org.cn/contents/1342/13504.html.

成年人服务工作者的专业理论水平和业务管理能力,这对进一步丰富和完善图书馆学学科体系起到了重要的推动作用。[①]

如表15-4所示,截至2019年,全国图书馆未成年人服务论坛已成功举办三届,论坛设置有开幕活动、主旨报告、专家讲座、读书会场景演示、优秀案例展示评审和图书馆新技术专题发言、学术分会场、嘉宾演讲等几大板块。

表15-4　2013—2019年历届全国图书馆未成年人服务论坛主题

届次	时间	地点	主题
1	2013年8月	云南昆明	阅读与圆梦
2	2016年8月	河南郑州	阅读与成长
3	2019年5月	安徽滁州	阅读的力量——立德树人,培根铸魂

第四节　继续教育

中图学会一直以来重视人才队伍建设,积极搭建专业人才继续教育体系,对全国图书馆从业人员进行系统化、专业化的分层分类培训。

一、未成年人服务提升计划

2012年9月,中图学会开始在全国范围内实施"全国图书馆未成年人服务提升计划",旨在提升图书馆馆员未成年人服务的理论水平、服务意识和创新能力,进而提升全国图书馆未成年人服务的水平。该计划涉及图书馆未成年人服务的理论与实践、阅读指导与少儿心理学、服务与教育学、文献服务、数字化信息服务、阅读宣传推广等多方面内容,采取专家巡讲和业界交流等方式,以区域为单位进行多站式推广。2012—2021年,"全国图书馆未

[①] 中国图书馆学会. 中国图书馆学学科史[M]. 北京:中国科学技术出版社,2014:245.

成年人服务提升计划"以"面向省级区域"和"面向全国,以省为基地"两种模式分别在天津、湖南、吉林、云南、河北、甘肃、陕西、四川等10余个省份开展巡讲活动,数千名馆长和业务骨干参与了该计划,取得显著成效。受新冠肺炎疫情的影响,2020年"全国图书馆未成年人服务提升计划"专题培训班创新服务方式,利用中图学会会员在线学习平台,设计和增加新的线上培训服务功能,安排了丰富的系列在线课程,为广大学员提供了灵活高效的学习途径。①

二、民国时期文献保护计划

2012年,国家图书馆联合国内文献收藏单位策划了"民国时期文献保护计划"项目,在文献普查、海外文献征集和文献整理出版等方面取得了硕果。自2014年起,中图学会与国家图书馆合作举办"革命文献与民国时期文献保护计划"宣传推广活动,面向社会公众普及革命文献与民国时期文献保存与保护的理念,展示相关工作取得的成果,同时加强专业人才队伍建设。该活动采用全国性培训与地区深入推广相结合的方式,开展高级研修班、培训、专题展览、讲座等活动。2020年,中图学会创新培训方式,充分利用互联网和信息化平台,将专家授课、互动答疑等培训环节以线上形式呈现,给学员提供了全新的培训体验。截至2020年9月,"民国时期文献保护计划"项目已陆续在全国18个省份举办了20站系列活动,累计培训专业人员3000余人次,并在17个省份开展了巡展活动,营造了全社会共同参与文献保护事业的良好氛围。②

三、图书馆馆员在职专业培训

图书馆馆员在职专业培训是中图学会专门针对图书馆新入职馆员和非图书情报专业背景的馆员开展的培训活动,目的是建立全国及区域性培训基地,对全国图书馆从业人员进行系统化、专业化的分层分类培训。该培训每年暑期举办一次,邀请国内知名的专家学者和实践经验丰富的图书馆馆长参

---

① 2020"全国图书馆未成年人服务提升计划"线上专题培训班成功举办 [EB/OL]. [2021-7-22]. http://www.lsc.org.cn/contents/1216/15023.html.

② 2020年"革命文献与民国时期文献保护计划"线上专题培训班举办 [EB/OL]. [2021-06-22]. http://www.lsc.org.cn/contents/1342/14949.html.

与授课，同时安排学员深入相关图书馆参观交流，以"学得会、用得上、有实效"为出发点，坚持把素质和能力培养贯穿于培训的全过程。① 2021年的"图书馆员在职专业培训"活动在南京大学举办，培训内容包括图书馆价值与使命、"十四五"时期公共文化发展规划解读、图书馆学基础理论知识、图书馆基础业务建设、图书馆服务创新与效能提升、人工智能助力公共文化建设、智慧图书馆、图书馆阅读推广。

四、"阅读推广人"培育行动

"阅读推广人"培育行动是中图学会在长期从事阅读推广工作的基础上孕育而成的，也是深入贯彻落实习近平总书记给国家图书馆老专家回信精神，培育专门人才、服务全民阅读的品牌项目之一，2019年入选国家新闻出版署全民阅读优秀项目。② 截至2021年，"阅读推广人"培育行动已举办18期活动，培育了近4000名"阅读推广人"，受到业界广泛关注。

该项目于2014年12月在江苏省常熟市正式启动，旨在通过培养一批具有一定资质，可以开展阅读指导、提升读者阅读兴趣和阅读能力的"阅读推广人"，进而从根本上推动我国全民阅读事业的发展。"阅读推广人"培育行动分为基础级、提高级和研究级三个级别，学员须逐级培训，逐步从基础实践向理论研究提升。中图学会邀请图书馆界、教育界、新闻出版界知名专家学者，组建"阅读推广人"培育指导委员会，并出版"阅读推广人系列教材"。目前"阅读推广人系列教材"的第一辑和第二辑已出版，第一辑包括以下7种教材：《图书馆阅读推广基础工作》《图书馆阅读推广基础理论》《图书馆时尚阅读推广》《图书馆数字阅读推广》《图书馆经典阅读推广》《图书馆少儿阅读推广》《图书评论与阅读推广》；第二辑包括以下6种教材：《图书馆绘本阅读推广》《大学图书馆阅读推广》《图书馆家庭阅读推广》《中国阅读的历史与传统》《图书馆图书评论工作》《图书馆阅读讲坛工作》。中图学会在编撰"阅读推广人系列教材"第一辑、第二辑的基础上，2020年编辑出版了"阅读推广人系列教材"第三辑至第五辑，包括《读书会运营与阅读推广》《阅读政策与图书馆阅读推广》《图书馆空间设计与阅

---

① 中国图书馆学会举办2018年图书馆员在职专业培训[EB/OL].[2021-06-10]. http://www.lsc.org.cn/contents/1219/12522.html.
② "阅读推广人"培育行动（第十六期）举办[EB/OL].[2021-06-21]. http://www.lsc.org.cn/contents/1342/14936.html.

读推广》等 18 种，为广大阅读推广工作者提供了理论指导与实践参考。

第五节　地方图书馆学会

地方图书馆学会以地方图书资料从业人员及相关单位为主体，积极开展学术研究，团结地方各类型图书馆及图书资料从业人员，维护图书馆行业利益，促进图书馆事业的发展。① 推动学术交流与发展是地方图书馆学会的重要职能之一，地方图书馆学会搭建的学术交流平台颇具特色。一方面，举办区域性学术交流活动。如黑龙江省图书馆学会、吉林省图书馆学会与辽宁省图书馆学会联合举办的东北地区图书馆科学讨论会，截至 2021 年 7 月已成功举办 18 次，已成为东北地区图书馆界加强交流、合作发展的重要标志；广州、佛山、肇庆、清远、云浮、韶关六市图书馆（学会）达成《广佛肇清云韶六市图书馆（学会）合作协议》，每年联合举办一次学术交流活动，激发六市图书资料从业人员对图书馆学理论研究和业务探索的积极性。另一方面，开展继续教育培训活动。如上海市图书馆学会联合上海浦东图书馆建立"阅读推广人"制度及培训、认证机制；佛山市图书馆学会从 2004 年开始举办"图书馆基础业务培训班"，帮助图书资料从业人员学习掌握图书馆基础理论，提高业务技能。

本节以广东图书馆学会和广州市图书馆学会为例介绍地方图书馆学会与馆员职业发展相关的学术交流平台和继续教育活动。

一、广东图书馆学会

广东图书馆学会成立于 1963 年 2 月 22 日，是省级学会中成立较早的学会之一，是广东省社会科学界联合会成立时的六个发起成员之一，是全国同行学会中最早的学会。② 广东图书馆学会的业务范围包括组织学术研究，开

---

① 刁霄宇. 我国地方图书馆行业组织发展对策研究 [J]. 图书馆工作与研究，2020 (6)：99–105.

② 林庆云. 图书馆学会工作健康发展探讨：以广东图书馆学会发展之路为例 [J]. 图书馆论坛，2006 (4)：42–45.

展国内外和省内外的学术交流和联谊活动,发展和加强与港澳地区、海峡两岸图书馆界的友好交往;编辑出版图书馆书刊和图书馆专业资料;介绍、推广和评定图书馆学研究成果,接受申报广东省图书馆科研课题;以及开展对会员和图书资料从业人员继续教育和培训工作,普及图书馆学基本知识,传播推广先进技术,发现和推荐人才,为广东省经济建设的重大决策和图书馆事业发展中重大问题提供咨询服务。①

(一)搭建学术交流平台

推动学术交流与发展是广东图书馆学会的重要职能之一。广东图书馆学会搭建了丰富多彩的学术交流平台。一是组织业界专家学者多次召开专题研讨会和学术讲座,举办学术年会,探讨行业发展趋势。如2020年12月广东图书馆学会联合广东省高校图工委在中山市中山纪念图书馆举办了广东图书馆学会-广东省高校图工委联合学术年会。二是承办中国图书馆学会主办的各类学术主题活动。如2021年广东图书馆学会和广东省立中山图书馆承办由中国图书馆学会主办的第八届青年学术论坛,促进学界、业界和不同系统、地区间青年人才的交流合作。三是组织广东省专家和会员开展科研课题研究。如广东图书馆学会从2009开始连续12年推进课题立项工作,每年发布课题指南,鼓励从业人员积极申报科研课题,推动广东省图书馆学研究;2019年广东图书馆学会修订《广东省图书馆科研课题管理办法》,制定《广东省图书馆科研课题专项资金筹集办法》;创办了内部刊物《广东图书馆园地》,每年编辑出版4期,为图书资料从业人员提供了解当地图书馆最新动态和交流工作经验的窗口。四是开展对外交流,开阔会员视野。广东图书馆学会配合做好国际图联大会的申办工作,每年组团参加国际图联大会,为国际图联大会参会人员提供信息咨询和申请邀请函服务。

(二)开展继续教育培训

广东图书馆学会重视人才队伍的建设,致力于为广东省"十四五"时期公共文化服务提档升级打造一支更有创新力的专业队伍,多次承办、协办中国图书馆学会全国大型培训,与各地市文广新局、学会、基层图书馆等合作,开展系列业务培训活动。在承办、协办全国大型培训方面,如2016年,

---

① 广东图书馆学会简介[EB/OL].[2019-11-22]. http://www.lsgd.org.cn/zzjs/xhjj/index.shtml.

广东图书馆学会先后承办中国图书馆学会主办的《图书馆参考咨询服务规范》《社区图书馆服务规范》培训班,有效推动两个文化行业标准的宣传推广和贯彻落实;2017年,广东图书馆学会承办由中国图书馆学会主办的第六次全国县级以上公共图书馆评估定级培训班(广州站);2018年,广东图书馆学会协办第九期全国县级图书馆馆长培训班。在与各级图书馆合作开展业务培训方面,广东图书馆学会先后与广东各地区图书馆开展合作,举办业务培训班。如2019年,在粤东和粤西北地区举办广东公共图书馆业务培训班;2021年,广东图书馆学会与广东省立中山图书馆联合开展粤图讲堂暨广东省立中山图书馆"知了学堂"培训。在培训内容方面,广东图书馆学会围绕基层图书馆从业人员关心的内容主题进行针对性培训,主题包括公共图书馆法、公共文化服务保障法、总分馆建设、阅读推广、未成年人服务等。如2018—2020年,广东图书馆学会新成立的未成年人图书馆服务专业委员会先后举办三期广东省少儿阅读推广人培训班,培养了一批面向未成年人服务的阅读推广人。

二、广州市图书馆学会

广州市图书馆学会于1987年成立,是广州市图书资料工作者自愿参加的学术性群众团体,是以图书馆学研究为目的的非营利性社会组织,是联系全市各级各类图书馆的桥梁和纽带,是广州市社会科学界联合会的团体会员。广州市图书馆学会业务范围包括组织学术研究,开展学术、经验交流活动;开展对会员和图书资料从业人员继续教育和培训工作,普及图书馆学、情报学基础理论、基本知识,提高会员学术研究水平,推荐人才;评定图书馆学研究成果,推荐、表彰、奖励优秀学术论著;对广州市图书馆事业建设提出合理建议;介绍和推广国内外图书馆学、情报学优秀研究成果,传播推广先进技术;编印学术资料;为广州市图书馆事业发展提供咨询服务;为繁荣广州市图书情报事业,振兴广州经济,建设社会主义物质文明、精神文明、政治文明和生态文明做出贡献。①

(一)搭建学术交流平台

一是举办形式多样的学术研讨会。如2018年广州市图书馆学会联合广

---

① 广州市图书馆学会简介[EB/OL].[2019-11-22]. http://www.gzlib.gov.cn/societyjj/index.jhtml.

州图书馆策划和举办了首届"广州市图书馆学会青年学术论坛"。该论坛以"新时代图书馆服务与馆员专业能力建设"为主题，采用论文宣读与专家点评指导相结合的形式，为行业青年人才发表见解、沟通交流、展示风貌、提升学术研究能力提供了良好的平台。截至2020年，该论坛已举办三届。二是鼓励和引导会员开展学术研究。广州市图书馆学会及时将国家、省、市等各级政府和机构的科研课题申报及科研资助信息传达给会员，并协助办理课题申报和出版资助手续，协助多个会员单位和个人获得省、市级立项，协助会员获得广州市社科联出版资助。同时，广州市图书馆学会向会员转发各种图书情报类学术研讨会征文通知，组织会员参加征文活动。三是编辑发行刊物，多渠道推动信息交流和学术研究。广州市图书馆学会定期编发《广州地区图书馆动态》，每年6期。《广州地区图书馆动态》内容涉及各个图书馆的业务信息、学术活动和重大活动等，摘录专业刊物上有关图书馆业务的文章。①

（二）开展继续教育培训

广州市图书馆学会于2012年5月向广州市人力资源和社会保障局申请设立了广州市图书馆学专业继续教育基地。该基地与中山大学信息管理学院、香港歌德学院图书馆等专业机构合作，邀请国内外本专业领域知名的教授、业界专家授课，培训形式丰富多样，包括但不限于专题讲座、学术报告、研修班、工作坊，培训内容注重理论与实践相结合。此外，广州市图书馆学会在制定年度培训计划前广泛征求各方意见与建议，以图书资料从业人员的需求为导向，打造不同层次的培训课程，为会员和基层从业人员提供了大量高质量的继续教育课程。② 2012—2020年，广州市图书馆学会先后组织了196场专业课学术讲座，提供了977个专业课学时，为学会会员提供了充足的专业继续教育课程。

主要参考文献

[1] 霍瑞娟. 国家文化治理环境下中国图书馆学会发展研究 [M]. 北

---

① 广州市图书馆学会第六届理事会工作报告 [EB/OL]. [2019-11-22]. http://www.gzlib.gov.cn/societygzbb/143077.jhtml.
② 刁霄宇. 我国地方图书馆行业组织发展对策研究 [J]. 图书馆工作与研究, 2020 (6): 99-105.

京：社会科学文献出版社，2018.

［2］中国图书馆学会．中国图书馆学学科史［M］．北京：中国科学技术出版社，2014.

［3］刁霄宇．我国地方图书馆行业组织发展对策研究［J］．图书馆工作与研究，2020（6）：99－105.

［4］林庆云．图书馆学会工作健康发展探讨：以广东图书馆学会发展之路为例［J］．图书馆论坛，2006（4）：42－45.

［5］广州市图书馆学会第六届理事会工作报告［EB/OL］．［2019－11－22］．http：//www.gzlib.gov.cn/societygzbb/143077.jhtml.

［6］中国图书馆学会简介［EB/OL］．［2019－11－10］．http：//www.lsc.org.cn/cns/channels/1297.html.

［7］广东图书馆学会简介［EB/OL］．［2019－11－22］．http：//www.lsgd.org.cn/zzjs/xhjj/index.shtml.

［8］广州市图书馆学会简介［EB/OL］．［2019－11－22］．http：//www.gzlib.gov.cn/societyjj/index.jhtml.

［9］中国图书馆学会2020年年报［EB/OL］．［2021－06－09］．http：//www.lsc.org.cn/contents/1298/15174.html.

习　题

（1）登录中国图书馆学会网站，了解网站上的专业资源。

（2）了解当年中国图书馆年会或地方图书馆学会年会的基本情况。

（3）参加一次中国图书馆年会或地方图书馆学会年会。

思考题

（1）中国图书馆学会这一专业组织对于我国图书馆事业的发展有何意义？

（2）中国图书馆学会及地方图书馆学会等专业组织对于图书馆馆员的职业发展有何意义？

附录Ⅰ 国内外图书馆学学术刊物[①]

一、国内图书馆学术刊物

(1)《大学图书馆学报》(http://www.dxtsgxb.cn/);

(2)《国家图书馆学刊》(http://gtxk.nlc.cn/ch/index.aspx);

(3)《数据分析与知识发现》(http://manu44.magtech.com.cn/Jwk_infotech_wk3/CN/2096-3467/home.shtml);

(4)《数字图书馆论坛》(http://www.dlf.net.cn/dlf/ch/index.aspx);

(5)《图书馆》(http://www.library.hn.cn/gbkw/tsgzz/);

(6)《图书馆工作与研究》(http://bjb.tjl.tj.cn/CN/volumn/current.shtml);

(7)《图书馆建设》(http://www.tsgjs.org.cn/CN/1004-325X/home.shtml);

(8)《图书馆理论与实践》(http://www.libedit.cn/WKA/WebPublication/index.aspx?mid=lsgl);

(9)《图书馆论坛》(http://tsglt.zslib.com.cn/CN/volumn/home.shtml);

(10)《图书馆学研究》(http://www.jlplib.com.cn/tsgxyj/);

(11)《图书馆杂志》(http://www.libraryjournal.com.cn/CN/1000-4254/home.shtml);

(12)《图书情报工作》(http://www.lis.ac.cn/CN/0252-3116/home.shtml);

---

① 刊物按照首字母顺序排列。

(13)《图书情报知识》(http://dik.whu.edu.cn/jwk3/tsqbzs/CN/1003-2797/home.shtml);

(14)《图书与情报》(http://tsyqb.gslib.com.cn/CN/volumn/home.shtml);

(15)《新世纪图书馆》(http://newcentury.jslib.org.cn/xsjtsg/index.html);

(16)《信息资源管理学报》(http://jirm.whu.edu.cn/jwk3/xxzyglxb/CN/2095-2171/home.shtml);

(17)《中国图书馆学报》(http://www.jlis.cn/jtlsc/ch/index.aspx);

二、国外图书馆学术刊物

(1) African Journal of Library Archives and Information Science (https://www.ajol.info/index.php/ajlais);

(2) Aslib Journal of Information Management (https://www.emeraldgrouppublishing.com/journal/ajim?id=ajim);

(3) Canadian Journal of Information and Library Science (https://utpjournals.press/loi/cjils);

(4) College & Research Libraries (https://crl.acrl.org/index.php/crl);

(5) Ethics and Information Technology (https://link.springer.com/journal/10676);

(6) Government Information Quarterly (https://www.sciencedirect.com/journal/government-information-quarterly/);

(7) Health Information and Libraries Journal (https://onlinelib-rary.wiley.com/journal/14711842);

(8) Information & Culture (https://infoculturejournal.org/);

(9) Information and Organization (https://www.sciencedirect.com/journal/information-and-organization);

(10) Information Processing & Management (https://www.sciencedirect.com/journal/information-processing-and-management/);

(11) Information Society (https://www.tandfonline.com/toc/utis20/current);

(12) Information Systems Journal (https://onlinelibrary.wiley.com/journal/13652575);

(13) Information Technology and Libraries (https://ejournals.bc.edu/in-

dex. php/ital/index);

(14) *International Journal of Information Management* (https://www.sciencedirect.com/journal/international-journal-of-information-management/);

(15) *Investigación Bibliotecológica* (http://rev-ib.unam.mx/ib/index.php/ib/search);

(16) *Journal of Academic Librarianship* (https://www.sciencedirect.com/journal/the-journal-of-academic-librarianship);

(17) *Journal of Documentation* (https://www.emeraldgrouppublishing.com/journal/jd?id=jd);

(18) *Journal of Global Information Management* (https://www.igi-global.com/journal/journal-global-information-management/1070);

(19) *Journal of Information Science* (https://journals.sagepub.com/home/jis);

(20) *Journal of Informetrics* (https://www.journals.elsevier.com/journal-of-informetrics);

(21) *Journal of Knowledge Management* (https://www.emeraldgrouppublishing.com/journal/jkm?id=jkm);

(22) *Journal of Librarianship and Information Science* (https://journals.sagepub.com/home/lis);

(23) *Journal of Scholarly Publishing* (https://utpjournals.press/loi/jsp);

(24) *Journal of the Association for Information Science and Technology* (https://asistdl.onlinelibrary.wiley.com/journal/23301643);

(25) *Journal of the Australian Library and Information Association* (https://www.tandfonline.com/toc/ualj21/current);

(26) *Journal of the Medical Library Association* (http://jmla.mlanet.org/ojs/jmla);

(27) *Law Library Journal* (https://www.aallnet.org/resources-publications/publications/law-library-journal/);

(28) *Learned Publishing* (https://onlinelibrary.wiley.com/journal/17414857);

(29) *Library & Information Science Research* (https://www.journals.elsevier.com/library-and-information-science-research);

(30) *Library and Information Science* (http://lis.mslis.jp/; 2020 年后期

刊：http：//www.libinformsci.com/）；

（31）*Library Collections, Acquisitions, and Technical Services*（https：//www.sciencedirect.com/journal/library-collections-acquisitions-and-technical-services）；

（32）*Library Hi Tech*（https：//www.emeraldgrouppublishing.com/journal/lht? id = lht）；

（33）*Library Journal*（https：//www.libraryjournal.com/）；

（34）*Library Quarterly*（https：//www.journals.uchicago.edu/journals/lq/about）；

（35）*Library Resources & Technical Services*（https：//journals.ala.org/index.php/lrts）；

（36）*Library Trends*（https：//www.press.jhu.edu/journals/library-trends）；

（37）*LIBRI - International Journal of Libraries and Information Studies*（https：//www.degruyter.com/view/j/libr）；

（38）*Malaysian Journal of Library & Information Science*（https：//mjlis.um.edu.my/）；

（39）*Portal - Libraries and the Academy*（https：//www.press.jhu.edu/journals/portal-libraries-and-academy）；

（40）*Reference & User Services Quarterly*（https：//journals.ala.org/index.php/rusq）；

（41）*Reference Services Review*（https：//www.emeraldgrouppublishing.com/rsr.htm）；

（42）*Research Evaluation*（https：//academic.oup.com/rev）；

（43）*Restaurator - International Journal for the Preservation of Library and Archival Material*（https：//www.degruyter.com/view/j/rest）；

（44）*Revista Española de Documentación Científica*（http：//redc.revistas.csic.es/index.php/redc）；

（45）*Serials Review*（https：//www.tandfonline.com/toc/usrv20/current）；

（46）*Scientometrics*（https：//www.springer.com/journal/11192）；

（47）*Telematics and Informatics*（https：//www.sciencedirect.com/journal/telematics-and-informatics/）；

（48）*The Electronic Library*（https：//www.emeraldgrouppublishing.com/journal/el? id = el）；

(49) *Zeitschrift für Bibliothekswesen und Bibliographie* (https://www.klostermann.de/epages/63574303.sf/de_DE/?ObjectPath=/Shops/63574303/Categories/Zeitschriften/ZfBB)。

附录Ⅱ 我国图书馆学科研项目申报

（1）国家社会科学基金项目（http://www.npopss-cn.gov.cn/）；
（2）国家自然科学基金项目（http://www.nsfc.gov.cn/）；
（3）国家文化和旅游科技创新工程项目（https://www.mct.gov.cn/）；
（4）广东省哲学社会科学规划项目（http://www.gdpplgopss.gov.cn/）；
（5）广东省自然科学基金项目（http://gdstc.gd.gov.cn/）；
（6）广东省软科学项目（http://gdstc.gd.gov.cn/）；
（7）广东省公共文化和旅游公共服务体系制度设计研究课题（http://whly.gd.gov.cn/）；
（8）广州市哲学社会科学规划项目（https://www.gzsk.org.cn/）；
（9）中国图书馆学会课题（http://www.lsc.org.cn/cns/index.html）；
（10）中国图书馆学会阅读推广课题（http://www.lib-read.org/）；
（11）广州市图书馆学会课题（http://www.gzlib.org.cn/society/index.jspx）；
（12）广东省图书馆科研课题（http://www.lsgd.org.cn/kylx/kdglyzn/index.shtml）。

附录Ⅲ 职称评审制度

中共中央办公厅 国务院办公厅印发《关于深化职称制度改革的意见》

中办发〔2016〕77号

职称是专业技术人才学术技术水平和专业能力的主要标志。职称制度是专业技术人才评价和管理的基本制度，对于党和政府团结凝聚专业技术人才，激励专业技术人才职业发展，加强专业技术人才队伍建设具有重要意义。按照党中央关于深化人才发展体制机制改革的部署，现就深化职称制度改革提出以下意见。

一、总体要求

（一）指导思想。高举中国特色社会主义伟大旗帜，全面贯彻党的十八大和十八届三中、四中、五中、六中全会精神，以邓小平理论、"三个代表"重要思想、科学发展观为指导，深入贯彻习近平总书记系列重要讲话精神和治国理政新理念新思想新战略，紧紧围绕统筹推进"五位一体"总体布局和协调推进"四个全面"战略布局，牢固树立和贯彻落实新发展理念，立足服务人才强国战略和创新驱动发展战略，坚持党管人才原则，遵循人才成长规律，把握职业特点，以职业分类为基础，以科学评价为核心，以促进人才开发使用为目的，建立科学化、规范化、社会化的职称制度，为客观科学公正评价专业技术人才提供制度保障。

（二）基本原则。

——坚持服务发展、激励创新。围绕经济社会发展和人才队伍建设需求，服务人才强国战略和创新驱动发展战略，充分发挥人才评价"指挥棒"作用，进一步简政放权，最大限度释放和激发专业技术人才创新创造创业活力，推动大众创业、万众创新。

——坚持遵循规律、科学评价。遵循人才成长规律，以品德、能力、业绩为导向，完善评价标准，创新评价方式，克服唯学历、唯资历、唯论文的倾向，科学客观公正评价专业技术人才，让专业技术人才有更多时间和精力深耕专业，让作出贡献的人才有成就感和获得感。

——坚持问题导向、分类推进。针对现行职称制度存在的问题特别是专业技术人才反映的突出问题，精准施策。把握不同领域、不同行业、不同层次专业技术人才特点，分类评价。

——坚持以用为本、创新机制。围绕用好用活人才，创新人才评价机制，把人才评价与使用紧密结合，促进专业技术人才职业发展，满足各类用人单位选才用才需要。

（三）主要目标。通过深化职称制度改革，重点解决制度体系不够健全、评价标准不够科学、评价机制不够完善、管理服务不够规范配套等问题，使专业技术人才队伍结构更趋合理，能力素质不断提高。力争通过3年时间，基本完成工程、卫生、农业、会计、高校教师、科学研究等职称系列改革任务；通过5年努力，基本形成设置合理、评价科学、管理规范、运转协调、服务全面的职称制度。

二、健全职称制度体系

（四）完善职称系列。保持现有职称系列总体稳定。继续沿用工程、卫生、农业、经济、会计、统计、翻译、新闻出版广电、艺术、教师、科学研究等领域的职称系列，取消个别不适应经济社会发展的职称系列，整合职业属性相近的职称系列。适应经济社会发展新需求，探索在新兴职业领域增设职称系列。新设职称系列由中央和国家机关有关部门提出，经人力资源社会保障部审核后，报国务院批准。各地区各部门未经批准不得自行设置职称系列。职称系列可根据专业领域设置相应专业类别。

军队专业技术人才参加通用专业职称评审按照国家有关规定执行；相近专业职称评审可参照国家有关规定；特殊专业职称评审可根据军队实际情况制定评审办法，评审结果纳入国家人才评价管理体系。

（五）健全层级设置。各职称系列均设置初级、中级、高级职称，其中高级职称分为正高级和副高级，初级职称分为助理级和员级，可根据需要仅设置助理级。目前未设置正高级职称的职称系列均设置到正高级，以拓展专业技术人才职业发展空间。

（六）促进职称制度与职业资格制度有效衔接。以职业分类为基础，统筹研究规划职称制度和职业资格制度框架，避免交叉设置，减少重复评价，降低社会用人成本。在职称与职业资格密切相关的职业领域建立职称与职业资格对应关系，专业技术人才取得职业资格即可认定其具备相应系列和层级的职称，并可作为申报高一级职称的条件。初级、中级职称实行全国统一考试的专业不再进行相应的职称评审或认定。

三、完善职称评价标准

（七）坚持德才兼备、以德为先。坚持把品德放在专业技术人才评价的首位，重点考察专业技术人才的职业道德。用人单位通过个人述职、考核测评、民意调查等方式全面考察专业技术人才的职业操守和从业行为，倡导科学精神，强化社会责任，坚守道德底线。探索建立职称申报评审诚信档案和失信黑名单制度，纳入全国信用信息共享平台。完善诚信承诺和失信惩戒机制，实行学术造假"一票否决制"，对通过弄虚作假、暗箱操作等违纪违规行为取得的职称，一律予以撤销。

（八）科学分类评价专业技术人才能力素质。以职业属性和岗位需求为基础，分系列修订职称评价标准，实行国家标准、地区标准和单位标准相结合，注重考察专业技术人才的专业性、技术性、实践性、创造性，突出对创新能力的评价。合理设置职称评审中的论文和科研成果条件，不将论文作为评价应用型人才的限制性条件。对在艰苦边远地区和基层一线工作的专业技术人才，淡化或不作论文要求；对实践性、操作性强，研究属性不明显的职称系列，可不作论文要求；探索以专利成果、项目报告、工作总结、工程方案、设计文件、教案、病历等成果形式替代论文要求；推行代表作制度，重点考察研究成果和创作作品质量，淡化论文数量要求。对职称外语和计算机应用能力考试不作统一要求。确实需要评价外语和计算机水平的，由用人单位或评审机构自主确定评审条件。对在艰苦边远地区和基层一线工作的专业技术人才，以及对外语和计算机水平要求不高的职称系列和岗位，不作职称外语和计算机应用能力要求。

（九）突出评价专业技术人才的业绩水平和实际贡献。注重考核专业技术人才履行岗位职责的工作绩效、创新成果，增加技术创新、专利、成果转化、技术推广、标准制定、决策咨询、公共服务等评价指标的权重，将科研成果取得的经济效益和社会效益作为职称评审的重要内容。取得重大基础研究和前沿技术突破、解决重大工程技术难题、在经济社会各项事业发展中作出重大贡献的专业技术人才，可直接申报评审高级职称。对引进的海外高层次人才和急需紧缺人才，放宽资历、年限等条件限制，建立职称评审绿色通道。对长期在艰苦边远地区和基层一线工作的专业技术人才，侧重考察其实际工作业绩，适当放宽学历和任职年限要求。

四、创新职称评价机制

（十）丰富职称评价方式。建立以同行专家评审为基础的业内评价机制，注重引入市场评价和社会评价。基础研究人才评价以同行学术评价为主，应用研究和技术开发人才评价突出市场和社会评价，哲学社会科学研究人才评价重在同行认可和社会效益。对特殊人才通过特殊方式进行评价。鼓励有条件的地区单独建立基层专业技术人才职称评审委员会或评审组，单独评审。采用考试、评审、考评结合、考核认定、个人述职、面试答辩、实践操作、业绩展示等多种评价方式，提高职称评价的针对性和科学性。

（十一）拓展职称评价人员范围。进一步打破户籍、地域、身份、档案、人事关系等制约，创造便利条件，畅通非公有制经济组织、社会组织、自由职业专业技术人才职称申报渠道。科技、教育、医疗、文化等领域民办机构专业技术人才与公立机构专业技术人才在职称评审等方面享有平等待遇。高校、科研院所、医疗机构等企事业单位中经批准离岗创业或兼职的专业技术人才，3年内可在原单位按规定正常申报职称，其创业或兼职期间工作业绩作为职称评审的依据。打通高技能人才与工程技术人才职业发展通道，符合条件的高技能人才，可参加工程系列专业技术人才职称评审。在内地就业的港澳台专业技术人才，以及持有外国人永久居留证或各地颁发的海外高层次人才居住证的外籍人员，可按规定参加职称评审。公务员不得参加专业技术人才职称评审。

（十二）推进职称评审社会化。对专业性强、社会通用范围广、标准化程度高的职称系列，以及不具备评审能力的单位，依托具备较强服务能力和水平的专业化人才服务机构、行业协会学会等社会组织，组建社会化评审机构进行职称评审。建立完善个人自主申报、业内公正评价、单位择优使用、政府指导监督的社会化评审机制，满足非公有制经济组织、社会组织以及新兴业态职称评价需求，服务产业结构优化升级和实体经济发展。

（十三）加强职称评审监督。完善各级职称评审委员会核准备案管理制度，明确界定评审委员会评审的专业和人员范围，从严控制面向全国的职称评审委员会。完善评审专家遴选机制，加强评审专家库建设，积极吸纳高校、科研机构、行业协会学会、企业专家，实行动态管理。健全职称评审委员会工作程序和评审规则，严肃评审纪律，明确评审委员会工作人员和评审专家责任，强化评审考核，建立倒查追责机制。建立职称评审公开制度，实行政策公开、标准公开、程序公开、结果公开。企事业单位领导不得利用职务之便为本人或他人评定职称谋取利益。建立职称评审回避制度、公示制度和随机抽查、巡查制度，建立复查、投诉机制，加强对评价全过程的监督管理，构建政府监管、单位（行业）自律、社会监督的综合监管体系。严禁社会组织以营利为目的开展职称评审，突出职称评审公益性，加强评价能力建设，强化自我约束和外部监督。

依法清理规范各类职称评审、考试、发证和收费事项，大力查处开设虚假网站、制作和贩卖假证等违纪违法行为，打击考试舞弊、假冒职称评审、扰乱职称评审秩序、侵害专业技术人才利益等违法行为。

五、促进职称评价与人才培养使用相结合

（十四）促进职称制度与人才培养制度的有效衔接。充分发挥职称制度对提高人才培养质量的导向作用，紧密结合专业技术领域人才需求和职业标准，在工程、卫生、经济、会计、统计、审计、教育、翻译、新闻出版广电等专业领域，逐步建立与职称制度相衔接的专业学位研究生培养制度，加快培育重点行业、重要领域专业技术人才；推进职称评审与专业技术人才继续教育制度相衔接，加快专业技术人才知识更新。

（十五）促进职称制度与用人制度的有效衔接。用人单位结合用人需求，根据职称评价结果合理使用专业技术人才，实现职称评价结果与各类专业技术人才聘用、考核、晋升等用人制度的衔接。对于全面实行岗位管理、专业

技术人才学术技术水平与岗位职责密切相关的事业单位，一般应在岗位结构比例内开展职称评审。对于不实行岗位管理的单位，以及通用性强、广泛分布在各社会组织的职称系列和新兴职业，可采用评聘分开方式。坚持以用为本，深入分析职业属性、单位性质和岗位特点，合理确定评价与聘用的衔接关系，评以适用、以用促评。健全考核制度，加强聘后管理，在岗位聘用中实现人员能上能下。

六、改进职称管理服务方式

（十六）下放职称评审权限。进一步推进简政放权、放管结合、优化服务。政府部门在职称评价工作中要加强宏观管理，加强公共服务，加强事中事后监管，减少审批事项，减少微观管理，减少事务性工作。发挥用人主体在职称评审中的主导作用，科学界定、合理下放职称评审权限，人力资源社会保障部门对职称的整体数量、结构进行宏观调控，逐步将高级职称评审权下放到符合条件的市地或社会组织，推动高校、医院、科研院所、大型企业和其他人才智力密集的企事业单位按照管理权限自主开展职称评审。对于开展自主评审的单位，政府不再审批评审结果，改为事后备案管理。加强对自主评审工作的监管，对于不能正确行使评审权、不能确保评审质量的，将暂停自主评审工作直至收回评审权。

（十七）健全公共服务体系。按照全覆盖、可及性、均等化的要求，打破地域、所有制、身份等限制，建立权利平等、条件平等、机会平等的职称评价服务平台，简化职称申报手续和审核环节。健全专业化的考试评价机构，建立职称评审考试信息化管理系统，开展职称证书查询验证服务。选择应用性、实践性、社会通用性强的职称系列，依托京津冀协同发展等国家战略，积极探索跨区域职称互认。在条件成熟的领域探索专业技术人才评价结果的国际互认。

（十八）加强领导，落实责任。坚持党管人才原则，切实加强党委和政府对职称工作的统一领导。各级党委及其组织部门要把职称制度改革作为人才工作的重要内容，在政策研究、宏观指导等方面发挥统筹协调作用。各级政府人力资源社会保障部门会同行业主管部门负责职称政策制定、制度建设、协调落实和监督检查；充分发挥社会组织专业优势，鼓励其参与评价标准制定，有序承接具体评价工作；用人单位作为人才使用主体，要根据本单位岗位设置和人员状况，自主组织开展职称评审或推荐本单位专业技术人才参加职称评审，实现评价结果与使用有机结合。

　　各地区各部门要充分认识职称制度改革的重要性、复杂性、敏感性，将职称制度改革列入重要议事日程，加强组织领导，狠抓工作落实。人力资源社会保障部要会同有关部门抓紧制定配套措施，分系列推进职称制度改革。各地区各部门要深入调查研究，制定具体实施方案，坚持分类推进、试点先行、稳步实施，妥善处理改革中遇到的矛盾和问题。加强职称管理法治建设，完善职称政策法规体系。加强舆论引导，搞好政策解读，做好深入细致的思想政治工作，引导广大专业技术人才积极支持和参与职称制度改革，确保改革平稳推进和顺利实施。

职称评审管理暂行规定

《职称评审管理暂行规定》已经 2019 年 6 月 14 日人力资源社会保障部第 26 次部务会讨论通过，现予公布，自 2019 年 9 月 1 日起施行。

部　长　张纪南
2019 年 7 月 1 日

第一章　总　则

第一条　为规范职称评审程序，加强职称评审管理，保证职称评审质量，根据有关法律法规和国务院规定，制定本规定。

第二条　职称评审是按照评审标准和程序，对专业技术人才品德、能力、业绩的评议和认定。职称评审结果是专业技术人才聘用、考核、晋升等的重要依据。

对企业、事业单位、社会团体、个体经济组织等（以下称用人单位）以及自由职业者开展专业技术人才职称评审工作，适用本规定。

第三条　职称评审坚持德才兼备、以德为先的原则，科学公正评价专业技术人才的职业道德、创新能力、业绩水平和实际贡献。

第四条　国务院人力资源社会保障行政部门负责全国的职称评审统筹规划和综合管理工作。县级以上地方各级人力资源社会保障行政部门负责本地区职称评审综合管理和组织实施工作。

行业主管部门在各自职责范围内负责本行业的职称评审管理和实施工作。

第五条　职称评审标准分为国家标准、地区标准和单位标准。

各职称系列国家标准由国务院人力资源社会保障行政部门会同行业主管部门制定。

地区标准由各地区人力资源社会保障行政部门会同行业主管部门依据国家标准，结合本地区实际制定。

单位标准由具有职称评审权的用人单位依据国家标准、地区标准，结合本单位实际制定。

地区标准、单位标准不得低于国家标准。

第二章　职称评审委员会

第六条　各地区、各部门以及用人单位等按照规定开展职称评审，应当申请组建职称评审委员会。

职称评审委员会负责评议、认定专业技术人才学术技术水平和专业能力，对组建单位负责，受组建单位监督。

职称评审委员会按照职称系列或者专业组建，不得跨系列组建综合性职称评审委员会。

第七条　职称评审委员会分为高级、中级、初级职称评审委员会。

申请组建高级职称评审委员会应当具备下列条件：

（一）拟评审的职称系列或者专业为职称评审委员会组建单位主体职称系列或者专业；

（二）拟评审的职称系列或者专业在行业内具有重要影响力，能够代表本领域的专业发展水平；

（三）具有一定数量的专业技术人才和符合条件的高级职称评审专家；

（四）具有开展高级职称评审的能力。

第八条　国家对职称评审委员会实行核准备案管理制度。职称评审委员会备案有效期不得超过3年，有效期届满应当重新核准备案。

国务院各部门、中央企业、全国性行业协会学会、人才交流服务机构等组建的高级职称评审委员会由国务院人力资源社会保障行政部门核准备案；各地区组建的高级职称评审委员会由省级人力资源社会保障行政部门核准备案；其他用人单位组建的高级职称评审委员会按照职称评审管理权限由省级以上人力资源社会保障行政部门核准备案。

申请组建中级、初级职称评审委员会的条件以及核准备案的具体办法，按照职称评审管理权限由国务院各部门、省级人力资源社会保障行政部门以及具有职称评审权的用人单位制定。

第九条　职称评审委员会组成人员应当是单数，根据工作需要设主任委员和副主任委员。按照职称系列组建的高级职称评审委员会评审专家不少于25人，按照专业组建的高级职称评审委员会评审专家不少于11人。各地区组建的高级职称评审委员会的人数，经省级人力资源社会保障行政部门同意，可以适当调整。

第十条　职称评审委员会的评审专家应当具备下列条件：

（一）遵守宪法和法律；

（二）具备良好的职业道德；

（三）具有本职称系列或者专业相应层级的职称；

（四）从事本领域专业技术工作；

（五）能够履行职称评审工作职责。

评审专家每届任期不得超过3年。

第十一条 各地区、各部门和用人单位可以按照职称系列或者专业建立职称评审委员会专家库，在职称评审委员会专家库内随机抽取规定数量的评审专家组成职称评审委员会。

职称评审委员会专家库参照本规定第八条进行核准备案，从专家库内抽取专家组成的职称评审委员会不再备案。

第十二条 职称评审委员会组建单位可以设立职称评审办事机构或者指定专门机构作为职称评审办事机构，由其负责职称评审的日常工作。

第三章 申报审核

第十三条 申报职称评审的人员（以下简称申报人）应当遵守宪法和法律，具备良好的职业道德，符合相应职称系列或者专业、相应级别职称评审规定的申报条件。

申报人应当为本单位在职的专业技术人才，离退休人员不得申报参加职称评审。

事业单位工作人员受到记过以上处分的，在受处分期间不得申报参加职称评审。

第十四条 申报人一般应当按照职称层级逐级申报职称评审。取得重大基础研究和前沿技术突破、解决重大工程技术难题，在经济社会各项事业发展中作出重大贡献的专业技术人才，可以直接申报高级职称评审。

对引进的海外高层次人才和急需紧缺人才，可以合理放宽资历、年限等条件限制。

对长期在艰苦边远地区和基层一线工作的专业技术人才，侧重考查其实际工作业绩，适当放宽学历和任职年限要求。

第十五条 申报人应当在规定期限内提交申报材料，对其申报材料的真实性负责。

凡是通过法定证照、书面告知承诺、政府部门内部核查或者部门间核查、网络核验等能够办理的，不得要求申报人额外提供证明材料。

第十六条 申报人所在工作单位应当对申报材料进行审核，并在单位内部进行公示，公示期不少于5个工作日，对经公示无异议的，按照职称评审管理权限逐级上报。

第十七条 非公有制经济组织的专业技术人才申报职称评审，可以由所在工作单位或者人事代理机构等履行审核、公示、推荐等程序。

自由职业者申报职称评审，可以由人事代理机构等履行审核、公示、推荐等程序。

第十八条　职称评审委员会组建单位按照申报条件对申报材料进行审核。

申报材料不符合规定条件的，职称评审委员会组建单位应当一次性告知申报人需要补正的全部内容。逾期未补正的，视为放弃申报。

第四章　组织评审

第十九条　职称评审委员会组建单位组织召开评审会议。评审会议由主任委员或者副主任委员主持，出席评审会议的专家人数应当不少于职称评审委员会人数的2/3。

第二十条　职称评审委员会经过评议，采取少数服从多数的原则，通过无记名投票表决，同意票数达到出席评审会议的评审专家总数2/3以上的即为评审通过。

未出席评审会议的评审专家不得委托他人投票或者补充投票。

第二十一条　根据评审工作需要，职称评审委员会可以按照学科或者专业组成若干评议组，每个评议组评审专家不少于3人，负责对申报人提出书面评议意见；也可以不设评议组，由职称评审委员会3名以上评审专家按照分工，提出评议意见。评议组或者分工负责评议的专家在评审会议上介绍评议情况，作为职称评审委员会评议表决的参考。

第二十二条　评审会议结束时，由主任委员或者主持评审会议的副主任委员宣布投票结果，并对评审结果签字确认，加盖职称评审委员会印章。

第二十三条　评审会议应当做好会议记录，内容包括出席评委、评审对象、评议意见、投票结果等内容，会议记录归档管理。

第二十四条　评审会议实行封闭管理，评审专家名单一般不对外公布。

评审专家和职称评审办事机构工作人员在评审工作保密期内不得对外泄露评审内容，不得私自接收评审材料，不得利用职务之便谋取不正当利益。

第二十五条　评审专家与评审工作有利害关系或者其他关系可能影响客观公正的，应当申请回避。

职称评审办事机构发现上述情形的，应当通知评审专家回避。

第二十六条　职称评审委员会组建单位对评审结果进行公示，公示期不少于5个工作日。

公示期间，对通过举报投诉等方式发现的问题线索，由职称评审委员会组建单位调查核实。

经公示无异议的评审通过人员，按照规定由人力资源社会保障行政部门或者职称评审委员会组建单位确认。具有职称评审权的用人单位，其经公示无异议的评审通过人员，按照规定由职称评审委员会核准部门备案。

第二十七条　申报人对涉及本人的评审结果不服的，可以按照有关规定申请复查、进行投诉。

第二十八条　不具备职称评审委员会组建条件的地区和单位，可以委托经核准备案的职称评审委员会代为评审。具体办法按照职称评审管理权限由国务院各部门、省级人力资源社会保障行政部门制定。

第二十九条　专业技术人才跨区域、跨单位流动时，其职称按照职称评审管理权限重新评审或者确认，国家另有规定的除外。

第五章　评审服务

第三十条　职称评审委员会组建单位应当建立职称评价服务平台，提供便捷化服务。

第三十一条　职称评审委员会组建单位应当加强职称评审信息化建设，推广在线评审，逐步实现网上受理、网上办理、网上反馈。

第三十二条　人力资源社会保障行政部门建立职称评审信息化管理系统，统一数据标准，规范评审结果等数据采集。

第三十三条　人力资源社会保障行政部门在保障信息安全和个人隐私的前提下，逐步开放职称信息查询验证服务，积极探索实行职称评审电子证书。电子证书与纸质证书具有同等效力。

第六章　监督管理

第三十四条　人力资源社会保障行政部门和行业主管部门应当加强对职称评审工作的监督检查。

被检查的单位、相关机构和个人应当如实提供与职称评审有关的资料，不得拒绝检查或者谎报、瞒报。

第三十五条　人力资源社会保障行政部门和行业主管部门通过质询、约谈、现场观摩、查阅资料等形式，对各级职称评审委员会及其组建单位开展的评审工作进行抽查、巡查，依据有关问题线索进行倒查、复查。

第三十六条　人力资源社会保障行政部门和行业主管部门应当依法查处假冒职称评审、制作和销售假证等违法行为。

第三十七条　职称评审委员会组建单位应当依法执行物价、财政部门核准的收费标准，自觉接受监督和审计。

第七章　法律责任

第三十八条　违反本规定第八条规定，职称评审委员会未经核准备案、有效期届满未重新核准备案或者超越职称评审权限、擅自扩大职称评审范围的，人力资源社会保障行政部门对其职称评审权限或者超越权限和范围的职称评审行为不予认可；情节严重的，由人力资源社会保障行政部门取消职称评审委员会组建单位职称评审权，并依法追究相关人员的责任。

第三十九条　违反本规定第十三条、第十五条规定，申报人通过提供虚假材料、剽窃他人作品和学术成果或者通过其他不正当手段取得职称的，由人力资源社会保障行政部门或者职称评审委员会组建单位撤销其职称，并记入职称评审诚信档案库，纳入全国信用信息共享平台，记录期限为3年。

第四十条　违反本规定第十六条规定，申报人所在工作单位未依法履行审核职责的，由人力资源社会保障行政部门或者职称评审委员会组建单位对直接负责的主管人员和其他直接责任人员予以批评教育，并责令采取补救措施；情节严重的，依法追究相关人员责任。

违反本规定第十七条规定，非公有制经济组织或者人事代理机构等未依法履行审核职责的，按照前款规定处理。

第四十一条　违反本规定第十八条规定，职称评审委员会组建单位未依法履行审核职责的，由人力资源社会保障行政部门对其直接负责的主管人员和其他直接责任人员予以批评教育，并责令采取补救措施；情节严重的，取消其职称评审权，并依法追究相关人员责任。

第四十二条　评审专家违反本规定第二十四条、第二十五条规定的，由职称评审委员会组建单位取消其评审专家资格，通报批评并记入职称评审诚信档案库；构成犯罪的，依法追究刑事责任。

职称评审办事机构工作人员违反本规定第二十四条、第二十五条规定的，由职称评审委员会组建单位责令不得再从事职称评审工作，进行通报批评；构成犯罪的，依法追究刑事责任。

第八章　附　则

第四十三条　涉密领域职称评审的具体办法，由相关部门和单位参照本规定另行制定。

第四十四条　本规定自2019年9月1日起施行。

人力资源社会保障部　文化和旅游部
关于深化图书资料专业人员职称制度改革的指导意见

人社部发〔2021〕42号

各省、自治区、直辖市及新疆生产建设兵团人力资源社会保障厅（局）、文化和旅游厅（局），国务院各部委、各直属机构人事部门，有关中央企业人事部门：

图书资料专业人员是建设文化强国、培育文化自信的重要力量。深化图书资料专业人员职称制度改革，加强图书资料专业人才队伍建设，对传承弘扬中华优秀传统文化、更好满足人民精神文化需求、推动社会主义文化繁荣兴盛具有重要意义。为贯彻落实中共中央办公厅、国务院办公厅印发的《关于深化职称制度改革的意见》，现就深化图书资料专业人员职称制度改革提出如下指导意见。

一、总体要求

（一）指导思想

以习近平新时代中国特色社会主义思想为指导，全面贯彻落实党的十九大和十九届二中、三中、四中、五中全会精神，认真落实党中央、国务院决策部署，立足服务科教兴国战略、人才强国战略和创新驱动发展战略，遵循图书资料专业人员成长规律，健全完善符合图书资料专业人员工作特点的职称制度，推动图书资料专业人才队伍结构更趋合理、能力素质不断提高，为加快文化改革发展，扎实推进社会主义文化强国建设提供人才支撑。

（二）基本原则

1.坚持服务发展。围绕文化事业发展对图书资料工作提出的新要求，充分发挥职称评价在图书资料专业人员能力评价方面的"指挥棒"作用，着力提升图书资料专业人员的专业能力与职业素养，提高面向经济社会发展的文献信息服务能力，推动图书馆事业繁荣发展。

2.坚持遵循规律。遵循图书资料专业人员成长规律，突出图书资料行业特点，完善分类科学、合理多元的评价体系，强化服务意识，提高专业能力，引导图书资料专业人员立足岗位、追求卓越。

3. 坚持科学评价。科学设置评价体系，完善图书资料专业人员评价标准，突出评价图书资料专业人员职业道德、能力素质和工作业绩，破除唯学历、唯资历、唯论文、唯奖项倾向，创新评价机制，丰富评价方式，科学、客观、公正评价图书资料专业人员。

4. 坚持开放创新。积极推动图书资料专业人员国际交流与合作，提高图书资料专业人员的专业化、国际化水平，形成有利于图书资料专业人员潜心工作、深入研究、积极创新的人才评价制度，鼓励和调动图书资料专业人员的积极性和创造性，激发和释放创新创造活力。

二、主要内容

通过健全制度体系、完善评价标准、创新评价机制、促进职称制度与人才培养使用相衔接、加强评审监督服务等措施，建立健全符合图书资料行业特点、设置合理、评价科学、管理规范的图书资料专业人员职称制度。

（一）健全制度体系

1. 明确职称层级。图书资料专业人员职称设初级、中级、高级，初级职称分设员级和助理级，高级职称分设副高级和正高级。员级、助理级、中级、副高级和正高级职称名称依次为管理员、助理馆员、馆员、副研究馆员和研究馆员。

2. 图书资料专业人员各层级职称分别与事业单位专业技术岗位等级相对应。正高级对应专业技术岗位一至四级，副高级对应专业技术岗位五至七级，中级对应专业技术岗位八至十级，助理级对应专业技术岗位十一至十二级，员级对应专业技术岗位十三级。

（二）完善评价标准

1. 坚持德才兼备、以德为先。把职业操守放在图书资料专业人员评价的首位，通过个人述职、考核测评等方式综合考察图书资料专业人员的职业道德和从业行为，倡导爱岗敬业，提升服务意识，坚守道德底线。对剽窃他人研究成果等学术不端行为实行"一票否决制"，对通过弄虚作假取得的职称一律予以撤销。

2. 实行分类评价。根据图书资料行业不同岗位类型的特点，分类制定职称评价标准。对于主要从事图书资料业务工作的"操作型"人员，着重考察其工作业绩，突出其实际操作水平和解决问题、创新方法的能力。对于主要从事图书资料研究工作的"学术型"人员，着重考察其研究能力，突出其学术水平、学术影响和应用效果。

3. 实行国家标准、地区标准和单位标准相结合。人力资源社会保障部会同文化和旅游部研究制定《图书资料专业人员职称评价基本标准》（附后）。各地区可根据本地区图书资料事业发展情况，制定地区标准。具有自主评审权的用人单位可结合本单位实际，制定单位标准。地区标准和单位标准不得低于国家标准。

（三）创新评价机制

1. 丰富职称评价方式。建立以同行专家评议为基础的业内评价机制，灵活采用专家评审、考核认定、个人述职、面试答辩、实践操作、业绩展示等多种评价方式，提高职称评价的针对性和科学性。对所从事岗位研究属性较强的专业技术人员，以同行学术评价为主；对所从事岗位应用性和技术性较强的专业技术人员，引入用户评价、社会评价和所在单位评价。

2. 拓宽职称评价人员范围。进一步打破户籍、地域、身份、档案等制约，畅通各类图书资料专业人员职称评价渠道。在非公立图书（资料）馆（室）从事相应工作的图书资料专业人员，以及在公立图书（资料）馆（室）从事相应工作的各类图书资料专业人员，可按属地原则申报职称评审，享有平等待遇。

3. 建立职称评审绿色通道。对取得重大原创性研究成果或关键核心技术突破，以及为图书资料事业发展作出重大贡献的专业人员，放宽学历、年限等条件限制，直接申报评审高级职称。对引进的海外高层次人才和急需紧缺人才，可放宽年限等条件限制。对长期在艰苦边远地区和基层一线工作的图书资料专业人员，重点考察其实际工作业绩，不作论文要求，适当放宽学历和年限等要求。

4. 进一步下放职称评审权限。科学界定、合理下放职称评审权限，鼓励职称制度完善、人才智力密集的大中型图书（资料）馆、高校、科研院所等单位自主开展图书资料系列职称评审。开展自主评审的单位，组建的职称评审委员会实行备案管理。

（四）促进职称评价与人才培养使用有效衔接

1. 促进职称评价与人才培养制度的有效衔接。用人单位应结合用人需求，根据职称评审结果合理使用专业技术人才，实现职称评审结果与图书资料专业人才聘用、考核、晋升等用人制度的衔接。对于全面实行岗位管理的事业单位，一般应在岗位结构比例内开展职称评审，聘用具有相应职称的专业技术人员到相应岗位。不实行事业单位岗位管理的用人单位，可根据工作需要，择优聘任具有相应职称的专业技术人员从事相关岗位工作。健全考核制度，加强聘后管理，在岗位聘用中实现人员能上能下。

2. 加强图书资料专业人员培养与继续教育。用人单位应当保障本单位图书资料专业人员参加继续教育的权利。按照专业技术人员继续教育规定有关要求，创新和丰富图书资料专业人员继续教育内容和手段，促进图书资料专业人员更新知识、拓展技能。

（五）加强评审监督服务

1. 建立健全各级职称评审委员会。健全职称评审委员会核准备案制度，完善职称评审委员会工作程序和评审规则。优化评审专家遴选机制，明确评审专家责任，严肃评审工作纪律，强化评审工作考核，建立倒查追责机制。

2. 加强职称评审监督。加强对职称评审全过程的监督管理，建立职称评审回避制度、公示制度和随机抽查、巡查制度。畅通意见反映渠道，对群众反映较强烈的问题，有针对性地进行专项核查，及时妥善处理。因评审工作把关不严、程序不规范，造成投诉较多、争议较大的，要责令限期整改；对整改无明显改善或逾期不予整改的，暂停其评审工作直至收回评审权，并依法追究相关人员责任。

3. 优化职称评审服务。加强职称评审信息化建设，减少各类申报表格和纸质证明材料。在规范图书资料专业人员职称评审的基础上，探索跨区域职称互认，促进图书资料专业人才合理流动。

三、组织实施

（一）提高认识，加强领导

职称制度改革涉及图书资料专业人员的切身利益，各地区、各有关部门要充分认识改革的重要意义，高度重视改革工作。各级人力资源社会保障部门会同文化和旅游等有关行业主管部门，负责图书资料专业人员职称制度改革的政策制定、组织实施和监督检查工作。各有关部门要密切配合，相互协调,确保改革各项工作顺利进行。

(二)精心组织,狠抓落实

各地区、各有关部门要根据本意见精神,围绕改革重点任务,密切结合实际,抓紧制定实施方案和配套办法,把各项具体改革任务落实到责任人、责任部门。在推进改革过程中,要深入开展调查研究,细化工作措施,确保改革举措落到实处、见到实效。

(三)加强引导,营造环境

各地区、各有关部门要深入细致地做好政策解读和宣传引导工作,充分调动图书资料专业人员的积极性,引导图书资料专业人员积极支持和参与职称制度改革,营造共同推进改革的良好氛围。

各地人力资源社会保障部门会同文化和旅游部门可参照本指导意见,结合本地区群众文化工作实际,开展群众文化专业人员的职称制度改革工作。

附件:图书资料专业人员职称评价基本标准

人力资源社会保障部　文化和旅游部
2021 年 6 月 15 日

附件
图书资料专业人员职称评价基本标准

一、遵守中华人民共和国宪法和法律法规。

二、具备良好的职业道德、敬业精神，积极为图书资料事业贡献力量。

三、热爱本职工作，认真履行岗位职责，按照要求参加继续教育。

四、图书资料专业人员申报各层级职称，除必须达到上述基本条件外，还应分别具备以下条件：

（一）管理员

1. 初步掌握本领域基础理论和专业知识。

2. 具有完成一般性辅助工作的实际能力。

3. 具备大学专科或高中（含中专、职高、技校，下同）毕业学历，从事图书资料相关工作满1年。

（二）助理馆员

1. 基本掌握本领域基础理论和专业知识，基本了解本领域国内外研究现状、发展趋势和相关政策法规。

2. 具备独立完成岗位工作的实际能力，能够胜任各项日常基础性工作。

3. 具备硕士学位；或具备大学本科学历或学士学位，见习期满1年，经考核合格；或具备大学专科学历，取得管理员职称后，从事图书资料相关工作满2年；或具备高中毕业学历，取得管理员职称后，从事图书资料相关工作满4年。

（三）馆员

1. 较为系统地掌握本领域基础理论和专业知识，了解本领域国内外研究现状、发展趋势和相关政策法规，掌握本领域必要的研究方法和专业技术，积累了一定的实践经验。

2. 具有较为扎实的业务技能和独立分析、处理较复杂问题的能力。

3. 能独立负责某一方面工作，具有指导助理馆员开展工作的能力。

4. 具备博士学位；或具备硕士学位，取得助理馆员职称后，从事图书资料相关工作满2年；或具备大学本科学历或学士学位或大学专科学历，取得助理馆员职称后，从事图书资料相关工作满4年；或具备高中毕业学历，取得助理馆员职称后，从事图书资料相关工作满7年。

（四）副研究馆员

1. 系统掌握本领域基础理论和专业知识，较全面地了解本领域国内外研究现状、发展趋势和相关政策法规，具有较强的科研能力和较丰富的实践工作经验，能够创造性地开展工作，是本领域业务骨干。

2. 具有扎实的业务技能和独立分析、处理较复杂问题的能力。对某一学术领域有专门研究，取得具有一定创新性和行业影响力的研究成果；或者具有较强的实践工作能力，作为主要参与人取得具有较高实用价值或较大社会效益的工作项目成果，或作为主要参与人完成关键技术攻关。

3. 能带领团队负责某一方面工作，具有培养和指导馆员、助理馆员开展专业研究或实施工作项目的能力。

4. 具备博士学位，取得馆员职称后，从事图书资料相关工作满2年；或具备硕士学位、大学本科学历或学士学位，取得馆员职称后，从事图书资料相关工作满5年。

（五）研究馆员

1. 具有本领域系统完备的理论知识和专业知识，科研能力强，工作经验丰富，在解决复杂的专业问题或指导完成重大科研任务、工作项目中表现优异，在本领域有较高的专业影响力，是本领域的学术或技术带头人。

2. 具有较为全面的业务技能，能够创造性地研究和解决复杂问题。对某一学术领域有深入研究，带领团队取得具有创新性或具有重要学术价值的研究成果；或者具有很强的实践工作能力，作为负责人或主要参与人取得具有显著实用价值或广泛社会影响力的工作项目成果，或作为负责人或主要参与人成功解决关键性技术难题。

3. 能带领团队开创某一方面工作，具有培养、指导副研究馆员和馆员开展专业研究或策划实施工作项目的能力。

4. 一般应具备大学本科及以上学历或学士及以上学位，取得副研究馆员职称后，从事图书资料相关工作满5年。